Benker · Ludwig der Bayer

Gertrud Benker

Ludwig der Bayer

*Ein Wittelsbacher auf dem
Kaiserthron*

1282–1347

Diederichs

Die Deutsche Bibliothek – CIP-Einheitsaufnahme
Benker, Gertrud:
Ludwig der Bayer : ein Wittelsbacher auf dem Kaiserthron ;
1282–1347 / Gertrud Benker. – Ungekürzte Lizenzausg.–
München : Diederichs, 1997
ISBN 3-424-01316-1

Ungekürzte Lizenzausgabe für den Eugen Diederichs Verlag, München 1997
© Callwey Verlag, München 1980

Umschlaggestaltung: Zembsch' Werkstatt, München
Produktion: Tillmann Roeder, München
Satz: Schumacher-Gebler, München
Druck und Bindung: Ebner, Ulm
Papier: fast holzfreies, chlorfrei gebleichtes Werkdruck, Schleipen
Printed in Germany

ISBN 3-424-01316-1

Inhalt

Zur Einführung

Das Gedächtnis des Volkes

Bayern begeht das Jubiläum des Hauses Wittelsbach (1180–1980) und öffnet sich damit einer Besinnung auf seine Vergangenheit, auf die seine Landschaften prägende Kultur und bodenständige Eigenart, auf Akzente setzende Persönlichkeiten und nicht zuletzt auf das Verhältnis des bayerischen Volkes zu dem Geschlecht, das 800 Jahre lang seine Geschicke bestimmte oder zumindest mitbestimmte.

Es gilt also, dieses Volk zu fragen nach seinen Beziehungen zum Hause Wittelsbach. Fragen wir zunächst sein Gedächtnis, seine bildhafte Vorstellung, seine in Sagen und historischen Anekdoten verankerte, in Redensarten fortdauernde Erinnerung, so zeigt sich, daß neben den Königen des uns zeitlich noch nahestehenden 19. Jahrhunderts keine Gestalt lebendiger geblieben ist als jene des vor mehr als 600 Jahren verstorbenen Kaisers Ludwig, den wir heute mit einem Anflug von Stolz den Bayern nennen, wenngleich dieser Titel zu seiner Zeit eher einer Beleidigung gleichkam.

Nicht nur Denkmäler halten die Erinnerung aufrecht – in München z. B. jenes von Ferdinand Miller am Kaiser-Ludwigs-Platz oder das Reiterstandbild von Hans Wimmer vor der Alten Burg –, an ihnen geht der Bürger in der Regel gedankenlos vorbei; auch Platz- und Straßennamen sind im Land verstreut anzutreffen, die dafür sorgen, daß Ludwigs Name im Alltagsgebrauch geläufig bleibt, z. B. in Mettenheim bei Mühldorf, in Puch bei Fürstenfeldbruck.

Dazu kommen als historisches Anschauungsmaterial bildhafte Darstellungen wie etwa das Fresko an der Kapellenaußenwand in der Hauptstraße von Mühldorf (Schlacht von 1322) oder die Sterbeszene an einem modernen Haus in der Nähe der historischen Todesstätte. Der sogenannte Schöne Turm in der Kaufingerstraße, der 1807 abgerissen wurde[1], zeigte ein Gemälde mit dem thronenden Kaiser, von seinen Getreuen umgeben (Abb. 11). Die Sage berichtet, daß man in der Nacht des Abbruches vernehmen konnte, wie der Kaiser mit seiner Schar

durch die Lüfte zog – Harnische rasselten, Trompetengeschmetter und
Befehlsrufe ertönten. Alexander von Müller schreibt (1953): »Und
noch in meiner Jugend erzählte man, daß manchmal in stillen Mond-
nächten über den schlafenden Giebeln ein leises Tönen zu hören sei,
fern und deutlich, wie der Klang einer silbernen Trompete, die unmerk-
lich im stillen Rauschen der Nacht verhalle: der alte Kaiser, der immer
noch Nachschau und Heertag halte in seiner geliebten Stadt.«[2]
Dem Geist der Romantik entspringen solche Vorstellungen, und die aus
ihm erwachsene, im Laufe des 19. Jahrhunderts anschwellende Bewegung des Nationalismus beanspruchte den bayerischen Kaiser als Symbol des »teutschen Reiches«, wie dies z. B. eine pseudonyme Flugschrift
tut, die bei dem Oberpfälzer Verleger Seidel in Sulzbach-Rosenberg
1897 erschienen ist. Sie führt den Titel »Janus, Urverfassung Deutschlands. Den Manen Kaiser Ludwigs des Bayern geweiht« und fordert einen freigewählten Kaiser[3].
In seiner »geliebten Stadt« München hat Ludwig die Residenz ausbauen
lassen (heute: Alte Burg), als deren Standort von seinem Vater die
nördliche Ecke der Stadtbefestigung bestimmt worden war. Mit diesen
Mauern und der Kindheit des nachmaligen Kaisers beschäftigt sich wiederum die Volksphantasie in einer Sage, deren Aufkommen nicht über
das 15. Jahrhundert zurückverfolgt werden kann: Ein Affe habe den
Prinzen aus der Wiege geraubt und sei, als er vom aufgeregten Gesinde
verfolgt wurde, aufs Dach und sogar auf die Spitze des Turms (später
Affenturm genannt) geflüchtet; er habe den ganzen Hof in Angst und
Schrecken gehalten, bis man ihm endlich seine kostbare Beute unver-
sehrt abnehmen konnte. – Das Körnchen Wahrheit, das in dieser Volks-
erzählung steckt, mag die Überzeugung sein, daß hier einst ein Kind
war, das Beachtung verdiente und auf das man achten mußte. In diesen
Mauern stand ja vermutlich die Wiege des Mannes, der halb Europa in
Atem halten sollte, der jeden seiner Zeitgenossen irgendwie anging.

Von der Bedeutung und nachhaltenden Popularität Kaiser Ludwigs
zeugen Sage, Dichtung – denken wir an Ludwig Uhland und Martin
Greif – und heute noch geläufige Redensarten wie: »Jedem Mann ein Ei,
dem frommen Schweppermann zwei!« Ludwig soll das Wort bei der
Verköstigung seiner Gefolgsleute nach der siegreichen Schlacht von
Mühldorf gesprochen haben, und das zweite Ei galt dem bewährten
(»fromm« im Sinn von tapfer) fränkischen Ritter Seyfried Schweppermann. Diese Anekdote hat ein modernes Denkmal am Isen bei Ampfing
als Motiv gewählt. – Von anderer Art ist das »Denkmal« der Münchner

Bäcker, das sie u. a. auf der großen Brot-Ausstellung 1977 präsentierten: Kaiser Ludwig soll ihnen für ihre Verdienste bei der Entscheidungsschlacht erlaubt haben, allezeit die kaiserlichen Insignien in ihrem Zunftwappen zu führen. – Lange Zeit gaben die Landshuter vor, mit dem Dreihelmenwappen für ihr Eingreifen bei der Schlacht von Gammelsdorf ausgezeichnet worden zu sein, was sich freilich nie historisch belegen ließ.

Der neuerwachte Historismus unserer Tage bestimmte die Einwohner von Schiltberg bei Aichach (Oberbayern), in 6000 freiwilligen Arbeitsstunden die alte Wittelsbacher Burg über ihrem Ort wieder herzustellen, um in ihr Freilichtspiele aus der Geschichte der Landesfürsten aufzuführen. Ein »Schuhmacher und Poet dazu« hat 1953 das Schauspiel »Ludwig der Bayer« geschrieben, das auch 1980 wieder auf dem Spielplan stehen wird.

Man mag einwenden, bei diesen Erinnerungen an Ludwig den Bayern handle es sich nicht um Geschichte, sondern um Sagen und Anekdoten. Warum aber beschäftigt sich die Phantasie des Volkes 600 Jahre lang mit einem Herrscher, der weder »der Große« zubenannt ist, noch überhaupt – wenigstens vordergründig – erfolgreich war? Lebt er vielleicht deshalb im Gedächtnis fort, weil er seinem Volk Glück und Frieden gebracht hat? Sicher nicht. Unruhe, Wirrnis, Kampf und Brand im eigenen Land, Kriegszüge in die Umlande, Notsteuern und Hunger sind eher charakteristisch für jene Zeit als glanzvolle Feste und stetiges Gedeihen. Oder ist es deshalb, weil hier ein bayerischer Herrscher hinausgegriffen hat über die Grenzen des angestammten Territoriums, weil er die nördlichen Herzogtümer Brandenburg und Posen seiner Familie hinzugewonnen, im westlichen Holland Fuß gefaßt und im Süden Tirol einzuziehen vermocht hat? Gewiß nicht, denn dieser gewaltige Machtkomplex zerfiel schon wenige Jahre nach seinem Tod. Ist es am Ende, weil ein einziges Mal der Ruhm kaiserlicher Würde einem einheimischen Fürsten zuteil wurde – das Kaisertum des bayerischen Rivalen der Maria Theresia, Karl Albrechts, war dagegen bedeutungslos –, weil in der eigenen Residenzstadt die Heilszeichen des Reiches (ab 1325), Symbol geistlicher und weltlicher Potenz zugleich, verwahrt und gezeigt werden konnten? Oder muß man die Popularität dieses Kaisers aus seiner Persönlichkeit heraus erklären – einer Persönlichkeit, die wir im Grunde recht wenig kennen, die daher rätselhaft und unverstehbar in manchen Charakterzügen und Handlungen bleibt? Ist es vielleicht gerade dieses nicht zu fassende Wesen, was Kaiser Ludwig dem Volk – und auch den Historikern – nahebringt, zur Denkaufgabe macht?

Möglicherweise aber ist es auch so, daß bayerische Art sich in ihm
exemplarisch dargestellt sieht: das spontane, unberechenbare Temperament, die lebhafte Phantasie, das zu Begeisterung und Hingabe fähige
Gemüt auf der einen Seite – und auf der anderen das zähe, eigensinnige
Festhalten an der gewählten Linie, das Ausharren und Tragenkönnen,
die Treue; hier das Aufbrausende, Rauferische, der überschäumende
Frohsinn – dort das Stillromantische, Schwermütige, leicht Berührbare,
die Gutmütigkeit; die hoheitsvolle Haltung, die fürstliche Großmut im
Schenken, Belohnen und Vergeben auf der einen Seite – die (zumindest
vermutete) innere Nähe zum niederen Mann, zum Franziskaner-
mönch, dem er sich demutsvoll anvertraut, zum einfachen Bauern, dessen Sprache er spricht und in dessen Armen er – angeblich – sein Leben
aushaucht.
Ist es also, so fragen wir noch einmal, diese Antinomie des Charakters,
in der sich der Bayer selbst wiedererkennt, die jenem Kaiser sein volks-
nahes Fortleben schenkte? Nur nach eingehender Beschäftigung mit seinem Leben und seiner Umwelt darf man darauf eine Antwort wagen.

Erkenntnisstand

Dieses Buch will Hilfestellung zu einer Antwort geben. Eine ausführliche Biographie über Ludwig den Bayern ist bisher nicht geschrieben
worden. Die Lebensgeschichte einer Persönlichkeit, die so nachhaltig
auf die Phantasie des Volkes eingewirkt hat, von deren Wirken zahlreiche Zeugnisse in Landschaft, Kunst und Schrifttum erhalten sind, sollte
jedoch dem allgemeinen Interesse nicht vorenthalten bleiben.
Diese Lebensbeschreibung stützt sich auf einen Großteil der vorliegen-
den Forschungsergebnisse, auf zahlreiche Einzelabhandlungen über
Ereignisse und Probleme der ersten Hälfte des 14. Jahrhunderts, vor allem in deutscher Sprache (s. Literaturverzeichnis).
Eine Reihe von Quellen ist veröffentlicht: Chroniken, Annalen, Urkunden; zahlreiche Urkunden liegen jedoch noch nicht im Druck vor,
sind z. T. noch gar nicht bearbeitet. Ein Teil des Urkunden- und Akten-
materials ist in Regestenwerken nach Daten und Inhalt verzeichnet.
Die Überlieferung der Zeitgeschehnisse ist unvollständig und unterschiedlich in der Dichte der Aussage. Manche Tatsachen werden in ein-
seitiger Aufzeichnung wiedergegeben, z. B. nur im Archiv der Päpste,
während sich darüber in Deutschland amtliche Dokumente nur zufällig
erhalten haben. Als einseitig und tendenziös erweisen sich oft auch die
Berichte der zeitgenössischen Chronisten, die jeweils die Meinung der

Partei widerspiegeln, der sie in ihrer partikularistischen Zeit angehörten. Auch hatten sie häufig keinen unmittelbaren Einblick in den Gang der Ereignisse oder Verhandlungen. In der zweiten Hälfte von Ludwigs Regierungszeit setzt die Chronistik weitgehend aus; wichtige Geschichtsschreiber wie der Fürstenfelder Chronist, Johann von Viktring und der Steirische Reimchronist sind ganz verstummt. Diese Tatsache hat zwangsläufig auch eine gewisse Disproportion in der Anlage dieser Biographie zur Folge. Über die persönliche Lebensführung, z. B. das Familienleben Ludwigs, ist nur sehr unzureichend Auskunft zu erlan-

Initiale L (Ludwig) mit Adler- und Löwensymbol
(vgl. auch Abb. 14)

gen. Es fehlen persönliche Briefe oder Selbstaussagen, wie sie erstmals von Ludwigs Nachfolger, Karl IV., in seiner »Vita« aufgezeichnet wurden, so daß der Biograph immer mit dem Problem zu ringen hat, diesem Menschen wirklich zu begegnen, einen Zipfel seines Lebens zu erfassen, seiner Persönlichkeit habhaft zu werden.
Es wird hier versucht, durch Einbeziehen des »Tatortes«, durch das Ausleuchten der Örtlichkeiten und der Landschaften, in denen sich das Geschehen abspielte – die Schlachten, die Verhandlungen, die kulturellen Ereignisse usw. –, die schriftlichen Quellen zu ergänzen.
Wenn durch neuere Forschungen, durch erweiterte fachwissenschaftliche Möglichkeiten oder durch eine veränderte Betrachtungsweise das

Porträt Kaiser Ludwigs und seiner Zeit bereichert und ergänzt werden kann, wird dieses vorläufige Bild einer vollständigeren Biographie Platz machen können.

Als schwierige und zugleich lohnende Aufgabe empfand es schon der Zeitgenosse des »großen Adlers«, dieses Leben einzufangen. Der Abstand von 600 Jahren macht sie nicht leichter. So kann man den Seufzer, den der zeitgenössische Chronist Mathias von Neuenburg von sich gab, als er sich daran machte, das Wirken Ludwigs zu beschreiben, nachempfindend wiederholen: »Merke wohl auf, Geschichtsschreiber, nimm deinen Verstand zusammen; du hast eine schwere Arbeit, wenn du es unternimmst, den großen Adler zu schildern, welcher langsam und lange fliegt, in der Torheit weise, in der Gleichgiltigkeit sorgsam, in der Trägheit wild, in Trauer vergnügt, in Kleinmuth starkmüthig, den mit angebrannten Flügeln sich Aufschwingenden und im Unglück Glücklichen.«[4]

Politische Landschaft

Die politische Landschaft, in die Ludwig hineingeboren wurde, ist gekennzeichnet durch den Niedergang der universalen römisch-deutschen Kaisermacht seit dem Ende der Staufer und dem Erstarken der nationalen Kräfte in Europa. Das Papsttum, siegreich aus den Rangstreitigkeiten mit dem Kaiser hervorgegangen, war in völlige Abhängigkeit von Frankreich geraten, das mit Philipp dem Schönen eine europäische Großmacht geworden war. Seit 1309 residierte der Papst in Avignon und betrieb eine vom französischen Thron beeinflußte Kirchenpolitik. Ende des 13. Jahrhunderts hatte sich mit den Habsburgern eine neue Dynastie in den vorher babenbergischen Ländern Österreich – Steiermark festgesetzt, Kärnten und Krain waren hinzugekommen. Der politische Schwerpunkt des Reiches hatte sich damit nach dem Osten verlagert: Österreich, Ungarn, Bayern und Böhmen fiel nun eine größere Rolle im europäischen Spiel der Kräfte zu.

Die erste Hälfte des 14. Jahrhunderts läßt schon deutlich Züge des Umbruchs von Weltbild und Lebensordnung erkennen. Die großen Universalmächte des hohen Mittelalters ruhen nicht mehr in sich selbst, neue Kräfte wachsen auf: die Einzelpersönlichkeit, die städtische Bürgerschaft, die Territorien, die Nationalstaaten. Der Weltraum erweitert sich, Handelsbeziehungen verbinden entfernte Länder, Geldwirtschaft erleichtert den Austausch der Waren, ein neues Denken sprengt die mittelalterliche Lehre von Gott und der Welt und bereitet Humanismus und Renaissance vor. Unzufriedenheit mit den Institutionen und Praktiken der Kirche führen zu Kritik und Zweifel, münden in ein Jahrhundert der Reformen und Spaltungen. Auf dem sozialen Sektor vollzieht sich eine Umschichtung, was nicht ohne Rebellion und Blutvergießen abgeht.

Mit der territorialen Verlagerung des Gewichtes war eine innerstaatliche Machtverlagerung Hand in Hand gegangen: Die Kurfürsten waren zum wirksamsten Faktor der deutschen Politik geworden, nicht als ständiger Rat des Monarchen – wie etwa beim englischen »privy council« (Staatsrat) –, sondern als Verkörperung der autonomen territorialen Fürstengewalt. Die ehedem vom König einberufenen Hoftage entwickelten sich zu Reichstagen, an denen die Fürsten kraft eigenen Rechts und nicht mehr in Erfüllung der Lehenspflicht teilnahmen.

In Bayern bestand zur Zeit von Ludwigs Geburt folgende Situation: Dem Geschlecht der Grafen von Wittelsbach-Scheyern, dem Kaiser Friedrich Barbarossa 1180 das Herzogtum Bayern verliehen hatte, war es gelungen, das Territorium nach Norden und Osten zu erweitern. Diese Besitzerweiterung war durch das Aussterben alter, landreicher Adelsgeschlechter (Bogener, Diepoldinger, Andechser) begünstigt worden. Einen weiteren Machtzuwachs bedeutete die Gründung der herzoglichen Städte Landshut (1204), Straubing (1218) und Landau an der Isar (1223).

Der dritte regierende Wittelsbacher, Otto der Erlauchte, war 1214 vom Stauferkönig Friedrich II. mit der erledigten Pfalzgrafschaft bei Rhein belehnt worden. Seitdem gehörte die (Rhein-)Pfalz zum Wittelsbacher Staatsverband. Der »Bayerische Löwe« stammt von dem ehedem welfischen Wappen des Pfalzgrafen, während die weiß-blauen Rauten aus dem Erbe der Grafen von Bogen übernommen wurden. Die neue Pfalzgrafschaft brachte den Wittelsbachern nicht nur ausgedehnten Grundbesitz im Bereich von Nahe und Neckar, in den Vogesen und im Odenwald, sondern auch eines der einflußreichsten Pfalzgrafenämter im Reich, mit dem bald die Kurstimme verbunden sein sollte. Hauptstadt der nachmaligen Kurpfalz wurde Heidelberg am Neckar, in der sich die Wittelsbacher Herzöge häufig aufhielten.

In das vergleichsweise geschlossene herzogliche Gebiet waren mehrere selbständige Fürstentümer eingesprengt, so die Territorien der Bischöfe von Passau, Regensburg und Freising, die Besitzungen des Bistums Chiemsee, die Grafschaft Ortenburg. Andererseits reichte der Wittelsbacher Landbesitz in die Gebiete der heutigen Oberpfalz und Schwabens hinein.

Diesen einheitlichen Besitz sowie die herzoglichen Rechte teilten die Herzogsbrüder Ludwig II., der Strenge, und Heinrich XIII. im Jahr 1255. Das war die Geburtsstunde von Ober- und Niederbayern. Ludwig erhielt zum Herzogtum Oberbayern-München Teile der Oberpfalz und die Pfalz bei Rhein mit Heidelberg; Heinrich regierte Niederbayern, zu dem Teile des heutigen Oberbayern und das Innviertel gehörten, von seiner neuen Hauptstadt Landshut aus. Als Heinrich XIII. 1290 starb, hinterließ er sein Teilherzogtum Niederbayern den Söhnen Otto III., Ludwig III. und Stephan I.

In Oberbayern regierte Ludwig der Strenge – der Vater des nachmaligen Kaisers Ludwig des Bayern – von 1253 bis 1294. Er war der Oheim und Vormund des letzten Staufers Konradin, dessen Mutter Elisabeth aus dem bayerischen Herzogshause stammte. Konradin hatte seine gesamten Besitzungen (staufisches Hausgut und Herzogtum Schwaben) testamentarisch seinen Oheimen Ludwig und Heinrich vermacht für den Fall, daß er ohne rechtmäßigen Erben bliebe. Als dann der Italienzug, den er seines väterlichen Erbes wegen antrat, in einer Katastrophe endete (Enthauptung in Neapel 1268), beanspruchten die Wittelsbacher das Konradinische Erbe, was in den folgenden Jahren zu großen Verwicklungen führte.

I   Ludwigs Jugend
und die politischen Geschehnisse vor 1314

Fürstenfeld

Der wiedererstandene schöne Hof der Alten Burg in München gibt den
Stimmungshintergrund zur frühesten Kindheit des Kaisers, wenn auch
der gotische Eindruck ein nachempfundener ist, da von den alten Mauern realiter kaum mehr als die Fundamente stehen (Abb. 1). Was den
Abbruchsbestrebungen des frühen 19. Jahrhunderts entgangen war, ist
den Bomben von 1944/45 zum Opfer gefallen. Zur Zeit von Ludwigs
Geburt scharten sich hier um den Hof vor allem Verwaltungs- und
Wirtschaftsgebäude. Im Westen lag der »Burgstock«, der die fürstlichen
Wohnräume enthielt. Die nahe Beziehung zur Stadt war gegeben durch
das Tor an der Burgstraße; doch lag der Herzogshof etwas abseits vom
städtischen Treiben in der nordöstlichen Ausbuchtung des Berings auf
einer kleinen Erhöhung über dem Pfisterbach. Erst seit einigen Jahrzehnten war diese Burg in München Herzogssitz geworden. Noch war
sie nicht königliches Residenz-Schloß, noch fehlte die Hofkirche St.
Lorenz auf der nördlichen Seite (Abb. 2). Der sogenannte Affenturm
mit seiner schönen Bemalung, dem Reichsadler und dem Wittelsbacher
Wappen, entstand erst eineinhalb Jahrhunderte später.

Wenig ist auch von den ursprünglichen Mauern jenes Ortes vorhanden,
den wir ebenso eng mit dem Leben Ludwigs verbunden wissen wie die
alte Burg: Fürstenfeld mit seinem Kloster, ungefähr 25 km westlich
von München gelegen. Das nahe Dorf Puch war schon zur Zeit des hl.
Bonifazius (8. Jahrhundert) nicht unbedeutend. Als Otto zum ersten
Herzog seines Geschlechts in Bayern avancierte, scheint das Haus Wittelsbach bereits Besitzungen hier gehabt zu haben, denn Pfalzgraf Friedrich (gest. 1198), der Bruder Ottos, tritt als Grundherr von Puch auf.
Hier war also angestammte Heimat des Hauses Wittelsbach, hier ging
man jahrhundertelang Jagdfreuden nach, hierher zog man sich zur Besinnung zurück, hier gründete man das Hauskloster, das künftig für alle
geistlichen Anliegen zuständig sein sollte.

Ein schweres geistliches Anliegen hatte Herzog Ludwig II. – der Vater
des späteren Kaisers Ludwig – allerdings. Es war etwas sehr Schlimmes
geschehen, aus der jähen, emotionsbestimmten Art der Wittelsbacher
heraus zu verstehen; verzeihen konnte es sich der Herzog wohl ein Leben lang nicht, daß er seine junge Gemahlin, Maria von Brabant, hatte
unschuldig hinrichten lassen auf dem Mangold-Stein bei Donauwörth
(18. Januar 1256). Die vorschnelle Tat war ein Akt ungehemmter Eifersucht gewesen bei der Rückkehr nach längerer Abwesenheit; dem
Schein hatte der Herzog mehr geglaubt als den Beteuerungen seiner
Frau. Sühne mußte sein, und da die Bayern den bußfertigen Zustand
meist lieber durch eine auch für die Zukunft fruchtbar zu machende
Leistung in der Heimat manifestierten, als solche Gesinnung auf einer
Pilgerfahrt außer Landes zu beweisen, entschloß sich der Büßende, auf
seinem Grund und Boden ein Sühnekloster errichten zu lassen. Der damals strengste Orden, die Zisterzienser, waren als Träger ausersehen,
und nachdem sich andere Standorte (Thal bei Großhöhenrain, Land-
kreis Rosenheim, sodann Hollenbach bei Aichach) als ungünstig erwiesen hatten, stellte man ihnen schließlich 1261 einen Grund »auf des
Fürsten Feld« in der Amperniederung zur Verfügung; der alte Marktflecken Bruck lag nicht weit entfernt. 21 Höfe sind im Gründungsprivi-
leg aufgeführt. Damit ließ sich schon ein Anfang machen, und die
schenkende Hand der Wittelsbacher blieb dem Kloster fernerhin offen.
Auch der Bischof von Freising wurde bewogen, einige Kirchen mitsamt
ihrem Besitz der neuen Mönchsgemeinschaft abzutreten. Man hatte ein
Bußopfer gebracht, ein Werk der Zerknirschung – und man hatte zugleich einen wichtigen Pfeiler der Hausmacht gestützt, hier im Westen
der wittelsbachischen Besitzungen, hier am Amper-Übergang der Salz-
straße von München nach Landsberg. Die treu ergebenen Hegenenber-
ger (Häginberger) von Wildenroth saßen hier auf ihrer Burg inmitten
ihrer Lehen. Hermann von Häginberg ist auch als Zeuge bei der Gründungsurkunde von Fürstenfeld 1266 genannt; er und sein Sohn waren
geachtete Ratgeber des Herzogs in Finanzsachen und Schlichter bei
Streitfällen[1].

Im Ampertal also hatte sich die Herrschaft des bayerischen Herzogs gefestigt, das sollte sich während Kaiser Ludwigs Regierungszeit mehrmals erweisen. Das Kloster hat davon ein dauerhaftes Zeugnis gegeben
durch einen Mönch, der vermutlich aus Böhmen stammte und bis um
1330 in Fürstenfeld lebte: Er unternahm es, eine »Chronik von den Taten der Fürsten« zu schreiben, die den Zeitraum von der Wahl Rudolfs
von Habsburg (1273) bis zum Tod seines Enkels, Herzog Leopolds

von Österreich (1326), umfaßt[2]. Viel Persönliches, unmittelbar Erlebtes wußte er zu melden, sein treu-bairisches Herz floß oft genug mit in die Feder; um seinen Fürsten zu verteidigen, rückte er manches Geschehen zurecht und ins beste Licht. In der Regel aber ist er ein zuverlässiger Berichterstatter der Ereignisse, vor allem jener, die sich in seiner engeren und weiteren Umgebung zugetragen haben, während er für Vorgänge in ferner gelegenen Ländern, z. B. Italien, nicht als kompetent gelten kann.

Ludwig der Strenge – recht eigenartig mutet der nach Gediegenheit schmeckende Titel an, der ihm für einen Totschlag gegeben wurde – hatte sich wieder vermählt mit der jungen Anna von Glogau. Nicht wenige Schlesierinnen haben sich im Laufe des Mittelalters den bayerischen Adelshäusern verbunden. Die Herzogin, 1240 geboren, starb schon 1271 (bei einer Geburt?) und hinterließ einen einzigen Sohn, Ludwig. Dieser muß ein schöner Knabe von großem Charme gewesen sein, überall beliebt, früh vollendet. An den Folgen eines Turniers ist er 1290 mit 20 Jahren gestorben und neben seiner Mutter in Fürstenfeld – mit mehreren totgeborenen Herzogskindern – beigesetzt worden[3].

Ludwig der Strenge führte 1273 wiederum eine Braut heim, Mathilde (Mechthilde) von Habsburg. Sie als Mutter zu haben, bedeutete für die Kinder aus dieser Ehe ein Schicksal. Mathilde war die Tochter des vor kurzem zum Kaiser gekrönten Rudolf, der die »kaiserlose, die schreckliche Zeit« friedensuchend beendet hatte. Während er die eigenen Erblande zielstrebig zusammenzuhalten und zu erweitern verstand, war ihm eine allzu starke Machtkonzentration im nördlichen Nachbarland Bayern verständlicherweise nicht wünschenswert. Als seine Tochter nun dem bayerischen Herzog zwei Söhne geboren hatte, ließ er den Vater, also Herzog Ludwig den Strengen, und dessen Sohn aus erster Ehe, jenen früh verstorbenen Ludwig, 1288 schwören, daß das Land unter die drei Brüder geteilt werden sollte. Auch als sich der junge Ludwig mit Elisabeth von Lothringen verlobte – zu einer Vermählung ist es nicht mehr gekommen – wurde dies ausdrücklich festgelegt.

Mit diesen Urkunden tritt zum ersten Mal der spätere Ludwig IV. ins Licht der Geschichte. Als jüngerer der beiden Mathilden-Söhne wurde er im Februar oder März 1282 geboren[4]. Vermutlich wuchs das Kind beim Hofstaat der Mutter – Ludwig II. war viel unterwegs – auf den verschiedenen Burgen zwischen Isar, Lech und Donau auf. Es ist anzunehmen, daß es seinen Vater hin und wieder in die heimatlichen Jagdgefilde begleiten durfte und so schon früh mit dem Hauskloster Fürstenfeld im Ampertal in Berührung kam. Bis 1290 war dort noch Baustelle,

Gotische Klosteranlage von Fürstenfeld

und der Herzog wird sie des öfteren besucht haben. Es entstand gerade die dreischiffige frühgotische Kirche. Auch an Gasträume für den Herzog und sein Gefolge war gedacht.

Sehr verbunden war das Herzogshaus auch dem ungefähr dreißig Kilometer südlich von Fürstenfeld gelegenen Augustiner-Chorherrn-Stift Dießen am Ammersee. Probst Bertold von Dießen soll einer der Erzieher des jungen Ludwig gewesen sein, ehe dieser zur Erziehung nach Wien geschickt wurde.

Der ältere Bruder Rudolf (geb. 1274) kam schon wegen des Altersunterschiedes als Gespiele Ludwigs kaum in Frage. Soll man etwa eine frühe Eifersucht Rudolfs auf den jüngeren Bruder annehmen, eine Angst vor dreifacher Aufteilung des ohnehin nicht großen oberbayerischen Herzogtums? Wir wissen nichts über diese ersten Jahre der Herzogssöhne.

Rudolfs Hinwendung zum Hause Nassau

Der Vater starb überraschend mit 65 Jahren am 2. Februar 1294 zu Heidelberg, im selben Zimmer, in dem er geboren war. Dies bringt in Erinnerung, daß neben der jungen Residenz München der viel ältere Regierungssitz Heidelberg bestand; denn seit 1214 gehörte zur wittelsbachischen Herrschaft die Pfalzgrafschaft bei Rhein mit ihrem Mittelpunkt Heidelberg (s. S. 13).

War die Heirat Ludwigs II. mit der Habsburgerin für die Familie zukunftsbestimmend, so doch auch sein zu früher Tod, der die Familie auseinanderriß und in getrennte Lager teilte. Außergewöhnlich früh war für damalige Verhältnisse dieser Tod eigentlich gar nicht: Keiner der Wittelsbacher des 13.–15. Jahrhunderts wurde älter als 65, die meisten starben in wesentlich jüngeren Jahren.

Wie stand es nun mit dem Hof in München? Die Herzoginwitwe Mathilde war mit ihren 40 Jahren rüstig und aktiv und keinesfalls zum Resignieren bereit. Die beiden Töchter Mechthild (geb. 1275) und Agnes (geb. 1277) waren zu diesem Zeitpunkt schon vermählt: Mechthild mit Herzog Otto von Braunschweig, Agnes (in erster Ehe) mit Landgraf Heinrich d. J. von Hessen.

Nun übernimmt also Mathildes erstgeborener Sohn Rudolf 1294 die Regierung und – zusammen mit der Mutter – auch die Vormundschaft über den minderjährigen Bruder Ludwig. Beide Brüder waren gleichermaßen erbberechtigt.

Zunächst scheint die Mutter ihren Willen durchzusetzen: Sie schickt den 12jährigen Knaben in ihr Elternhaus nach Wien, wo er mit den Söhnen ihres Bruders Albrecht aufwachsen soll. Ludwig der Strenge war König Rudolf von Habsburg sehr nahe gestanden; er hatte ihn auf seinem letzten Ritt nach Speyer (1290) begleitet und hatte sich nach Rudolfs Tod zunächst für die Nachfolge des Sohnes, Herzog Albrechts von Habsburg, verwendet. Diese Wahlkandidatur – von vielen erwartet – war von König Rudolf selbst durch Ehebündnisse aufs beste vorbereitet worden: alle vier weltlichen Kurfürsten waren mit Albrecht verschwägert. Trotzdem gelang es dem Mainzer Erzbischof, seinen Kandidaten für den Königsthron gegen Albrecht durchzusetzen. Adolf von Nassau wurde 1292 in Frankfurt am Main von den Kurfürsten zum deutschen König gewählt.

Ludwig II., politisch begabt und wendig, hatte es in den beiden Jahren vor seinem Tod noch geschafft, mit der veränderten Situation fertig zu werden, d. h. den Anschluß an das neue Königshaus zu gewinnen; denn der wittelsbachische Reichsbesitz – das Konradinische Erbe – war in Gefahr, wenn er nicht vom deutschen König anerkannt wurde. Und so findet man Ludwig bereits 1292 in der Umgebung des neuen Königs. Von einem Kurswechsel vom Hause Habsburg zum Hause Nassau kann man dabei wohl kaum sprechen. Ludwig hat sich nicht von seinem Schwager Albrecht distanziert, wie seine Vermittlungsbemühungen in Linz 1293 zwischen den streitenden Parteien der niederbayerischen Vettern und der Habsburger beweisen. 1294 scheint der König dann Ludwig nach Oppenheim gerufen zu haben, damit er als Vermittler in den schwierigen Verhandlungen mit Albrecht fungiere. Ludwig der Strenge war Realpolitiker genug, um seinem Hause den Weg nach beiden Seiten offenzuhalten. Es wird angenommen, daß er noch die Heirat seines Sohnes Rudolf mit Adolfs Tochter Mechthild ins Auge gefaßt hat. Rudolf selbst und seine Mutter verhielten sich zunächst ablehnend: Mathilde, die Königstochter, konnte es nicht so rasch verwinden, daß ihrem Bruder Albrecht zugunsten eines kleinen Grafen aus Mitteldeutschland der Königsthron verweigert worden war. Auch bestand bereits ein Heiratsversprechen ihres Sohnes mit der Tochter des Brandenburger Herzogs. Unterhändler waren jedoch eifrig am Werk, und ihnen gelang es schließlich, die neue Bindung zustandezubringen. Es ging bei den Verhandlungen – sie müssen bald nach Ludwigs II. Tod intensiviert worden sein – um Besitzungen am Rhein, wo Rudolf seiner Braut Güter als Morgengabe überweisen sollte[5]. Burg und Stadt Heidelberg, die der Herzoginwitwe von ihrem Gatten als Lehensbesitz zugesprochen waren, wurden nun für die Nassauerin beansprucht, was dem

familiären Frieden sicher nicht zuträglich war. Bei diesen Erbteilungen
scheint es zu ersten Zerwürfnissen zwischen Mutter und Sohn Rudolf
gekommen zu sein. Wieweit über den Kopf der Ehebundsanwärter hinweg Politik gemacht wurde, läßt sich kaum mehr nachprüfen. Am 6. Januar 1294 hatte man in Oppenheim mit den Vorbereitungen begonnen,
vier Wochen später starb Ludwig II., und bereits am 19. März waren in
Ulm die Bedingungen des Ehevertrags fixiert. Am 1. September fand in
Nürnberg die Hochzeit statt.

Dieses Fest im Trauerjahr läßt manche Frage offen: War die Mutter Rudolfs überhaupt zugegen oder hatte sie sich, gekränkt durch die Hinwendung des Hauses Wittelsbach zu dem habsburgfeindlichen Haus
Nassau, zurückgezogen? In Aventins Bayerischer Chronik lesen wir,
Rudolf sei nach der Ulmer Vereinbarung gegen München gezogen,
»sein muoter gein Ingelstat, allda haust si. Im weinmôn zugens wider
bêde gein Nurenberg und hielt allda ein grosse hochzeit«[6].
Rudolf stand von nun an eindeutig hinter seinem Schwiegervater. Ein
auf drei Jahre befristetes Abkommen nahm dem 20jährigen Pfalzgrafen
einerseits weitgehend seine politische Selbständigkeit – er mußte sich
der Kontrolle eines aus Vertrauensleuten des Königs zusammengestellten »Regentschaftsrates« fügen –, versprach ihm andererseits Schutz
und Hilfe der königlichen Macht. Diesem Übereinkommen schlossen
sich auch die niederbayerischen Vettern, Herzog Otto mit seinen Brüdern Ludwig und Stephan, sowie der Erzbischof von Salzburg an. Das
ganze regierende Haus Wittelsbach stand somit geschlossen im antihabsburgischen Lager. Das bedeutete viel für einen König, der aus kleinen Machtverhältnissen aufstrebte: Er konnte sich nicht nur auf eine
breite Abwehrfront gegen Habsburg im Süden Deutschlands stützen,
sondern auch auf die für alle Könige wichtige Rheinpfalz.
Rudolf, der zugunsten seines jüngeren Bruders häufig ausgespielt worden ist und beim Vergleich mit Ludwig immer schlecht abschneidet –
auch sein Beiname »der Stammler« oder »der Lispelnde« bedeutet eine
gewisse Abwertung –, muß zugebilligt werden, daß seine Haltung gegenüber Adolf von Nassau Entschlossenheit und Charakterstärke be-
kundet. Glück hat ihm diese Beziehung nicht gebracht, im Gegenteil:
Die ganze Tragik seines weiteren Lebens, der Konflikt mit Mutter und
Bruder, zahllose Demütigungen und Machtverlust waren die Folge.

Vom Kind zum Ritter

Ludwig kam, wie gesagt, nach dem Tod seines Vaters an den Hof der

Habsburger. Er war damals ein Knabe von etwa 12 Jahren. Vermutlich
hat ihn der ältere Bruder mitgenommen, als er 1294 in Wien vorsprach,
wo er seinen Onkel Albrecht ziemlich verdrossen antraf – »dem gefiel
nit« seine Hochzeit[7], was leicht zu verstehen ist.
Wie lange war Ludwig in Wien? Ab 1301 ist er als Mitregent wieder in
München, wahrscheinlich befand er sich schon seit der Wahl Albrechts
zum deutschen König (1298) nicht mehr am Habsburger Hof. Es bleiben also ungefähr fünf Jahre, die er in Wien verbrachte. Es waren entscheidende Jahre des unbewußten Aufnehmens, der Meinungs- und
Willensbildung, des geistigen Reifens.
In den zeitgenössischen Quellen wird mehrmals von einer Knaben-
freundschaft zwischen den Vettern Ludwig, Friedrich und Leopold gesprochen; später, als sie längst Feinde geworden waren, sollen sie noch
daran zurückgedacht haben: Bei der Versöhnung in Ranshofen z. B., die
der Auseinandersetzung von Gammelsdorf folgte (1313/14), haben
Friedrich und Ludwig Erinnerungen ausgetauscht und auch von ihren
gemeinsamen Großeltern gesprochen. War es eine glückliche Jugend,
fühlte sich der junge Ludwig wohl in Österreich, kam es tatsächlich zu
einem vertrauten Verhältnis der Knaben?
Die Überlieferung ist sehr spärlich. In den Aufzeichnungen eines Mönches aus dem oberbayerischen Kloster Dießen wird erzählt, das »Knäb-
lein« (puerulus) habe sich in Wien der Wissenschaft zugewandt; zusammen mit den Söhnen des österreichischen Fürsten sei Ludwig in den
vornehmen Disziplinen und in der Gesittung unterrichtet worden, wobei er so große Fortschritte machte, daß er sich vor seinen Altersgenos-
sen auszeichnete[8].
Inwieweit sich bei den drei Knaben schon die späteren Eigenschaften
zeigten: Friedrichs Überheblichkeit und seelische Reizbarkeit, sein
leicht zu verletzender Stolz, Albrechts energische, schlaue und oft grausame Wesensart und Ludwigs jähes Temperament, seine natürliche
Klugheit und Gutmütigkeit, wissen wir nicht. Man könnte sich denken, daß es manches Auftrumpfen und Rangeln gab zwischen ihnen,
Wettbewerb und Zorn über kleine Niederlagen.
Über den Inhalt der Unterrichtung und den tatsächlichen Wissensstand
des Knaben ist in der Dießener Quelle – wenn wir die Schönfärberei ab-
streichen – nichts ausgesagt. Denn nach Sitte der Zeit wurde den Fürstensöhnen nicht viel »Wissenschaft« zugemutet. Das Bildungsniveau
der Fürstentöchter war zu dieser Zeit höher als das der Jungmänner dieses Standes; sie wurden getrennt von ihnen erzogen. So ist auch Friedrichs Schwester Agnes der Überlieferung zufolge von einem eigenen

Lehrmeister unterrichtet worden. Sie beschäftigte sich mit Dichtung und Gesang, mit religiösen Betrachtungen und kunstvollen Handarbeiten. Längst war ja auch die adelige Dame in den Mittelpunkt höfischer Geselligkeit gerückt.

Den Knaben mag ein wenig Fürsten- und Rechtsgeschichte beigebracht worden sein, ein wenig theologisches Wissen, vielleicht etwas Latein. Erst Ludwigs Nachfolger, Karl IV., der selbst eine sorgfältige Ausbildung genossen hatte, ließ in der Goldenen Bulle von 1356 Sprachkenntnisse für die Kurprinzen vorschreiben[9]. Der Chronist des »Lebens Kaiser Ludwigs« (= Vita) weiß zu berichten, der Knabe sei über die Sakramente der christlichen Religion »gebührend unterrichtet« worden und habe das Paternoster und Avemaria gelernt[10]. Ob er über die Anfänge der lateinischen Sprache hinauskam, ist kaum festzustellen. Man weiß, daß Ludwig später die Urkunden vorgelesen wurden, auch einzelne Artikel des Landrechtes oder der »Defensor pacis« des Marsilius von Padua. Selbstverständlich waren an den Höfen gelehrte Untergebene zur Hand (Notare, Mönche), die Kommentar bzw. Übersetzung liefern konnten; es war ihre Sache, ihr Beruf, die Feder zu führen, Geschriebenes zu verstehen, vorzutragen, zu interpretieren und mit ihrem Wissen dem Fürsten zu dienen.

Die Bildung des Adels fußte nicht wie die der gelehrten Mönche auf den septem artes liberales (den Sieben Freien Künsten: Grammatik, Dialektik, Rhetorik, Musik, Arithmetik, Geometrie und Astronomie), sondern auf sieben Geschicklichkeiten: Reiten, Schießen, Beizen, Schachspielen, Falkenzähmen, Dichten und Singen. Die Ausbildung war im Grunde Berufsausbildung, der Beruf des Ritters das Kriegshandwerk. Körperliche Ertüchtigung stand selbstverständlich an erster Stelle, Erziehung zum Draufgängertum, zu Tapferkeit, Mut und Unerschrockenheit, zu Ausdauer und Beständigkeit, aber auch zu Vorsicht und klugem Taxieren der Gefahren. Hinter dem sportlichen Spiel stand der Ernst der Waffenführung und des Kampfes[11].

Die Erziehung des freien Hochadels, dem die Fürstensöhne angehörten, erfolgte zu dieser Zeit schon teilweise gemeinsam mit dem aufstrebenden Dienstadel, also mit jenen aus dem Ministerialenstand kommenden »Knechten« (Knappen). So kann man sich also vorstellen, daß die jungen Prinzen gemeinsam mit einer Schar Ritterbürtiger dem Unterricht im Ritterhandwerk beiwohnten. Auf dem Rücken des Pferdes, beim Schwimmen, Schießen und Ballspielen, bei Tanz und Fest mögen die jungen Männer Gemeinsames erlebt haben. Da sich das Leben der künftigen Landesherren zum größten Teil im Sattel abspielte, ist es verständlich, daß Sattelfestigkeit einen wichtigen Programmpunkt in der Erziehung der heranwachsenden Knappen ausmachte.

Seit den Kreuzzügen – begünstigt durch die Internationalität der Kreuzfahrerheere – gab es eine solidarische Standesethik des »miles christianus«, des christlichen Ritters: Kampf um Recht, Schutz der Kirche und der Schwachen. Daß dieses Ideal des hohen staufischen Mittelalters noch ein Jahrhundert nach dem Untergang des Stauferreiches hochgehalten wurde, beweisen die gerade jetzt entstehenden Sammlungen von Handschriften der Ritterepen und der Minnedichtung. Die berühmte Manesse-Handschrift wurde um 1310 aufgezeichnet. Im Mittelpunkt der ritterlichen Lebenswerte standen die Tugenden der triuwe und staete (Treue und Beständigkeit), der êre (ehrenhaftes, standesgemäßes Verhalten, Inbegriff der Vollkommenheit) und der mâze (Bändigung der Triebe, Ausgewogenheit des Verhaltens); als »muoter aller tugende« wird in einem Gedicht die mâze bezeichnet. Erringt der junge Mann diese Tugenden in der Auseinandersetzung mit dem Leben, so wird ihm der »hohe muot« zuteil, jenes schwer zu definierende Gefühl der eigenen Stärke und Haltung, der Beschwingtheit und des Bereitseins zum Einsatz für hohe Ziele.

»Der Edelmann wird geboren, der Ritter gemacht«, das galt für die Erziehung zum Ritter. Das Fest der Schwertleite nahm den Ritterbürtigen auf in die Gemeinschaft der Ritter, also der zum Turnier und zum Kampf zugelassenen Adeligen. Wann Ludwig der Bayer seine Schwertleite beging, ist nicht überliefert. Es verhielt sich auch so, daß bei Ereignissen wie Hochzeiten von Fürstensöhnen – häufig am Pfingstfest –, bei Königs- oder Kaiserkrönungen ein Ritterschlag seine besondere Würde erhielt. So ist überliefert, daß Ludwigs Bruder Rudolf mit anderen Edelleuten zusammen auf der Milvischen Brücke von König Heinrich VII. zum Ritter geschlagen wurde; das bevorstehende Gefecht mit dem feindlichen römischen Stadtadel und die nachfolgende Kaiserkrönung verliehen diesem Akt eine besondere Bedeutung.

Die Schwertleite erfolgte nach einem bestimmten Ritus. Der Knappe durfte zwar vorher schon das Schwert führen, er trug es aber nicht am Gürtel, sondern am Sattel. Er bereitete sich körperlich und geistig auf das Fest vor; eine Nachtwache sollte ihm Gelegenheit zur Besinnung auf den neuen Lebensabschnitt geben. Das Fest selbst wurde durch ausgedehnte, feierliche Zeremonien in der Kirche eröffnet; Weihung und Segnung des Schwertes waren eingefügt. Vom König oder einem hochgestellten Adeligen wurden die Knappen mit dem Schwert umgürtet; manchmal legte man ihnen auch die Sporen an und überreichte den

Schild. Mit diesen Waffeninsignien angetan, waren die jungen Herren nun in die hohe ritterliche Gesellschaft aufgenommen. Ein Festmahl schloß sich an, nicht selten auch ein Turnier[12].

Turniere waren weithin bekanntgemachte öffentliche Ereignisse. Diese höfischen Kampfspiele wurden in geschlossenen Höfen oder wegen der größeren räumlichen Möglichkeiten vor den Mauern der Stadt ausgetragen. Immer lagen diese Spiele nahe beim Ernst, und nicht selten kam

Ritterspiele (Tjost)

es zu gefährlichen Grenzüberschreitungen. Sie waren deshalb auch zeitweise Gegenstand kirchlicher Mißbilligung, die Teilnehmer von Exkommunikation bedroht. Aber immer wieder fanden sich die Päpste zum Nachgeben bereit, da sie ja auch an einer waffentüchtigen christlichen Ritterschaft interessiert waren. So begründet Papst Johannes XXII. (s. u.) seinen Widerruf der von ihm selbst und seinen Vorgängern verhängten Exkommunikation der Turnierkämpfer mit der Angst, der geplante Kreuzzug käme sonst nicht zustande. Diese Spiele

wurden – und dies war auch der Kompromißgrund der Kirche – als
Kriegsübung betrachtet; sie waren noch nicht sich selbst genügendes
Vergnügen, sondern Wehrertüchtigung.

Neben diesen Kampfspielen, bei denen die Pferde gegeneinander antrab-
ten, gab es in deutschen Landen auch die sogenannten Scharfrennen mit
angelegter Lanze, und einem solchen ist der Halbbruder des nachmaligen Ludwig des Bayern 1290 zum Opfer gefallen: Sein Gegner, ein Ritter von Hohenlohe, hatte ihn mit der Lanze an der Kehle getroffen.
Derartige Unfälle ereigneten sich immer wieder, obwohl die Waffen in
der Regel stumpf waren. Seine besondere Geschicklichkeit konnte der
Ritter beim Wenden des Pferdes zur Schau stellen – der Name »Turnier« bedeutet ja soviel wie »Wendung«. Der Kampf löste sich immer –
wie bei einer Reiterschlacht – in Einzelkämpfe auf; das Ziel war, den
Gegner aus dem Sattel zu stechen oder ihn gefangen abführen zu können. Es war Brauch, daß sich der Besiegte durch Drangabe seines Rosses
oder seiner Rüstung auslöste. Das konnte sich natürlich nur ein vermö-
gender Edelmann leisten. Als eigentlicher Gewinn des Sieges aber galt
das Lob, die Zustimmung der Frauen, die von der Galerie aus dem Spiel
zusahen und anfeuernd auf die Kämpfenden einwirkten. Freilich war
nicht jedes zarte Mädchengemüt dafür geschaffen, an diesen Mutproben
der Recken Gefallen zu finden. Von Prinzessin Agnes von Habsburg,
die schon als Kind einen Hang zu geistlichen Übungen zeigte und später die heiligmäßige Gemahlin des Königs Andreas von Ungarn wurde,
erzählt eine österreichische Chronik, sie habe sich stets vor derlei Darbietungen zurückgezogen: »Ir schëuchzet vor stechen und turniren in
dem haws ires vaterz.«[13]

Während der »Tjost«, der Zweikampf, in voller, schwerer Ritterrüstung ausgetragen wurde, sah man beim sogenannten Buhurt mehr auf
die schöne Buntheit der Gewänder, die Pracht der Helmzier und der
Pferde. Es waren reine, kunstvolle Reiterspiele, meist ohne Waffen oder
Waffeneinsatz dargeboten, wie sie vom eleganten französischen Hof ge-
liebt und bald auch beim deutschen Adel eingeführt wurden.

Turniere waren freilich nicht allzu häufig erlebte Höhepunkte des höfischen Daseins. Einige mag Ludwig bereits am österreichischen Hof mitge-
macht haben, aber auch dabei sind wir auf Mutmaßungen angewiesen.
Bezeugt ist, daß er mit seinem Bruder Rudolf beim Ritterschlag seiner
niederbayerischen Vettern in Landshut 1300 zugegen war. Es muß ein
großes Fest des Hauses Wittelsbach gewesen sein mit zahlreichen gelade-
nen Gästen. Zusammen mit den Herzogsbrüdern Otto und Stephan
wurden noch 170 Ritter mit dem Schwert umgürtet. Ludwig selbst war

anscheinend damals noch zu jung. Erzbischof Konrad von Salzburg nahm die kirchlichen Zeremonien vor, die Bischöfe von Freising und Regensburg assistierten[14].
Und bei den anschließenden Tafelfreuden – worüber mögen die Herren gesprochen haben? Vermutlich über edle Rosse und gute Hunde, über

Musikanten aus dem »Renner« des Hugo von Trimberg

Falkenjagd und andere Jagdereignisse, über schöne Frauen und wohl auch über ihre Ländereien und die Probleme der Landwirtschaft; denn diese Edelleute waren in erster Linie Grundherren.
Gesang, Saitenspiel und Tanz gehörten neben der körperlichen Ertüchtigung in den Kanon der Erziehung zu höfischem Benehmen. Die eigentliche Hoch-Zeit der Minnedichtung war vorüber; das stilisierte Menschenbild des Ritters, der die Schönheit und Reinheit der »frowe« pries, war jedoch noch lange bestimmend für die Bildung der Fürstensöhne. Die Trauer des Sängers, der von der verehrten Dame abgewiesen wurde, hatte deren Ruhm noch erhöht. Dieses modische Spiel wurde

weitergespielt, obwohl schon der Größte der Minnesänger, Walther
von der Vogelweide (gest. um 1230), in seiner Spätzeit von dem ma-
nierierten Frauenideal abgerückt war und das Bild des blutvollen, natürlich liebenden Weibes in eine deutlich hervortretende Wirklichkeit
gesetzt hatte. Minnespiel und reales Liebesleben mag bei den heran-

Tanzlustige Mädchen aus dem »Renner« des Hugo von Trimberg

wachsenden Edelleuten ebenso auseinandergeklafft sein wie Traum und
Wirklichkeit.

Neben Minnesang und den epischen Werken der späten Stauferzeit
(Parzival und Willehalm, Artussage, Tristan und Isolde, Nibelungen-
lied), die immer und immer wieder abgeschrieben, vorgetragen und gelesen wurden, fanden Erbauungsbücher und geistliche Zweckliteratur
weithin Verbreitung. Sie dienten auch der religiösen Belehrung der jungen Ritter. Inwieweit der jugendliche Ludwig der Bayer vom musi-
schen Unterricht beeindruckt und geformt wurde, ist nicht nachweisbar. Ob er sich etwa im Saitenspiel, im Verfassen und Rezitieren von

Versen hervortat, wissen wir nicht. Sicher war er bei mancherlei Gele-
genheiten mit der Welt der Musik in Berührung gekommen: Auf den
Turnieren fanden sich immer auch Spielmannsgruppen ein, und alles,
was es an Streich-, Blas- und Schlaginstrumenten gab, war dort vertreten. Diese Spielleute folgten – zusammen mit Gauklern und Spaßma-
chern – auch dem Kriegstroß; sie standen in geringem Ansehen, und ihre verlockenden Reigenlieder wurden häufig von der Geistlichkeit ge-
brandmarkt. An die Höfe kamen sie wohl kaum, hier durften sich nur
adelige Sänger zum Vortrag melden; sie werden auch den Knaben ihre
Kunst vermittelt haben.

In den Burgkapellen und in den großen Kirchen der Städte war eine andere Art von Musik zu hören: Es war jene, die als Abglanz der in Gott
begründeten Harmonie der Welt betrachtet wurde, die in vielen zeitgenössischen Darstellungen von Engelskonzerten Ausdruck fand. Die offizielle liturgische Musik war der gregorianische Choral, durch chori-
sche Einstimmigkeit gekennzeichnet, in frei schwebender Rhythmik
vorgetragen. Aber schon konnte man mancherorts neue Klänge hören:
eine Auflockerung der Grundmelodie (cantus firmus) durch Stimmen,
die sie frei umspielten. Nur wenige Jahrzehnte sollten vergehen, bis –
von England, Frankreich und den Niederlanden kommend – sich eine
»ars nova« durchsetzte, wobei gleichzeitig geführte Melodien sich zu
einem mehrstimmigen Klangbild fanden. Und diese Mehrstimmigkeit
erfüllte bald die ringsum aufwachsenden gotischen Gotteshäuser.

In ihnen brachen sich Stilelemente Bahn, die in Frankreich geboren und
zur klassischen Reife gelangt waren. Die Habsburger waren mit der
neuen Baukunst in ihren Ländern am Oberrhein früh in Berührung gekommen. Bereits Rudolf I. hat sie »als Vehikel politischer Intentionen«[15] eingesetzt, indem er ein Nonnenkloster in Tulln zur Erinnerung
an seinen Sieg über Ottokar von Böhmen gründete und sehr eng an sein
Haus band (Begräbnisse der Habsburgerkinder). Die Statuen des Stif-
terpaares und seiner Nachfolger an den Chorpfeilern erinnern an die sogenannten Königsgalerien der Kathedralen von Reims, Chartres und
Amiens: In ihnen dokumentierte sich sinnfällig der geistliche Rang der
mit heiligem Öl gesalbten Herrscher. In Frankreich hatte sich nämlich
das religiöse Empfinden in besonderer Weise dem aufkeimenden nationalen Bewußtsein verbunden. So konnte das Kloster mit der Grablege
des französischen Schutzheiligen Dionysius, St. Denis in Paris, zu einem Mittelpunkt der Königspolitik werden.

Bei der gewaltigen Zisterzienserkirche Heiligenkreuz (westlich
Wiens), deren feierliche Einweihung 1295 der junge Bayer miterlebt

haben könnte, ist der Formenschatz (z. B. beim Maßwerk der Fenster)
schon weiter fortgeschritten als bei der Hallenkirche von Tulln. Auch
das für die hohe Gotik sehr wesentliche Motiv der Doppelfenster, das
ein Wechselspiel von Streben und Pfeilern erfordert, ist hier schon sicher durchgeführt. Das äußerst komplizierte System konstruktiver
Streben, das den französischen Kathedralstil kennzeichnet und bereits
beim Neubau der deutschen Bischofskirchen von Köln und Straßburg
aufgegriffen wird, geht folgerichtig aus der Idee der Kathedrale, aus ihrer mystischen Konzeption, hervor: Die in riesige, leuchtende Glasgemälde verwandelten Wandflächen verweisen auf das paradiesische
Licht, die Kathedrale ist das irdische Abbild der strahlenden Himmels-
stadt, von der die Apokalypse berichtet[16].

Schule der Politik

Der Alltag des Lebens am Hof zu Wien bestand für den Herzog und seine Ratgeber aus politischen Gesprächen und Verhandlungen, Arbeit in
der Kanzlei zu Hause oder mühsamen Ritten durch die Länder zu Ver-
waltungsbeamten, die sich zu rechtfertigen und neue Weisungen zu
empfangen hatten. Was mag Ludwig von den politischen Belangen der
österreichischen Staatsregierung, von den Sorgen und Unternehmungen seines Oheims bewußt geworden sein? Hat man ihn und die Prinzen frühzeitig eingeweiht, erfuhr er so etwas wie eine »Schule der Politik«? Jedenfalls spielen die zu dieser Zeit geschaffenen politischen Verhältnisse auch in Ludwigs späterer Politik eine Rolle, so daß sie hier
nicht außer acht gelassen werden dürfen.
König Rudolf, der in den ersten Regierungsjahren als erfolgreicher
Friedensfürst gepriesen worden war, hatte sich zuletzt als politisch wenig glücklich erwiesen. Als Herzog Albrecht dann das Erbe antrat, sah
er sich an der Spitze eines Länderkomplexes, der vom Oberrhein bis
Ungarn reichte, aber noch nicht zu einem einheitlichen politischen und
verwaltungsrechtlichen Gebilde zusammengeschmolzen war. In der
Steiermark z. B. erwiesen sich die landesherrlichen Einkünfte als viel
höher als etwa in Österreich, wo zahlreiche Zölle, Münz- und Gerichts-
rechte verpfändet waren[17]. Albrecht verstand es, seine Rechte zu nutzen und zu erweitern. Von den babenbergischen Gütern ließ er genaue
Verzeichnisse erstellen und griff rigoros ein, wo Sonderrechte die eigenen einzuengen drohten. Mit sicherem Instinkt wählte er tüchtige Beamte und setzte sie geschickt zu seinem Nutzen ein. Abt Heinrich von
Admont z. B., den er zum Finanzverwalter der Steiermark bestimmte,

war ein nahezu genialer Wirtschaftsfachmann, der dem einheimischen Adel recht unbequem auf den Leib rückte. Gerade in der Steiermark war die Opposition oft sehr gefährlich, und die Aufsässigen wußten ihren Druck gegen das neue Regiment zu stärken durch Bündnisse mit dem Salzburger Erzbischof und den niederbayerischen Herzögen, die das Wachstum Habsburgs ohnehin mit scheelen Augen verfolgten (s. S. 20). Vielleicht war das Niederschlagen eines steirischen Aufstandes 1291 sogar der Grund dafür, daß Albrecht sich nicht mit ganzer Energie den Vorbereitungen zur Königswahl widmen konnte, und daß er demzufolge die Reichsinsignien an den weit weniger potenten Adolf von Nassau ausliefern mußte.

Man nahm diese Habsburger, deren Stammlande weit im Westen zwischen Aare und Reuß und im Oberelsaß lagen, damals noch nicht als Einheimische in den Ostlanden an. Man nannte sie bissig »Schwaben«, warf ihnen vor, sie behandelten die alten Babenbergerlande nur als Kolonie, die man ausbeute, um den Gewinn wieder in die vielgeliebten Stammlande zu stecken. Auch in Wien hatte Albrecht beträchtliche Schwierigkeiten. Wien war neben Köln die größte Stadt auf deutschem Boden – aber sie war nicht Herzogs-, sondern Reichsstadt, und der Rat war mächtig. Dazu kam, daß Albrecht die finanzielle Hilfe der Juden von Wien nicht entbehren konnte, ihnen daher seinen besonderen Schutz angedeihen ließ, was wiederum nicht zu seiner Beliebtheit bei den Bürgern beitrug.

Wien war damals überhaupt ein heißes Pflaster. Im Jahre 1296 spitzte sich die Lage dermaßen zu, daß es zu einem Aufstand der breiten Volksmassen gegen das Patriziat kam. Der soziale Gegensatz zwischen den wohlhabenden Geschlechtern und den notleidenden Handwerkern war groß. Diesen fehlte es an den nötigsten Nahrungsmitteln und an Brennstoff, den sie für ihre Werkstätten dringend brauchten. Das ging so weit, daß sie ihr Werkzeug und ihren Materialvorrat versetzen mußten, um die Familien über Wasser halten zu können. Der Hunger der Massen war eine Macht, die selbst für die Burg zur Bedrohung wurde. »... der povel gemeiniclichen / drangen an die rîchen / und wolden si verderbet hân«, sagt die Steirische Reimchronik unmißverständlich[18]. Der Rat der Stadt mußte sich den Forderungen der Handwerker unterwerfen und die alten Rechte des Volkes bestätigen. Neue Schichten begannen sich in den Städten nach oben zu schieben, und diese gewannen in der großen Politik mehr und mehr an Gewicht.

Für die Habsburger bedeutete es eine nicht geringe Erschwernis, daß ihr territorialer Besitz keine homogene Masse war – wie das weitgehend beim Herzogtum Bayern der Fall war –, daß zahlreiche kleine Herrschaftsgebiete mit eigenen Hoheitsrechten – u. a. Besitz der Freisinger, Bamberger, Salzburger Bischöfe – eingesprengt waren. Es ist verständlich, daß diese den Habsburgern, deren dynastischen Expansionstrieb sie zu fürchten hatten, nicht immer freundlich gesinnte Nachbarn waren. Auch dies kann als frühe Erfahrung für Ludwig den Bayern angesehen werden, der später alles daransetzen sollte, die bayerischen Lande unter eine einheitliche politische und verwaltungsmäßige Führung zu bekommen.

Böhmens Freundschaft hatte man sich zu sichern geglaubt, als man König Wenzel II. die Schwester Albrechts, Guta, zur Gemahlin gab. Aber ihr Einfluß war großen Schwankungen unterworfen, und die Beziehungen zu dem nicht nur politisch unbeständigen Wenzel erwiesen sich als schwierig. Wie oft wurde in den nächsten Jahren der Versuch unternommen, das böhmische Problem auf dem Weg der Verschwägerung anzugehen! Arme kleine Prinzessinnen wurden hin und her geschoben auf dem politischen Schachbrett.

Im Südosten war Ungarn auf Jahre hinaus ein Unruheherd: König Rudolf hatte es als Reichslehen an seinen Sohn Albrecht gegeben, aber nach mehreren Fehden mußte dieser auf die vom einheimischen Adel angefochtene Krone verzichten.

Wachsende Unzufriedenheit mit den Vögten der Habsburger, die nicht selten in die eigene Tasche wirtschafteten, gab es auch im Westen, im Gebiet der nachmaligen Schweiz. 1291 war es gleich nach dem Tod König Rudolfs zur Rebellion gegen Übergriffe der herzoglichen Beamten gekommen, und auch nach der Niederwerfung des Aufstandes blieb der Krisenherd dort bestehen.

Ob all diese Unruhe im In- und Umland bis in die Studierstuben bzw. zu den Ausbildungsstätten der Knappen drang? Ob sie ihre Schatten auf das Leben am Hofe warfen? Ob Ludwig eine erste Ahnung vom politischen Spiel – seiner Gefährlichkeit, seinem Reiz – mitbekam? Erst später, als Albrecht seine Königswahl durchgesetzt hatte, ist er mehrmals in der Nähe des Oheims nachzuweisen, und bei dessen politischen Unternehmungen erhielt er seinen eigentlichen Denk- und Anschauungsunterricht auf diesem Gebiet. Ob ihn dieser hochbegabte Politiker auch menschlich beeindruckt, durch seine autoritäre, kühne Ritterlichkeit zur Bewunderung hingerissen, oder durch seine nüchterne, allem religiösen Pathos abholde Art abgestoßen hat – wir wissen es nicht.

An familiären Aufregungen wird er mit einiger Sicherheit jene schlimme Krankheit miterlebt haben – wenigstens dem Hören bzw. den sichtbaren Folgen nach –, die Albrecht 1295 überfiel, mitten im kriegerischen Vorgehen gegen die fehdelustigen niederbayerischen Wittelsbacher. Bauchkrämpfe scheinen die Ärzte als Vergiftung gedeutet zu haben. Wieviele Fehldiagnosen hat in dieser Epoche die irrsinnige, vielleicht nicht ganz unberechtigte Angst vor Gift gezeitigt! Um den giftigen Magen-Darm-Inhalt abfließen zu lassen, hing man den Herzog für eine gute Weile an den Füßen auf, eine Behandlung, die ohne weiteres zum Erstickungstod hätte führen können. Der Kreislauf des Patienten brach denn auch völlig zusammen. Man hielt ihn für tot, die Kunde verbreitete sich rasch. Die Herzogin, die eben eine ihrer 21 Geburten hinter sich hatte – die Tochter Katharina war zur Welt gekommen –, eilte herbei und pflegte ihn mit Hingabe. Der Herzog genas, aber infolge des Blutandranges hatte er ein Auge verloren, was ihm zeitlebens ein abstoßendes Aussehen gab, oder anders gedeutet (Steirische Reimchronik): »... diu gift ein ouge im zefuorte / und zebrach in den stern, / daz er sîn fürbaz muost enpern.«[19]

Von Prag nach Göllheim

Wir wissen nicht, in welcher Weise der junge Bayer während seiner Wiener Jahre mit der Heimat Kontakt pflegte, ob Briefe und Boten zu Mutter und Bruder gingen, ob er zu Besuchen nach München kam. Immer mehr entwickelten sich die beiden Häuser Habsburg und Wittelsbach auseinander, und Ludwig erschien wie ein Pfand für eine ungewisse Zukunft in der Hand Herzog Albrechts.

Pfalzgraf Rudolf war nicht nur in seinem eigenen Land durch die Heirat mit der Nassauerin der Kontrolle des vom König eingesetzten »Regentschaftsrates« unterworfen, er wurde mehrmals auch zu Gefolgschaftsdiensten außer Landes herangezogen. Bereits im September 1294, als Adolf gegen Meißen zog, leistete er Waffenhilfe. König Adolf hatte die Markgrafschaft als erledigtes Reichslehen eingezogen und auch Thüringen in Besitz genommen; so hatte er versucht, seine Hausmacht in Mitteldeutschland um das Erbe der Wettiner zu erweitern. Dabei war er sowohl mit Erzbischof Gerhard von Mainz, der in Thüringen bedeutende Ländereien besaß, als auch mit König Wenzel II., der alte Ansprüche seines Hauses auf Meißen geltend machte, in Konflikt gekommen. Dies sollte sein Verhängnis beschleunigen.

Zu dieser Zeit mehrten sich die Schwierigkeiten im Westen des Reiches zwischen Frankreich und England, das seine Besitzungen auf dem französischen Festland bedroht sah. König Eduard I. suchte ein Bündnis mit

dem deutschen König, um Rückendeckung für eine bevorstehende kriegerische Auseinandersetzung zu haben. Auf Adolfs Seite war Erzbischof Siegfried von Köln maßgebender Unterhändler. Dieser ging so
weit, sich auf einen förmlichen Dienstvertrag mit dem englischen König einzulassen und ihm den Treueid zu leisten. Nicht nur dieser deutsche Fürst versprach sich großen finanziellen Gewinn von England, viele andere Große (u. a. der Herzog von Brabant) im Nordwesten des
Reiches und auch König Adolf selbst erhielten beträchtliche Geldsummen. Diese Subsidien wurden zur Anwerbung und Besoldung von
Truppen benötigt, mit denen man ein gemeinsames Vorgehen gegen
Frankreich bewerkstelligen wollte. Am 31. August 1294 kam es dann
zu einer offenen Kriegserklärung König Adolfs an Philipp von Frankreich, wobei die Einflußnahme in der zum deutschen Lehensverband
gehörenden Freigrafschaft Burgund und die Vorstöße Frankreichs im
Gebiet Hennegau-Flandern zu den Hauptpunkten der deutschen Beschwerden gegen Frankreich gehörten. Auch Heinrich von Luxemburg,
der nachmalige König Heinrich VII., hatte sich in französische Abhängigkeit begeben und war Philipp dem Schönen kriegspflichtig.
Ein Krieg gegen Frankreich kam jedoch nicht zustande. Die Verhältnisse ähneln weitgehend jenen unter Ludwig dem Bayern (etwa vierzig
Jahre später): Der deutsche König und seine Anhänger erhielten zur
Rüstung gegen Frankreich Gelder von England, während ein Teil der
Reichsfürsten auf französischer Seite stand. In beiden Fällen ist wohl
das Hinauszögern des Kampfes dem verspäteten Aufbruch der englischen Truppen zuzuschreiben. Dazu kam beide Male das Eingreifen des
Papstes. 1297/98 hatten die Mahnschreiben Bonifaz' VIII. an die englische und deutsche Adresse zur Folge, daß ein Waffenstillstand abgeschlossen wurde. Die drohende Gefahr eines Zusammenwirkens der
Kurie mit den geistlichen Kurfürsten, die aufgefordert waren, bei Unnachgiebigkeit dem deutschen König jede Unterstützung zu verweigern, stellte Adolfs Unternehmung von vornherein in Frage. Das vom
Papst beanspruchte Schiedsrichteramt in Reichsangelegenheiten sollte
für ein halbes Jahrhundert noch Zündstoff liefern. Bonifaz war an einem Ausgleich der Mächte zu diesem Zeitpunkt deshalb interessiert,
weil die gesammelte Kraft Europas an einen Kreuzzug gewendet werden sollte.
Anfang des Jahres 1297 kam es wegen Mißhelligkeiten in den Territorien Flandern, Brabant und Hennegau wiederum zur Kontaktaufnahme
mit England und zu erneuten Kriegsrüstungen König Adolfs. Als Philipp von Frankreich im Juli in flandrisches Gebiet einfiel, schiffte sich

Eduard von England mit einem Heer ein; aber als er in Flandern eintraf, waren die Franzosen bereits in siegreichem Vordringen, und Adolf war an den Oberrhein gezogen, wo er Streitkräfte anwarb, auch Pfalzgraf Rudolf wurde wieder verpflichtet. Da es aber inzwischen erneut zu einem Waffenstillstand zwischen England und Frankreich gekommen war, konnte Adolf das Risiko eines Alleinganges gegen Frankreich nicht auf sich nehmen und entließ die bei Frankfurt versammelten Verbündeten aus der Verpflichtung der Heerfahrt. »Wie hätte Adolf unter solchen Umständen den Dingen eine andere Wendung geben können? Seine Machtmittel waren unzureichend, aber er hat der Abbröckelung der Westgrenze des Reiches doch wenigstens mit fremder Hilfe Einhalt zu tun versucht. Daß es ihm im entscheidenden Augenblick unmöglich war, damit etwas auszurichten, das kann nicht ihm zur Last gelegt werden, sondern höchstens seinem Nachfolger und denen, die diesen zum König wählten.«[20]

Über Adolfs Haupt begann sich eine Unheilswolke zusammenzuziehen. Bereits im November 1296 hatte Peter von Aspelt als böhmischer Kanzler – er hatte zugleich das Bischofsamt von Basel inne – den Mainzer Erzbischof Gerhard nach Prag gebeten, damit er die längst fälligen Krönungszeremonien an Wenzel II. und seiner Gemahlin vornehme. Peter von Aspelt: bei diesem Mann, der die Geschicke Deutschlands und damit Europas in den folgenden zwanzig Jahren mitbestimmte, lohnt es sich zu verweilen. Er stammte aus einem den Luxemburgern dienstbaren Ministerialengeschlecht und war als Arzt am Hofe der Habsburger (seit 1286) zu Ansehen und Einfluß gelangt. Als dann die Königstochter Guta dem Böhmenkönig Wenzel II. angetraut wurde, fand sich keiner, dem man die Beziehungen Österreichs zu diesem gefährlichen Nachbarn im Osten getroster anvertrauen konnte, als Peter von Aspelt. Er übernahm die böhmische Kanzlei in Prag und sorgte dort für ein prohabsburgisches Klima, blieb aber weiterhin Berater Herzog Albrechts. Für das ihm übertragene Bistum Basel mußte er seinerseits auf Vertrauensleute zurückgreifen. Noch konnten die Habsburger nicht ahnen, daß sie durch die Installation dieses Mannes im Osten und im Westen ihrer Länder dazu beitrugen, einen Ring luxemburgischen Einflusses um Mitteleuropa zu legen.

Der Schwerpunkt des Bistums Basel lag nördlich der Stadt am Oberrhein – elsässische Städte wie Mülhausen oder Colmar gehörten dazu –, dort wo sich auch die Stammlande der Habsburger befanden. Dies hatte in der Vergangenheit zu erheblichen Spannungen geführt. Es war selbstverständlich, daß die zur Macht gekommenen Habsburger ver-

suchten, auf diesen wichtigen Bischofsstuhl Männer ihres Vertrauens
zu lancieren. Die Bischöfe zählten ja in der Regel zu den führenden
Köpfen und wurden bevorzugt zu diplomatischen Missionen von ihren
Landesherren herangezogen. Sie waren zudem mit ihren Untertanen
zur Heeresfolge verpflichtet und sind in Wort und Bild nicht selten als
schwertführende Kämpfer dargestellt. So war Bischof Heinrich von Basel z. B. eine wesentliche Stütze Rudolfs von Habsburg in der Entscheidungsschlacht von Dürnkrut gegen Ottokar[21]. König Rudolf ließ seine
Gattin und zwei ihrer Söhne im Baseler Münster beisetzen, was eine
hohe Auszeichnung für die Stadt und den Bischof bedeutete.

Nun hielt also ein so hervorragender Politiker wie Peter von Aspelt seine Hand sowohl über Basel wie über Prag. Das für Pfingsten 1297 von
ihm initiierte Krönungsfest des böhmischen Königs wurde zu einem
der bedeutendsten höfisch-diplomatischen Ereignisse des ausgehenden
13. Jahrhunderts. Der Steirische Reimchronist schildert in aller ihm eigenen Breite den ungeheueren Prunk, mit dem sich die Fürsten am Krönungstag zeigten, ihre nahezu renaissancehafte Lust an pompösen Auf-
zügen und Tafeleien. Herzog Albrecht tat sich nicht nur hervor durch
die mit Hunderten von Edelsteinen besetzten Gewänder, sondern auch
durch die Großzügigkeit, mit der er das Volk speiste und sich den fahrenden Spielleuten als gnädiger Herr erwies. Sie wußten es ihm durch
ihre Propagandatätigkeit zu danken: »... die sungen manic liet / ze lobe
und ze prîs / von Österrîch dem fursten wîs.«[22] Es war ein Fest, das
nichts zu wünschen übrig ließ. Natürlich mußte die Pracht der Krönung auch an Wenzels Gemahlin, der Schwester Albrechts, zur Schau
gestellt werden: Man nahm da keine Rücksicht auf die im Kindbett lie-
gende Frau, sie mußte die langwierigen Zeremonien über sich ergehen
lassen – »daz kam ir übel hernâch«[23]. Schwertleite (»ritterlicher segen«)
für zahlreiche Jungherren und Buhurt gehörten mit zum Programm.

Die Krönungstage boten Gelegenheit, die wichtigsten Reichsfürsten in
Gespräche zu verwickeln und ein Netz von Intrigen auszulegen: Gerhard von Mainz befand sich wegen seiner Interessen in Thüringen bereits im Widerstreit zum König, ebenso Wenzel II., der in der Meißener
Angelegenheit nicht durchgedrungen war; Albrecht von Habsburg
zählte von Anfang an als ein Gegner Adolfs und warf ihm nun – wohl
zu Recht – die Unterstützung der Aufständischen in Österreich vor.
Auch die Kurfürsten von Sachsen und Brandenburg waren nach Prag
gekommen.

Anfang Februar 1298 kam es auf einem Fürstentag in Wien zu weiteren
Verhandlungen, bei denen es bereits um die Absetzung König Adolfs

ging. Die Macht der Fürsten war im letzten Jahrhundert in dem Maße angewachsen, in dem die Autorität des Königtums Verluste hinnehmen mußte. Es ist bezeichnend, daß sie sich nun bereits ohne den König zusammentaten, daß ihre Versammlung zum Kristallisationspunkt der politischen Meinung wurde. Das war ein Schritt hin zu jenen Reichstagen der kommenden Jahrhunderte, die teilweise ohne Führungshilfe des Königs Reichsprobleme zu lösen versuchten. Für den anfangs von der Interessenpolitik der Kurfürsten gestützten Adolf von Nassau mußte es zur Existenzfrage werden, wenn sich seine Wahlfürsten mit dem »königsfähigen« Haus Habsburg verbanden.

Albrecht von Habsburg organisierte nun mit der ihm eigenen Energie und Umsicht seinen Aufmarsch gegen Adolf. Um den Krieg nicht in den eigenen, für Aufstände so anfälligen Ländern zu haben, zog er dem König nach an den Rhein. Sogar mit dem niederbayerischen Erbfeind, Herzog Otto, verstand er sich zweckbedingt zu einem Vergleich (Februar 1298, Passau): Er bezahlte ihn nicht schlecht für den Durchzug seiner Truppen. Wer dabei die Hand im Spiele hatte und den Handel in Gang brachte, erfahren wir durch die Reimchronik Ottokars, der über die bayerische Herzogswitwe Mathilde berichtet: »... daz irem bruoder was daz beste, / des lie si niht belîben: / si begunde ouch ze trîben / iren jungern sun Ludwigen, / dem sagt si, er müeste stîgen / an frum und an êren.«[24] Dies ist wohl so aufzufassen, daß sie ihren Sohn anstachelte, sich offen auf die Seite Habsburgs zu stellen und auf seine Weise dazu beizutragen, daß das Ansehen Albrechts (»an frum und an êren«) im Reiche stieg.

War der junge Ludwig von Bayern mit unter Herzog Albrechts Gefolge[25], das durch Niederbayern und Oberbayern nach Westen zog? In Schwaben stießen die Kontingente der Steirer und Kärntner hinzu. Immer wieder wurden mehrtägige Pausen eingelegt, um Verhandlungen zu pflegen, Ritter anzuwerben, die Meinungen der Maßgebenden zu erkunden. Der Bischof von Straßburg und der oberrheinische Adel bildeten den Grundstock der Ratgeber, die Kurfürsten kamen hinzu.

Pfalzgraf Rudolfs Truppen standen am Rhein, und auch Otto von Niederbayern war – trotz des Passauer Friedensabkommens – unter den Anhängern König Adolfs. Die Wittelsbacher zeichneten sich gleich zu Beginn der Feindseligkeiten in einem Gefecht am Neckar gegen den habsburgfreundlichen Grafen Albert von Hohenberg-Haigerloch aus, was einiges Aufsehen erregte, da der in dieser Auseinandersetzung gefallene Ritter ein weitbekannter Minnesänger war.

Erzbischof Gerhard von Mainz hatte für den Frühsommer König und

Kurfürsten nach Mainz eingeladen, damit über die Notsituation des
Reiches beraten werde – eine ungewöhnliche Initiative von seiten des
Erzkanzlers. Neu war auch die Rolle der Kurfürsten als Richter über
den König. Adolf, der der Ladung nicht folgte, wurde der Prozeß erklärt: Eidbruch, Unruhestiftung, Bedrückung der Kirche und der Fürsten wurden ihm unter anderem vorgeworfen. Von den gleichen Kurfürsten, die ihn zum König erhoben hatten, wurde er am 23. Juni 1298
als »zur Herrschaft untauglich« abgesetzt – eine Parallele dazu bieten
wieder die Ereignisse der letzten Jahre Ludwigs des Bayern. Zu den dif-
famierenden Vorwänden der Absetzung gehörte auch die Entgegennah-
me von Hilfsgeldern ausländischer Fürsten. Daß Adolf diese Gelder aus
Habsucht (»gîtigkeit«) angefordert hatte, dürfte im Ernst kaum Überzeugung der Eingeweihten gewesen sein, wenn auch der Chronist folgendermaßen formuliert:

> »... seht daz wart im ze lône,
> daz in diu gîtigkeit überkam,
> daz er unverdienten solt nam.«[26]

Am gleichen oder folgenden Tag nach der Absetzung König Adolfs
wählten die Kurfürsten Herzog Albrecht von Österreich zum deutschen König[27]. Die Habsburger Diplomatie hatte gesiegt, die militärische Entscheidung ließ keine vierzehn Tage auf sich warten.

Fieberhafte Vorbereitungen auf beiden Seiten, eingeleitet durch die Feh-
deansage Albrechts von Habsburg und die Annahme der Herausforderung durch König Adolf. Wie üblich vor der Schlacht, hatten zahlreiche Knappen ihre große Stunde – war Ludwig unter ihnen? »... von sînen scharn ûf dem plan / ...wol hundert ritter er macht / jungcherren,
die des wâren wert, / daz si schilt unde swert / emphiengen nâch ritters
reht«[28]. Am Abend vor der Schlacht brachten die Ritter und Knappen
in Ordnung, was zu »Wehr und Waffen« gehörte: Das war – wie aus
zahlreichen Bilddokumenten hervorgeht – ein aus Ketten und Eisenrin-
gen geflochtenes enges Panzerhemd, das mit Arm- und Beinteilen versehen war, oder auch ein Schuppenpanzer, der aus Eisenschuppen bestand, die auf einer Stoff- bzw. Lederunterlage dicht aufgenäht waren;
diese Panzerung war jedoch nur am Kragen, an den Ärmlingen und Bei-
nen zu sehen, sonst wurde sie von einem ärmellosen Waffenrock be-
deckt. Ein Schild schützte den Leib des Ritters vom Hals bis zu den
Knien. Der Kopf war nahezu verhüllt von einem Topfhelm mit Seh-
schlitzen. Auf ihn wurden die Insignien des Rittergeschlechts aufgesetzt, »... von silber und von golde / wart ûf helm gebunden / manic
kleinôt zuo den stunden, / visch, vogel, tieren glîch«[29]. Wenn man be-

denkt, daß zu diesen schweren Eisenteilen noch die etwa zwei Meter lange Lanze und das Ritterschwert kamen, so bedeutete allein der Ritt zum Schlachtfeld für einen derart armierten Kämpfer schon eine Anstrengung. Die Schlacht fand in der Glut des Juli, noch dazu in einer der heißesten Gegenden Deutschlands, statt; für viele ging es um Leben und Tod.

Die Kärntner – unter Herzog Heinrich und Ulrich von Walsee – führten die Habsburger Schlachtordnung an, während die Bayern auf der Gegenseite die ersten Reihen besetzten und die Truppen König Adolfs mit Leidenschaft in den Kampf führten. Auf beiden Seiten war es ein Existenzkampf. Daß Habsburg seiner jungen Machtposition im Osten verlustig ging, falls Adolf der Sieg zufiel, war zu erwarten; auch Herzog Heinrich von Kärnten kämpfte um sein Erbe: Sein Vater, Graf Meinhard von Görz-Tirol, hatte einst Ottokar von Böhmen Kärnten abgenommen, das ihm dann von König Rudolf I. als Herzogtum zugesprochen worden war. Adolf würde als Sieger die Herausgabe der Herzogtümer Österreich und Kärnten erzwingen.

Rochus von Liliencron hat in einem historischen Lied »Göllheim 1298« ein Bild der Schlacht überliefert, das ein Dichter des beginnenden 14. Jahrhunderts, der selbst beteiligt war, verfaßt haben soll[30]. Daraus geht hervor, daß Albrecht schon durch die Wahl des Standorts – unter dem Donnersberg an der Primm – sehr im Vorteil war. Adolf, der südwestlich Göllheim auf dem Hasenbühel lagerte, griff in den Morgenstunden des 2. Juli 1298 an, übereilt, ehe das Fußvolk aus den ihm ergebenen Städten eintraf.

> »Von in da slag gen slag erhal
> daz heid und auch daz gruene gras
> mit bluote gar bezetet was.
> Ich sach zuo beiden siten
> gar ritterlichen striten...«

Adolf erlitt tödliche Verletzungen. Die Legende, er sei von Albrecht erdolcht worden, beruht nicht auf Tatsachen. Wieviele Ritter zu beklagen waren, läßt sich nicht ausmachen. Es heißt, daß etwa 1400 edle Rosse auf dem Schlachtfeld verendeten, und so mancher Edelmann seine Rückkehr in die Heimat zu Fuß antreten mußte[31].

Albrecht legte pro forma seine Macht in die Hände der Kurfürsten zurück, und diese wählten ihn nach drei Tagen von neuem. Die Krönung fand am 24. August 1298 in Aachen statt.

Wo befand sich der Bruder des geschlagenen Pfalzgrafen Rudolf zu dieser Zeit? Wir wissen nur, daß seine Mutter wiederum für ihn handelte, daß er also noch minderjährig war. Durch seine Mutter begann er die politische Laufbahn auf seiten Habsburgs: Sie vergab die Wahlstimme des Sohnes – eine sehr fragliche Stimme, die eigentlich dem älteren Bruder zustand – an Herzog Albert von Sachsen[32]. Es ist wahrscheinlich, daß sich der junge Ludwig in dem Krönungszug befand, der sich von Frankfurt über Köln nach Aachen bewegte.

Pfalzgraf Rudolfs Einsatz war in eine Katastrophe gemündet; neben seinem Schwiegervater hatte er zahlreiche tapfere Anhänger zu beklagen. Er zog sich auf seine Burg Heidelberg zurück. Mit sich nahm er den Vetter Otto von Niederbayern; er war in der Schlacht mehrfach verwundet worden und bedurfte dringend der Pflege. Auch ihm stand die Zukunft als bedrohliche Wolke am Horizont – mit einem Nachbarn, der den Groll aus alter Zeit verdoppelt hatte durch die Schwenkung Ottos nach dem Friedensabkommen (Passau, Februar 1298). Und dieser Mann war nun deutscher König, befugt, unbotmäßige Lehensträger durch Konfiszieren ihres Landes zu bestrafen, so wie einst Friedrich Barbarossa Heinrich den Löwen bestraft und des bayerischen Landes für verlustig erklärt hatte. Hinter Albrecht stand eine gesicherte Macht und ein geballter Herrscherwille; aber auch Otto von Niederbayern war nicht der Mann, sich geschlagen zu geben und zu resignieren.

Der Reichstag zu Nürnberg

Wie seine Wesensart nicht anders erwarten ließ, war Albrecht von Habsburg zwar ein kluger, aber kein gnädiger Gewinner. Selbstsicher und siegesgewiß hatte er schon Monate vor Göllheim Gebiete der potentiellen Verlierer veräußert: Um den unzuverlässigen Schwager, König Wenzel II. von Böhmen, für die eigene Wahl zu gewinnen, hatte er ihm Güter aus dem Konradinischen Erbe verpfändet; der letzte Staufer, 1268 bei Neapel enthauptet, war Sohn einer niederbayerischen Herzogstochter gewesen, und der Schwager Konradins, Herzog Heinrich von Niederbayern, und dessen Nachfolger, beanspruchten mit Recht den Nachlaß (s. S. 14). Albrecht verfügte bereits am 12. Februar 1298 über einen Teil dieser Güter und sprach sie nun als König der böhmischen Krone zu: Es waren die Länder um Floß, Parkstein und Weiden im Nordgau sowie das Egerland und das Pleißener Land mit Altenburg[33]. Der geschlagene Niederbayer hatte dies zu akzeptieren.

Für Pfalzgraf Rudolf kamen erniedrigende Jahre. Um seiner Herzogswürde und all seiner Habe nicht verlustig zu gehen, hatte er sich zu fügen. Er mußte an der zweiten Wahl Albrechts teilnehmen, und dieser

entließ den Besiegten auch nach dem Wahlakt nicht aus seinem Dienst:
Rudolf hatte ihm zur Krönung nach Aachen zu folgen, er mußte ihn
auf den Reichstag nach Nürnberg begleiten. Für den 16. November
1298 hatte König Albrecht nämlich in der volkreichen und durch Tradition geweihten Reichsstadt seinen ersten Reichstag angesetzt. Man
spürte, daß ein anderer Wind durch die deutschen Lande wehte. Es wurde einer der glänzendsten Hoftage der Nachstauferzeit, gut besucht von
weltlichen und geistlichen Fürsten, die mit banger Wachsamkeit den
neuen Kurs verfolgten. Sämtliche bayerischen Bischöfe waren anwesend, ebenso die beiden feindlichen Brüder Rudolf und Ludwig. Eine
vordergründige Aussöhnung mag dort betrieben worden sein.
Rudolf hatte beim Festmahl das traditionelle Ehrenamt des Pfalzgrafen
als Erztruchseß zu übernehmen. Der Markgraf von Brandenburg und
der Herzog von Sachsen leisteten ebenfalls symbolische Reichsdienste,
»all ân widerrede dâ«, wie ein österreichischer Chronist mit Genugtuung vermerkt. Übrigens weiß dieser auch von einem heftigen Streit der
Fürsten – besonders des Kölner mit dem Mainzer Erzbischof – um die
Plätze in der Nähe des Königs[34].
Dieses nach außen so glanzvolle Fest, bei dem das Menschenmögliche
an Pracht und Darbietungen aufgeboten wurde, war im Grund erfüllt
von ungeheueren Spannungen. Das erste große Ereignis dieser Tage: die
Krönung von Albrechts Gemahlin Elisabeth von Görz-Tirol zur deutschen Königin durch Erzbischof Gerhard von Mainz. Eine eindringli-
che Schilderung, der man die Lust am schönen Detail anmerkt, gibt der
Steirische Reimchronist von den Vorbereitungen dieser Krönung. Albrecht hatte Erzbischof Konrad von Salzburg gebeten, seine Gemahlin
nach Nürnberg zu geleiten, ein ehrenvoller Auftrag, der den Erzbischof
endgültig für die Sache Habsburgs gewinnen sollte. Groß scheint die
Vorfreude der künftigen Königin gewesen zu sein, strahlend teilte sie
ihren Kindern die ehrenvolle Erhöhung durch den Vater mit:

»... ahei, waz si freuden phlac
und allez ir gesint!
diu vil zarten kint
dester lieplich si an sach,
dô ir ir herz verjach,
waz in guots und êren
ir vater kunde mêren;
vor grôzer liebe si si kuste.
des lebens si geluste
verrer baz dann ê.«[35]

Im ganzen Land ging es an ein fieberhaftes Schneidern und Nadeln. Gold- und Silberstickereien wurden gefertigt, Kleinodien geschmiedet, Edelsteine auf golddurchwirkte Kleider genäht, Hermelin verarbeitet. Zwölf Edelknechte und zahlreiche Ritter befanden sich im Geleit der Herzogin, als der Erzbischof sie in Wien einholte. Sie zogen nach Böhmen, wo König Wenzel sie festlich empfing. Die abermals vergrößerte Gesellschaft wandte sich nun nach Nürnberg; der Zug war so groß – wie Augenzeugen berichten –, daß das Gras von ihm dermaßen zertreten wurde, als wenn es gesengt gewesen wäre – ein Schauspiel, das den Betroffenen teuer zu stehen kam. Der König ritt der Gattin entgegen, und unter Jubel und Glockengeläut hielt die Festgesellschaft in Nürnberg Einzug.

Es waren so viele Ritter gekommen, daß für die Krönung in der Kirche eine strenge Einlaßkontrolle angeordnet werden mußte:

> »... dâ lie man ouch nieman inne,
> wan die dâ heten herren nam.«[36]

Albrecht stand in vollem Ornat neben der prächtig gekleideten Königin.

Am nächsten Tag fand eine Beratung der Fürsten statt, die das wichtigste Ereignis des Nürnberger Hoftages einleitete: die Belehnung der Habsburger Rudolf, Friedrich und Leopold, sowie der noch minderjährigen Prinzen mit Österreich, Steiermark, Krain, der Windischen Mark und Pordenone. (Die letztgenannten Gebiete wurden weiterverliehen an Meinhard II. von Tirol.) Die Zustimmung der Kurfürsten wurde eingeholt, eine feierliche Investitur mit Szepter und Fahne vollzogen. Die Belehnung erfolgte nach althabsburgischem Recht »zur gesamten Hand«, die Söhne waren also gleichberechtigt an der Regierung dieser Länder. König Albrecht empfahl ihnen jedoch mit väterlicher und königlicher Autorität, ihren älteren Bruder Rudolf als »Herren« anzuerkennen. Die jungen Herzöge huldigten dem Vater als König, leisteten den Lehenseid, und König Albrecht hat von da an den Herzogtitel nicht mehr geführt, wie es nach deutschem Königsrecht üblich war.

Damals war auch der siebenjährige Neffe Johann, der spätere Mörder Albrechts, anwesend. Als Sohn des verstorbenen Herzogs Rudolf II., des ältesten Sohnes König Rudolfs von Habsburg, stand ihm ein Fürstentum (laut Hausordnung von 1283) oder eine entsprechende Abfindung zu. Diese Rechte wurden ihm zwar nie abgestritten, ihrer Verwirklichung aber wußte sich Albrecht hier in Nürnberg wie auch in den folgenden Jahren zu entziehen.

Und noch ein weiteres düsteres Moment scheint das Fest für kurze Zeit getrübt zu haben: Die Exkönigin, die Witwe Adolfs von Nassau, warf sich in einem dramatischen Auftritt dem König zu Füßen und bat um die Freilassung ihres Sohnes Ruprecht. Er war bei Göllheim in die Hände des Mainzer Erzbischofs gefallen und schmachtete seither in Gefangenschaft. Als Albrecht ausweichend antwortete, brachte es die unglückliche Frau sogar über sich, die Nachfolgerin auf dem Thron um Gnade anzuflehen; aber auch von ihr, die dem König mit Leib und Seele zugetan und untergeben war, konnte sie zunächst keine Hilfe erfahren[37]. Weitere politische Fäden wurden gezogen: Eine Verlobung des böhmischen Königssohnes Wenzel (III.) mit einer ungarischen Königstochter sollte im Osten den aggressiven Geist besänftigen und befriedete Verhältnisse schaffen. Und nun wandte sich Albrechts politischer Wille einem Projekt zu, das er schon seit Jahren mit Aufmerksamkeit, aber schwankender Chance verfolgt hatte: dem Bündnis mit Frankreich.

Albrechts französische Politik und der Kampf mit den Kurfürsten

Das Bündnis mit Frankreich war für Albrecht schon zu Adolfs Zeiten von großer Bedeutung gewesen als Gegengewicht zu dessen Verträgen mit dem englischen König. Auch gegen das immer rigoroser vorgehende Papsttum unter Bonifaz VIII. schien diese Liaison das gegebene Druck- und Ausgleichsmittel. Der Habsburger hatte eine Tochter zu bieten, der französische König einen Sohn – aber dann disponierte man wieder um ʻund faßte eine Verbindung von Albrechts Sohn Rudolf (III.) mit der Schwester Philipps IV. von Frankreich, Prinzessin Blanche, ins Auge. Gesandtschaften waren schon seit 1295 hin- und hergegangen. Nach der Königskrönung Albrechts nahmen die Verhandlungen Gestalt an. Im Dezember 1298 und im April des nächsten Jahres trafen die beiden Könige in Lothringen (Neufchâteau und Quatrevaux bei Toul) zusammen. Zunächst verbarg man sich hinter dem ritterlichen Zeremoniell: Die Gefolgsleute bildeten einen weiten, geschlossenen Ring, die beiden Herrscher stiegen vom Pferde, und Philipp schritt dem Gast galant entgegen, »sînen hout er ab nam / und enphie in minniclich«[38]. Philipp und Albrecht waren ein ungleiches Paar: Albrecht, von wenig ansprechendem Äußeren, mit der toten Augenhöhle eher abstoßend, in seinem Wesen derb-nüchtern, fand sich einer äußerst gepflegten, majestätischen Erscheinung gegenüber. Philipp war sehr gebildet, im Gespräch von ruhiger Zurückhaltung, aber bestimmt und

zielgerichtet. Ein »tulmetsch« übersetzte die gegenseitigen Höflichkei-
ten, dann begab man sich in den Ort, und am nächsten Tag begannen
harte Verhandlungen. Zwei ehrgeizige Herrscher mit hochfliegenden
Plänen waren aufeinandergetroffen, keiner deckte seine Karten wohl
ganz auf.

Albrecht war zu Zugeständnissen an der deutschen Westgrenze bereit:
Das von Frankreich schon besetzte linke Maasufer wurde preisgegeben;
über weitere strittige Fragen (Burgund, Arelat) sollte ein Schiedsgericht entscheiden. Doch waren Frankreichs Ziele noch höher gesteckt.
Die Gesamtbelehnung der Söhne Albrechts sollte zugunsten des Bräutigams und seiner Braut aufgehoben werden. Tatsächlich fand sich der
deutsche König bereit, das Sukzessionsrecht dahingehend zu beugen
(August 1299), daß Rudolf III. und Blanche sowie den Nachkommen
aus dieser Ehe die Herrschaft in den ehemals babenbergischen Ostlän-
dern zugesprochen wurde. Die Brüder Rudolfs wurden kraft königlicher Willensäußerung und mit Zustimmung der Kurfürsten zum Verzicht bestimmt. Das bedeutete eine Regelung der Erbfolge nach dem
Prinzip der Primogenitur. Nur bei Kinderlosigkeit des Paares sollten
die alten Bestimmungen in Kraft treten, und dies war schließlich auch
der Fall, da die Ehe tatsächlich kinderlos blieb.

Für Albrecht, der zu diesem Zeitpunkt unangefochtener König und
Herr der habsburgischen Ländermassen war, mag dieses Abkommen
nicht die Bedeutung von Zugeständnissen gehabt haben. Für ihn war es
ein Schritt näher zu dem Ziel, eine kraftvolle deutsche Erbmonarchie
zu schaffen, wie sie in den westeuropäischen Ländern bereits bestand
und in Deutschland bisher u. a. durch die Politik der Kurfürsten vereitelt worden war.

Das mehrmalige Treffen der Könige hatte politische Emotionen in Bewegung gesetzt, Gerüchte schwirrten, wurden sicher auch absichtlich
ins Land gestreut von jenen, die das Projekt stören wollten. Und dies
waren nicht zuletzt die rheinischen Kurfürsten, die eben noch dem neu-
en König zu Diensten gewesen waren und nun erschreckend dessen Ei-
genwilligkeit und Energie erfahren mußten. Albrecht wolle alle Gebiete
links des Rheins preisgeben, auch die Reichsgebiete im Arelat und in
Oberitalien, hieß es. Die Erzbischöfe von Mainz und Köln protestierten heftig gegen die Vergabe von Reichsgut, verließen den Verhand-
lungsort und verweigerten ihre Willebriefe zu dem Freundschaftsvertrag mit Frankreich.

König Albrecht blieb bei der eingeschlagenen politischen Linie. Sein
Sohn Rudolf III. begab sich im Februar 1300 auf die Reise, und an

Pfingsten fand in Paris die Hochzeit statt. Um diese Zeit war eine gemeinsame deutsch-französische Gesandtschaft bei der Kurie eingetroffen, um die Kaiserkrone zu beantragen und so die Sohnesfolge im Hause Habsburg zu sichern; denn wenn Albrecht auch bereit war, ein kleines Stück Reichsgebiet – die westlichen Stücke der Grafschaft Bar an der Maas – zu opfern, so gilt doch von seiner Außenpolitik, daß er nur opferte, um zu gewinnen[39]. Albrecht hatte erkannt, welche Gefahr das erstarkte Kurfürstentum für das deutsche Königtum bedeutete. Seine Vorgänger waren an ihm gescheitert, und sein bayerischer Nachfolger sollte sich später an ihm wundstoßen.

Durch die französische Politik war Albrecht den rheinischen Fürsten unangenehm nahegerückt. Hinzu kam die prekäre Situation in Holland-Seeland, die hier nur kurz angedeutet werden kann: Nach dem Tode des erbenlosen Grafen Johann von Holland (Ende 1299) hatte Albrecht dessen Gebiet als erledigtes Reichslehen eingezogen. Es kam zu ähnlichen Verwicklungen wie zu König Adolfs Zeiten: Frankreich, das die mächtigen Habsburger ungern auch im Norden als Nachbarn sah, stützte den Hennegauer Grafen Johann II. aus dem Hause Avesnes, der sich in den Besitz der erledigten Grafschaft gesetzt hatte. Albrecht stand auf seiten des Grafen Robert von Flandern, ebenso der Bischof von Lüttich und der flandrische Adel[40]. Inzwischen hatte Karl von Valois, der Bruder des französischen Königs und Schwager Albrechts von Habsburg, Flandern besetzt. Um sein eben gewonnenes Einverständnis mit Frankreich nicht preiszugeben, trat Albrecht mit einem frappierenden Plan an den französischen König heran: Wie wäre es, wenn die Neuvermählten mit Holland-Seeland-Friesland belehnt würden? Oder sollte man es lieber einer Tochter Karls von Valois, die dann mit einem anderen deutschen Königssohn zu vermählen wäre, überlassen? Wieder ein Konzept, das Zukunftsmusik für neue Möglichkeiten Habsburgs im Nordwesten bot! Dieser Plan spukte in irgendeiner Form noch längere Zeit in Albrechts diplomatischen Erwägungen, wenn er zunächst auch keine Gegenliebe fand. Vor allem ging dies auf Konto der äußerst gereizten Erzbischöfe von Köln, Mainz und Trier, die sich im Oktober 1300 zu einem Bund zusammenschlossen[41]. Und nun sah auch Pfalzgraf Rudolf die Stunde gekommen, sich aus der Zwangslage zu befreien, dem verhaßten Oheim die Gefolgschaft aufzukündigen. Er einigte sich sogar mit dem Mainzer Erzbischof in einer alten Streitsache um die Abtei Lorsch und trat dem Bund der Kurfürsten bei. Diese fanden sich nun bereit, einen Willebrief zugunsten Herzog Rudolfs auszustellen, in dem sie ihre Zustimmung zur Vereinigung der Konradinschen Güter mit

Bayern gaben. Rudolf wagte schon zu sprechen von Albrecht, »dem Herzog von Österreich, den man König von Deutschland nenne«, als sei die Absetzung nur eine Frage der Zeit[42]. Aber Rudolf hatte wieder einmal aufs falsche Pferd gesetzt.

König Albrecht stützte sich auf das Landfriedensabkommen und wußte die rheinischen Städte zu gewinnen, indem er u. a. alle Zollstätten, die seit 1250 von den Erzbischöfen eigenmächtig errichtet worden waren, aufhob[43]. Die Herren im Nordwesten des Reiches verstand er ebenfalls auf seine Seite zu ziehen. Er blieb der Stärkere: Nachdem er die Gegner einzeln bezwungen hatte, konnte er im Herbst 1302 den Kurfürsten einen harten Frieden diktieren.

Gerade durch seine Kontakte mit Frankreich mochte König Albrecht erkannt haben, daß in Westeuropa eine kraftvolle Königsgewalt nur deshalb entstehen konnte, weil es der Thron in Frankreich wie in England verstanden hatte, Macht und Rechte der Vasallen an sich zu nehmen, während im deutschen Reich der Egoismus der Teile eine gegenläufige Entwicklung gefördert hatte.

In dem Verhältnis zum Papst machte sich Albrechts abwartende, kluge Haltung bezahlt. Papst Bonifaz VIII. hatte ihn zunächst nicht als deutschen König anerkannt, weil er nicht um die päpstliche Approbation nachgesucht hatte. Selbst der große Kampfpapst der späten Stauferzeit, Innozenz IV., hatte nur bei strittigen Wahlen die Prüfung der Gewählten beansprucht. Nun also forderte der Papst das Recht zur Anerkennung des deutschen Königs in jedem Fall. Er wandte sich in einem Schreiben an die Kurfürsten und forderte sie auf, in den deutschen Landen verkünden zu lassen, daß jener Albrecht, den er »Majestätsverbrecher« und »Thronräuber« nannte, binnen sechs Monaten seine Gesandten zu ihm schicken möge, andernfalls werde er alle Untertanen von den ihm geschworenen Eiden entbinden[44]. König Albrecht hielt sich so lange zurück, bis er die Abrechnung mit den Kurfürsten hinter sich hatte und wandte sich dann mit einem Rechtfertigungsbrief an Bonifaz, in dem er sein unanfechtbares Recht auf den deutschen Thron klarlegte. Er wolle der Kirche dienen – »soweit dies dem Reiche nicht schade«[45]. Albrecht mußte sich verpflichten, in Italien für fünf Jahre keinen Reichsvikar einzusetzen, das Bündnis mit dem französischen Thron – zu dieser Zeit mit der Kurie überworfen – aufzugeben, und dem Papst einen Treueid zu leisten. Am 30. April 1303 wurde er dann feierlich von Bonifaz anerkannt; er hatte somit durch sein vorsichtiges Taktieren ein Problem aus der Welt geschafft, an dem Ludwig der Bayer zerbrechen sollte[46].

Schon vor den geistlichen Kurfürsten hatte der Habsburger seinen anderen Gegner in die Knie gezwungen, den Pfalzgrafen Rudolf. Alle Güter, die König Adolf seinerzeit (17. Juli 1297) dem Schwiegersohn als
Mitgift seiner Tochter Mechthild verpfändet hatte, sowie jene Besitzungen, die Herzog Ludwig II. als Konradinsches Erbe erhalten hatte,
zog Albrecht ein: das waren Neumarkt, Berngau, Hersbruck, Velden,
Beuern; Donauwörth, Schwabegg, Mering, Schongau. Diese Maßnahmen brachten für Oberbayern nicht nur große Verluste im Nordgau; sie
führten auch zu einer gefährlichen Situation an Bayerns Westgrenze,
wo die Habsburger nun eine ausgedehnte territoriale Stellung aufbau-
ten. Diese bedeutete in der Folgezeit auch für Ludwig den Bayern eine
ständige Bedrohung, die er nach und nach abbauen konnte.
Rudolf setzte sich zur Wehr. Er verteidigte seine Burgen und Städte,
besonders um Neumarkt entspann sich ein heftiger Kampf. Auf die
Dauer konnte er jedoch Albrecht nicht widerstehen. Im Nordgau kam
es zu einem unheilvollen Kleinkrieg; viele Greuel und Plagen erfuhren
u. a. die Gebiete des Grafen Gebhard von Hirschberg, der Grafen von
Öttingen und Castell[47]. Auch am Rhein, wo Albrecht mit eigenen
Truppen auftrat, konnte Rudolf militärisch nichts erreichen – im Som-
mer 1301 wurde sogar Heidelberg belagert – und mußte sich schließlich
ergeben. Von den Folgen dieser erneuten Niederlage vermochte sich der
Herzog nie mehr zu erholen. Bei Bensheim (20. Juli 1301) kam es zu
einem Vertrag, der Bayern nicht nur endgültig die Konradinschen Güter kostete, sondern Herzog Rudolf auch zwang, gegen Gerhard von
Mainz, seinen bisherigen Bundesgenossen, zu Felde zu ziehen[48].
Bensheim wiederum brachte für den jüngeren Bruder Rudolfs, den
Günstling Albrechts, den Einstieg in die Regierung: Durch Vermittlung der habsburgischen Mutter wurde Ludwig für volljährig erklärt
und zur Mitregierung bestimmt. Er war zu diesem Zeitpunkt etwa 20
Jahre alt, nach den Grundsätzen der Herrscherhäuser seiner Zeit aber
längst regierungsfähig. Herzoginwitwe Mathilde mag das Regiment in
München nun kräftiger in die Hand genommen haben, eine Parteiung
in ganz Bayern schien sich anzubahnen. Daher versuchte Herzog Rudolf, dem ewigen Schüren und Hetzen von seiten der Mutter ein Ende
zu bereiten. Er ließ sie, als sie gerade auf einer ihrer Wittumsburgen
weilte (Schiltberg bei Aichach), kurzerhand festnehmen. Zusammen
mit einem ihr ergebenen Beamten, dem Viztum Konrad Öttlinger, wurde sie nach München gebracht (23. Juni 1302). Rudolf setzte ihr mit

schweren Vorwürfen zu. Sie sollte künftig auf jede politische Einfluß-
nahme verzichten und als Privatperson von ihrer Jahresrente leben.
Und um seinem Willen den nötigen Ernst zu verleihen, ließ Rudolf den
Viztum Konrad in München öffentlich enthaupten[49].

Mit Hilfe einer List – sie wollte angeblich diese Vereinbarungen vom
deutschen König bestätigen lassen – gelang es Mathilde, sich auf die Reise zu ihrem Bruder Albrecht zu machen. In Höchstädt a. D. stellte sie
sich dann unter seinen Schutz. Zwar konnte sie eine erneute Demüti-
gung des unbotmäßigen Sohnes und die Rückgabe all ihrer Güter
durchsetzen, aber sie genoß ihren Triumph nur noch kurze Zeit. 1304
ist sie verschieden. Ihre letzte Ruhe fand sie in der Gruft von Kloster
Fürstenfeld.

Für die Brüder schien die Zeit gekommen, über dem Grab der Unruhe-
stifterin zur Versöhnung zu finden. Doch die Gegensätze hatten sich
bereits zur Kluft vertieft; es gelang nie wieder eine vertrauensvolle Zusammenarbeit, wenn auch in mehreren Verträgen dazu der Ansatz gemacht wurde.

Zum ersten Mal tritt Ludwig als selbständiger Herzog neben den Bruder auf einem Rittertag zu »Snaitpach« (vermutlich Oberschneitbach
bei Aichach). An diesem 2. Januar 1302 ist er jedoch als Persönlichkeit
noch nicht zu fassen. Im nördlichen Oberbayern also trat der oberbayerische landsässige Adel zusammen, um die durch Krieg und Niederlage
verursachte Notsituation mit dem Landesfürsten zu besprechen. Dieser
Adel bestand aus den beiden Gruppen der wenigen alten Geschlechter
der Edelfreien, die ihre Herkunft auf die früheste Zeit bayerischer Geschichte zurückführen konnten, und aus jener neuen Schicht von Ministerialen, die sich im Laufe des 13. Jahrhunderts aus halbfreien Dienst-
leuten des Hochadels emporgeschafft hatten. Diese waren wiederum
keine einheitliche Gruppe: Grafen, Freiherrn, Dienstmannen, Ritter
und Knechte unterschieden sich durch Grundbesitz und Herrschafts-
rechte. Diese ritterliche Adelsgesellschaft begann um 1300 mehr und
mehr zu verschmelzen, davon legt auch der Tag von Oberschneitbach
Zeugnis ab: Die konkrete politische Notlage war das auslösende Moment zur Bildung einer politischen Körperschaft und damit zur fort-
schreitenden Ständebildung[50].

Noch unter dem Vater der jungen Herzöge hatte in Oberbayern ein aus-
geglichenes Verhältnis von Einnahmen (aus Eigengütern, Vogteien,
Stadtherrschaften) und Ausgaben (für Hofhaltung, Bauten, Fehden
u. a.) geherrscht. Es gab dem Landesherrn gegenüber noch keine allgemeine, das ganze Land betreffende Steuer; nur in besonderen Fällen

wurde eine solche festgesetzt. Nach dem Tod des Vaters hatte der junge, unerfahrene Herzog Rudolf auch mit einer schwierigen Finanzsituation fertigzuwerden: Seine Abhängigkeit von der Politik König Adolfs legte ihm selbst schwere Opfer auf, vor allem durch Kriegszüge. Verpfändungen und Sparmaßnahmen am Hof waren die Folge; aber auch das Land mußte nicht geringen Schaden durch Truppendurchzüge und Verheerungen hinnehmen. Die Finanzmisere wurde durch die Niederlagen von Göllheim und der folgenden Jahre noch vermehrt. Ohne eine Notsteuer für das ganze Land konnte der Schuldenberg nicht bewältigt werden. Vermutlich veranlaßte Herzog Rudolf den Adel, zu der Versammlung von Oberschneitbach, das auf altwittelsbachischem Gebiet lag, zu kommen[51].

König Albrecht forderte und forderte – das »vae victis« bekam Herzog Rudolf und sein Land in schärfster Form zu spüren, und dieses Land war seit Bensheim auch das Land Herzog Ludwigs: Dies mag ihm hier, wo er zum ersten Mal ohne Mutter und Oheim an die Öffentlichkeit trat, zum Bewußtsein gekommen sein. Der Adel erkannte die Notstandsforderungen an und ließ eine »gemaine viechstewr« ergehen, d. h. die Steuer wurde nach dem Viehbesitz jedes einzelnen errechnet – allerdings nur als einmalige Abgabe und gegen eidliche Zusicherung, daß keine weitere Steuerforderung folgen sollte, »daz si vnns chain gemain stewr fürbaz geben«[52]. Dem Wohlwollen des Adels schienen also Grenzen gesetzt, und die Geistlichkeit beharrte eigensinnig auch in dieser Notzeit auf den alten Privilegien der Steuerfreiheit. Diesen Grundsatz durchzusetzen, fanden sich der Bischof von Freising, von Regensburg und Salzburg sowie einige Äbte zusammen.

Die Viehsteuer reichte jedoch nicht hin, die hohen Schulden an den Habsburger abzuzahlen. Man versteht den Fürstenfelder Chronisten, wenn er als König Albrechts Hauptübel seine Habsucht bezeichnet, denn er konnte, »obwohl er sich im Überfluß befand, von irdischen Dingen nie genug bekommen«[53]. Seine »Habsucht« – es war der Wille, Habsburg groß zu machen – fand auch in anderen Quellen Erwähnung: «... er was geitich nach gût, daz er doch dem reich niht zufûgte, wan neur sinen chinden, der vil het«[54]. Vermutlich wollte der Oheim die gefährlichen bayerischen Nachbarn auf diese Weise unter seiner Kontrolle behalten und nicht mehr hochkommen lassen. Er beorderte die Herzöge auf einen Reichstag nach Ulm, und Aventinus berichtet, sie mußten dem »künig nachziehen, bis alle geltschuld bezalt war«[55].

Wo war ein Ausweg? Sollte eine Münzverschlechterung die finanzielle Situation steuern? Die Herzöge liehen Geld bei den Augsburger Juden,

auch bei den reichen Bürgern der Städte, vor allem von den Kaufleuten
Regensburgs. Endlich besannen sich alle Stände auf ein gemeinsames
Vorgehen; Geistliche, Adel und Städte waren zu Zahlungen bereit,
wenn auch die Herzöge als Gegenleistung für eine Viehsteuer einen Teil
des Münzregals – so in München und Ingolstadt – abtreten mußten.
»Darum habent uns die herren und die armen laeut von dem land gegeben von dem rozze fümftzehen pfennig, von dem ochsen fümftzehen,
von dem rind halb als vil, von dem swein zwen...« Das war am
12. April 1307 geschehen[56].

Als ein Jahr später der deutsche Königsthron vakant wurde (s. u.), waren beide Brüder um eine Kandidatur bemüht: Sie schlossen Bündnis-
verträge mit einigen Adeligen und Städten, aber auch in dieser Angelegenheit konnten sie sich nicht auf ein gemeinsames Vorgehen einigen,
und so waren ihre ehrgeizigen Pläne von vornherein zum Scheitern
verurteilt. Herzog Rudolf schlug sich nun (1308) – ähnlich wie einst
sein Vater – ganz auf die Seite des neuen Königs. Eine Verlobung seines
ältesten Sohnes Ludwig mit einer Tochter König Heinrichs von Luxemburg kam zustande, und dieser Heiratsvertrag wurde ohne Beizie-
hung des Mitregenten besiegelt. Wie es üblich war, mußten für die
Braut Wittumsbezüge sichergestellt werden. Rudolf griff dabei auf
Burgen und Güter in der Pfalz zurück, über die er nicht die alleinige
Verfügungsgewalt hatte. Der König sicherte den beiden Pfalzgrafen allerdings ihre Privilegien und einige sonstige Vergünstigungen zu[57].

Herzog Ludwig war sehr erbost über die Eigenmächtigkeit des Bruders:
»Aber der jüngere Baiernherzog und Pfalzgraf Ludewig saß nicht im
Rathe derer, welche diese Dinge verhandelten ... Und als nun bereits
noch aus verschiedenen anderen Gründen, welche ich mit Stillschwei-
gen zu übergehen für angezeigt halte, eine Versöhnung nicht mehr zu
erzielen ist«, forderte er die Trennung der oberbayerischen Herrschaft[58]. Ludwig hatte seine Stellung im Vorjahr (1309) insofern verbessern können, als sein Vetter Stephan I. von Niederbayern verstorben
war und ihm die Vormundschaft über seine beiden Söhne Heinrich und
Otto (geb. 1305 und 1307) übertragen hatte. Zusammen mit Herzog
Otto d. Ä. von Niederbayern übte er sie bis 1312 aus, dann allein. Dieses gute Verhältnis zu Niederbayern verschaffte Ludwig auch in seinen
oberbayerischen Belangen eine stärkere Position, so daß er an ein Nachgeben gegenüber dem älteren Bruder nicht dachte. Und nun erzwang er
sich eine eigene Herrschaft durch die Teilung von Oberbayern am 1.
Oktober 1310[59]. Aber immer noch gab es eine Menge von Streitpunk-
ten, vor allem wegen der Verflechtung der Besitzungen, wegen der Ge-

richtsgrenzen, der Vogtei-, Forst- und Zollrechte und ähnlicher Belange. Zwar bemühten sich Einsichtige beider Parteien, einen Frieden zu vermitteln. Im April 1311 machten bayerische und österreichische Adelige in Passau dazu eine letzte große Anstrengung; eine endgültige Versöhnung erreichten sie nicht.

Ein vorübergehender Stillstand der Feindseligkeiten trat ein, da der König zum Italienfeldzug aufrief. Herzog Rudolf folgte diesem Aufruf persönlich, während Ludwig als seinen Vertreter den Bischof Philipp von Eichstätt mit einem Aufgebot bayerischer Kämpfer entsandte. Die endgültige Entscheidung über den Bruderzwist sollte dem König nach der Rückkehr von Italien vorbehalten bleiben, seinem Urteil wollte man sich fügen. Doch sollte alles anders kommen.

Unerfüllte Träume

Besser als in Oberbayern schien – zunächst – im bayerischen Unterland die Zusammenarbeit der Brüder im Regierungsgeschäft zu funktionieren. Der Unruhigste unter ihnen war Herzog Otto d. Ä., dessen feindliche Stellung gegenüber Habsburg schon mehrmals zu kriegerischen Unternehmungen (Steiermark, Neuburg a. Inn, Göllheim) geführt hatte. Nun schien im Jahre 1305 plötzlich die Gelegenheit gekommen, dem Erbfeind im Südosten eine ernsthafte Bedrohung zufügen und seinem territorialen Ausdehnungsdrang wenigstens hier ein Ende bereiten zu können.

1301 war in Ungarn der letzte Arpade, König Andreas III., kinderlos verstorben, und nun gerieten sich nicht nur die innerungarischen Parteien (Madjaren, Deutsche, Kumanen) um die Nachfolge in die Haare, sondern auch die außerungarischen Dynastien, die irgendwelche Verwandtschaftsrechte anzumelden hatten: das Haus Habsburg (Albrechts Tochter Agnes war die Witwe Andreas' III.); König Wenzel II. von Böhmen war ebenso ein Enkel des Arpadenfürsten Belas IV., wie Herzog Otto III. von Niederbayern (über seine Mutter Elisabeth) und Karl Martell von Anjou (über seine Großmutter Maria). Die Wirren in Ungarn waren groß. Einer traditionsbewußten Arpadenpartei standen die westungarischen Magnaten und die Kumanen des Theißgebietes, die noch kaum von christlicher Kultur berührt waren, gegenüber. Wenzels II. gleichnamiger Sohn war von einer ungarischen Adelspartei erhoben worden, konnte sich aber gegenüber der Anjou-Partei mit ihrem Kandidaten Karlrobert (Sohn Karl Martells) nicht halten und wich 1304 nach Prag zurück. Dabei nahm er die ungarischen Kroninsignien mit sich.

Nun wandten sich ungarische Magnaten an Herzog Otto von Niederbayern, den sie 1301 schon einmal ohne Erfolg ins Land zu rufen versucht hatten, und boten ihm erneut die Stephanskrone an[60]. Bayerischer
Adel hatte immer schon gute Beziehungen zu Ungarn gepflegt, es sei
nur an Prinzessin Gisela erinnert, die um das Jahr 1000 mit ihrer großen bayerischen Gefolgschaft donauabwärts gezogen war, um sich dem
Arpadenkönig Stephan dem Heiligen zu vermählen.

Otto d. Ä. von Niederbayern glaubte nun, er könne mit Unterstützung
der ungarischen Großen das Unternehmen wagen. Er reiste nach Prag
und bestimmte den sterbenden Wenzel II., auf die ungarische Krone zu
verzichten. Der junge Wenzel III. bestätigte vor dem Landtag in Brünn
diese Verzichtserklärung und ließ sich zur Herausgabe der Kroninsignien bewegen (Oktober 1305). Nun aber schaltete sich Habsburg ein,
ließ die Grenzen sperren und Otto verfolgen, jedoch ohne Erfolg. Dieser gelangte nach Ungarn, allerdings ohne Truppen, nur mit wenigen
Getreuen, und wurde am 11. Oktober feierlich in der Hauptstadt Ofen
(= Buda) empfangen. In Stuhlweißenburg fand die Krönung statt. Der
gesamte Episkopat jedoch verweigerte sich ihm, und auf die Dauer vermochte er sich nicht durchzusetzen, da er ja auch von der Heimat und
allem Nachschub abgeschnitten und mit den verworrenen Verhältnissen in Ungarn wenig vertraut war. Schließlich fiel Otto der Heimtücke
des mächtigen Woiwoden, des Herrschers von Siebenbürgen, zum Opfer: Dieser hatte ihn eingeladen, ihm sogar die Hand seiner Tochter angeboten und hatte ihn dann mit List gefangengesetzt. Das abenteuerli-
che Unternehmen gleicht einem mittelalterlichen Ritterroman: Otto
wurde der Anjoupartei ausgeliefert, erlangte aber – angeblich mit Hilfe
der ihm gewogenen Gattin des verräterischen Woiwoden – seine Freiheit wieder. Er mußte sich jedoch urkundlich zu Zahlungen verpflichten. Unter unsäglichen Gefahren und Schwierigkeiten schaffte er den
Weg in die Heimat: Durch Ungarn und Österreich konnte er die Rückkehr nicht wagen, die Flucht über Böhmen war ihm ebenfalls zu ris-
kant, da dort inzwischen Albrechts Truppen standen. So flüchtete er in
weitem Bogen nach Osten und gelangte zu dem ihm verwandtschaftlich
verbundenen Ruthenenfürsten Georg und schließlich zu Herzog Heinrich III. von Schlesien nach Glogau. Mit den Schlesiern war Otto durch
seine Tante, Ludwigs des Strengen Gemahlin, und durch Jutta, die Gattin seines Bruders Stephan, verschwägert. In welchem Zustand mag er
nach dem langen Ritt dort eingetroffen sein! Die Österreichische
Reimchronik malt die romantische Situation des Ritters aus, der sich
am Hof zu erkennen gab, Vertrauen und Hilfe erfuhr und sich schließ-

lich in die Tochter des Herzogs verliebte. Nach der Verlobung mit Prinzessin Agnes kehrte er über Prag endlich im Februar 1308 nach Niederbayern zurück und wurde von den Seinen mit Begeisterung empfangen. Im folgenden Jahr traf die Schlesierin in Niederbayern ein, und an Pfingsten 1309 fand in Straubing die Hochzeit statt. Das Volk sah in Otto den heldenhaften Märchenkönig, und er selbst nannte sich bis zu seinem frühen Tod »König von Ungarn«.

Im Blickpunkt dieser festlich begangenen Vermählung steht die östlichste bayerische Herzogsstadt. Straubing – auf uraltem Kulturboden neu gegründet – hatte im 13. Jahrhundert einen stetigen wirtschaftlichen Aufschwung genommen und war zum Zentrum des fruchtbaren Ackerlandes an der Donau geworden. Der Handel war durch die Donaustraße und durch den wichtigen Landweg von Landshut nach Cham begünstigt. Seit der Landesteilung von 1255 war Straubing Sitz eines Vizedoms, d. h. eines Stellvertreters des in Landshut residierenden Herzogs und spielte so auch eine Rolle im wittelsbachischen Verwaltungsnetz.

Der Stadtgrundriß zeigt die typische Gestalt der herzoglichen Gründung: In das platzartige Rechteck der Marktstraße münden die Seitenstraßen im rechten Winkel. Der beherrschende Marktturm – noch heute Wahrzeichen der Stadt – wurde erst im folgenden Jahrzehnt begonnen, aber schon standen dort mächtige Bürgerhäuser mit hohen Giebeln, geschützt durch wehrhafte Mauern, Türme und Tore, und etwas abseits vom Marktlärm erhob sich St. Jakob, der Vorgängerbau der großen Stadtkirche des Hans von Burghausen.

Auf dem weiträumigen Marktplatz hatten schon im 13. Jahrhundert Turniere stattgefunden, z. B. anläßlich der Schwertleite Herzog Ottos des Erlauchten 1228; hier mag auch der festliche Wettkampf der Ritter bei der Hochzeit Ottos III. mit der Schlesierin stattgefunden haben. Die Bischöfe von Salzburg, Regensburg und Chiemsee vollzogen die kirchlichen Handlungen[61]. Erlauchte Gäste ehrten das Brautpaar durch ihre Anwesenheit und glänzende Geschenke. Herzog Rudolf von Oberbayern war zugegen; ob sein Bruder Ludwig ebenfalls der Hofgesellschaft angehörte, ist nicht überliefert, man kann es aber annehmen, da er mit Otto stets in freundschaftlicher Verbindung stand.

Eine reizvolle, poetische Schilderung von der Straubinger Hochzeit bietet die Steirische Reimchronik. Von zahlreichen fürstlichen Vermählungsfeierlichkeiten der Zeit liegen ausführliche Berichte vor, so von jenen König Wenzels II. von Böhmen, Rudolfs II. von Habsburg, Friedrichs des Schönen und dessen Bruder Leopold. Um so merkwürdiger mutet es an, daß über den jungen Herzog Ludwig – den späteren Kaiser – und seine Beziehungen zum weiblichen Geschlecht jede Kunde fehlt. Schweigen herrscht bei den Chronisten auch über seine Brautwerbung und Hochzeit. Seine erste Gemahlin Beatrix war – wie die junge niederbayerische Herzogin Agnes – eine Tochter Herzog Heinrichs III. aus dem Hause Schlesien-Glogau. War sie ebenfalls mit dem Brautzug, den Herzog Stephan als Bruder des Bräutigams ehrenvoll einholte, nach Bayern gekommen? Auch Stephan war schon mit einer schlesischen Herzogstochter – Jutta von Schlesien-Schweidnitz – vermählt; es ist zu erinnern, daß bereits durch Herzog Ludwig II. eine Verbindung zu schlesischen Häusern hergestellt worden war: Seine zweite Gemahlin war eine Tochter Konrads von Schlesien-Glogau gewesen. So wurden durch die Wittelsbacher des 13. und 14. Jahrhunderts die Kontakte zu diesen Nachbarn im Osten intensiviert: Von Ungarn nach Böhmen, zu den Ruthenen und Schlesiern, später hinauf bis nach Posen und Brandenburg reichten die Bemühungen um politisch-verwandtschaftliche Erschließung dieses Raumes. Es ist nicht so, daß erst durch die Luxemburger eine Ost-West-Achse geschaffen worden wäre im Gegensatz zu der großen Nord-Süd-Tendenz aller vorangegangenen Herrscher.

Wann also, so fragen wir noch einmal, kam Ludwigs des Bayern künftige Gattin und deutsche Königin Beatrix nach Bayern? Wann wurde die Vermählung begangen? Da die erste Tochter aus dieser Ehe – Mechthild – bereits 1310 geboren wurde, muß sie ebenfalls im Jahre 1309 angenommen werden. Von einer Festivität in München, wo ja sicher die Trauung stattfand, ist bisher nichts bekannt.

In diesen Jahren hatten sich in der deutschen politischen Landschaft große Veränderungen vollzogen. Ab 1304 war für die Habsburger das böhmische Problem wieder akut geworden. Albrechts Sohn Rudolf III. war auf Weisung des Vaters in Böhmen eingedrungen, hatte es mit Verwüstung und Greueltaten überzogen, eben zu der Zeit, als Wenzel Vater und Sohn in Ungarn weilten. Stammte der Haß zwischen diesen Völkern noch aus den Tagen der Schlacht von Dürnkrut (Ottokar gegen Rudolf I., 1272)? Der räuberische Feldzug wurde dann sogar von König Albrecht zum Reichskrieg erklärt und mit deutschen Truppen unterstützt. Zielstrebig hatte Albrecht Kuttenberg angesteuert, wo er sich durch die reichen Silberminen eine finanzielle Sanierung erhoffte. Hier aber war er auf erbitterten Widerstand gestoßen – der Siegesgewohnte mußte eine gehörige Niederlage hinnehmen. Otto von Niederbayern hatte sofort wieder die Gelegenheit ergriffen, um sich antihabsburgisch zu betätigen. Er scheint in Prag mehrmals als militärischer Berater fungiert zu haben.

Die Ereignisse überstürzten sich: Herzog Rudolfs III. Gattin, die Herzogin Blanche, wurde – vermutlich infolge einer Fehlgeburt – 20jährig aus dem Leben gerissen. Damit war das vielversprechende Freundschaftsband der Habsburger mit dem französischen Hof zumindest gelockert. Wenig später, am 21. Juni 1305, starb Wenzel II. von Böhmen. Im August 1306 wurde sein Sohn Wenzel III. erstochen. Mit ihm erlosch das Haus der Přemysliden im Mannesstamm. Wieder war Böhmen ein brodelnder Kessel.

Herzog Heinrich von Kärnten, durch seine Gemahlin Anna, die älteste Schwester Wenzels III., dem Stamm der Přemysliden verbunden und auch mit Otto von Niederbayern befreundet, schien dem Volk und Kleinadel Böhmens der rechte Bewerber um den Thron. König Albrecht jedoch zog Böhmen als erledigtes Reichslehen ein und drang mit aller Energie von Nürnberg über Eger nach Böhmen hinein vor, während sein Sohn Rudolf (III.) von Süden her in Mähren einfiel. Böhmen mußte wohl oder übel der geballten Gewalt Tribut zahlen und Rudolf als König anerkennen (1307). Um diese Herrschaft zu fundieren, legte man dem neuen König die Witwe Wenzels II., Elisabeth, ins Bett; sie entstammte zwar nicht dem Geschlecht der Přemysliden, aber immerhin einem slawischen Königshaus, dem der Jagellonen von Polen. Welche Aussichten! Wunschträume des politischen Jongleurs Albrecht schienen unerwartet der Verwirklichung zuzustreben. Böhmen und Mähren mit dem Anspruch auf Polen und eventuell auf Ungarn – die Ländermasse bis hinüber ins Elsaß im Besitz der Dynastie! Durch eine solche Machtposition würden die Ansprüche der Kurfürsten zusammensinken müssen, die Erbmonarchie stand in erreichbarer Nähe.

Noch war die große Epoche der Habsburger nicht gekommen. König Rudolf III., schon immer von anfälliger Gesundheit, starb im Frühjahr 1307 an der Ruhr, und in Böhmen weinte man ihm keine Träne nach. Wiederum glaubte nun Heinrich von Kärnten seine Kandidatur durchsetzen zu können. Er wurde von den böhmischen Ständen zum König gekrönt. Nach 1307 kam es erneut zu verheerenden Kämpfen in Böhmen – auch die beiden bayerischen Pfalzgrafen mußten sich an dem Feldzug beteiligen – und für 1308 bereitete Albrecht politisch und militärisch den entscheidenden Schlag vor. Da traf ihn völlig unerwartet das Schicksal durch die Hand seines eigenen Neffen Johann. Dieser Sohn von Albrechts Bruder Rudolf II. (gest. 1290) hatte vergeblich auf die ihm rechtens zustehende Abfindung gedrängt; seit drei Jahren war er

mündig und als er immer noch hingehalten wurde, steigerte sich seine
Ungeduld zu Haß. Am 1. Mai 1308 überfiel Johann zusammen mit einigen adeligen Freunden den Oheim: während der Überfahrt über die
Reuß – nahe dem alten Stammsitz der Habsburger – stachen sie ihn nieder.

Unter Heinrich VII. von Luxemburg

Ein halbes Jahr höchster Aktivität der deutschen Wahlfürsten und der
gesamten europäischen Diplomatie folgte. König Philipp der Schöne
von Frankreich war in seiner kühnen politischen Phantasie und der dieser Kühnheit adäquaten Art des Zupackens dem verstorbenen deutschen König nicht unähnlich, so verschieden auch sonst das Bild der
beiden Herrscher sein mag. Das hatte er bereits bei der Verpflanzung des
Papstsitzes nach Frankreich gezeigt (1309), das tat sich wiederum
kund bei der Aufhebung des reichen Templerordens im Süden des Landes. Gerissen und unmenschlich waren die Methoden, mit denen er das
Ordensgut in seinen Besitz zu bringen verstand; der letzte Großmeister
des Ordens wurde in seiner Gegenwart verbrannt (1310). Philipp sah in
der deutschen Misere eine Chance, die französische Vormacht in Europa zu verwirklichen. Vielleicht wäre sein Plan geglückt, den eigenen
Bruder, Karl von Valois, auf den deutschen Thron zu bringen, wenn
nicht in Deutschland zu dieser Zeit einige bedeutende politische Köpfe
gewacht und Einhalt geboten hätten[62]. Es war vor allem Peter von Aspelt, der bisher der Prager Kanzlei und dem Baseler Bistum vorgestanden hatte (s. S. 35) und nun (1306) das Erbe des verstorbenen Gerhard
von Mainz antrat. Mit dem Mainzer Erzbistum fiel ihm das wichtige Amt
des deutschen Kanzlers zu. Da war ferner der andere große Erzbischof, Balduin von Trier, aus dem Haus Lützelburg oder Luxemburg.
Mit 22 Jahren war er 1307 zum Erzbischof von Trier gewählt worden.
Die berühmte Bilderchronik Balduins weist eine Miniatur auf, die den
Augenblick festhält, in dem ein Bote die Nachricht von Albrechts Tod
überreicht[63]: Balduin hebt die Hand – Ausdruck einer erschreckten Ab-
wehrbewegung. Neben ihm reitet sein Bruder, Graf Heinrich von
Luxemburg, der eben von Frankreich heimkehrte, wo er Ausbildung und
höfische Gesittung empfangen hatte. Balduin und Heinrich liebten gleichermaßen französische Art und Sprache. Sie scheinen jedoch schlagar-
tig die nationale Gefahr für Deutschland und ihre eigene historische
Chance erkannt zu haben. Bei aller Liebe zur französischen Kultur waren sie Deutsche und Territorialherren geblieben und dachten nicht dar-

an, die Eigenständigkeit des Landes dem französischen Machtstreben zu opfern.

Im Mai und Juni 1308 gelangten mehrere Schreiben an die Kurfürsten, in denen der französische König Rat und Hilfe, vor allem aber seinen

Erhebung nach der Königswahl in Frankfurt

Bruder, Karl von Valois, als Königskandidaten anbot. Der Papst, den er ebenfalls zur Wahlagitation ermunterte, hielt sich diplomatisch zurück und förderte so indirekt die Bewerbung des Luxemburgers[64].

Ende Oktober fand das große Treffen statt[65], an dem die drei Erzbischöfe sowie Pfalzgraf Rudolf, Herzog Rudolf von Sachsen und Markgraf Woldemar von Brandenburg teilnahmen, also alle wahlberechtigten Fürsten mit Ausnahme des Böhmenkönigs. Heinrich von Kärnten war zwar geladen worden, hatte aber die Teilnahme abgesagt. Pfalzgraf Rudolf war in der Hoffnung gekommen, selbst als Thronbewerber nominiert zu werden. Heinrich Virneburg von Köln ließ sich gegen große Zugeständnisse für den Luxemburger gewinnen.

Zum ersten Mal spielte nun ein kleiner Ort, der im Laufe dieses Jahrhunderts noch zu großer Bedeutung und bleibender Berühmtheit gelangen sollte, eine Rolle: Rhense am Rhein[66]. Er wurde deshalb zur Stätte der Vorwahl bestimmt, weil hier der Punkt war, wo die Länder der wichtigsten Fürsten zusammenstießen: Er befand sich gerade noch auf dem Territorium des Erzbischofs von Köln, die nahe Burg Oberlahnstein aber war mainzerisch; Trier reichte mit Burg Stolzenfels und Capellen heran, die Pfalz mit Branbach und Marxburg. Etwas unterhalb von Rhens, im Gelände eines Obstbaumgartens – »pomerium« heißt es in den Quellen – traf man sich, inmitten der herbstprächtigen Natur zu ungestörten Verhandlungen. Fürst Woldemar von Brandenburg wurde hier von einem Befürworter der habsburgischen Thronfolge zu einem Anhänger der Luxemburger umgestimmt. Der Wittelsbacher sah seine Chance schwinden und schloß sich den Mächtigen an.

Am 27. November war es soweit: Nicht der Franzose, nicht Pfalzgraf Rudolf, nicht einer der Habsburger wurde zum deutschen König gewählt, sonder Graf Heinrich von Luxemburg. Dies geschah durch einen zeremoniell genau festgelegten Akt in den Mauern des Dominikanerklosters von Frankfurt a. M. Rudolf waltete seines Amtes als Pfalzgraf, indem er das Wahlergebnis feierlich proklamierte. Dann zog die hochadelige Versammlung hinüber in die Dominikanerkirche, wo sich inzwischen Klerus und Volk eingefunden hatten. Man verkündete ihnen das Wahlergebnis, hob nach alter Sitte den Gewählten hoch und setzte ihn auf den Altartisch. In der grandiosen Bilderhandschrift des Balduin von Trier ist zum ersten Mal eine deutsche Königswahl in aller Deutlichkeit bildlich dargestellt.

Wiederum war nun ein deutscher Fürst, der mit relativ geringen Mitteln ausgestattet war, zum deutschen König erhoben worden; er sah sich gezwungen, sein Gewicht im Spiel der Kräfte dadurch zu verstärken, daß er sich eine Basis im Territorialbesitz schuf. Das große Erzbistum Trier, das sich von der Bischofsstadt bis zur Lahn jenseits des Rheines erstreckte, die anschließenden Güter der Grafschaft Luxemburg und das eng verbündete Mainzer Erzbistum des Peter von Aspelt, der aus einem den Luxemburgern dienenden Ministerialengeschlecht stammte: dies war der westliche Eckpfeiler der neuen Macht; den östlichen zu begründen, fiel Heinrich den Umständen entsprechend nicht schwer. Peter von Aspelt, vertraut mit den böhmischen Verhältnissen, wußte ihn zu beraten. Der neue König erkannte Heinrich von Kärnten als böhmischen König nicht an, erklärte Böhmen als erledigtes Reichslehen – wie das schon vor ihm König Albrecht getan hatte – und verlieh Böhmen und Mähren seinem eigenen Sohn Johann. Wieder mußte eine Heirat der Legitimation dienen: Die jüngere Schwester Wenzels III., durch die man Přemysliden-Tradition vorweisen wollte, wurde 1310 an Johann gebunden. Wie alt war der Heiratskandidat? 14 Jahre. Seine Braut Elisabeth zählte immerhin schon 18 Lenze, und sie hatte zum Zeitpunkt ihrer Vermählung schon eine politische Affäre hinter sich: In den wechselvollen Jahren nach dem Sturz des Přemysl Ottokar (1272) war Böhmen in Parteien zerfallen. Die entscheidenden Herrschaftsfunktionen lagen in den Händen des Hochadels, der Heinrich von Kärnten an seine Spitze berufen hatte. Die Klöster fühlten sich unter Druck gesetzt und in ihrer Stellung gefährdet. Der Königssaaler Chronist berichtet, die Zisterzienser hätten sich hinter Prinzessin Elisabeth gesteckt und sie für die Verbindung mit dem Luxemburger gewonnen. Man habe sie heimlich nach Deutschland gebracht, wo dann tatsächlich der Hochzeitsplan verwirklicht wurde[67].

Dem Kampf um Thüringen und Meißen, den König Adolf vor Jahren siegreich geführt, den König Albrecht mit weniger Glück in Angriff genommen hatte, ging Heinrich von vorneherein aus dem Wege: Er bestätigte 1310 die Wettiner im Besitz von Thüringen und Meißen und schuf damit für einige Zeit ein befriedetes Mittel- und Ostdeutschland. Die der neuen Herrschaft zunächst abgeneigten Habsburger Brüder wußte Heinrich von Luxemburg zu gewinnen, indem er ihren ermordeten Vater im Dom zu Speyer feierlich beisetzen ließ, übrigens zugleich mit dem von Albrecht so heftig befehdeten Vorgänger Adolf, so daß zwei Königinnen der Bestattung beiwohnten. Eine Szene von seltener historischer Dichte, in der sich Geschichte wie in einer klassischen Tragödie zusammenballte und zur Schau stellte. Das schwebende Gleichgewicht schien für einen Moment gewahrt – wann würde es durch ein neues Gewichtssteinchen wieder ins Wanken geraten?

Den Nachlaß des Mörders Johann »Parricida« sprach Heinrich VII. den Habsburgern zu und bestätigte ihnen 1309 ihre Reichslehen[68]. So zeigte der wohlberatene junge König gleich zu Beginn seiner Regierung eine glückliche Hand, und es schienen alle Voraussetzungen für einen Frieden im Reich, vielleicht sogar in Europa, gegeben. Papst Clemens V. war dem neuen deutschen Königsgeschlecht, von dem er sich eine Rückführung nach Rom erhoffen mochte, gewogen. Bei der Wahlanzeige der Kurfürsten war nur die Bitte um Kaiserkrönung – nicht um Approbation – ausgesprochen worden[69]. Der Papst setzte sich für eine Verständigung König Heinrichs mit dem von der Kurie zum päpstlichen Generalvikar in der Romagna bestellten König Robert von Neapel ein.

Voll Zuversicht brach Heinrich von Luxemburg nach dem Süden auf, und Italiens dichterischer Seher, Dante Aleghieri, empfing ihn als Retter des sich in Kleinkriegen zerfleischenden Landes mit Lobpreisungen: Er solle die Kaiserkrone in Empfang nehmen und kraft dieser Würde Europa zu neuer Einheit und Größe führen. »Freue dich nun, Italia, du auch den Saracenen mitleidswürdige, die du sofort neidenswerth erscheinen wirst dem Erdkreise. Denn dein Bräutigam, der Trost der Welt und der Stolz deines Volkes, der gnadenreiche Heinrich der göttliche und Augustus und Cäsar, eilt zur Hochzeit. Trockne die Thränen und tilge die Spuren des Kummers, du Schönste; denn nahe ist er, welcher dich befreien wird aus dem Kerker der Gottlosen, er, der die Boshaften schlagend, sie mit der Schärfe des Schwerts verderben und seinen Weinberg anderen Arbeitern verdingen wird, die die Frucht der Gerechtigkeit darbringen zur Zeit der Erndte...«[70]

Mit Dante schien die mittelalterliche Kaiseridee, die seit Karl dem Großen Europa in immer neuen geschichtstheoretischen Wendungen und philosophischen Deutungen durchdrungen hatte und deren Verwirklichung die Ottonen ebenso angestrebt hatten wie Salier und Staufer, wieder aufzuleben. Gleichzeitig mit der großartigen Fassung, die dem ghibellinischen Gedankengut in Dantes Werk – vor allem in seiner »Monarchia« – zuteil wurde, erwuchs jedoch im nämlichen geographisch-politischen Raum ein völlig neuer Geist, der sich gegen die universellen Kräfte wandte, der das Eigenständige, Italienische, bewußt abhob vom Fremden, auch in Gestalt eines »ausländischen« Imperators. Da wird von jenem selbstbewußten Volkskapitän von Mailand, Guido de la Torre, das herrische Wort überliefert: »Was habe ich mit jenem deutschen Heinrich zu schaffen, der, wie man behauptet, hierher kommen wird, meine Ruhe zu stören und den Grund, auf dem ich stehe, zu erschüttern? hat sich mein Vater ihm verbunden? bin ich ihm durch einen Vertrag verpflichtet? ich weiß nichts davon. Ich kenne den Menschen gar nicht, habe ihn niemals gesehen!«[71]

Guido war Vertreter der Guelfenpartei in Mailand und mußte beim Einzug des Kaisers in die Stadt dem von ihm vorher gestürzten Matteo Visconti weichen. Er wurde geächtet und hetzte nun die anderen Guelfenstädte gegen den deutschen König auf. Er drängte diesen dadurch zur Parteinahme und zu blutigen Strafgerichten. Das mit so viel Hoffnung und Schwung angegangene Unternehmen wurde von der Hydra der italienischen Verhältnisse verschlungen und endete schließlich in der Katastrophe.

Es sind mehrere ausführliche Berichte von der Heerfahrt des Luxem-

burgers nach Italien erhalten. Wir wollen hier eine Schilderung zu
Wort kommen lassen, die von einem aus Lothringen stammenden höheren Geistlichen herrührt, die »Relation des Bischofs Nikolaus von
Butrinto«. Ab 1310 war Nikolaus ein wichtiger Verbindungsmann
zwischen Deutschland, Italien und Avignon. Wie kein anderer kannte
er sich in den mittelitalienischen Verhältnissen zur Zeit des Romzuges
Heinrichs VII. aus: »... an allen diesen Orten wurden nicht nur Laien,
sondern auch Weltgeistliche und Mönche an ihren zeitlichen Gütern
wider Gott und Recht auf das schwerste geschädigt und zwar durchge-
hends durch die Troßbuben, unangesehen daß der Herr Kaiser von mir
und anderen Mönchen, die wir solches wahrnahmen, häufig mit Klagen
über seinen Marschall angegangen wurde, daß nämlich dieser gegen die
Uebelthäter nicht energisch genug einschreite. Ich und mehrere andere
stellten ihm dann wiederholt vor, daß, wenn er zulasse, daß Kirchen ge-
schändet würden, er für den Gottesdienst (um den er von allen die ich je
kennen gelernt habe am eifrigsten sich bekümmerte) schlecht sorge.
Dann vergoß er wohl bittere Thränen und verlangte nach seinem Marschall und es wurden dann Proklamationen erlassen, Bußen auferlegt
und gegen viele mit körperlichen Strafen eingeschritten. Dem ungeach-
tet aber habe ich nicht wahrgenommen, daß irgendwo im Gebiet der
aufständischen Tuscier die geistlichen Besitzungen, wie es sich gehört
hätte, von Vergewaltigungen verschont geblieben wären. Der Herr
nahm sich die Sache zwar zu Herzen und schalt auf seine Beamten, doch
kam nichts dabei heraus. Den Ghibellinen erging es damals auch nichts
weniger als gut, da sie durch die Guelfen aufs neue ihrer Habe beraubt
und zu Bettlern gemacht worden waren; von den Guelfen aber wurden
manche durch das kaiserliche Kriegsvolk ruiniert, indem dieses das Ihre
niederbrannte. Diese alle folgten nun damals dem Heere, da sie nicht
wußten wohin sie sich wenden sollten und kaum ihr Leben zu erhalten
hofften. Außerdem aber waren viele heruntergekommene räuberische
Taugenichtse aus den Ländern diesseits der Alpen im Heere, die keine
Kirche scheuten, wenn sich die Möglichkeit darbot dieselbe zu berauben. Oefters aber wurden sie auch dadurch angetrieben, daß sie zuweilen in ihren Kämpfen mit den Aufständischen Priester und Kleriker er-
schlugen, wie sich beim Auskleiden der Leichen zeigte. Manche nahmen
sie auch gefangen und führten sie verwundet herbei. So erinnere ich
mich, daß ich einst von einem hörte, der beim Sturm auf ein Schloß,
dessen Geistlicher er war, nach hartnäckiger Verteidigung gefangen
wurde. Der Herr befahl sogleich ihn zu seinem Bischof zu senden, aber
tödlich verwundet war er bereits am nächsten Morgen eine Leiche.

Mein Urtheil ist: in jenen Landen sind die Laien schlimm und die Geistlichen nicht viel besser.«[72]

Und eine andere Stimme zeitgenössischer Berichterstattung: »Inzwischen plündert das stumpfsinnige deutsche Kriegsvolk, wie es denn von Natur allzusehr auf Beute erpicht und unfähig ist im Kriege Disciplin zu halten oder der Menschen zu schonen, weit und breit die Höfe der Gegend und selbst größere Flecken, welche sich mit den Waffen gewinnen lassen, jedoch auch dann, wenn dieselben sich friedlich zeigen und sich unterwerfen, und brennt nieder, was er nicht als Beute von dannen führen kann. So hörte ringsum jeder Ackerbau auf und im Lager des Kaisers trat Mangel an Lebensmittel auf…«[73]

Dieses erschütternde Bild von den Geschehnissen, die sich im Hintergrund des Italienzuges Kaiser Heinrichs VII. abspielten, sollte zwanzig Jahre später eine Erneuerung erfahren durch die Berichte über die Zustände während des Aufenthaltes Kaiser Ludwigs des Bayern und seiner Gefolgschaft in diesem Land.

Der neue Kurs in Bayern

Ludwigs Gefühl, er dürfe zu diesem Zeitpunkt die bayerische Heimat nicht verlassen[74], erwies sich als begründet (s. S. 51 f.). Nachdem Herzog Stephan I. von Niederbayern im Dezember 1309 verstorben war, hatte Ludwig zusammen mit dem Bruder des Verstorbenen, Herzog Otto d. Ä. von Niederbayern, die Vormundschaft über die Kinder Heinrich und Otto ausgeübt. Zu Reibereien war es dabei nicht gekommen, im Gegenteil, die beiden Vettern und Schwäger scheinen sich gegenseitiges Vertrauen und Zuneigung geschenkt zu haben. Am 26. August 1312 war Herzog Otto ein Knabe geboren worden, der spätere Heinrich d. J. (XV.). Zu dieser Zeit scheint der 51jährige Otto schon ein schwerkranker Mann gewesen zu sein; einen Monat vorher hatte er die Bürger der Städte Landshut und Straubing zu sich befohlen »do er empfand, das er von disem jamertal schaiden solt«[75]. Und die Bürgervertreter waren auf der Burg Trausnitz ob Landshut erschienen, wo der Kranke lag. Es war der 22. Juli 1312.

Burg und Stadt Landshut: Im letzten halben Jahrhundert hatte der ehemalige Rundling zu Füßen des Herzogssitzes eine Erweiterung erfahren, durch die zwei platzartige Straßen mit ihren Verbindungsgassen entstanden waren; diese Straßen – »Altstadt« und »Neustadt« – bestimmen heute noch das Stadtbild. Die romanische Martinsbasilika schaute auf einige hundert Häuser herab, die vermutlich zum größten Teil aus

Holz bestanden; denn erst nach dem Stadtbrand von 1342 leisteten sich
die Landshuter ansehnliche gotische Giebelhäuser, die ihrem zunehmenden Wohlstand entsprachen. – Eigene kleine Gemeinden waren die
Klöster, vor allem Seligenthal, die große Zisterzienserinnen-Abtei jenseits der Isar, und dann auch das Dominikanerkloster am Ostrand der
Stadt, an dem zu dieser Zeit eifrig gebaut wurde. Die große Zeit gotischen Bauschaffens in Landshut aber hob erst ein bis zwei Generationen
später an.

Oben auf der Burg freilich waren die hölzernen Wachttürme längst
durch steinerne Wehrbauten ersetzt, und in den letzten hundert Jahren
waren zu den alten Bauteilen der herzoglichen Wohnung solche mit
gotischen Formelementen hinzugetreten. Der aufragende, massige
»Wittelsbacher Turm« erhob sich übers Land, und die zweigeschossige
Burgkapelle diente seit Otto dem Erlauchten, unter dem Landshut Regierungssitz Gesamtbayerns war, ihrer Bestimmung. Diesen ehrwürdi-
gen Raum zierten als Andachtsbilder eine große, prächtige Kreuzi-
gungsgruppe und eine Reihe dekorativer Brüstungsfiguren.

Nun lag also in dieser Burg ein sterbender Herr, der das Gefühl hatte,
seinem »Volk« etwas sagen zu müssen. Dieses »Volk«, seine Untertanen, waren zu dieser Zeit in erster Linie die Einwohner der wichtigen
Städte, keine Städter noch im späteren Sinn, eher Ackerbürger, Handwerker und Kaufleute, die mit dem Bauernland ringsum beruflich und
familiär aufs engste verwachsen waren.

Dies allerdings war eine sehr merkwürdige und von niemandem erwartete Sache, daß sich der Herzog, der als Fürst alle Adeligen des Landes
überragte, unter Umgehung dieser ihm gesellschaftlich näherstehenden
Schicht, an die Bürger wandte. Um dies zu verstehen, muß man einen
Blick auf die Situation der Stände in Niederbayern werfen.

Die einflußreichste Schicht in dieser Zeit waren die aus dem höheren
Adel gebildeten »Herzoglichen Räte«. Seit der Mitte des 13. Jahrhunderts sind sie in Niederbayern urkundlich nachweisbar; unter diesen
»consules« gab es solche, die sich ständig am Hof und in der Umgebung
des Herzogs befanden, und andere, die nur bei bestimmten Anlässen
herangezogen wurden. Der niedere Adel und das Bürgertum waren an
diesem politisch einflußreichen Rat zu Beginn des 14. Jahrhunderts
noch nicht beteiligt[76]. Das schließt jedoch die indirekte Wirksamkeit
vor allem der Städte nicht aus.

Die Städte hatten im 13. Jahrhundert als die einzigen Stätten der Friedenswahrung (Marktfrieden) einen mächtigen Aufschwung auch im
überwiegend bäuerlichen Bayern genommen. Es gehörte zur Politik des

Herzogs und der kleineren Herrschaftsträger, sich durch feste Orte bei
ihren Burgen sowie an wichtigen Straßen und Flußübergängen Stützpunkte ihrer Herrschaft zu gründen und sie zu fördern. Die im Groß-
und Fernhandel tätigen Bürger gelangten bald zu Vermögen und Ansehen und dadurch zu Einfluß innerhalb der Kommune. Die Geschlechter
der größeren bayerischen Städte waren im Laufe der Zeit dem Landadel
durchaus ebenbürtig geworden, wie die gegenseitigen Heiraten erweisen[77]. Die Naturalwirtschaft wurde allmählich von der Geldwirtschaft
abgelöst; Geld in Form von Darlehen, Schuldforderung, Steuern usw.
gewann an Bedeutung auch im staatlichen Leben, und dieses geriet daher mehr und mehr in die Hände der städtischen Kaufherrn und der Juden[78]. Die bayerischen Herzöge waren schon bald Schuldner der Städte.
Im April 1295 war es zu einer recht merkwürdigen Situation gekommen, als König Adolf von Nassau Regensburg besuchte: Man hatte ihn
wegen eines Streites des Erzbischofs mit den Bürgern um die Beteiligung am Mauerbau als Schiedsrichter angerufen. Er fand nun die drei
niederbayerischen Herzöge im »Einlager«, d. h. die Stadt hielt die Fürsten wegen ihrer Schulden an die Bürger in Haft[79]. Die Episode zeigt,
daß die Städte in der Praxis sehr wohl die Geschicke des Landes mitzu-
bestimmen hatten, wenn dies auch rechtlich und politisch nicht fixiert
war. Daß sich Städte selbständig in die Politik der Großen einschalteten,
ist nicht nur aus den italienischen Teilen des Imperiums, sondern auch
aus dem Nordwesten (Flandern s. u.) bekannt. In der Regel waren Landesherr und Bürgerschaft im besten Einverständnis, jener weil er auf die
Finanzkraft der Städte angewiesen war, und diese, weil sie von ihm
wichtige Privilegien für Handel und Wirtschaft erlangen konnten.
In Niederbayern war es nun so, daß Otto III. nach seiner Rückkehr
1308 durch die ungarischen Unternehmungen und durch die bevorstehende Hochzeit in doppelter Finanznot war: Das ganze Land erkannte
den Steuergrund als rechtmäßig an. Das Land trug also die Last des Lö-
segeldes und es hatte wiederum die Kosten zu tragen, als Herzog Otto
nach dem Tode König Albrechts erneut die Österreicher bekriegte
(1309/11), Aufstände in habsburgischen Ländern unterstützte, die Feste Neuburg am Inn einnahm und schließlich die Österreicher, die
Schärding belagerten, zu unrühmlichem Abzug zwang. Endlich hatte
Otto seinen Sieg, und dieser wurde im Land gebührend anerkannt und
gefeiert. Es kam zu einem Friedensschluß in Passau 1311, bei dem sich
Herzog Ludwig von Oberbayern als Vermittler hervortat; denn noch
war er ein Freund beider Parteien. Den ganzen April hindurch währten
die Friedensverhandlungen, die auf Betreiben von Albrechts Witwe zu-

stande gekommen waren. Alle Großen Bayerns und viel österreichischer Adel trafen sich in Passau und es schien, als sollte der ganze bairische Stamm befriedet werden. Friedrich der Schöne setzte sich für die Schlichtung des Bruderstreits in Bayern ein, konnte allerdings nur eine Vertagung der endgültigen Lösung erreichen (s. S. 51).

Für Otto von Niederbayern bedeutete dieser siegreiche Feldzug gegen die Österreicher lediglich einen Prestigegewinn, die Kriegsschäden waren beträchtlich. Abermals mußte auf Abhilfe der Notsituation gesonnen werden. Dieses Mal waren Adel, Städte, Märkte und Geistlichkeit gleichermaßen mit der Besteuerung ihres Besitzes einverstanden. Die allgemeine Steuer wurde durch ein bedeutendes Dokument besiegelt: die »Ottonische Handfeste«[80] (15. Juni 1311). Der Begriff Handfeste meint ein Dokument, das durch Auflegen der Hand Rechtskraft erhält. Wie die oberbayerischen Herzöge in Oberschneitbach, so mußten hier die niederbayerischen Herzöge versprechen, keine weiteren Steuern eigenmächtig zu erheben. Damit war dem Recht der Stände zur Steuerbewilligung die Tür geöffnet. Und ihr Machteinfluß sollte sich in Zukunft nicht nur auf die Steuerbewilligung beschränken. Die Stände begannen sich als Vertreter des Gemeinwohls zu fühlen, als Vermittler der gottgewollten Zweieinigkeit von Herrschenden und Untertanen. Sie vertraten auch die Belange der bäuerlichen Bevölkerung, die erst wesentlich später zu politischem Bewußtsein erwachte.

Der Landesherr übertrug für hohe Geld- und Naturalienabgaben den weltlichen und geistlichen Grundbesitzern die niedere Gerichtsbarkeit über ihre Hofmarken; das hohe Gericht (Blutgerichtsbarkeit, Todesstrafe) blieb den herzoglichen Richtern vorbehalten. Man muß dabei bedenken, daß der Herzog selbst der größte Grundbesitzer im Lande war und so den Ständen gegenüber weiterhin eine starke Position innehatte.

Vielleicht wollte Herzog Otto dem in seinen Herrschaftsrechten zusammengeschlossenen Adel als Gegengewicht die ihm durch andere Bande verpflichteten Städte setzen, als er die Bürgervertretung vor seinem Tod zu sich bat; vielleicht wollte er diese durch die Verantwortung gegenüber seinen Nachkommen auszeichnen und so seinem Hause verpflichten; wahrscheinlich hatte er bei dem engen örtlichen Kontakt in Landshut Zeichen der Zuneigung und Verantwortungsbereitschaft erfahren. Da er die städtefreundliche Haltung seines oberbayerischen Vetters kannte, verpflichtete er die Städte, sich nach seinem Tode Herzog Ludwig anzuvertrauen. Er bestimmte laut Urkunde Ludwig zum Vormund seines Sohnes Heinrich[81], »der Jüngere« oder auch »der Nattern-

berger« genannt, nach der Burg bei Deggendorf in Niederbayern, wo er
aufwuchs. Hat er erkannt, daß in Ludwig die mächtigste politische
Energie in Bayern heranreifte, die der schwierigen Situation in Nieder
bayern – auch gegenüber den gefährlichen Nachbarn im Südosten – eher
gewachsen war als die eigenen Räte und der übrige Landadel? Dies geschah zu der Zeit, da sich der deutsche König – und mit ihm Rudolf von
Oberbayern – in Italien befanden.

Ludwig kümmerte sich nach Ottos Tod am 9. September 1312 sofort
um die niederbayerische Angelegenheit. Er ließ eine Gegnerschaft der
»Herzoglichen Räte« von vorneherein nicht aufkommen; zum ersten
Mal bewährte sich sein gewinnendes Wesen und sein großes diplomatisches Geschick, indem er die zwölf Adelsvertreter des »Herzoglichen
Rates« für sich und seine Politik einnahm. Zunächst lief alles wunschgemäß, zumindest nach außen hin, denn ein Schock wird es wohl für die
niederbayerischen Herren wie für die Habsburger und auch für den
eben aus Rom heimkehrenden Bruder Rudolf gewesen sein, daß Herzog Ludwig eine derartige Position in den »Unteren Landen« zuteil geworden war. Die aufhorchenden Habsburger konnte Ludwig beruhigen, indem er ihnen eine Heirat eines seiner Mündel, des siebenjährigen
Heinrichs d. Ä. (XIV.) mit einer Prinzessin von Habsburg, also einer
Schwester der Herzöge von Österreich, in Aussicht stellte. Diese Abmachung vom 13. November 1312 kam einem Freundschaftsbündnis
gleich[82]. Im Mai/Juni 1313 reiste Ludwig sogar mit dem Knaben nach
Wien und stellte ihn dem österreichischen Hof vor – alles schien auf
dauerhafte Freundschaft eingestellt. Vermutlich wollte Ludwig freie
Hand zu einer Entscheidung in dem Verhältnis zu seinem Bruder Rudolf haben.

Das Verhängnis wollte es, daß ein Vergleich nicht zustande kam: Zu tief
in Gegensätze verstrickt waren die beiden Brüder von ihrer Vergangenheit, von Veranlagung und Erziehung her. Zwar war der unmittelbare
Anlaß der neuerlichen Fehde zwischen ihnen durch den frühen Tod von
Rudolfs Sohn Ludwig (1312) beseitigt, aber auch die getrennte Verwaltung Oberbayerns bot noch genügend Anlaß zu Konflikten. Rudolf
klagte den Münchener Bürgern (8. 2. 1313), Ludwig wolle zu keinem
Frieden finden; Ludwig beschwerte sich bei den Habsburger Vettern
über den Bruder. Zwei Jahre dauerte schon der Kleinkrieg im bayerischen Land mit Niederbrennen von Häusern und Dörfern der jeweils
feindlichen Partei, mit Raub und Plünderung, unruhigem Hin und Her
der Kriegsleute. Sogar der Chronist von Fürstenfeld, ein ergebener Anhänger des späteren Königs, kann nicht umhin, der jähen und unbe-

herrschten Art Ludwigs viel Schuld an diesen Zuständen zuzumessen. »Ludovicus dux adolescensior, sed tunc insolescensior«, sagt er, das lateinische Wortspiel auskostend (»Ludwig, der damals die größere Jugend, nicht aber die größere Tugend besaß«). Er schildert, wie auch sein Kloster unsägliche Leiden durchzumachen hatte, wie es ständig durch Einquartierungen belästigt wurde, wie die Krieger vom Kloster verköstigt werden mußten, obwohl das schönste Vieh bereits aus den Ställen weggetrieben war. Hat er jene düstere Geschichte selber miterlebt oder sie nur nacherzählt? Ludwig war an ein Dorf herangesprengt und hatte es eigenhändig in Brand gesteckt, laut jubelnd, als die Flammen hochschlugen. Es ist die einzige Stelle, die einen derart negativen Charakterzug Ludwigs anprangert. Wie verbissen in Abneigung und Übelwollen mußten die beiden Brüder mitsamt ihren Anhängern sein, daß solche Dinge dem eigenen Volk zugemutet werden konnten, daß der Gutherzige zum Satan wurde. Der Fürstenfelder Mönch räumt ein, daß dies notwendig für den Lernprozeß des jungen Fürsten gewesen sei: »Doch führte er damals in seiner Jugend das Schwert nicht ohne Nutzen; damals nämlich lernte er, was er später zu seiner Zeit in Anwendung brachte, als er im Verlaufe der Jahre unter Gottes Beistand mühevolle schwierige Kämpfe durchmachen mußte.«[83]

Nun aber führten die politischen Ereignisse des Jahres 1313 einen Aufschub der brüderlichen Feindseligkeiten herbei. Nicht nur Oberbayern sah schlimme Zeiten, auch Niederbayern erlebte die völlige Entzweiung seiner Stände und kriegerische Verheerungen. Eine antiösterreichische Stimmung breitete sich aus. Man besann sich darauf, welche Unbilden den verstorbenen Herzögen und dem ganzen Land von den Habsburgern schon angetan worden waren, wie gierig sie nach den Nachbarn auszugreifen versucht hatten; man sah die Treue zum angestammten Fürstenhaus durch die freundschaftliche Haltung Herzog Ludwigs zu Österreich verletzt. Die Bürger von Landshut und Straubing und anderer niederbayerischer Orte wandten sich an Herzog Rudolf von Oberbayern, denn der Vormund der Prinzen hatte sich anscheinend auf die Seite der Landfremden gestellt. Ludwigs Stellung in Niederbayern geriet ins Wanken. Es kam sogar zu einem Bündnisvertrag zwischen den niederbayerischen Städten und Herzog Rudolf am 15. Mai 1313[84]. Ludwig war also unversehens zwischen zwei Feuer geraten: Dort die bisher befreundeten Habsburger, die eine so günstige Gelegenheit, ihren Einfluß, wenn nicht sogar ihr Territorium nach Norden hin auszudehnen, nicht außer acht lassen wollten, hier der Rivale im eigenen Land, der sich anschickte, die größte Stütze Ludwigs – die Städte – abspenstig

zu machen. Dadurch wäre Rudolfs Machtbereich beträchtlich erweitert
worden. Wo lag die größere Gefahr, wo die Chance, als Herzog zu
überleben? Mit wem hat sich Ludwig in dieser bedrohlichen Lage beraten? Ist ihm als Falschheit, als Opportunismus, anzukreiden, daß er die
Bedeutung der Stunde erkannte? Zum ersten Mal zeigt sich nun seine
Wendigkeit, die Unberechenbarkeit seiner Reaktionen, die ihm die
Gegner zu allen Zeiten anlasteten[85].

Der Entschluß war in Kürze gefaßt: Der österreichische Kurs mußte
aufgegeben werden. Der Not gehorchend bot Ludwig dem Bruder die
Hand, und Rudolf, der sich über die Unnachgiebigkeit des jüngeren
Bruders öffentlich beschwert hatte, konnte nicht ablehnen. Schon einen
Monat darauf (21. Juni 1313) versöhnte man sich in München und beschloß, das Land wieder gemeinsam zu regieren[86]. Der Teilungsvertrag
von 1310 war somit hinfällig geworden. Rudolf blieb als Zuckerbrot
die pfälzische Kurstimme. Und nun waren die niederbayerischen Städte
bereit, beide Herzöge in das Schirm- und Schutzbündnis aufzunehmen
(22. Juli 1313)[87]. Man hatte sich mit Niederbayern geeinigt, das Haus
Wittelsbach schien versöhnt, Bayern befriedet.

Die Österreicher waren nicht untätig. Sie wußten um die heimliche
Unzufriedenheit des niederbayerischen Landadels, um das Grollen der
Herzoginnenwitwen, die sich mehr oder weniger ausgeschaltet fühlten.
Wie zu Zeiten Albrechts wurde an Geldern und Versprechungen nicht
gespart. Und so kam es zum Bruch: Ein Teil der Landherren und die
Witwen der verstorbenen Herzöge von Niederbayern verbanden sich
gegen die Städte und die ludwigfreundliche Partei. Graf Albert und Adl-
ram von Hals, Hartlieb Puechberger, Calhoch von Wintzer, Albrecht
Schönstainer und andere wandten sich an Herzog Friedrich von Österreich (1. September) und trugen ihm die Vormundschaft und die Verwaltung Niederbayerns an. Dieser schickte »ein grossen raisigen zeug
herauf in nidern Bairn mit dreien haubtleuten...«. Der einheimische
Adel ließ sie in Häuser und Dörfer ein, »die raubten und prenten die
burger, geistlichen und prelaten«[88]. Die oberbayerischen Herzöge besetzten die Städte Landshut und Straubing und nahmen die niederbayerischen Herzogskinder in Gewahrsam.

Die Österreicher richteten sich in der alten Herzogsburg Landau ein,
und Friedrich begann seines Amtes zu walten. Die Lage war äußerst ge-
spannt. War der Friede noch zu retten, die alte Freundschaft wieder
herzustellen? Ob die beiden Parteien und ihre Häupter dazu willens
waren, als sie sich Anfang Oktober in Landau trafen, ist nicht mit Sicherheit zu sagen. Man setzte sich an einen Tisch, man verhandelte, wo

eigentlich nichts zu verhandeln war, da beide sich im Recht fühlten, herbeigerufen und beauftragt von den niederbayerischen Ständen. Ob und wieviel persönliche Enttäuschung bei Ludwig und Friedrich mitspielten, läßt sich nur ahnen. Der Fürstenfelder Mönch erzählt von dem Landauer Schlichtungsversuch: »Doch gerieten sie dabei miteinander in einen Wortwechsel, in dessen Verlauf sich Herzog Ludwig vom Jähzorn hinreißen ließ, plötzlich sein Schwert zu ziehen, mit dem er, wenn die Anwesenden ihn nicht gehindert hätten, dem Herzog von Österreich zu Leibe gegangen wäre. Der letzte aber wandte sich und verließ das Gemach, indem er halblaut äußerte, er werde jenen des eigenen Landes berauben und dasselbe vor seinen Augen in Besitz nehmen. Aber weil er Gott nicht zum Bundesgenossen nahm, so waren diese Worte in den Wind gesprochen.«[89] Diese Äußerung allerdings konnte sich der Chronist erst im Rückblick auf die nun folgenden Ereignisse gestatten – zu jenem Zeitpunkt war noch alles unentschieden, nur eines stand fest: die Waffen mußten sprechen. Man handelte einen achttägigen Waffenstillstand aus und traf seine Verfügungen.

Die Schlacht von Gammelsdorf

In diesen Tagen traf eine ganz Deutschland tief erschreckende Nachricht ein: Der deutsche Kaiser, der noch jugendliche Heinrich VII. von Luxemburg, war in Italien am 24. August verschieden, kurz nachdem er sich hoffnungsvoll zum Kampf gegen Robert von Anjou-Neapel aufgemacht hatte. Gerüchte gingen um, auch er sei – wie sein Vorgänger – einem Mordanschlag zum Opfer gefallen, ein Mönch habe Gift in den Abendmahlskelch gemischt. Augenzeugen dagegen wußten zu berichten, das heiße Klima und die ungeheuren Strapazen hätten an den Kräften des ohnehin nicht robusten Fürsten gezehrt, ein im Vormarsch unzulänglich versorgtes Beingeschwür ihm schließlich das tödliche Fieber gebracht[90].

Wieder war das Schicksal Deutschlands in Frage gestellt, wieder standen Machtkämpfe bevor. Mit Bangen und Sorgen sah das gemeine Volk der Zukunft entgegen: War das Heil aus der Welt genommen, schenkte ihr Gott keinen auserwählten Fürsten mehr, der sie zur Ruhe bringen konnte? Alarmierend war die Nachricht für die Kurfürsten, die nach so kurzer Zeit wiederum eine Neuwahl vorzunehmen hatten, alarmierend vor allem für die Herrscherhäuser, die bei dieser Wahl nach oben kommen wollten.

Friedrich der Schöne von Österreich, die Aufregung von Landau noch

in den Gliedern, das Auge aber schon auf eine glanzvolle Zukunft gerichtet und in der Erwartung, in seinem Bruder Leopold einen kamp-
fesmächtigen Partner zu finden, durcheilte zu Pferd das bayerische Land
und traf mit Herzog Leopold bei Ulm zusammen. Die Wut Friedrichs
über die Herausforderung des bayerischen Vetters steckte den Bruder an
und »in höchster Leidenschaft verbinden sich beide zu dem Schwur,
nicht zu ruhen und zu rasten, bis sie wegen der Schmach, die ihnen
durch Herzog Ludwig zugefügt worden sei, eine genügende Rache genommen hätten«[91]. Man glaubte fest, daß dies in Kürze geschehen würde. Der wittelsbachische Bruderzwist war nur schwach übertüncht und
konnte neu angefacht werden. Den Habsburgern standen bedeutende
Streitmächte aus allen ihren Ländern von der ungarischen Grenze bis
zum Oberrhein zur Verfügung. Dazu kamen die befreundeten niederbayerischen Ritter mit ihren Reisigen. Und während man in Ulm die
Huldigung der schwäbischen Lehensleute und Städte entgegennahm,
während man Pläne für eine Beeinflussung der bevorstehenden Königswahl zugunsten Habsburgs schmiedete, flogen die Boten nach allen
Richtungen in die Lande, um eigenes Kriegsvolk sowie Hilfstruppen zu
mobilisieren. Aus Vorderösterreich, dem Oberrheingebiet und den
oberschwäbischen Besitzungen wollte Herzog Leopold ein Westheer
bilden; Steiermark und Österreich, Ungarn und Niederbayern sollten
das Ostheer stellen, befehligt von dem tüchtigen Marschall von Pilichdorf. Zwischen Lech und Isar wollte man die Kräfte des Feindes zusam-
mentreiben und vernichten. Graf Albert von Hals sammelte die niederbayerische Ritterschaft um Passau; die Leute des benachbarten Grafen von
Schaunburg und die Truppen der Habsburger trafen ein, ein Heer, das auf
etwa 1200 Ritter und eine Menge Fußvolk geschätzt wurde. Im Oktober
1313 zogen sie heran, donau-, rott- und vilsaufwärts.

Herzog Ludwig zeigt sich der Stunde gewachsen. Er schont sich und die
Seinen nicht, er sprüht Aktivität. Und da er weiß, daß es hier um Sieg
oder Untergang geht, schreckt er nicht davor zurück, seine letzten finanziellen Reserven einzusetzen. Boten reiten zu den oberbayerischen
Ritterburgen, vermahnen die niederbayerischen Edlen nochmals an ihre
Pflicht; sie rütteln die Städte an der Donau, an Inn und Salzach, Isar und
Lech wach. Und hinauf nach Franken und hinüber ins Schwäbische und
nach Württemberg reiten die Getreuen und werben und bitten und beschwören alles, was Mut hat und Grimm gegen Habsburg. Und sie
kommen: von den etwa 500 Burgen des Oberlandes und des Nordgaus,
aus Franken und Württemberg, Geharnischte und Fußvolk. Sie sam-

meln sich nördlich von München zwischen Dachau und Altomünster in der Ebene am Zeidlbach. Es ist ein Gebiet, in dem die Wittelsbacher ihre Stammgüter haben, wo Ludwigs unmittelbare Gefolgsleute jeden Meter Boden kennen, wo das Wissen um die Geländemöglichkeiten den Plänen entgegenkommt.

Die Kundschafter bringen Nachricht, daß das Ostheer der Österreicher über Eggenfelden hinausgestoßen und in der Nähe von Vilsheim eingetroffen ist, anscheinend das Tempo des Vordringens verlangsamend, um auf das Eintreffen der Truppen Leopolds, die von Schaffhausen in Richtung München unterwegs sind, zu warten.

Ludwig sammelt die treuesten, erfahrensten Männer um sich, hört ihre Meinung, drängt zu raschem Handeln. Nicht lange sei ein solch zusammengewürfelter Soldatenhaufen in Zucht zu halten; noch ist die Kampfmoral glänzend, die Leute sind »leidenschaftlich erregt und begierig die feindlichen Schlachthaufen zu durchbrechen«[92]. Der Chronist läßt den Herzog sagen: »Gebt mir alle eure Meinung kund, was wir tun sollen, damit nicht ein so stattliches und so mühsam zusammengebrachtes Heer dahinschwinde und ohne Entscheidungskampf sich nutzlos auflöse.« Schnell wird man über folgenden Plan einig: 400 der besten Kämpfer werden ausgesucht, die anderen Heeresteile – so läßt man zumindest verbreiten – aus Geldmangel aufgelöst und heimgeschickt. Tatsächlich aber schließen diese »Entlassenen« den Bogen von Norden her, während Ludwig mit den Reitern an der Isar bei Moosburg steht. In dem hügeligen Gelände bei Haag an der Amper hält man sich verborgen, bis man die Absichten des Feindes erkundet hat. In dieser Gegend hat sich die Sage erhalten, Herzog Ludwig habe von einem erhöhten Punkt aus das Gelände überblickt und gelobt, hier eine Kapelle zu Ehren »Unserer Lieben Frau« zu errichten, falls alles einen glücklichen Ausgang nehme. Jedenfalls steht dort eine Marienkapelle, die – von Zutaten der Jahrhunderte abgesehen – auf das frühe 14. Jahrhundert zurückgeht. Die tragende Mittelsäule des Baukörpers scheint auf den Ettaler Zentralbau (s. u.) hinzuweisen. (Erst später ist ein zweischiffiges Langhaus an die Stelle des kleinen Zentralbaus getreten.)

Inzwischen sind die Österreicher zur Isar vorgerückt und da sie den gegnerischen Städten und ihren festen Brücken ausweichen müssen, streben sie dem einzig möglichen Flußübergang bei Volkmannsdorf unweit Moosburg zu. Ludwig gibt Befehl, die Kräfte der Isarstädte von Norden und Osten her näher heranzuziehen; die Oberbayern, verstärkt durch Franken und Ingolstädter, rücken vom Nordwesten vor. Die Österreicher bauen ihr Lager zwischen Bruckberg an der Isar und Gam-

melsdorf auf, verschanzen sich hinter Wagenburgen, beziehen also eine
feste Stellung.

In der Nacht zum 9. November rückt nun Ludwig mit seiner Ritterschar gegen Gammelsdorf vor. Zwar ist seine Streitkraft gegenüber den
Österreichern klein, aber seine Leute verfügen über die größere Orts-
kenntnis, und der Himmel scheint ihm auch gewogen, denn dichter Nebel verbirgt bis in den Vormittag hinein alle Truppenbewegungen.

»Als nämlich Herzog Ludwig mit den Seinen sich dem unterhalb stehenden Heere schon so weit genähert hatte, daß man sie hätte hören
und sehen können, wenn sich die Sonne nicht verhüllt hätte, indem
nämlich gerade zu der selben Stunde ein dichter Nebel den hellen Tag in
Nacht verwandelte, so daß man die Heranrückenden nicht deutlich sehen konnte, sagt er ihnen die Schlacht an und bemerkt ihnen, sie müß-
ten hier, ob sie wollten oder nicht, kämpfen, damit sie nicht hinterher
sagen könnten, man sei nicht ehrlich mit ihnen verfahren. Die Gegner
aber waren nicht faul; für den Kampf trefflich gerüstet, frohlockten sie,
als sie den Herzog mit seinem Heere abschätzen konnten, da sie sahen,
daß sie viel stärker seien, und nicht zweifelten, sie würden das feindliche
Häuflein vernichten. Es waren nämlich, wie es heißt, ihrer vier gegen
einen; der Herzog aber vertraute auf Gott, dem es nicht schwerer fällt,
der Minderzahl, als der Uebermacht den Sieg zu verleihen. Die Mittag-
stunde war schon vorüber, als die beiden Schaaren sich gegen einander in
Bewegung setzen, unter Anrufung Gottes sich zum Treffen ordnen und
handgemein werden, wobei sie den üblichen Schlachtgesang anstim-
men, dessen Schall wiederhallend in die Lüfte steigt. Die Schlacht beginnt; auf beiden Seiten wird wacker gestritten und eine Stunde lang
bleibt es zweifelhaft, wem der Sieg zufallen werde. Als der Herzog, der
sich wacker im Kampfe tummelte, diese Sachlage wahrnahm, rief er die
Seinen an und munterte sie zum Streiten auf. Aber einige Edelleute von
Schlüsselberg, welche eine starke Schaar ausmachten und sich bisher mit
ihren Rossen aus Vorbedacht und absichtlich von den Reihen der
Kämpfenden fern gehalten hatten, bemerkten kaum, daß der Herzog
und die Seinen gefährdet seien, als sie kampfbereit mit gewaltigem
Nachdruck sich auf die feindlichen Schaaren stürzten, deren Reihen an
mehreren Stellen durchbrachen und nicht wenige zu Boden streckten.
Bei diesem Anblick jubelten die Herzoglichen, die nicht anders mein-
ten, als daß der Himmel ihnen Hilfe gesandt habe, auf und begannen mit
frischen Kräften wie im Anfang der Schlacht zu streiten. Und in kurzer
Zeit, um Sonnenuntergang oder wenig später, waren die Feinde durch

Gottes Fügung zu Paaren getrieben und der Sieg für den Herzog entschieden.«[93]

Eine andere Quelle faßt das Ereignis lapidar zusammen: Ludwig »empfahl sich Gott und lieferte seinen Gegnern am Tage vor dem Feste des Bischofs Martinus bei Gomelsdorf eine Schlacht, in der er jene insgesamt zu Paaren trieb, erschlug, zerstreute, demüthigte, aufrieb und ihren Hochmuth zu Fall brachte. Denn es steht geschrieben: Wer hat je auf Gott vertraut und ist von ihm im Stich gelassen worden?«[94]

Heute noch deutet in Gammelsdorf der Flurname »Streitfeld« auf das Gelände des heißesten Kampfes. Den Wendepunkt soll die Eroberung des österreichischen Banners durch den Ritter Rüdiger von Pinzing bedeutet haben. Als erste wenden sich die ungarischen Bogenschützen, die ihre Pfeile verschossen haben, zur Flucht. Die städtischen Armbruster setzen den Rittern zu, das Fußvolk rückt mit langen Spießen geschlossen vor, bis der Feind in Panik zurückweicht auf die Volkmannsdorfer Brücke, die einem solchen Ansturm nicht gewachsen ist und zusammenbricht. Von den Mauern der Stadt Moosburg, von Isar und Amper und ihren sumpfigen Auen an der Flucht gehindert, geraten Hunderte von Österreichern in Gefangenschaft; darunter sind – wenn man den Chronisten glauben darf – etwa 350 hochedle und angesehene Ritter, die Niederbayern nicht gerechnet. Der Chronist der »Vita«, der über diese Verhältnisse anscheinend genau Bescheid wußte, nennt folgende Namen: Markgraf Dietrich von Pilichdorf, die Grafen von Schaunburg, von Retz und Hals, die aus altem österreichischen Adel stammenden Ritter von Walsee, Kapellen, Meissan und Chunring sowie sämtliche niederbayerischen Adeligen. Tote und Verwundete werden nicht gezählt, aber noch zu Aventins Zeiten, also 200 Jahre später, findet man Spuren auf den Feldern: »Man grebt noch daselbs sporn und wer und harnasch aus.«[95]

Ludwig hat nach dem Sieg die Fliehenden verfolgt, umzingelt und gefangengesetzt. In seinen Händen lag nunmehr ein ungeheuer wichtiges Pfand. Die Gefangenen wurden, anscheinend aus taktischen Gründen, recht verschieden behandelt, in längerer oder kürzerer, strenger oder freier Haft gehalten, manche sogar gegen Eid, sich an einem bestimmten Tag wieder zu stellen, entlassen; andere wurden auf ihre eigenen Kosten verpflegt und auf bayerischen Burgen oder in Städten weiter inhaftiert, sei es als Pfand oder damit durch ihre Anwesenheit der eigene Sieg auch den Landsleuten vergegenwärtigt würde. »Ganz anders war also die Sache verlaufen, als jene erwartet hatten, sodaß man sieht, der Rathschlag des Menschen vermag nichts ohne Gottes Hilfe. Diejenigen nämlich,

welche aus der Ferne mit prächtigen Bannern als stolze Krieger, in
Roß- und Kuhhaut gekleidet, gar ansehnlich herbeigekommen, waren
alsbald in wilder Flucht heimgekehrt; die zuerst hoch zu Rosse saßen,
lagen jetzt verstümmelt und nackt, ihrer seidenen Gewänder bar, in den
Feldern; die zuvor den anderen Hohn sprachen, weinten jetzt blutige
Thränen; die anfangs frohlockten, trauerten jetzt in tiefem Schmerz; die
anfangs gesund, waren jetzt krank und elend; die zuerst andere beraub-
ten, wurden jetzt anderen zum Raube, obschon sie ihre Rosse und Rin-
der tödteten und in denselben sich zu verstecken suchten, und die gekommen waren, Beute zu machen, wurden nun von andern als gute
Beute von dannen geführt. Dergestalt war aus der Hand Gottes der Sieg
dem erlauchten Herzog Ludwig zuertheilt worden und ruhmvoll hatte
er über seine Gegner triumphirt im Jahre des Herrn 1313. Kein einziger
von diesen entkam, um es den Seinen zu melden, und fünfhundert Ritter wurden in Haft gebracht ...«[96]
Und die Hyänen aller Kriege, die Nutznießer und Händler aus den benachbarten Orten fielen über die Beute her: Die Österreicher hatten in
ihren Wagenburgen große Mengen an Vorräten mitgeführt, auch
Beuteware von unterwegs. Man sieht sie förmlich wühlen und feilschen
um Gewänder und Mundvorrat, um Geld und Gold, diese Plünderer
aus Moosburg und Landshut und Straubing, von denen die Chroniken
sagen, ihr Reichtum schreibe sich von jenem Gammelsdorfer Novem-
bertag her.
Der österreichische Traum vom Ausgreifen ins bayerische Land war zu
Ende geträumt, Stolz und Ansehen empfindlich getroffen, und dies zu
einem Zeitpunkt, wo man sich einen solchen Prestigeverlust in mehrfacher Hinsicht nicht leisten konnte. Das Heer Herzog Leopolds stoppte
den Anmarsch. Man begann sich um diplomatische Gespräche zu bemühen. Viele von den gefangenen Rittern durften ja nicht fehlen bei den
großen Festlichkeiten, zu denen man sich um diese Zeit in den Habsburger Ländern anschickte: Friedrichs Hochzeit stand bevor.
Familiäre Verbindungen unter Fürsten waren wichtige Faktoren im politischen Spiel. Hinter ihnen verbergen sich bestehende oder mögliche
Konnexionen durch Erbfall, sie zeugen aber auch von der Vorsicht der
Politiker, da durch Ehebündnisse eine Möglichkeit des Ausgleichs und
der Vermittlung im familiären Kreis offen blieb, wenn es je zu einem ra-
dikalen Bruch der Völker kommen sollte.
Herzog Friedrich hatte sich um die spanisch-aragonische Prinzessin Isabell (Elisabeth, wie sie in Österreich genannt wurde) beworben; noch
durch seinen Vater war die Verbindung angebahnt worden. Dies ge-

schah ohne Zweifel auch im Hinblick auf den Süditalien beherrschenden, mächtigen und gefährlichen Fürsten Robert von Anjou, dessen Schwester Blanca die Gattin des Königs von Aragonien, Jakob II. (Jaymes) war. Eine kleine Prinzessin zappelte also wieder im Netz des politischen Gespinstes! Der Spanier hatte für die Tochter und ihre Nachkommen gefordert, daß die jüngeren Brüder Friedrichs zu seinen Gunsten auf die Mitregierung verzichteten, daß auch die Witwe Albrechts und die Stände nur Herzog Friedrich und seine Nachkommen als Landesherren anerkennen würden. Außerdem waren noch ganz erhebliche finanzielle Zusicherungen zu machen, was die Morgengabe und Absicherung der künftigen Gemahlin betraf. Keine leichte Belastungsprobe für den Zusammenhalt des Hauses Habsburg! Am 17. Oktober 1313 wurde endlich der Ehevertrag in Barcelona unterzeichnet, kurz nachdem in Bayern die Schlacht von Gammelsdorf geschlagen worden war. Der Brautzug setzte sich nach Österreich in Bewegung – ein aufsehenerregender Zug von etwa 100 Personen mit eigener Wachmannschaft für die Braut und ihre wertvolle Aussteuer: allein an Schmuck enthielt diese 28 Armbänder, 14 Ringe, drei Diademe, ein unschätzbares Edelsteinaggregat (»garnimentum«), dazu kostbare Geschirre, Garderoben, Truhen usw. Dies alles zählte zur normalen, nicht übertrieben luxuriösen Ausstattung einer Prinzessin dieser Zeit. Der königliche Vater hatte Adel und Stände energisch zur Kasse bitten müssen. Die Aufwendungen für die Aussteuer beliefen sich etwa auf die gleiche Höhe wie die von der Gegenseite geforderten Besitztümer für die Braut, also auf ca. 15000 Mark in Silber[97].

Die in eine ungewisse Zukunft ziehende Prinzessin war 13 Jahre alt und von zarter Konstitution; sie kam im tiefsten Winter in Österreich an, und in der Stadt Judenburg/Steiermark fanden endlich am 31. Januar 1314 die Hochzeitsfeierlichkeiten statt, wobei der Erzbischof von Salzburg, Weichart von Polheim, die Trauung vollzog. Viel Prunk, viel renommierendes Herzeigen der eigenen Besitztümer – besonders an die Adresse der spanischen Begleiter, die wieder heimkehrten –, auch Andeutungen der bevorstehenden Erhöhung durch die Königswahl.

Das Haus Habsburg schien also nicht sonderlich getroffen von der Niederlage in Bayern. Gammelsdorf? Irgendwo dort oben zwischen Nieder- und Oberbayern, zwischen Isar und Donau. Ein Gefecht, eine Fehde mit einem Nachbarn. Aber es war dem nicht ganz so, der Augenblick war zu ernst, es ging um mehr, es ging um die Wahl zum deutschen König. Was wollte der »arme« Wittelsbacher eigentlich? Auch wenn er sich redlich geschlagen hatte, für die große Reichspolitik fehlten ihm

Macht und finanzielles Rückgrat! Man konnte mit ihm verhandeln, er
war in gewissen Punkten ansprechbar, und Österreich scheint dies genützt zu haben: »Da umschwänzelten die Herzöge von Oesterreich li-
stig den Sieger Herzog Ludwig und lagen ihm, nachdem sie Scheines
halber einen Stillstand eingegangen waren, beständig im Ohre, er möge
doch die Gefangenen freigeben.«[98]
Der Verfasser der Vita Ludwigs hat es vermutlich miterlebt, wie an der
Grenze der beiden Territorien ein Versöhnungstag festgelegt wurde und
wie sich im Kloster Ranshofen über den Innauen in der Nähe von
Braunau die beiden feindlichen Vettern mit großem Gefolge einstellten.
Ludwig mag in Hochstimmung gewesen sein, wie ihm dies mehrmals in
seinem Leben geschah – z. B. 14 Jahre später in Rom – und zur Großmut ohne Bedenken bereit. In feierlichem Zug kam er von Braunau
her – eine Neigung zu festlichen Umzügen und zum Repräsentieren
scheint ihm eigen gewesen zu sein und die urbairische Freude am Einbeziehen der Natur in die gehobene Stimmung. Und der Groll gegen Friedrich? Und die Vernichtungswut von Gammelsdorf? Waren sie verflo-
gen, vergessen? Was war der eigentliche Beweggrund zu so viel Eintracht und Friedensgesinnung? Gefiel sich Ludwig in der Rolle desjeni-
gen, der verzeihen und verschenken kann? War er tatsächlich, wie ihm
der Chronist vorwirft, in unverantwortlicher Weise vertrauensselig?
Wollte er sich die habsburgischen Vettern verpflichten, wie immer auch
die Zukunft in Deutschland aussehen mochte? Die Fragen bleiben offen.
Tatsache ist, daß in Ranshofen und kurz darauf bei einem Treffen in
Salzburg – der Erzbischof war Vermittler – eitel Wonne herrschte, und
die Gefangenen ohne viel Lösegeld – wie es den Anschein hat – freigegeben wurden. So erzählen es die zeitgenössischen Berichterstatter, halb
ärgerlich über soviel Großmut auf seiten des Bayern, halb bewundernd:
»Als nun hier die erlauchten Herzöge Ludwig und Friedrich einander
von Angesicht zu Angesicht erblickten, umarmten und küßten sie sich
stürmisch, faßten die größte Zuneigung zu einander und gaben derselben, indem sie sich beide als Enkel des ruhmreichen Königs Rudolf bekannten, öffentlich Ausdruck. Da gab es nun große Freude und Ruhm
auf beiden Seiten, und es kam zwischen ihnen zu Friede und Eintracht.
Ein prächtiges Festgelage, von den Klängen fröhlicher Musik und lautem Jauchzen belebt, vereinte die Versöhnten. Die Kärnthner, Mährer,
Steirer und Oesterreicher wurden freigelassen und alle Gefangenen dem
Erzbischof von Salzburg und dem Herzog Friedrich übergeben und ein
Stillstand eingegangen. Zugleich schwor man sich zu, daß keiner unter

ihnen je den anderen durch Wort oder That verletze, sie vielmehr allezeit gegen jedermann wie Ein Mann zusammenstehen wollten. Und nachdem die großartigen Festlichkeiten beendet waren, zog ein jeder freudig bewegt in sein Land heim. Ich aber bemerke über die Oesterreicher folgendes: ich liebe sie nicht und mache mir nichts aus ihnen, weil sie nie in ihrem Zeugniß zuverlässig erfunden worden sind. Hingegen breitete sich der Ruhm Herrn Ludwigs des Herzogs, als man die Kunde von seinem glorreichen Siege vernahm, in's Unermeßliche aus.«[99]
Auch die Fürstenfelder Chronik spart nicht mit Tadel, was die Haltung des geliebten Bayernherzogs anlangt und vergißt darüber jede mönchische Friedfertigkeit: »Aber der Herzog beging einen argen Fehler, indem er ohne eigenen Nutzen die freigab, die er in seiner Hand hatte. Sie hatten ihn schändlicher Weise zu tödten gedacht, aber er, der das Evangelium nicht mit tauben Ohren vernommen, vergalt ihnen Böses mit Gutem und setzte die, welche er hätte tödten sollen, wieder in Freiheit. Daher sagte man von ihm: ›Er versteht wohl die Fische in sein Netz zu bekommen, nicht aber sie ihrer Schuppen zu berauben; er weiß die Vögel zu fangen, aber er kann sie nicht rupfen.‹ Hätte er nämlich einigen von ihnen den Kopf vor die Füße gelegt, andere aber bis auf den letzten Pfennig ausgebeutet, so würde er wahrhaftig heutzutage als der mächtigste Kaiser dastehen. Und sicher muß man glauben, daß er hinterher, durch bittere Erfahrungen belehrt, bereut hat, nicht so gehandelt zu haben.«[100]
Ob freilich der Chronist die politische Wurzel von Ludwigs angeblicher Unfähigkeit, die Situation auszunützen, erkannt hat, ist recht fraglich. Vielleicht hat dieser bewußt seine gefühlsmäßige Bindung zu Österreich ausgespielt, da er trotz des glänzenden Sieges von Gammelsdorf erkennen mußte, daß die diplomatischen Künste und die wirtschaftliche Macht der Habsburger es vermocht hatten, die Niederlage in kurzem wettzumachen: Mit Johann von Böhmen, der sich noch immer – 1310 war er von Heinrich von Luxemburg auf fünf Jahre bestellt worden – als Reichsverweser betrachtete, war noch im November ein Bündnis zustande gekommen; mit dem Kärntner Herzog Heinrich und mit dem Erzbischof von Salzburg wußte man sich ebenfalls zu verständigen, und so lag schon bei den Verhandlungen von Salzburg das politische Übergewicht der Besiegten auf der Hand. Nun wollen einige Quellen wissen, Ludwig habe sich zu diesem Zeitpunkt noch in keiner Weise wegen der Königswahl engagiert, ja er habe sogar den Vetter Friedrich zur Kandidatur ermuntert. Dies ist zwar nicht auszuschließen, aber kaum wahrscheinlich[101].

II Von der Königswahl
zur Entscheidungsschlacht (1314–1322)

Frankfurt a. M. 1314 oder: Das Grabmal von Mainz

Im Mainzer Dom befindet sich ein Grabmal von größtem historischem Anspruch: es zeigt den Erzbischof Peter von Aspelt unter einem Spitzbogen mit gotischem Maßwerk (Abb. 4). Die Gestalt wirkt groß und mächtig, strahlt überlegenes Wissen aus. Zu ihren Seiten stehen drei Könige, die ihr kaum bis zur Brust reichen. Der Erzbischof drückt ihnen mit einer bestimmenden Geste beider Hände – wobei sein energisch hinausgestemmter Ellbogen fast wie eine dritte Hand wirkt – die Krone aufs Haupt, unsagbaren Hochmut in Gesicht und Haltung: ich, der Königsmacher – sie, meine Geschöpfe. Daß Peter von Aspelt an der Wahl Albrechts I. und Heinrichs VII. schon maßgebend beteiligt war, wurde oben ausgeführt (s. S. 35, S. 56 f.). In seiner merkwürdigen Doppelrolle als Bischof von Basel und böhmischer Kanzler war er in das politische Geschehen am Oberrhein ebenso hineingewachsen wie in das des böhmisch-ungarischen Raumes, wobei er bereits im Jahre 1301 eine wichtige Vermittlungsposition zwischen den drei östlichen Ländern inne hatte[1]. Mehrfach war er in Bayern und Österreich bei Verhandlungen zugezogen worden. Seine diplomatische Begabung erwies sich als durchschlagend und hatte den Habsburgern manchen Nutzen eingebracht. Schon einige Jahre vor der Ermordung Albrechts muß er sich jedoch von den Habsburgern distanziert haben, denn der Steirer Dichterchronist bringt ihn mit diesem Anschlag in Verbindung[2], und bei Mathias von Neuenburg steht die Geschichte von einer Ohrfeige, die ihm ein Anhänger der Habsburger verpaßt habe, ohne daß König Albrecht ihn dafür zur Rechenschaft gezogen hätte[3]. Sollte die Politik eines mit überragender Intelligenz begabten Mannes tatsächlich von einer persönlichen Kränkung geleitet, sein klarer Verstand durch Emotionen getrübt worden sein?
Der Wahl im Herbst 1314 ging ein diplomatisches Vorspiel von fast einem Jahr voraus. Überall im Land hatten sich Beratungsgruppen zusammengetan, die durch Unterhändler Kontakte miteinander aufnah-

men. Versprechungen und Schmiergelder wurden nicht gespart; ein Feilschen um Vorteile, ein Erpressen des künftigen Königs, begann. Zentrum diplomatischer Aktivität war Speyer, wo damals Ludwigs Bruder Rudolf weilte. Der Fürstenfelder Chronist konnte es sich nicht verkneifen, den Pfalzgrafen zu tadeln, weil er nach der Schlacht von Gammelsdorf, die ja auch ihm sein Herzogtum gerettet hatte, den Bruder nicht beglückwünscht und feierlich in der Hauptstadt empfangen habe[4]. Herzog Rudolf aber hatte sich damals bereits nach Heidelberg zurückgezogen bzw. abgesetzt – verärgert über den Erfolg des Bruders oder, wie andere vermuten, weil er in Sachen Königswahl den maßgebenden Rheinlanden näher sein wollte.

Da war vor allem der Bischof von Straßburg, Johann, einer der rührigsten bei dieser Königswahl. Straßburg mit seiner beherrschenden Lage in der oberrheinischen Ebene stand seit König Rudolf hinter den Österreichern, die im elsässischen Hinterland ausgedehnte Eigengüter, Vogteirechte über Klöster usw. besaßen. Wie einst die Staufer, so hatten es auch die Habsburger verstanden, dort im Westen die Basis ihrer Macht zu sichern. Durch zahlreiche Familienbindungen war auch der elsässische Adel mit dem Hause Habsburg verkettet. Bei einem Treffen in Speyer gelang es Bischof Johann[5], den Pfalzgrafen Rudolf für die Sache Friedrichs des Schönen zu gewinnen, und bei anschließenden Besprechungen in Bacharach konnte er auch den Erzbischof Heinrich Virneburg von Köln auf seine Seite ziehen; dies war ein schwerwiegender Erfolg, da dem Kölner Kurfürsten durch Herkommen die Krönung des gewählten Königs zustand. Am 9. Mai trafen die Herzöge von Österreich mit dem Kölner zusammen und sicherten ihm alte, von König Albrecht eingezogene Privilegien (Zölle, Geleitrecht, Befreiung von Kriegszügen) und auch neue Rechte zu: Im Fall, daß der König in Italien weilte, sollten ihm alle Rechte und Einkünfte des Kanzleramtes zustehen, wobei man annahm, daß der Mainzer großzügig darauf verzichten würde; im Rate des Königs sollten zwei Vertrauensleute des Kölner Erzbischofes sitzen. Nach erfolgter Wahl wären aus der königlichen Kasse 40 000 Mark Silber an den Erzbischof und an seine Räte 2000 Mark zu zahlen.

Die Dynastie der Habsburger war für die Wahl in jeder Hinsicht wohl gerüstet. Die beiden unmittelbaren Vorfahren Friedrichs des Schönen waren deutsche Könige gewesen, was dieser auch mit stolzem Bewußtsein bei jeder Gelegenheit hervorhob. Kontrahent war das Haus Luxemburg, vertreten vor allem durch die beiden Erzbischöfe Balduin von Trier und Peter von Mainz. Bedrohlich für sie war die Position der

Habsburger im Elsaß, vor allem aber auch ihre gierige Ausschau nach
Böhmen, das man erst jüngst in die eigene Hand genommen hatte, das
den Luxemburgern durch eine neuerliche Lehensvergabe möglicherweise verloren gehen konnte: Johann, der Sohn Kaiser Heinrichs VII.
von Luxemburg, saß seit seiner Verheiratung mit der Böhmin in Prag;
er fühlte sich nach wie vor als Reichsvikar, da er 1310 von seinem Vater
zu diesem Amt bestellt worden war. Er trat – wie die Gegenpartei – mit
Pfalzgraf Rudolf in Verbindung, um ihn für seine Kandidatur zu gewinnen – doch dieser hatte noch eigene Ambitionen.

Am 2. Januar 1314 war in Rhens ein Einigungsversuch gescheitert, am
5. Juni kam man am selben Ort wiederum zusammen und stellte die Un-
vereinbarkeit der Parteien fest. Bis dahin galt der junge Johann von Böhmen als Bewerber der Luxemburger. Peter von Aspelts Einsicht
ist es zuzuschreiben, daß man die Schwierigkeit rechtzeitig erkannte,
diesen gegen die Habsburger durchzusetzen, man mußte nach einem
geeigneten Platzhalter ausschauen. Dies sollte ein befreundeter, aber
ungefährlicher Fürst sein, der der Luxemburger Sache dienen oder zumindest nicht schaden konnte, der eventuell sogar die Habsburger in Schach
zu halten vermochte. Und so kam man auf den Mann, der als Schlachten-
held damals in aller Munde war, auf den Sieger von Gammelsdorf. Daß
sich bereits der Vater Ludwigs von Oberbayern in der Reichspolitik sehr
engagiert und den Wittelsbachern einen Zuwachs an Ansehen eingebracht
hatte, daß aber auch genügend Hindernisse im eigenen Haus und mit der
territorialen Nachbarschaft zu erwarten waren, was ein allzu mächtiges
Ausgreifen dieses Fürsten unwahrscheinlich machte: dies sprach in den
Augen der Kurfürsten obendrein für ihn. Sie fanden keinen, »der besser
geeignet schien, das Reich zu lenken«[6].
Daher sandten Balduin von Trier und Peter von Mainz den Grafen
Berthold von Henneberg als Unterhändler zu Herzog Ludwig von
Oberbayern, um ihn nach seiner Bereitschaft zu fragen. Dem Chronisten zufolge soll Ludwig zunächst »bestürzt« gewesen sein und die Ehre von sich gewiesen haben; sie bedeute »eine schwere Bürde, die zu tragen seine Kräfte nicht ausreichten«[7]. Er soll in aller Bescheidenheit die
vielen Mängel einer solchen Wahl vorgestellt haben: er sei »arm an Geld
und an allem, was zur Behauptung der Königswürde gehöre«. War es
wirklich ein Zurückschrecken im entscheidenden Augenblick, eine visionäre Schau in eine kaum zu meisternde Zukunft? War es die Einsicht, daß seine Kräfte zwar für die Schaffung und Befriedung eines starken bayerischen Herzogtums, nicht aber für die große europäische Poli-

tik ausreichten? War die Zurückhaltung Berechnung, gehörte sie zum Ritual, wollte sich Ludwig drängen lassen? Oder war die angebliche Bescheidenheit eine wohlwollende Erfindung des mönchischen Geschichtsschreibers? Wir müssen es wiederum bei den Fragen bewenden lassen. Es sei an den shakespearischen Leichenredner erinnert, an Marc Anton, der in demagogischer Absicht dem Volk gegenüber Cäsars völligen Mangel an Ehrgeiz anpries: dreimal habe er ihm die Königskrone angeboten und dreimal habe er sie zurückgewiesen...

Dieser Ludwig von Oberbayern, der Königskandidat – wie sah er aus, wie benahm er sich, was war von ihm zu halten? So mochte sich mancher im Reich fragen.

Mehrere Zeitgenossen schildern sein Äußeres: Er war von großer, schlanker Gestalt, sein Körper geschmeidig und gestählt durch vieles Reiten und Jagen im Freien; das rotblonde Haar – es hat sich in späteren Jahren gelichtet, da es zur Zeit des Italienfeldzuges als »spärlich« bezeichnet wird – fiel nach rückwärts bis zur Schulter herab; das Gesicht zeigte kräftige Farbe und besaß einen freundlichen Ausdruck. Mehrfach ist bezeugt, daß es immer zu lächeln schien. »... seine Augen waren groß und klar – ›oculi caprivi‹ d. h. Ziegenaugen –, seine spitze Nase bog sich zum Munde nieder, seine Wangen voll, sein Kinn schlank, sein Hals, der Nacken und die Schultern wohlgebaut, die Arme, Schenkel und Füße proportioniert. Er war in den Waffen geübt und trat jeder Gefahr kühn entgegen, aber er überlegte nicht genügend im voraus, änderte unschwer seine Entschlüsse und verlor im Unglück leicht den Kopf. Von Manieren war er zum Scherz aufgelegt und leutselig, sein Gang war rasch, auf keinem Sitz, an keinem Platz duldete es ihn lange.«[8] Eine spontane, temperamentstarke Natur also, voll Energie und Tatendrang. Sein Gemüt scheint empfindsam und weich gewesen zu sein, Freud und Leid bewegten ihn tief. Der Abfall von Freunden konnte ihn sehr verletzen, Ungehörigkeit oder Unrecht zu jähem Zorn reizen. Dann ließ er sich auch zu unüberlegtem Handeln hinreißen, wie sein Verhalten bei dem Treffen in Landau gezeigt hat. Später scheint er sein Temperament unter Kontrolle gebracht zu haben; Stimmungen war er wohl sein Leben lang ausgesetzt, doch ist von unbeherrschten Ausbrüchen nicht mehr die Rede. Verschwiegenheit, Diplomatie und Schläue wuchsen ihm als politische Notwendigkeit zu. Doch damit greifen wir vor. Aus allen Schilderungen resultiert, daß die Wirkung der Persönlichkeit Ludwigs faszinierend und mitreißend war: Im Rat der Fürsten, bei Gesprächen und Verhandlungen wußte er sich zu behaupten und verstand es, seine Partner durch eine natürliche Beredsamkeit zu überzeugen. Dazu war er gesellig, ein Freund fröhlicher Tafelei, im vertrauten Kreis zu Scherzen bereit.

Herzog Ludwig brach mit einer nicht sehr großen Begleitmannschaft auf. Als er Anfang September zum Rhein kam, mußte er sich dem Willen der »Mächtigen« fügen, die ihm vorhielten, er habe nur die Wahl, »entweder ohne überhaupt die Krone erlangt zu haben, unterzugehen, oder die Krone anzunehmen und dann ein wenngleich nicht müheloses Dasein zu führen«[9]. Ob der Chronist die eigenen oder Ludwigs Gedanken den Kurfürsten in den Mund legte, sei dahingestellt. Zweifelhaft war es tatsächlich, ob Friedrich von Habsburg – mit dem rachgierigen Bruder Leopold an der Seite – die freundliche Haltung von Ranshofen und Salzburg nach einem Wahlsieg beibehalten würde, ob also nicht mit dem Königtum auch das Herzogtum für ihn auf dem Spiel stand. »So mag denn geschehen, was Gott verhängt hat, und sein Wille werde an mir erfüllt.« Solch fromme Gedanken schließen nicht aus, daß hart verhandelt wurde: In Lorch am Rhein beurkundete Ludwig am 12. September 1314 die Versprechungen, die er seinen Wählern machen mußte[10]. Auch Heinrich VII. hatte seinerzeit die Einstimmigkeit seiner Wahl nicht ohne Zugeständnisse an die Kurfürsten erreicht: alles, was die starke Hand seines Vorgängers ihnen nach zähem Ringen abgenommen hatte, mußte er ihnen wieder zubilligen. Bei diesen Wahlentschädigungen erhielten nicht nur die Reichsgüter starke Einbußen, der Kandidat mußte auch auf eigenen Besitz zurückgreifen. Herzog Rudolf hatte 1308 bei seiner Wahlbewerbung diesen Weg beschritten, und Ludwig der Bayer mußte 1314 aus dem Pfälzer Territorium eine Reihe von Orten vergeben und ebenso aus dem nordbayerischen Gebiet[11]. Dem Mainzer wurde u. a. Seligenstadt, Diebach, Reichenstein, die Grafschaft Bachgau und der Zoll von Ehrenfels zugesagt. Das Erzkanzleramt mit allen Einkünften kam ihm zu, dazu 10 000 Mark Silber für Wahlausgaben und noch Extrabelohnungen für die Räte des Kurfürsten. Peter von Aspelt konnte zufrieden sein.

Am 20. September erhielt Balduin von Trier in Koblenz seine »Handsalben«, wie man damals die Schmiergelder nannte: Städte (z. B. Münstermaifeld, Boppard), Gerichte, Zölle. Gerichtshoheit und Befreiung von Reichstagen und Reichskriegen gaben ihm den Status eines nahezu unabhängigen Territorialfürsten. Außerdem sicherte sich der Trierer für den linksrheinischen Teil Deutschlands Rechte im Kanzleramt[12]. Auch Johanns von Böhmen Zustimmung mußte honoriert werden: Ihm wurden die Erbansprüche auf polnische Gebiete, auf die Markgrafschaft Meißen sowie auf Parkstein und Eger im bayerischen Nordgau bestätigt.

Beide Kandidaten, Friedrich und Ludwig, hatten also bei ihrem Regierungsantritt mit einem gewaltigen Negativposten zu rechnen, mit einer
Schwächung ihrer Macht zugunsten der Wähler, und die Aussage des
Aspelt-Grabmals war wohl das geheime Wunschbild aller Kurfürsten
(s. S. 78).

Erst im Oktober scheint es dem für Ludwig eifrig werbenden Grafen
von Henneberg gelungen zu sein, zu den Stimmen von Mainz, Trier
und Böhmen auch noch die des Herzogs Woldemar von Brandenburg
und des Herzogs Johann von Sachsen-Lauenburg zu gewinnen. Die
Kurstimme des geteilten Sachsen war jedoch strittig, und so konnten
die Habsburger den Herzog Rudolf von Sachsen-Wittenberg auf ihrer
Seite buchen. Eine weitere sehr fragliche Kurstimme besaß man mit
Heinrich von Kärnten, der als »König von Böhmen« auftrat, der er
längst nicht mehr war. Und Ludwigs feindlicher Bruder, Pfalzgraf Rudolf, schwenkte, als er die Vergeblichkeit der eigenen Kandidatur begriff, ins Lager der Habsburger, die er bisher so heftig bekämpft hatte.

Im Hintergrund war wiederum – wie 1308 – die drohende Stimme des
aufstrebenden Frankreich zu vernehmen: Ein im vatikanischen Archiv
aufgefundenes Dokument beweist, wie sehr sich König Philipp IV. seit
Ende des Jahres 1313 um die deutsche Thronfolge bemühte. Er inter-
pellierte bei der Kurie, daß es im Interesse der Kirche und ihrer Kreuz-
zugspläne liege, nicht die dem wahren Glauben abgewandten Deutschen, sondern einen französischen Kandidaten, der das Abendland
vereinen würde, zu begünstigen. Als der Papst sich in diesem Sinne an
die geistlichen Kurfürsten Deutschlands wandte, wußte man ihm eine
respektvoll ausweichende Antwort zu geben[13]. Diese Haltung hatte
man in Frankreich gerade von Balduin von Trier nicht erwartet; denn
er war durch die Verwendung des französischen Königspaares bei der
Kurie 1307 Erzbischof geworden, mit ihm als Nachbarn hoffte Frankreich seinen Einfluß auf Deutschland erweitern zu können. Aber obwohl dieser Luxemburger französische Künstler, Schreiber und Juristen
an seinem Hofe hielt, obwohl er – über luxemburgische Prinzessinnen –
im Laufe der Jahre Oheim dreier französischer Könige werden sollte,
wußte er den Anspruch des Pariser Hofes auf die deutsche Krone und
auf Ausdehnung des französischen Territoriums nach Osten entschieden abzuwehren[14].

Gegen Ende Oktober strömten die Anhänger beider Parteien in der
Ebene zwischen Mainz und Frankfurt zusammen: Die Österreicher waren mit einem nicht geringen militärischen Aufgebot erschienen; anscheinend rechneten sie mit einer Doppelwahl und der anschließenden

gewaltsamen Entscheidung[15]. Womit sie nicht gerechnet hatten, war,
daß die Macht des Mainzer Erzbischofs so weit reichte, ihnen die Le-
bensmittelzufuhr aus ihrem elsässischen Nachschubgebiet abzuschneiden. Es entstand eine bedrohliche Lage für Menschen und Tiere, wenngleich man es dem Chronisten kaum glauben kann, daß von beiden eine
große Anzahl an Hunger starben[16].

Man drängte also zur Wahl. Die Habsburger, die am linken Main-Ufer
bei Sachsenhausen lagerten, wählten unter dem Vorsitz des Pfalzgrafen
Rudolf am 19. Oktober Friedrich den Schönen zum deutschen König,
die Gegenpartei auf der anderen Seite des Mains, die immer noch auf eine Einigung gewartet hatte, nahm die Kür am 20. Oktober vor: Ludwig
von Bayern wurde mit fünf Kurstimmen gewählt, während sein Gegner
nur vier – davon zwei strittige – auf sein Haupt vereinigen konnte. Er
hatte aber, und das wog nicht leicht in jener Zeit, die Reichskleinodien
in der Hand, die dem Gewählten bei der Krönung überreicht wurden.
Die Lage war für alle Beteiligten heil-los. Beide Parteien versäumten
nicht, der Kurie ihr Wahlergebnis mitzuteilen. Das Schreiben mußte an
den »künftigen Papst« gerichtet werden, denn Clemens V. war am 20.
April verstorben.

Während nun Friedrich der Schöne infolge der genannten Misere mit
seiner Gefolgschaft nach Süden abzog, feierte Ludwig in einem ersten
Anflug von Glücksstimmung am dritten Tag nach der Wahl seinen Einzug in Frankfurt. »Als die Wahl bekannt wurde, erhob sich in der Stadt,
die ihm stets in treuer Anhänglichkeit ergeben war, lautes Freudenge-
schrei und alles lobte den Herrn.«[17] König Ludwig wurde mit dem üblichen Zeremoniell, wie es in der Bilderchronik des Balduin von Trier
(s. S. 57) so anschaulich geschildert ist, auf den Altar erhoben, während
laut das »Te deum laudamus« erscholl; er zeigte sich anschließend auf
dem Platz vor der Kirche der jubelnden Menge.

Vermutlich waren Eilboten nach München abgegangen, wo man der
wartenden Gemahlin Beatrix die frohe Kunde brachte und sie zur Königskrönung einlud. Einige Wochen dauerten die Vorbereitungen.
Währenddessen strömten in Frankfurt alle jene zusammen, die Ludwig
wohlgesinnt waren oder sich von ihm Vorteile erhofften. In festlichem
Zug bewegten sich dann Tausende nach Aachen, wo man am 25. November am traditionellen Ort den König krönte; allerdings nahm nicht
der seit alters dazu ausersehene Erzbischof von Köln, sondern der
Mainzer Erzbischof die feierliche Handlung wahr. Nach Anschauung
der Zeit durfte der Erwählte (»electus«) erst nach der Aachener Krönung den Königstitel führen und Rechtshandlungen als König vollzie-

hen[18]. Der Krönungsakt bestand in der Insignienübergabe, der Salbung und der feierlichen Thronsetzung. Die Aachener Marienkirche besaß zu diesem Zweck die von König Richard von England 1262 gestifteten Reichsinsignien aus vergoldetem Silber: Zepter, Krone, Reichsapfel und Krönungsgewänder. Von diesem Staatsakt gibt es folgende Schilderung: »... vor allem Volke entkleidet man den Erwählten und legt ihm

Königskrönung in Aachen

die heiligen Gewänder an, in denen er dann auf den rechten Flügel des Altars gestellt, zum römischen König gesalbt, hier an richtiger Stätte mit der richtigen Krone sammt seiner Gattin gekrönt, vom Volke als König begrüßt und mit dem allerheiligsten Leib unseres Herrn Jesu Christi gespeist wurde. Und während der Ruf der ganzen Bevölkerung: ›Es lebe der König, es lebe der König!‹ sich gewaltig erhebt, wird er als Herr des Erdkreises ausgerufen und dem Volke persönlich vorgestellt, ein schöner, kräftiger, ehrenfester Jüngling mit krausem, zurückfallendem Haar, starken Augbrauen, durchdringenden Augen, einer etwas gebogenen Nase, einem leutselig lächelnden Munde, einem glänzenden, runden Nacken, wohlproportionirten Armen und Händen. Seine Haltung und sein ganzer Körperbau verriethen Kraft und Gesundheit, sei-

ne Sitten waren über jeden Tadel erhaben, seine Gemüthsart heiter; er
war ein Mann von echt christlicher Religiosität, froh mit den Fröhlichen, ernst mit den Ernsthaften. O Gott, welche Freude, welcher Jubel!«[19]
Die älteren – eigentlichen – Reichsinsignien waren bis zu König Rudolfs Regierungsantritt auf der pfälzischen Burg Trifels aufbewahrt und
dann durch König Albrecht auf die Kyburg im westlichen Habsburger
Gebiet überführt worden. Als man nun bei den Habsburgern zur Krönung schritt, ebenfalls am 25. November, konnte man die alten Insignien und den krönungsberechtigten Erzbischof von Köln aufbieten,
war aber weit entfernt von dem schon im Sachsenspiegel vorgeschriebe-
nen Krönungsort Aachen: bei St. Cassius in Bonn unterwarf sich Friedrich von Habsburg dem Krönungszeremoniell. Die staatsrechtliche
Unsicherheit in Bezug auf die Königswahl – vor dem Gesetz der »Goldenen Bulle« von 1356 galt noch nicht das Mehrheitsprinzip! –, unge-
naue, nur auf dem Herkommen beruhende Bestimmungen, waren mit
schuld an der verheerenden Situation, in die Deutschland nun geraten
war. Beide Könige fühlten sich im Recht, und nur die Waffen konnten
entscheiden. Ein achtjähriges Ringen setzte ein, das unmenschliche
Anstrengungen, Verwüstungen ganzer Landstriche, Hunger und Unsicherheit für die Bevölkerung brachte und zahllose Menschenleben kostete.

Die Ereignisse des Jahres 1315: Speyer – Basel – Morgarten

Waren Frankfurt und Aachen erste Höhepunkte im Königsleben Ludwigs gewesen, beglückend durch das sichtliche Wohlwollen der Bürger
und den Zuzug so vieler Anhänger, so ging es nun an die Arbeit des Re-
gierens. Sie bestand im Gewähren von Privilegien, im Bestätigen alter
Rechte, im Belohnen der Anhänger durch Vergabe irgendwelcher territorialer Zugeständnisse oder sonstiger Einnahmequellen, denn Bargeld
konnte der deutsche König nicht vergeben. Die ersten Monate nach der
Wahl Ludwigs sind gekennzeichnet durch reiche Privilegienvergabe,
besonders an die Kurfürsten und die Städte.
Da die Kanzlei König Heinrichs VII. sich nach dessen Tod aufgelöst zu
haben scheint, Ludwig also nicht an die Erfahrungen seines Vorgängers
anknüpfen konnte, war er gezwungen, aus der kleinen Kanzlei seines eigenen Fürstentums mehrere Beamte zu übernehmen und eine leistungs-
kräftige Reichskanzlei auf- und auszubauen; denn diese war zu Ludwigs Zeit noch keine feste Behörde, die unabhängig von dem Wechsel

der Herrscher fortbestand. Weder die Kurfürsten noch der Erzkanzler des Reiches, Peter von Aspelt, scheinen an der Schaffung der neuen Reichskanzlei beteiligt gewesen zu sein[20]. Es wurden Notare bestellt, die als hohe Regierungsbeamte zugleich Berater und ausführende Organe des königlichen Willens waren. Der ganze Schriftverkehr wurde über sie abgewickelt. Von ihrem Geschick im Formulieren, von ihrem Ordnungs- und Organisationstalent und auch von ihrem guten Willen – eventuell ihren persönlichen Zu- und Abneigungen – war der Herrscher abhängig. Da er selbst des Schreibens und Lesens in lateinischer Sprache weitgehend unkundig war, kam den einzelnen Beamten ein großes Maß an Freiheit und Verantwortung zu. Es wird noch davon die Rede sein, daß sie diese nicht immer zum Vorteil des Königs und des Reiches nutzten.

Dankbar und vertrauensvoll scheint Ludwig in den ersten Jahren seiner Regierung dem Rat des erfahrenen Politikers von Mainz gefolgt zu sein. Durch seine frühere Bischofstätigkeit in Basel war er mit den Zuständen am Oberrhein vertraut. Auf Peter von Aspelt ging der Plan zurück, die Habsburger in ihren westlichen Stammlanden anzugreifen und auszuschalten. Ludwig blieb daher den Winter 1314/15 am Mittelrhein, um einen Feldzug vorzubereiten. Es gelang ihm in dieser Zeit, zahlreiche rheinische Städte zu gewinnen; sogar die Bürger von Köln – der Erzbischof befand sich im Habsburger Lager – nahmen ihn freundlich auf. Den Städten Worms und Speyer wurden Rechte bestätigt, Straßburg und Hagenau Versprechungen gemacht[21]. Bemerkenswert ist die klare Haltung der Stadt Hagenau im Elsaß: Sie ließ Ludwig wissen, sie wolle den als König anerkennen, der das Feld behaupte; daran hat sie sich in der Folgezeit auch gehalten.

Mit zwei Getreuen im Elsässer Land konnte Ludwig auf jeden Fall rechnen: Johann von Lichtenberg kam ihm nach Frankfurt mit dreißig Rittern auf Schlachtpferden entgegen, und Landgraf Ulrich von der Wörth gehörte schon bei der Krönung in Aachen zur Begleitung des Bayern[22]. Im Spätwinter zog Ludwig südwärts bis Speyer, um von hier aus den Kampf um das Elsaß, das schon unter den Staufern als »des Reiches größte Kraft« galt, zu beginnen. Den Grafen von Leiningen ernannte er zum Landvogt im Elsaß, ein schweres Amt, wenn man die starke Position der Gegner in diesem Gebiet bedenkt. Seit Ende 1314 befand sich Friedrich der Schöne auf seiner Burg Reichshofen bei Hagenau und dann mit seinem Bruder Leopold in der nahegelegenen Stadt Selz. Anfang des Jahres 1315 kam auch der Bruder Heinrich mit seinen Mannen hinzu. Man bemühte sich nachdrücklich um die Gunst der Bürger

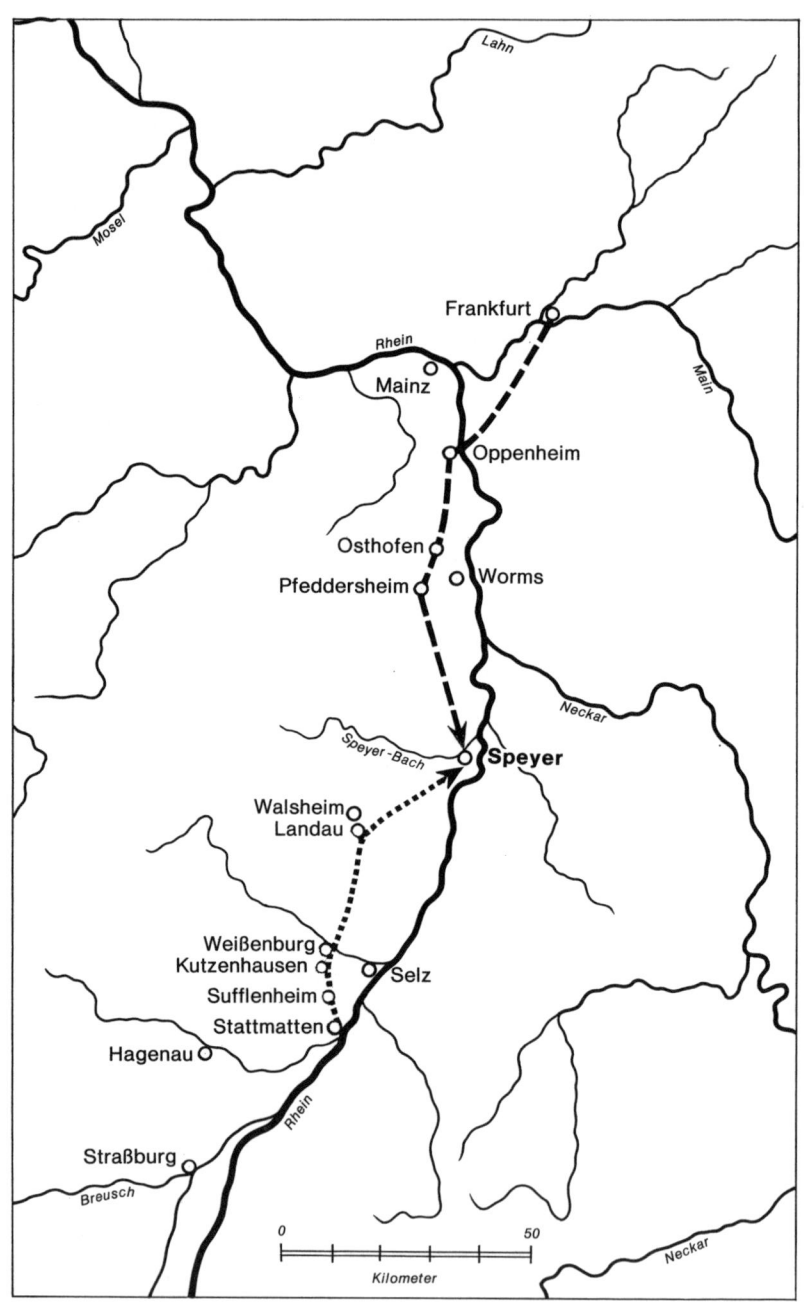

Anmarsch der Bayern und Österreicher, März 1315
– – – – – *Bayern,* · · · · · *Österreicher*

Straßburgs, die des Bischofs Johann besaß man ohnehin. Eifrige Parteigänger der Habsburger waren auch die Herren von Pfirt und die Ochsensteiner. Zahlreiche Dienstverträge wurden abgeschlossen, was darauf hinweist, daß man mit einer baldigen militärischen Entscheidung rechnete.

Ludwig wollte anscheinend den Gegner in Speyer erwarten; mehrmals wechselte er den Platz und schlug schließlich im etwas erhöhten, befestigten Judenfriedhof im Norden der Stadt sein Lager auf[23]. Die Österreicher zogen ihm entgegen, lagerten in Sichtweite und formierten sich zur Schlachtordnung. Zwei Tage und eine Nacht (13. bis 15. März) herrschte Ruhe vor dem Sturm, herrschte Bereitschaft zum höchsten Einsatz auf beiden Seiten. Dann zog Ludwig – zur Verblüffung der Seinen und der Gegner – im Schutz der Dunkelheit ab.

Als Hauptgrund für dieses Verhalten wird angeführt, Ludwig habe vergeblich auf die von Balduin von Trier zugesagten Hilfstruppen gewartet, ohne die ihm der Kampf aussichtslos erschien. Manche Historiker vermuten eine weiterreichende, mehrmals und letztlich mit Erfolg angewandte Taktik des Bayern: Er wich der Entscheidung möglichst lange aus, um den Gegner finanziell verbluten zu lassen. »Wollte man berechnen, wieviele Dienstverträge die Habsburger in den nächsten Jahren völlig vergeblich geschlossen haben, weil sie keine Gelegenheit erhielten, die erkauften Dienste erfolgreich zu nützen, so würde sich bloß aus den überlieferten Verschreibungen eine erstaunlich hohe Summe ergeben. Die Auslagen Ludwigs waren weitaus geringer, und überdies bezahlte er mit Reichsgut, die Habsburger überwiegend mit Hausgut.«[24] Ob eine solche Taktik vorlag, ob nicht vielmehr äußerste Vorsicht geboten war, da eine militärische Entscheidung auch endgültig über den Thron entschied? Es ist nicht anzunehmen, daß Ludwig den großen Prestigeverlust eines Rückzugs ohne gewichtigen militärischen Anlaß auf sich genommen hat. Er mußte damit rechnen, daß dem Gegner dadurch zahlreiche noch schwankende Städte und neue Einnahmen zufielen, was sich denn auch sogleich als Folgeerscheinung einstellte. Die Bürger von Hagenau zum Beispiel öffneten Friedrich die Tore und leisteten ihm feierlich den Treueid. Ein Brief des Rates der Bürgerschaft ging bereits am 18. März an die Stadt Konstanz ab, worin diese Entscheidung angekündigt und weiter empfohlen wird. »Wir tunt uch kunt, daz wir mit dem hohen fursten herzoge Ludwig von Peyern der sich kunig nennet und och mit unserem herren kunig Friderich dem Romischen kunige, da si beide sammenunge hatten und ze velde lagen, uns underredten, welre under in daz velt behube, daz wir den wolten

haben ze unserem herren. Des zogete unser herre kunig Friderich gegen
Spire, wanne sich hertzoge Ludwig von Peyern in die vorstat ze Spire
hatte geleit, und wolte gestriten han mit imme, ob er ze im mohte komen sin. Und da er niht mohte ze imme komen, da fur er ze uns und
enphingen wir in ze eim kunige, wanne er daz velt behub, und hant imme gehuldet und getan alles daz wir eime Romischen kunige tun sulent,
wanne uns dunket, daz er dem lande rehte komme und es wol befriden
mugen. Und bittent uch ernestlich, daz och ir in enphahent ze eim kunige durch iemer unsern dienst.«[25] Und wie Hagenau, so stehen auch
andere Städte am Mittel- und Oberrhein unter dem Eindruck des Ab-
zugs des antihabsburgischen Heeres. Das Elsaß fällt Friedrich zu, sein
Auftreten dort gleicht einem Siegeszug, Optimismus klingt in allen
Briefen der Habsburger an. Auch Ludwigs Parteigänger im Elsaß sind
zu Kompromissen gezwungen.

Man kann sich vorstellen, wie hart es Ludwig angekommen sein muß,
seine ritterliche, jähe, kämpferische Natur zu diesem Schritt zu zwingen. Letztlich bleibt das Motiv unklar.

Er berief nun eine Fürstenversammlung nach Nürnberg ein, wo unter
anderem das Problem der Schweizer Waldstätte gelöst werden sollte.
Die Schweizer Talschaften (Urkantone), die sich bereits unter Kaiser
Friedrich II. zusammengeschlossen und ihren Bund dem Reich unmit-
telbar unterstellt hatten, sahen in König Ludwig die Chance, von den
Pressionen der Habsburger freizukommen. Sie verweigerten diesen Gehorsam und Zahlungen, die ihnen als Landesherren zustanden. In einem
Brief vom 24. November 1314 an Schwyz hatte Ludwig seine Hilfe gegen die Habsburger für das kommende Frühjahr versprochen[26], nun
mußte er die Waldstätte auf die Zukunft vertrösten. Doch Erzbischof
Peter von Aspelt konnte ihnen zu Gefallen sein, indem er sie aus dem
Kirchenbann löste, der wegen lokaler Fehden über sie verhängt worden
war. In ihrem Kampf um Eigenständigkeit zogen die Schweizer Gewinn aus dem Thronstreit der beiden Gegenkönige.

Friedrich von Habsburg begab sich nach dem Speyerer Beinahekampf
gegen Süden, von einem stattlichen Gefolge begleitet, nach allen Seiten
königliche Gnaden verteilend, wie aus einer Reihe von Urkunden hervorgeht. Ein wichtiges Jahr für die Habsburger: Man begann seine Füh-
ler nach Italien auszustrecken, man tastete vor, wie es mit der Anerkennung des Königtums und einer eventuellen Kaiserkrönung stehe. Einen
Machtfaktor im Süden bedeutete der geniale Sonderling von Sizilien,
Friedrich III. Dieser Stauferenkel war durch den Willen des Volkes König von Sizilien geworden; die Stände hatten ihm und seinem Erben im

Vorjahr spontan gehuldigt. Friedrich von Sizilien war Bruder König Jakobs von Aragonien, der wiederum Schwiegervater Friedrichs von Österreich war. Pläne wurden geschmiedet, die Feindschaft des Sizilianers mit König Robert von Anjou-Neapel durch eine habsburgische Heirat zu beseitigen: Friedrichs Sohn Peter sollte mit der Schwester der österreichischen Herzöge, Katharina, vermählt werden[27]. Der Plan kam jedoch nicht zur Ausführung.

Heiratspläne und Hochzeiten spielten in diesem gewichtigen Jahr 1315 überhaupt eine große Rolle. Friedrich der Schöne arrangierte eine Nachfeier seiner Hochzeit mit Isabella, und im Juni wurde zu Basel ein glanzvolles Doppelfest begangen: Erzbischof Heinrich von Köln krönte im Dom die Gemahlin Friedrichs zur Königin, und Herzog Leopold vermählte sich mit Katharina von Savoyen. Dieses machtvolle Durchgangsland Savoyen mußte jeder im Auge behalten, der einen Italienzug plante, das hatte sich schon unter König Heinrich VII. erwiesen. Im Bewußtsein dieses diplomatischen Erfolges veranstaltete man eine Prunkhochzeit sondergleichen, wobei wiederum die Reichskleinodien ostentativ eingesetzt wurden, »insignia, qua ›Regnum‹ dicuntur« (nach Mathias von Neuenburg). Und das Volk strömte herbei um zu schauen, zu jubeln und Heil vom Anblick der Heiltümer mitfortzunehmen. Viel Merkwürdiges ereignete sich bei diesem Fest, was man später als Unheilszeichen deutete: Bei den üblichen Turnierspielen wurde der Graf von Katzenellenbogen zu Boden geworfen und so schwer verletzt, daß er an den Folgen starb. Das Gedränge bei dem Fest soll so groß gewesen sein, daß mehrere Menschen erdrückt wurden. Gerüste brachen unter der Menge ein, den Frauen wurden die Kleider vom Leib gerissen, der Schmuck gestohlen – kurzum: die Sonnentage wiesen auch starke Schattenseiten auf[28].

Der Glanz der Hochzeit und die kostbare Morgengabe für die Braut aus Savoyen lösten bei den Habsburgern große Finanznöte aus, und das von den Zeitgenossen als reichste Dynastie gepriesene Geschlecht mußte zahlreiche Verpfändungen, Entlassungen und andere peinliche Maßnahmen vornehmen. Friedrichs Gattin Isabella durfte nur eine einzige Hofdame aus ihrem spanischen Gefolge behalten, und König Jakob von Aragonien mag nicht ohne Stirnrunzeln den Briefen seiner Tochter entnommen haben, daß sogar der spanische Beichtvater entlassen werden mußte und somit das Seelenheil der Königin auf dem Spiel stand, da sie nun niemandem beichten konnte, der ihrer Sprache mächtig war[29].

Im November 1315 traf die Habsburger zudem ein schwerer Schlag. Die Waldstätte Schwyz, Uri und Unterwalden hatten – wie gesagt –

den Kampf um ihre Unabhängigkeit von den Habsburgern vorantrei-
ben können. Da sie den Zugang zum St.-Gotthard-Paß innehielten, waren sie schon aus wirtschaftsgeographischen Gesichtspunkten für die
Habsburger ein Dorn im Fleisch; Herzog Leopold war entschlossen,
diesen zu entfernen. Als er in der Nacht zum 15. November von Zug
aus zu einem Überraschungsangriff aufmarschierte, wurde sein adeliges
Ritterheer beim Passieren einer Schlucht von den dürftig bewaffneten
Schwyzer Bauern überfallen und zusammengeschlagen (Schlacht am
Berg Morgarten). Herzog Leopold, der mit knapper Not entkam, war
– wie Augenzeugen berichten – der Verzweiflung nahe; er übersah nicht
die Auswirkung dieser vom Haß des Volkes getragenen Entscheidung
auf das Ansehen seiner Dynastie und des königlichen Bruders[30].
Ludwig der Bayer verstand die Situation zu seinen Gunsten zu nutzen. Auf der im Herbst des folgenden Jahres nach Nürnberg einberufenen Reichsversammlung sprach er den Habsburgern offiziell alle Rechte auf die Waldstätte ab und sanktionierte damit den erneuten Bund der
Schweizer und ihr Vorgehen am Morgarten. Militärische Hilfe vermochte ihnen Ludwig nicht zu geben, da er alle seine Kräfte für die endgültige Entscheidung zusammenhalten mußte. So brachte die hoff-
nungsvolle Freundschaft mit den Waldstätten weder für ihn noch für
das Reich einen Gewinn, im Gegenteil: ein Schritt weiter zur Ablösung
eines Gliedes aus dem Reichsverband war getan worden.

Hingezögerte Entscheidung und Herzog Rudolfs Ende

König Ludwig war nach dem wenig ruhmvollen Manöver von Speyer
über Nürnberg – Ingolstadt wieder nach Oberbayern zurückgekehrt.
Der Empfang in München muß nicht überwältigend gewesen sein, der
Streit mit dem Bruder schwelte erneut. Zwei Herzöge waren in der Residenzstadt, der eine mit der deutschen Königskrone auf dem Haupt,
die der andere nicht anerkannte. Die Parteiung griff auf Bürgerschaft
und Adel über. Dieser versuchte einzugreifen, und bei einem Schlichtungsversuch am 6. Mai 1315 wurde ausgehandelt[31], daß Rudolf die
Regierung in Oberbayern sowie die Vormundschaft über die
niederbayerischen Herzöge zu gleichen Rechten mit seinem Bruder erhalten, dafür aber Ludwigs Königtum und die aus wittelsbachischem
Hausbesitz vergebenen Wahlgeschenke anerkennen sollte. Neun
Schiedsrichter bemühten sich, die einzelnen Streitpunkte – vor allem
Rechte an Burgen und Städten – zu klären und ein Bündnis der Brüder
herbeizuführen. Doch bedeutete auch dieser Kompromiß keine ehrli-

che Versöhnung, keiner der Brüder war auf die Dauer zufriedengestellt. Es scheint, daß es Ludwig verstand, die Mehrzahl der adeligen Herren durch seine mitreißende Art und überlegene Taktik auf seine Seite zu ziehen. Er gewann in Bayern zunehmend an Boden.

Zunächst sicherte er sich das Wohlwollen der niederbayerischen Verwandten: Man traf sich zu Regensburg und bekräftigte die gegenseitige Freundschaft und Hilfsbereitschaft gegen jedermann. Ludwig gab niederbayerische Festungen, die er im Zuge der Vormundschaftsverwaltung besetzt hatte, heraus und erhielt auf dem Weg über eine Viehsteuer Zahlungen für die Kriegskosten von Gammelsdorf[32]. Mit dieser Rückendeckung konnte er den oberbayerischen Ständen selbstbewußt gegenübertreten. Bürger und Adel scheinen der jahrelangen Fehden, die ihnen durch das uneinige Herrscherhaus zugemutet wurden, gleichermaßen überdrüssig geworden zu sein. Aber auch hier – wie in der deutsch-österreichischen Frage – konnte nur die Gewalt entscheiden.

Herzog Rudolf zog sich auf seine Burg Wolfratshausen zurück. Sie lag auf einer westlichen Anhöhe des Loisachtales. Der Blick ging von dort über die verstreuten Orte der Talebene und das wellige Voralpenland hin; im blauen Dunst sah man die Kette der Berge im Süden. Der Marktflecken zu Füßen der Burg war herzoglicher Gerichtssitz.

Ein paar Kilometer flußaufwärts – ebenfalls auf einer Anhöhe – lag das Augustiner-Chorherrnstift Beuerberg, und dort wurde 1375 handschriftlich eingetragen, was sich etwa hundert Jahre vorher in der Gegend abgespielt hatte und immer noch die Gemüter erregte: Ein unbescholtener Rompilger, Nantwein, war ergriffen und dem Landrichter vorgeführt worden. Man hatte Geld bei ihm gefunden, man warf ihm Kinderschändung vor und verurteilte ihn zum Tod auf dem Rost. Noch in den Tagen Herzog Rudolfs sprach man viel von dem Ereignis, die alten Leute hatten es selbst noch miterlebt. »Der gemain man vermaint, es wär im unrecht geschehen, der richter hiet von seins gelt wegen verprennen lassen. Ward allda ein kirchen paut, do er verprent ward; lief das volk kirchferten zue, haist noch zu sant Antwein.«[33]

Zur Zeit als die Herzogsfamilie dort weilte, entstand also jenseits der Loisach im Nordosten des Marktes eine Wallfahrtsstätte, die viele Pilger anzog. Überhaupt spielte Wolfratshausen verkehrsmäßig damals schon eine gewisse Rolle; es lag am Verbindungsweg von den wichtigen Städten Ulm, Augsburg, München nach Mittenwald – Innsbruck und über den Brenner nach dem Süden. Herzog Rudolf scheint sich mit seiner Familie häufig dort aufgehalten zu haben. Auch einige seiner fünf Kinder sind auf dieser Burg geboren worden.

Es ist sehr wenig, was wir über das Familienleben der Brüder in diesen
Jahren wissen. Wo hielten sich die Frauen auf, während die Männer ru-
helos von Fehde zu Fehde, zu Versammlungen, Hoftagen und Jagden
zogen? Sind sie sich überhaupt begegnet, nähergetreten, hat sich die
wachsende Kinderschar beider je einmal friedlich gemischt? In dem Un-
ruhejahr 1315 ist Ludwigs Sohn, der spätere Ludwig V. (der Brandenburger), zur Welt gekommen; die Tochter Mechthild war schon ein
paar Jahre alt. Die Schlesierin hat ihm zu Beginn des Jahres 1317 dann
einen zweiten Sohn, Stephan, geboren und noch im selben Jahr mußte
sie eine neue Geburt auf sich nehmen: Anna, ein schwaches Mädchen,
das nach zwei Jahren wieder die Erde verließ. Sechs Kinder soll sie Ludwig in den dreizehn Jahren ihrer Ehe geschenkt haben; einige starben
im frühen Kindesalter.

Zurück zum Geschehen in Oberbayern. Vermutlich wollte sich Herzog
Rudolf mit den Habsburger Brüdern in der Gegend zwischen Loisach
und Lech treffen und das weitere Vorgehen festlegen. Friedrich der
Schöne war mit seinen Truppen wieder nach Schwaben gekommen. Sie
lagerten zwischen Buchloe und Irsingen, von den Flußarmen der Wertach wie in einer Wasserburg geschützt. Und auch Ludwig sammelte seine Kräfte, zog nach Süden, wobei ihm »durch Gottes Fügung bald von
allen Seiten Bewaffnete, als seien sie vom Himmel gefallen«[34] zuström-
ten. Wieder schien alles einer Entscheidung entgegenzudrängen. Nach-
haltige Regengüsse setzten ein. Die Österreicher gerieten durch gewaltige Überschwemmungen in eine Zwangslage, die ihr Ende hätte bedeu-
ten können. Die Pferde standen bis zum Bauch im Wasser, die ganze
Mannschaft schien im Sumpf unterzugehen. Sogar Friedrich selbst war
bedrängt durch diese Wassernot, »die ihn verhinderte, sich im Felde
oder Walde zum Schlaf zu legen, und ihn zwang, aufzusitzen und drei
Tage lang im Wasser umherzureiten, dergleichen noch nie erhört worden ist, bis er endlich zu Schiffe entkam…« Nur geringer Anstrengungen hätte es bedurft, den Feind zu umzingeln und das Schicksal zu wenden. Auch die Chronisten scheinen vor der Frage nach dem erneuten
Versäumnis Ludwigs zu resignieren und in die Verratstheorie zu flüch-
ten[35].

Herzog Rudolf konnte sich in Oberbayern nicht halten. Er setzte sich
mit seiner Familie nach dem Westen ab, wo ihm der dem Hause
Habsburg verbundene Bischof von Worms Asyl gewährte. Man hat den
Eindruck, daß Rudolf durch diesen friedlosen Zustand immer mehr ab-
wirtschaftete. Er, der als heftiger Gegner Habsburgs seine Laufbahn begonnen hatte (Göllheim!), stand nun im Lager des ehemaligen Feindes,

und sein Schwager Gerlach von Nassau, einst in schmählicher Gefangenschaft König Albrechts, war ebenfalls zur Gegenseite übergetreten. Zwei Jahre später – um dies vorwegzunehmen – kam nochmals eine Abmachung mit dem königlichen Bruder zustande (Februar 1317), die auf einen Herrschaftsverzicht Rudolfs hinauslief. Nur ein paar Burgen blieben ihm und eine jährliche Abfindung von 5000 Pfund Pfennigen[36]. Rudolf scheint nochmals am Wiener Hof gewesen zu sein, er urkundet dort im Februar 1318; eine politische Rolle spielte er nicht mehr. Ein Jahr später starb er im Alter von 45 Jahren[37].

Wie vor zehn Jahren die Witwe König Albrechts, so lebte nun auch Rudolfs Witwe Mechthild dem Haß und dem Kampf gegen den Schwager, durch den ihrer Familie so großes Leid und Unrecht zugefügt worden war, wie sie glaubte. Sie verheiratete ihren Sohn mit einer Tochter des habsburgfreundlichen Grafen Ludwig von Öttingen und brachte sogar ein Truppenkontingent auf, mit dem sie am Rhein gegen König Ludwigs Streiter operierte. Erst ihr Tod (13. Juni 1323) setzte der Feindschaft ein Ende[38], wenige Jahre später kam es zu dem auch politisch wichtigen Vergleich mit den Söhnen Herzog Rudolfs (Vertrag von Pavia 1329, s. u.).

Das Jahr 1316 brachte einen unruhevollen Sommer und Herbst für ganz Süddeutschland. König Ludwig zog an die Donau, nahm einigen dem Bruder anhängenden Ministerialen die Burgen. Dann erreichte ihn der Hilferuf der Reichsstadt Eßlingen, die von Friedrich dem Schönen und Eberhard von Württemberg belagert wurde und sich tüchtig verteidigte. Wahrscheinlich sah Friedrich in der württembergischen Stadt den Schlüssel zu weiterem militärischen Ausgreifen nach dem Westen oder nach Bayern. Ludwig rückte mit einer gemeinsam von den Luxemburgern und seinem niederbayerischen Neffen Heinrich d. Ä. aufgebrachten Truppe bis zum Neckar vor. Der Trierer Erzbischof war persönlich anwesend, er muß überhaupt eine streitbare Herrschernatur gewesen sein. In der von ihm später in Auftrag gegebenen Bilderchronik ist Balduin mehrmals in voller Rüstung mit Stechhelm dargestellt. Bei Eßlingen soll er seinen Neffen Johann eigenhändig zum Ritter geschlagen haben[39]. Einige Leute der beiden sich gegenüberliegenden Feinde gerieten aneinander, als sie ihre Pferde an den Neckar zur Tränke führten. Es gab eine blutige Rauferei, aber keine große Schlacht, keine Entscheidung, nicht einmal den Entsatz der Reichsstadt. Beide Heere zogen unverrichteter Dinge wieder ab.

Im folgenden Jahr schien die Partei der Wittelsbacher und der ihr verbündeten Luxemburger einen Schritt weiterzukommen im Kampf ge-

gen die Habsburger. Man versammelte sich in Bacharach am Rhein
(April 1318) und schloß ein Bündnis auf Lebenszeit. Es sollte gestützt
sein auf ein großes Landfriedensabkommen für das Rheingebiet von
Speyer bis Köln, zu Land und zu Wasser[40]. Die einzelnen Bundesmit-
glieder stellten Mannschaften zur Überwachung des Friedens auf. Vor
allem den Städten und ihrem Handel kamen diese Maßnahmen zugute;
Gewinner waren aber auch die eigentlichen Initiatoren des Landfriedens, die geistlichen Kurfürsten.

Ludwigs »tiefe Trauer«

In Böhmen konnte sich der junge König Johann von Luxemburg zunächst nur schwer durchsetzen. Peter von Aspelt – ehedem Kanzler König Wenzels II. und nun Erzbischof von Mainz – hatte sich bemüht, ihn
in die böhmischen Verhältnisse einzuführen und zwischen ihm und der
starken Opposition zu vermitteln. Mehrere deutsche Adelige waren
mit dem Luxemburger an den böhmischen Hof gekommen und wirkten
dort als Ratgeber in Regierungsgeschäften. Das mußte zu Reibereien
mit dem einheimischen Hochadel führen, der mit nationaler Empfind-
lichkeit über seine Rechte wachte[41]. Auch als sich König Johann in den
Jahren 1316/17 in Reichsangelegenheiten engagierte und Peter von Aspelt während seiner Abwesenheit die Verwaltung in Prag übernahm, gelang es nicht, den schwelenden Brand zu löschen. König Ludwig schaltete sich ein, und seinem diplomatischen Geschick gelang es schließlich,
einen Kompromißfrieden[42] zu erreichen (23. April 1318): Johann
mußte seine deutschen Räte entlassen und die Regierung mit Heinrich
von Leipa (Lippa), dem Kopf des aufsässigen Adels, teilen – keine sehr
ehrenvolle Stellung für den König, aber immerhin eine, die Böhmen
dem Haus Luxemburg rettete. König Ludwig hat also gewissermaßen
den böhmischen Thron für jenes Geschlecht erhalten, von dem er selbst
später den letzten entscheidenden Stoß einstecken mußte. Noch saßen
die Luxemburger, die nur drei Jahrzehnte später Prag zur Kaiserstadt
machen sollten, auf einem sehr wackeligen Přemysliden-Stuhl und waren als Fremdlinge unbeliebt. Dies mag mit der Grund gewesen sein,
weshalb im Jahr 1318 merkwürdige Projekte die Gedanken der maßgebenden Fürsten bewegten: Ludwig der Bayer hatte durch den Verzicht-
vertrag mit seinem Bruder (1317) die Herrschaft in Gesamtoberbayern
und in den pfälzischen Landen übernommen. Für den Bayern waren
diese zwar ein wichtiger aber doch recht abgelegener Besitz, der dem
Streben eines fortschrittlichen Dynasten, sein Herrschaftsgebiet abzu-

runden, entgegenstand. Die Luxemburger aber hatten ihre Ausgangsbasis an der deutschen Westgrenze, ihnen hätte die Pfalz zum Aufbau eines geschlossenen und gegen französische Übergriffe gerüsteten Komplexes dienen können. Wie wäre der Schicksalsweg Europas verlaufen, wenn dieser Plan, Böhmen gegen die Pfalz zu tauschen, Wirklichkeit geworden wäre? Bayern vom Lech bis zur Moldau, von Tirol (das später tatsächlich eingefügt wurde) bis zum Fichtelgebirge? Das Projekt, das von Johann ausgegangen war, zerschlug sich vermutlich am Widerstand der Königin Elisabeth und ihrer Hintermänner. Johann vermutete, daß man ihn zugunsten seines 1316 geborenen Sohnes Wenzel (des späteren Karl IV.) vom Thron verdrängen wolle. Das Familienleben des böhmischen Königspaares löste sich 1319 auf; trotzdem entwuchsen noch drei Kinder dieser gestörten Ehe, wichtige Spekulationsobjekte für die europäische Politik. Der kleine Thronfolger wurde auf die abgelegene Burg Pürglitz verbracht und isoliert von aller Verwandtschaft gehalten. Sein Sträuben gegen die Trennung von der Mutter soll der dreijährige Prinz mit zwei Monaten Dunkelhaft gebüßt haben. Als dann die Schwester des Königs, Maria, an den französischen Hof vermählt wurde (1322), gab man den Knaben dorthin zur Erziehung. Johann aber wechselte seinen politischen Kurs in Böhmen und konnte durch große Zugeständnisse den Landesadel für sich gewinnen. Mit allen Mitteln versuchte er sein Lebensziel – die Vorherrschaft des Hauses Luxemburg in Mitteleuropa – zu erreichen. Im Osten vermochte er sein Territorium planmäßig zu vergrößern. 1319 konnte er die westliche Oberlausitz in Besitz nehmen und in späteren Jahren seine Lehensherrschaft sogar über Schlesien ausdehnen. Ein weiteres Ausgreifen nach Norden und Osten wurde allerdings durch den erstarkenden polnischen Zentralismus verhindert: Ladislaus Lokietek hatte sich als König von Polen durchgesetzt; 1320 erhielt er die päpstliche Anerkennung.

Das Verhältnis Johanns von Böhmen zum deutschen König blieb ungetrübt. Es gelang Ludwig dem Bayern sogar, den Luxemburger noch enger an das Haus Wittelsbach zu binden: Er selbst stiftete die Ehe zwischen Johanns Tochter Margarete und Heinrich d. Ä. von Niederbayern (1321); diese Verbindung sollte ihm später viel zu schaffen machen.

Die niederbayerischen Mündel, die zwischen 1317 und 1319 zur Volljährigkeit gelangt waren, schlossen mit Ludwig am 1. Mai 1319 ein Schutz- und Trutzbündnis (s. S. 93). Es war vor allem gegen Österreich und den feindlichen Erzbischof Friedrich von Salzburg gerichtet. Die zu dieser Zeit noch recht finanzschwachen niederbayerischen Herzöge erhielten von Ludwig beträchtliche Zuwendungen[43]. Sie blieben in den schweren Jahren, die nun folgten, ohne Schwanken auf Ludwigs Seite, selbst als viele seiner Anhänger, z. B. die Städte Augsburg und Regensburg, Graf Berthold von Henneberg u. a., von ihm abfielen.

Die Österreicher, deren Verpfändungen und finanzielle Einbußen ein kaum mehr tragbares Maß erreicht hatten, machten sich wieder einmal (Sommer 1319) zum Entscheidungskampf bereit und setzten sich von Wien aus donauaufwärts in Bewegung. Ludwig scheint auf den Angriff gewartet zu haben und verschanzte sich auf den Höhen nördlich von Mühldorf am Inn. Wieder – wie in Speyer, in Eßlingen, an der Wertach – lagen sich die Heere kampfbereit gegenüber. Friedrich, durch die Truppen des Salzburger Erzbischofs unterstützt, wartete auf das Eintreffen seines Bruders Leopold. Heere zu bewegen und rechtzeitig zum Einsatz zu bringen, scheint ein militärisches Hauptproblem der Zeit gewesen zu sein.

Aus welchem Grunde hat Ludwig die Gelegenheit nicht genutzt? Sie war nicht unähnlich jener von 1322 bei Mühldorf. Es ist nicht recht zu erkennen, ob Meinungsverschiedenheiten zwischen den Bundesgenossen herrschten, ob ihn wirklich das Gerücht, gedungene Mörder seien auf sein Leben angesetzt, erschreckte, wie die Quellen wissen wollen. Am 29. September zog Ludwig der Bayer mit seinem Gefolge ab. Daß er auf die Nachricht hin, Leopold habe die Isar überschritten und nähere sich mit seinen Truppen, die Nerven verloren habe[44], ist schwer einzusehen, wenn man um seine persönliche Tapferkeit weiß. Eher möchte man an eine gesundheitliche Störung denken; es ist überliefert, daß Ludwig in diesem Jahr an schweren Depressionen litt, die ihn sogar den Gedanken an eine Aufgabe des Königsamtes in Betracht ziehen ließen. Ludwigs »tiefe Trauer«, von der die Fürstenfelder Quelle spricht, kann aber auch durch die äußeren Ereignisse veranlaßt sein (exogene Depressionen, würde man heute sagen): Sengend und brennend, raub- und beutegierig waren die Österreicher durch die bayerischen Lande gezogen; vor allem Niederbayern hatte Unmenschliches zu leiden gehabt. Daß ein Herrscher, der Verantwortung für die ihm Anvertrauten empfindet, dabei erwägt, einen anscheinend aussichtslosen Kampf, der dem Land nur Schaden bringt, aufzugeben, ist nur zu verständlich. »Es sei nämlich besser, sagte er bei sich, daß er die Krone, als daß viele ihr Leben lassen müssen.«[45] Und hier steht eine ergreifende Zeile – eine der wenigen, die Ludwigs Menschlichkeit beleuchten –: er habe seine tiefen Sorgen und inneren Nöte nicht der Familie mitgeteilt, er habe der Gemahlin das ohnehin schwere Leben nicht noch mehr verdüstern wollen.

Dieses Jahr 1319 war nämlich nicht nur politisch krisenreich, sondern für das Haus Wittelsbach auch familiär besonders betrüblich: Ludwigs zweijähriges Töchterchen Anna schied aus dem Leben; seine Gemahlin Beatrix hatte ihm erst vor wenigen Monaten erneut eine kleine Prinzessin (Agnes?) in die Wiege gelegt. Fünf Geburten hatte sie schon hinter sich, als 1318 dieses letzte Kind, von dessen Lebensumständen nichts überliefert ist, zur Welt kam[46]. War die Mutter von da an kränklich? Wir wissen sehr wenig vom Leben dieser Frau und nichts über ihren Tod, der die 32jährige Königin im August 1322 hinwegraffte. Das Jahr 1319 brachte der Familie gehäufte Todesnachrichten. Ludwigs Schwester Mechthild starb, die Gemahlin Ottos von Braunschweig. Die andere Schwester, Agnes, hatte den Verlust ihres zweiten Gemahls, Markgraf Heinrichs von Brandenburg-Landsberg, hinzunehmen. Sie mußte nun die ungemein schwierige Erbschaft des im gleichen Jahr verstorbenen Herzogs Woldemar von Brandenburg antreten und für ihren Sohn erhalten. Möglicherweise kam Ludwig auch die Nachricht vom Tod seines einstigen Gegners, seines Bruders Rudolf, zu Ohren, sie kann ihn nicht unberührt gelassen haben.

Ludwig beriet die Lage mit den Männern seines Vertrauens. Erzbischof Peter von Aspelt vor allem war es, der ihn zum Durchhalten ermutigte. Er raffte sich schließlich wieder auf, zog an den Mittelrhein und sammelte ein Heer. Seine neue Aktivität schildert der Fürstenfelder Chronist folgendermaßen:

»Es soll nämlich dort eine erlesene Mannschaft von dreitausend Reisigen sich zusammengefunden haben. Ueber diese große Anzahl freute sich der König, pries Gott um seiner unendlichen Güte willen und sprach: ›O Herr, wie großartig sind Deine Werke. Gestern wollten wir ob unserer geringen Anzahl schier verzweifeln, heute aber jauchzen wir, denn von allen Seiten ist man uns zugeströmt, und wir haben, was wir nicht zu hoffen wagten, ein gewaltiges Kriegsheer, stark genug, um mit ihm unseren Feinden getrost die Spitze bieten zu können.‹ Andererseits aber versahen sich nicht minder auch die Oesterreicher, welche in den oberen Landen am Rhein standen, mit Bundesgenossen und Truppen und brachten, indem sie reichliche Geschenke austheilten und die größten Belohnungen verhießen, ein bedeutendes Ritterheer zusammen, welches indeß viel schwächer als dasjenige König Ludwig's war. Doch verließen sich die Oesterreicher auf die Tapferkeit ihres bewaffneten Fußvolks, welches sie in großer Anzahl bei sich hatten, und rückten eilends gegen den König heran, um ihm eine Schlacht zu liefern.

Als sie nun, in seine Nähe gelangt, wahrgenommen hatten, daß der König durch die Menge seiner Reisigen ihnen überlegen war, ließen sie
ihm, um desto zuversichtlicher streiten zu können, entbieten, sie seien
bereit, von den Pferden zu steigen, um mit ihm zu Fuß zu kämpfen und
eine Schlacht zu schlagen, erhielten aber von Seiten des Königs die Antwort: er wolle nicht mit Bauern streiten, sondern Ritter gegen Ritter,
wie es aller Orten Sitte und Herkommen sei.

Inzwischen spielten die Bürger von Straßburg ein heuchlerisches, trü-
gerisches Spiel mit dem König, den sie in vertraulicher Weise dienstbe-
flissen baten, er möge geruhen, ihre Stadt zu betreten. Als er in Straßburg erschien, wurde er auf das ehrenvollste empfangen und die ganze
Stadt erscholl bei seinem Einzug von Freudenrufen und lautem Jubel.
Die Gemeinen nämlich und der größere Theil der Bürgerschaft waren
ihm in der That ergeben, aber die Vornehmen und Mächtigen, welche
den maßgebenden Einfluß über das Volk hatten, hielten es insgeheim
mit den Oesterreichern. Als nun der König ihre Stadt betreten hatte,
beschlossen diese Bürger, ihn zu überlisten, gefangen zu nehmen und zu
tödten. Das sollte aber nicht bei Tage, sondern bei Nacht geschehen, damit im Volke kein Auflauf entstünde. Nach dem Vorgang derer von Jerusalem, welche den Heiland der Welt ehrenvoll und jubelnd bei sich
aufnahmen, um ihn wenige Tage später dem Henker zu überliefern,
beschlossen auch jene den Tod ihres Königs und schickten zu dem Bürger, bei dem der König im Quartier lag, einem der Herrschenden, mit
der Aufforderung, ihnen behilflich zu sein und den König bei passender
Gelegenheit in ihre Hände zu liefern. Aber als ein gewissenhafter und
vorsichtiger Hauswirth erklärte ihnen jener, er wolle lieber sterben, als
dem Herrscher in seinem Hause ein Leid anthun, eilte von ihnen zum
König und rieth demselben, die Stadt ohne Säumen zu verlassen, weil er
sonst den nächsten Tag nicht mehr erleben werde. Der König verließ
denn auch Straßburg unverzüglich und kehrte zu den Seinen zurück,
die er in der Erkenntniß, daß es die Stadt mit seinen Feinden halte und
ihn verrathen und hintergangen habe, und in der Meinung, so vielen
Tausenden nicht widerstehen zu können, verzweiflungsvoll, entließ
und beurlaubte und dann selbst von dannen zog.«[47]
Soweit der Chronist. Wieder waren Aufwand und Mühe und die Hoffnung auf eine Entscheidung vergeblich gewesen.

Die Schlacht von Mühldorf (1322)

Wenige Schlachten haben die Phantasie in solchem Maße angeregt wie

die von Mühldorf. Wenn wir nach bildlichen Darstellungen Ausschau
halten, so finden wir an den Stätten rings um das Ereignis mehrere im
Geist der Romantik gestaltete Schlachtengemälde (Abb. 3), und an der
kleinen Brücke bei Ampfing, zehn Kilometer westlich Mühldorf, ein
fast heiter anmutendes modernes Denkmal: die Eier des »frommen
Schweppermann«. Nach alter mündlicher Überlieferung – eine schriftliche Quelle konnte nicht beigebracht werden – soll einem der tapferen
(»fromm« hieß ja seinerzeit so viel wie tapfer) Streiter, dem fränkischen Feldhauptmann Seyfried Schweppermann, nach der Schlacht vom
König selbst eine Sonderration zu der knappen Feldverpflegung angewiesen worden sein: »Jedem Mann ein Ei, dem frommen Schweppermann zwei«, heißt ein heute noch gebrauchtes Sprichwort. Ein helles
Denkmal, ein fröhlicher Spruch in der Nähe eines so harten, schicksals-
und folgenschweren Geschehens.

Was immer die Gründe für das endlose Hinauszögern der Entscheidungsschlacht gewesen sein mögen, nun war der Punkt erreicht, wo ein
Verschieben nicht mehr möglich war. Beide Parteien hatten so viel
Kraft und Blut investiert, so viele Jahre der Kampfbereitschaft mit großem Aufwand an Einberufung von Streitkräften und Entlassung derselben, an Versprechungen, Verpfändungen, persönlichen Opfern: so
konnte es nicht mehr weitergehen, das war Bayern und Österreich, das
war ganz Deutschland und zumindest halb Europa klar.

Der Papst, auf dessen Stellungnahme in anderem Zusammenhang eingegangen werden soll, hatte sich an den von ihm lancierten ungarischen
König Karl-Robert gewandt, um Hilfstruppen für die Habsburger zu
erbitten. Und sie kamen: Sie kamen mit der ungezügelten Wildheit des
seit dem ersten Ungarneinfall im 10. Jahrhundert gefürchteten Reiter-
volkes. Sie zogen donauaufwärts bis Passau, wo sie auf das Heer Friedrichs trafen, und nun stießen sie in das bayerische Stammland vor, den
Inn herauf gegen Mühldorf. Herzog Heinrich von Habsburg war eben
aus Norditalien zurückgekehrt und vereinte seine Reiter ebenfalls mit
denen Friedrichs. 2200 Behelmte, also österreichische Ritter, und ungefähr 4000 Ungarn und Kumanen (»Heiden«) sollen es gewesen
sein[48]. Herzog Leopold hatte sich mit 800 Berittenen von dem schwäbischen Vorderösterreich gegen München in Bewegung gesetzt; auf ihn
wollte man warten, er konnte die Truppen Ludwigs in die Zange nehmen. Viele mögen nach Lage der Dinge von einem bevorstehenden Sieg
der Habsburger überzeugt gewesen sein.

Gegen alle Angst der Bedrängten erhob sich in Bayern eine Stimme, die
unbeirrt den Sieg König Ludwigs prophezeite: Es war Bruder Arnold

von Regensburg, ein Mönch aus dem Predigerorden, der sich einen Namen als Astronom und Wahrsager gemacht hatte[49]. Welch große Rolle
Wahrsagungen im Glauben des Volkes spielten, zeigt uns auch eine andere, von Mathias von Neuenburg überlieferte Geschichte: Ein frommer und bescheidener Mann aus der Gegend von München, der später
Priester wurde, hatte vor einem halben Jahr geweissagt, daß Friedrich
an Michaeli als Gefangener abgeführt würde. Er war sich seiner Sache
so sicher, daß er ohne Bedenken seinen Hof an einen Münchener Bürger
verwettet und verpfändet hatte. Da nun die Lage für den Wittelsbacher
nicht zum besten stand, hatte der Pfandnehmer den Hof vorschnell in
Besitz genommen – er sollte ihn wieder herausgeben müssen[50].
Wieviel Einfluß derartige Stimmen auf die Geschehnisse dieses Herbstes
ausübten, wieviel die Wut der Bayern über die ihre Heimat verwüsten-
den Feinde ausmachte, wieviel das politische Taktieren erwirkte und
was ehrlicher Freundestreue zuzuschreiben ist, das bleibt eine Ermes-
sensfrage. Die Eilboten, die Ludwig nach allen Seiten aussandte, erhielten jedenfalls Gehör, und alles, was sich zu ihm bekannte, machte sich
mit Roß und Wagen und Fußknechten in Richtung Mühldorf auf. Vom
obersten Kriegsherren heißt es: »Er selbst zog ohne Zeitverlust ins Feld,
mit so leerem Beutel, daß er an barem Geld kaum 11 Pfund Heller besessen haben soll.«[51] Die Niederbayern, aufs beste gerüstet, und die böhmischen Bundesgenossen waren als erste zur Stelle. Sie lagerten sich vermutlich auf den Höhen am nördlichen Rande der weiten Ebene. Am
Tag vor der Schlacht trafen große Mengen von Fußvolk ein, »und da es
Nacht wurde und die Zeit kam, die Lichter vor den Zelten anzuzünden,
da dehnte sich die Zeltreihe so weit aus, daß man, beim Fackel- oder
Lichterschein, von dem oberen Ende des Lagers aus, das Ende nicht er-
blicken konnte. Der königliche Herold aber, welcher das Lager durch-
schritt, rief im Hinblick auf die große Zahl laut aus: ›Oh Herr, Du hast
uns vom Himmel Hilfe zugesandt; gelobt sei Dein Name in Ewigkeit!‹
und alle antworteten: ›Amen‹.«[52]
Ludwig hatte dem Gegner für den 28. September die Schlacht angesagt
und dieser hatte angenommen. Zeit und Ort wurden festgelegt. Obwohl von Herzog Leopold immer noch keine Nachricht eingetroffen
war, wollte Friedrich nicht mehr warten. Auf beiden Seiten sah man anscheinend das Unausweichliche kommen, den Kampf um Land und Leben, das Gottesurteil.
Die Schlacht selbst wird durch ungewöhnlich viele Quellenbelege in ihrer Wichtigkeit bestätigt[53]. Man kennt den lokalen und zeitlichen Verlauf ziemlich genau. Als Schlachtfeld gelten die unteren Erhartinger

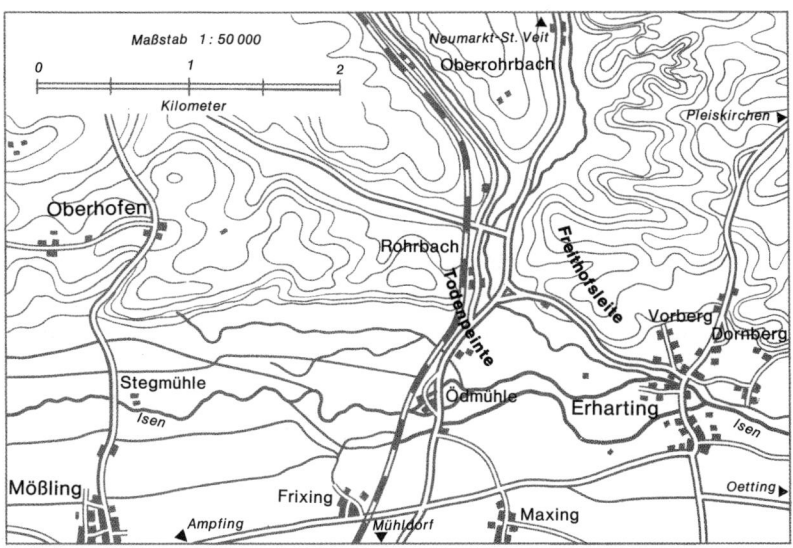

Schlachtfeld bei Mühldorf, 1322

Wiesen an dem Flüßchen Isen. Bei den Geschichtsschreibern haben sich einige Irrtümer eingeschlichen, vor allem bei jenen, die zeitlich und örtlich dem Ereignis etwas ferner standen; so heißt es in einer Straßburger Handschrift, daß König Ludwig am Abend vor der Schlacht von Pfeilschützen so stark attackiert worden sei, daß er sich auf eine nahegelegene Burg »scribet Wasserburg« zurückzog. Eine solche Wasserburg ist in der Umgebung nicht bekannt, und die Stadt dieses Namens kommt wegen der Entfernung vom Schlachtort nicht in Frage. Auch die in den Geschichtsbüchern immer wieder abgeschriebene Behauptung, die Schlacht habe bei Ampfing stattgefunden – darauf weist ja auch das Eierdenkmal und die am Rande des Ortes Ampfing gelegene Kapelle von Wimpasing hin – scheint auf einem bis Andreas von Regensburg (gest. 1439) und Aventinus (gest. 1534) zurückreichenden Abschreibfehler zu beruhen. In allen Chroniken ist von einem kleinen Tal, einer Brücke oder Furt die Rede und von dem nahen Dornberg bzw. einer Feste namens Dornberg. In verschiedenen Quellen werden die »Vehenwiesen« als Kampfplatz genannt, was bei der Lokalisierung nicht weiterhilft, da mit mhd. vêh sowohl »bunte, blumige Wiese« gemeint sein kann, als auch »Kampf, Streit«, also Streitwiese[54].
Das bayerische Heer lag auf jeden Fall links der Isen, vermutlich in dem

Gelände längs der heutigen Straße Erharting – Rohrbach, wo es Schutz
vor plötzlichen Angriffen und einen guten Überblick hatte. Die meisten zu erwartenden Anhänger Ludwigs strömten aus dem hügeligen,
nördlich der Höhen gelegenen Hinterland herbei. Der Ort der Aufstel-
lung war also gut gewählt, und es sollte sich zeigen, daß die überlegene
Planung und Führung auf seiten des Bayern war.

Aus strategischen Erwägungen heraus ist Ludwig zum ersten Mal in seiner Ritterlaufbahn dem Schlachtengewühl ferngeblieben; von einem
erhöhten Punkt aus hat er das Geschehen gelenkt. Auch seine Rüstung
hob ihn nicht besonders hervor; er trug einen blauen Waffenrock ohne
königliche Abzeichen. Auf Ludwigs Seite sollen ca. 1500 Behelmte und
3000 Fußknechte gekämpft haben. Von einer reinen Ritterschlacht –
oft wird Mühldorf die letzte Ritterschlacht genannt – kann also nicht
die Rede sein.

Im Gegensatz zu Ludwig war Friedrich der Schöne mit einer goldenen
Rüstung angetan und durch einen Helm mit Reichsadler geschmückt.
In vier Treffen hatte er sein Heer zwischen Mühldorf und Ötting aufgestellt: 500 Behelmte ritten voraus, dann folgten mit der Fahne 800 Ritter und schließlich er selbst mit einer Ritterschar von 900 Mann. Dahinter schloß das Fußvolk auf und die leichten Truppen der Ungarn
und Kumanen[55].

Am Morgen des 28. September beginnt der Kampf, nachdem die bayerischen Truppen die Isen überschritten hatten. Graf Konrad von Schlüsselberg, ein treuer Anhänger Ludwigs, der sich schon in der Schlacht
von Gammelsdorf hervorgetan hat, trägt die Streitfahne. König Johann
von Böhmen führt die Seinen zuerst ins Treffen, die niederbayerischen
Ritter folgen. Auf beiden Seiten wird mit höchstem Einsatz gekämpft,
Mann gegen Mann, und das für Stunden, vermutlich nur mit kurzen
Atempausen. Schwere Verluste sind bald auf beiden Seiten zu verzeich-
nen. Wenn man die Unbeweglichkeit der vollgerüsteten Ritter bedenkt, die – einmal vom Pferde gestürzt – ohne Hilfe nicht mehr auf-
stehen konnten, kann man sich die Grausamkeit dieses »Ritterspiels«
vorstellen. Über die Verwundeten hinweg nimmt das Hin und Her des
Kampfes seinen Fortgang und gegen Mittag scheint sich das Schlachten-
glück den Österreichern zuzuneigen. Da trifft Ludwig zwei taktisch
wichtige Maßnahmen: Er läßt einen Teil der niederbayerischen Ritter,
deren Stärke und Tapferkeit von den Chronisten besonders hervorge-
hoben wird, von den Pferden steigen und sich unters Fußvolk mischen:
Sie greifen die feindlichen Pferde an und stechen sie von unten. Zahlreiche Ritter wurden dabei abgeworfen und kampfunfähig. Das bayerische

Fußvolk harrt aus, bis Ludwig die ausgeruhten Reiter des Burggrafen von Nürnberg heranruft. Sie greifen von den Flügeln her an, werfen sich auf den ermüdeten Gegner und bringen dessen Reihen ins Wanken. Wie bei Gammelsdorf verlassen zuerst Ungarn und Kumanen fluchtartig das Feld. Die Österreicher werden umzingelt, niedergeschlagen oder gefangengenommen. Bis zum Abend ist das österreichische Heer nahezu vernichtet. Etwa 1300 adelige Österreicher sind in Gefangenschaft geraten und der größte Triumph, den ein Feldherr erleben kann, fällt König Ludwig zu: man führt seinen Gegner gefangen vor ihn.

Friedrich der Schöne soll in der Schlacht von seinem verwundeten Pferd gestiegen und von einem Ritter aus der Gefolgschaft des Burggrafen von Nürnberg, der ihn zunächst nicht erkannte, gefangen abgeführt worden sein. Ebenso geriet Herzog Heinrich von Habsburg in die Hände des Burggrafen, der die beiden Fürsten nach ausgestandener Schlacht »ehrfurchtsvoll«, wie der Chronist schreibt, dem König zuführte. Ob die nachfolgende Szene auf Wahrheit beruht oder eine liebedienerische bzw. treuherzige Zuschreibung des Fürstenfelder Chronisten ist, muß im Ungewissen bleiben. Daß die beiden Habsburger mit ihrem Tode rechneten, scheint nach aller vorangegangenen Unbill und der Kampfeswut der Gegner nicht unwahrscheinlich. Sie sollen sich jammernd vor Ludwig auf die Erde geworfen haben, worauf dieser mit königlicher Milde gesagt habe: »Stehet auf und fürchtet euch nicht; ihr sollt nicht sterben, sondern ich werde euch bewahren, bis man mir euretwegen Genüge tun wird.«[56] Häufiger liest man eine andere Version der Reaktion Ludwigs auf die Unterwerfung seines Todfeindes und ehemaligen Jugendfreundes; sie soll in dem Satz gegipfelt haben: »Vetter, es freut uns, Euch hier zu sehen.«[57] Man müßte hören, ob der Akzent dieses Satzes auf »freut« oder auf »hier« (d. i. auf dem Boden) lag. Daß Freude und Erlöstheit den Sieger erfüllten, ihn und seine Anhänger – wen könnte es wundern! Die Zahl der Toten wurde auf mehr als 1000 geschätzt; im Vergleich zur geringen Bevölkerungsdichte der Zeit war das eine hohe Quote. »In großer Zahl aber fand man abgehauene Köpfe, Hände, Arme, Füße, Schenkel. Auch in den Höhlen, den Bergen und den Schlupfwinkeln der Wälder wurden noch viele getötet.«[58] Mit den Verwundeten oder Fliehenden, die politisch kein Gewicht hatten oder kein Lösegeld einbringen konnten, wurde kurzer Prozeß gemacht. Noch jahrhundertelang fand man in der Gegend Streitäxte, Pfeilspitzen, Münzen, Hufeisen und andere Relikte der großen militärischen Auseinandersetzung. In den Flurnamen »Totenpeinte« und »Freithofsleiten« mag das Andenken an solche Funde wachgeblieben sein.

Vermutlich hielt sich ein Teil der Sieger einige Tage zum »Aufräumen« in der Gegend auf, d. h. zum Versorgen der eigenen Verwundeten und zum Begraben der Gefallenen. An sich war es Sitte, daß der Sieger noch drei Tage auf dem Schlachtfeld zubrachte, bis der Sieg als völlig unbestritten anzusehen war. Aber Ludwigs Sieg schien so eindeutig, seine Beute so gewaltig, daß er schon am folgenden Tag über Ötting nach Regensburg abzog, wo ihn die Bevölkerung mit Heilrufen, mit Pauken und Lobgesängen empfing. Freudentaumel und Friedenshoffnung überwältigte die Menschen.

Die Beute wurde geteilt; Friedrich den Schönen, das kostbarste Pfand, behielt Ludwig selbst in Gewahrsam. Er wurde auf die Wasserburg Trausnitz an der Pfreimd (Oberpfalz) gebracht. Er durfte seine eigene Dienerschaft um sich haben und wurde auf seine Kosten verpflegt. König Johann von Böhmen erhielt für seine großen Verdienste das zweitwichtigste Pfand zugeteilt: den Bruder Friedrichs des Schönen, Herzog Heinrich von Habsburg. Herzog Heinrich von Niederbayern bekam als Entschädigung für seine Kriegsaufwendungen u. a. mehrere vornehme Österreicher zugesprochen, die ihm eine nicht geringe Summe an Lösegeld eingebracht haben mögen.

Wie aus Urkunden hervorgeht, wurden zahlreiche Privilegien und Gunstbeweise an Mitkämpfer erteilt. Die Münchener Bäcker zum Beispiel, die sich besonders hervorgetan haben sollen, führen den Reichsadler in ihrem Wappen auf die Huld und Dankbarkeit Ludwigs zurück.

Besondere Auszeichnung hatte sich das Kloster Fürstenfeld an der Amper verdient: Herzog Leopold von Österreich war im September von Westen kommend herangezogen; vermutlich um sich Rückendeckung zu verschaffen, hatte er sich mit der Verwüstung von Gebieten eines Anhängers Ludwigs des Bayern, des Grafen Wilhelm von Montfort, aufgehalten. Als er bis in die Gegend von Fürstenfeld vorgedrungen war, ließ er seinem Bruder das baldige Eintreffen melden. Der Bote wurde jedoch von den Bayern abgefangen und der Pferde beraubt, so daß die Nachricht nicht mehr rechtzeitig vor der Schlacht zugestellt werden konnte. Der Chronist von Fürstenfeld legt Wert darauf herauszustreichen, daß die Mönche des wittelsbachischen Hausklosters an dieser entscheidenden Episode nicht unbeteiligt waren. Leopold, der unweit des Klosters bei Alling lagerte, wurde alsbald die Botschaft zuteil, daß man in München bereits den Sieg des Bayern verkünde. Er muß der Verzweiflung nahe gewesen sein über die Vergeblichkeit der mit großem Aufwand geführten Vorbereitungen zum Endkampf. Der Geschichtsschreiber, der sich in dem Fürstenfeld benachbarten Dorf Puoch (heute Puch) aufhielt, um einen dem Kloster gehörenden Hof zu bewachen, wurde von einer Gruppe wütender Österreicher aufgespürt und mehrmals in einer Nacht mit Lanzen bedroht, »wie ein Schalksnarr nackt ausgezogen« und mißhandelt; aber – so schreibt er nicht ohne Selbstgefälligkeit – er habe alles gleichmütig hingenommen, da er bereits von dem Sieg wußte und bemerkt hatte, daß seine Peiniger auf der Flucht waren. Auf jeden Fall hat Ludwig der Bayer die getreuen Mönche reich entschädigt[59].

Auswirkungen des Sieges von Mühldorf

Herzog Leopold blieb zunächst nur der Rückzug in die Vorlande. An ein Unterwerfen und Aufgeben scheint er nicht gedacht zu haben. Sengend und plündernd bewegten sich seine Krieger durch die dem Bayern gewogenen Lande am Oberrhein. Schließlich traf Leopold in Basel ein. Seine Freunde unter der adeligen Ritterschaft der Stammlande scheinen alles getan zu haben, um ihn aufzuheitern, indem sie Festlichkeiten mit Tanzvorführungen und dergleichen veranstalteten; Herzog Leopold aber wohnte allem ohne ein Lächeln bei, er schien wie versteinert[60]. Nur langsam raffte er sich zu neuen Plänen auf und erlangte im Laufe des nächsten Jahres seine rastlose Energie zurück.

Im Frühjahr 1323 mußten sich die Habsburger schließlich bereit finden, die Reichskleinodien, die noch aus der Zeit König Albrechts in ihrer Obhut waren, herauszugeben. Von Nürnberg, wo die Übergabe erfolgte, ließ sie Ludwig in feierlichem Zug nach München bringen. Überall im Lande eilten die Menschen herbei, um die geweihten Symbole königlicher Macht zu verehren und davon Stärkung und Heil zu erlangen. Sogar in völliger Weltabgeschiedenheit lebende Klosterleute entzogen sich nicht dieser heilbringenden Schau. Eine rührende Stelle in den Aufzeichnungen der Mystikerin Margarete Ebner (s. u.) bezeugt, welchen Wert der mittelalterliche Mensch der Nähe dieser Heiltümer zumaß: »Zu einer Zeit geschah's, das man des Reiches Heiligtümer und Kleinode vor unser Kloster führte. Diese zu schauen überkam mich mächtige Begierde. Doch zähmte ich diese...«[61] Und Margarete begnügte sich, dieser sinnenfälligen Gegenwart göttlicher Gnade entsagend, mit der geistigen Kommunikation.

Das Echo des Ereignisses von Mühldorf im Reich war unüberhörbar. Viele Städte, die bisher geschwankt oder eine feindliche Stellung gegen den Bayern eingenommen hatten, bekannten sich nun – wie es zuerst in

Regensburg offenkundig wurde – eindeutig zu dem Sieger. In Süddeutschland waren es die Städte Nördlingen, Dinkelsbühl und Rothenburg, deren Gunst sich Ludwig durch viele Gnadenerweise (z. B. das Recht, ein »Ungeld« an Wein zu erheben, Wald- und Weideprivileg) zu sichern wußte. Sie waren ihm besonders wichtig als Vorposten gegen das überwiegend habsburgisch gesinnte Schwaben im Westen[62].

Von größter politischer Bedeutung war für den König die Stadt Nürnberg, die Stadt so vieler Reichstage und wichtiger Aufenthalte der Herrscher. Häufiger als in allen anderen Städten weilte König Ludwig in Nürnberg, 74 Mal ist es bezeugt. Die handelspolitische Macht der Nürnberger Patrizier erreichte damals ihren Höhepunkt, die Kaufleute der Stadt waren auf nahezu allen europäischen Märkten anzutreffen. Im allgemeinen litt der Handel dieser Zeit ungemein unter der Belastung durch ein Übermaß an Zollstationen. Besonders an den Flüssen wurden die Waren mit vielen Aufschlägen bedacht: am Rhein sollen es etwa 60, in der Umgebung von Nürnberg 24, an der niederösterreichischen Donau 77 Zollpunkte gewesen sein[63]. Sie wurden für manchen Handelsherrn zu einer Lebensfrage. Dazu kamen die Aufwendungen für das Geleit, da das Risiko für Handelszüge auf den Fernstraßen beträchtlich war. Nürnberg hatte sein handelspolitisches Gewicht dahingehend geltend gemacht, daß Ludwig schon vor der Entscheidung von 1322 bereit war, der Stadt zahlreiche Sonderrechte zu bestätigen. An vielen Orten genossen ihre Kaufleute Zollfreiheit, ab 1323 auch in München, was allerdings auf Gegenseitigkeit beruhte. 1332 wurden 70 Orte – später sogar 105 – urkundlich genannt, die Nürnberger Bürger zollfrei passieren lassen mußten. Ungewöhnliches Entgegenkommen zeigte König Ludwig der Stadt auch, indem er ihr ab 1315 Gerichtsfreiheit zusprach, sogar die Befreiung vom Kaiserlichen Hofgericht – »privilegium de non evocando« – wurde gewährt[64]. Im Rechtsstreit um den Reichswald, der für die Stadt Brennmaterial und Honig in großen Mengen lieferte, griff Ludwig zugunsten der Bürger sogar gegen die eigenen Forstbeamten ein. Mehr und mehr ging dieser ausgedehnte königliche Besitz in die Hände der Stadt über, und immer weiter griff diese mit ihrem Grundbesitz ins Umland aus. Allerdings zahlte die Stadt an den König sehr hohe Steuern, und da sich dieser in ständiger Finanznot befand, bedeutete das für ihn eine gewisse Sicherheit: Nürnberg war in dringenden Fällen auch bereit, vorauszuzahlen.

Die wirtschaftliche Bedeutung Nürnbergs fand sichtbaren Ausdruck im Stadtbild. Die ursprünglich getrennten Kerne der Sebalder und der Lorenzer Stadt wurden 1323 zum ersten Mal von einem geschlossenen

Mauerring umfaßt; die Verbindung bildete die doppelbögige Überbrükkung der Pegnitzarme. Der Münzmeister und Fernhandelskaufmann Konrad Groß, bei dem der König mehrmals abstieg, bedeutete für Ludwig den Bayern einen ähnlichen finanziellen Rückhalt wie 200 Jahre später Jakob Fugger für Kaiser Karl V. Er stiftete der Stadt als soziale Einrichtung das Heilig-Geist-Spital für hundert alte oder kranke Bürger (erbaut 1332–1339); es erhielt Abgaben aus 157 Orten und war auch sonst außergewöhnlich reich ausgestattet (Abb. 14). In diesen Jahren ging man daran, bei St. Sebald Grund und Boden für den Bau eines Rathauses zu erwerben.

Das Verhältnis König Ludwigs zu Nürnberg war insofern kompliziert, weil er auf der einen Seite die reiche, steuerkräftige Bürgerschaft zu begünstigen hatte, andererseits manche der gewährten Privilegien aber zu Ungunsten des Burggrafen von Nürnberg, des eigentlichen Stadtherren, ausfallen mußten, z. B. die Gerichtsfreiheit. Die Burggrafen aus dem Geschlecht der Fürsten von Hohenzollern standen nicht immer auf bestem Fuß mit der Bürgerschaft, waren aber politisch und vor allem militärisch wichtige Anhänger des Bayern. Friedrich IV. von Hohenzollern gehörte sogar zum engsten Beraterstab des Königs, zu den »Heimlichen«. Für die entscheidende Unterstützung in der Schlacht von Mühldorf erhielt er nicht nur Erzschürfrechte östlich von Nürnberg sowie mehrere Orte bis hinauf nach Hof als Pfand, sondern auch das wahrhaft fürstliche Entgelt von 700 Pfund Heller[65]. Solche Gelder wurden aus Steuerzahlungen abgezweigt oder häufiger – in Ermangelung von Bargeld – durch Verpfändung königlicher Rechte oder von Märkten und Städten abgeglichen. So wechselten mehrere Städte wegen dem Schuldenstand ihrer Grundherren mehrmals in kurzer Frist den Besitzer, ein Zustand, den wohlhabende Städte durch Sonderprivilegien zu beenden trachteten. Nürnberg beispielsweise gelang es späterhin, von Ludwig das Versprechen zu erhalten (1341), daß es nie als Pfand eingesetzt werden solle[66]. Um den Burggrafen zu entlohnen, und dies hatte mehrmals auch in den folgenden Jahren zu geschehen, mußte der König daher außerhalb des Nürnberger Stadtgebietes Privilegien für ihn anbieten, und so gelangten die Hohenzollern in Nordostbayern zu bedeutenden Besitztümern, die die Grundlage für das spätere Herzogtum Ansbach-Bayreuth bildeten.

Die zweitwichtigste Stadt für den deutschen König war sicherlich Frankfurt am Main, der er im Laufe seiner Regierung viele Vergünstigungen zukommen ließ. Von Anfang an war sie auf seine Seite getreten und hatte ihm bereits 1314 die Tore geöffnet. Auf seiner Seite fand Lud-

Erzbischöfliche Stadt Mainz

wig auch die kleineren Städte der Wetterau, Gelnhausen, Friedberg, Wetzlar.

Ein Umschwung in der Haltung der oberrheinischen und schwäbischen Städte und der Adeligen in den angrenzenden Gebieten mag König Ludwig mit besonderer Genugtuung erfüllt haben: Ulm, Eßlingen, Colmar und Hagenau, die bisher eindeutig dem Einflußbereich der Habsburger zugehört hatten, erkannten ihn an, und auch die Fürsten Eberhard von Baden, Eberhard von Württemberg, Kraft von Hohenlohe u. a. bezeigten ihm nach 1322 ihre Loyalität.

Schwieriger war die Situation bei Städten, die im Territorium von geistlichen Fürsten lagen wie Bamberg, Würzburg und Mainz. Je nachdem, wie sich der Territorialherr bei den Jahre dauernden Prozessen mit der Kurie verhielt, war auch das gegenseitige Verhältnis von König und Stadt; beiden blieb in diesem Fall wenig Freiheit. So erlitt z. B. die Stadt Mainz ein wechselndes Schicksal: Unter Erzbischof Peter von Aspelt, der sich für Ludwig stark engagierte, war sie der königlichen Politik aufgeschlossen; als aber (von 1320 bis 1328) der von der Kurie eingesetzte Erzbischof Mathias von Bucheck Landesfürst war, versiegten auch die freundschaftlichen Beziehungen zum König. Die Stadt hatte sehr zu leiden unter dem Zwist zwischen König und Papst, da in ihr fortan nicht mehr beurkundet wurde, also die königliche Rechtssprechung und Privilegienerteilung ausfiel. König Ludwig stellte sich in dem Lehensstreit um die Besitzungen des Mainzer Bistums in Hessen, die sich jahrzehntelang hinzogen, nun (1322) ganz auf die Seite des Grafen Otto von Hessen und seines Sohnes Heinz von Hessen[67]. Diesen beiden Fürsten war Ludwig in den folgenden Jahren freundschaftlich verbunden, und Heinz von Hessen gehörte sogar zu seinen engsten Beratern.

Eine mächtigere Stellung gegenüber ihrem Burggrafen konnte die Stadt Köln erringen. Der Kölner Erzbischof war 1314 als Wahlgegner Ludwigs aufgetreten, die Stadt dagegen hatte sich für ihn entschieden. Bei dem Zug nach der Krönungsstadt Aachen mußte der Bayer durch das Territorium des Erzbischofs ziehen, wobei ihm die Stadt Köln ihre Tore öffnete. Ludwig befestigte diese gute Beziehung, indem er Privilegien bestätigte und dazu beitrug, daß sich die Stadt dem erzbischöflichen Burgherrn gegenüber in immer größere Unabhängigkeit vortreiben konnte.

Die Einflußnahme König Ludwigs auf die niederrheinischen Städte war unbedeutend, wenn man diese aus seiner Urkundentätigkeit und seinen Aufenthalten abzulesen versucht. In Aachen erschien er anläßlich seiner Krönung und dann nie wieder. Die Grafen von Jülich und von Holland trieben weitgehend selbständige Politik. Überhaupt hatte Ludwig zu dem gesamten Nordwesten des Reiches zunächst wenig Beziehung. Der einflußreichste Fürst im Nordsee-Küstenbereich war Graf Wilhelm III. von Holland (reg. 1304–1337), mit dem Ludwig in ein lockeres Verhältnis wohlwollender Anerkennung trat, das dann 1324 durch die Vermählung mit Wilhelms Tochter Margarete gefestigt wurde.

Die Bistümer Münster, Paderborn, Osnabrück waren kurial gesinnt, der Erzbischof von Bremen verweigerte sogar Huldigung und Lehensnahme, ohne daß König Ludwig einschritt. Zu den wenigen Herren in diesem Teil des Reiches, die von Anfang an zu dem Wittelsbacher hielten, gehörten Adolf von Berg, der für seine treuen Dienste die Reichsstadt Duisburg mit Gericht, Zoll und anderen Rechten zugesprochen bekam, und Dietrich von Kleve. Einen eifrigen Anhänger fand der König in Herzog Otto von Braunschweig, der 1320 Agnes, die verwitwete

Halbschwester Ludwigs, heiratete. Ihm dankte Ludwig ebenfalls durch Vergabe von Privilegien. Die Stadt Goslar – auch sie mit vielen Gunsterweisen bedacht – war eine wichtige Stütze des Königs in diesem Raum.

Bei den komplizierten Grund- und Herrschaftsverhältnissen dieser Zeit, den verschiedenen Abhängigkeiten, Machtüberschneidungen usw. war es für den deutschen König eine Notwendigkeit, die zahllosen Herren im Lande durch Einzelverhandlungen zu gewinnen, Parteigänger und Gegner immer wieder zu umwerben und durch eine gerechte Belohnungspolitik Verdienste zu entgelten. Die eigennützigen Bestrebungen der nach größtmöglicher Selbständigkeit trachtenden Landesherren zielten in der Regel nur nach solchen Gunstbeweisen, die in Form von Ämtern oder anderer Privilegien Gut und Geld einbrachten. Alle Dienste auf den Kriegszügen hatten Belohnungsgaben zur Folge, und so wurden Reichsgut und königliche Rechte laufend geschmälert. Es war daher eine natürliche Reaktion der Könige, ihre Macht auf eigenen Territorialbesitz zu gründen: Waren sie als Landesfürsten stark, so hatten sie auch dem Fürstenkollegium gegenüber eine gefestigte Position. Nach dieser Erkenntnis handelten alle Herrscher des Spätmittelalters, Rudolf von Habsburg und sein Sohn Albrecht ebenso wie dann die Wittelsbacher und die Luxemburger.

Für Ludwig den Bayern hatte sich schon vor der Entscheidung von Mühldorf die Möglichkeit ergeben, die Territorialmacht seiner Dynastie zu erweitern, und zwar im Norden des Reiches. Herzog Woldemar von Brandenburg war es gelungen, den gesamten askanischen Besitz wieder zu vereinen. Mittel-, Alt- und Uckermark, Priegnitz und die spätere Neumark jenseits der Oder, die Ober- und Niederlausitz, Teile des Erzstiftes Magdeburg, Teile von Schlesien, Thüringen und Meißen unterstanden ihm. Dieser Fürst, in dessen Wesen man schon Züge eines Renaissancemenschen zu erkennen glaubt – große Körperkraft, Eitelkeit und Prunkliebe –, vermochte viele Adelige an seinen Hof zu ziehen und alle Fäden zentral in seiner Hand zu fassen. Die erfolgreiche Aufbautätigkeit brach jäh ab, als er am 14. August 1319 aus dem Leben gerissen wurde. Alle eben gebannten Kräfte des Widerstandes wurden nun frei, und das Land versank auf Jahre hinaus in heillose Wirren, wobei jeder der Nachbarn an sich zu raffen suchte, was nur irgend erreichbar war. Markgraf Heinrich von Landsberg, der Sohn des Heinrich-ohne-Land, war der letzte aus der Familie der Askanier. Seine Mutter Agnes – eine Halbschwester König Ludwigs – ließ sich ab 1319 huldigen und konnte sich zumindest in der Altmark und in großen Teilen der Mittel-

mark (mit Berlin) durchsetzen. Der ihr verwandtschaftlich nahestehende Herzog Rudolf von Sachsen unterstützte sie in ihren vormundschaftlichen Regierungsgeschäften, wobei sich bald herausstellte, daß er nur auf den eigenen Vorteil bedacht war, zum Beispiel aus eigener Machtvollkommenheit Urkunden ausstellte, ohne sich auf die Vormundschaftsverwaltung zu berufen. Aus einem dringenden Schutzbedürfnis heraus wandte sich Agnes nun an den anderen Landesnachbarn, Otto den Milden von Braunschweig. 1320 fand die Hochzeit der beiden statt[68]. Agnes ging mit dem jungen Herzog Heinrich auf Huldigungsfahrt, und Ludwig der Bayer erklärte den minderjährigen Neffen für volljährig, »indem er ihm den Mangel an Jahren aus der Fülle seiner königlichen Macht ergänzte«, wie ein Zeitgenosse ausführte[69].
Aber schon im Juli schied auch dieser letzte Nachfahre Heinrichs des Löwen aus dem Leben, das Geschlecht der Askanier war endgültig erloschen.
Stadt und Land waren nun einer schweren Leidenszeit ausgesetzt, zahllose Einzelkämpfe und allgemeine Unsicherheit breiteten sich aus, vor allem die Randgebiete des askanischen Besitzes gingen Stück um Stück verloren. Die Städte suchten sich selbst zu helfen, indem sie sich teilweise zu Schutzbündnissen zusammentaten. Rudolf von Sachsen befand sich in ständiger Fehde mit dem Erzbischof Burchard von Magdeburg, es ging um Ansprüche auf die Gebiete der Mittelmark und der Niederlausitz. Die Herzöge von Pommern suchten die Gelegenheit zu nützen, um sich aus der Abhängigkeit von Brandenburg zu lösen, um gleichzeitig ihre Ansprüche auf die Uckermark und das Land über der Oder durchzusetzen. Gegen Heinrich von Mecklenburg führten sie Kämpfe mit wechselndem Erfolg. Wenn man die tausenderlei Fehden, die zu dieser Zeit in Norddeutschland unter den Fürsten ausgetragen wurden, in ihren schrecklichen Auswirkungen auf das Land verfolgt, so erhebt sich die Frage nach dem deutschen König: Warum griff er nicht ein?
In den Jahren nach 1314 war Ludwig ausschließlich durch die Konflikte in Süddeutschland und am Rhein gefesselt gewesen. Im Norden suchte er eine möglichst neutrale Haltung zu wahren, solange keine endgültige Entscheidung gefallen war. Sogar die Neubelehnung mit den Herzogtümern, die jeder neue König vorzunehmen hatte, wurde teilweise hinausgeschoben; die »Gefährlichkeit der Wege« war die immer wieder angeführte Ausrede für sein Fernbleiben. Ludwig verlor jedoch die Verhältnisse im Norden nicht aus dem Auge; er ließ seinen Einfluß so spielen, daß keine der Parteien dort zu mächtig wurde; es ist anzu-

nehmen, daß ihm die gegenseitige Befehdung der Fürsten zunächst nicht unwillkommen war.

Dies änderte sich mit dem Augenblick, als er den Sieg von Mühldorf be-kanntgeben konnte, als sich seine Stellung im Reich zu konsolidieren begann. Im März 1323 rief er einen großen Reichstag nach Nürnberg zusammen, und hier fiel die Entscheidung über die Mark Brandenburg: Der König nahm sie als erledigtes Reichslehen ans Reich und übertrug sie nun dem eigenen Sohn Ludwig, später »der Brandenburger« ge-nannt, zusammen mit den Herzogtümern Stettin und Demmin und an-deren Ländereien im Nordosten[70]. Daß es König Ludwig mit dem Fuß-fassen der Wittelsbacher im Norden Deutschlands ernst war, zeigt eine Reihe flankierender Maßnahmen: Die Markgräfin Elisabeth von Thü-ringen/Meißen, eine maßgebende, weitschauende Persönlichkeit, mit der man im mitteldeutschen Raum zu rechnen hatte, ließ sich für die Pläne des Bayern gewinnen. Nach verschiedenen diplomatischen Ab-sprachen – man traf sich bereits am 24. Januar 1323 in Regensburg – kam es zu Verhandlungen über die Verlobung der Kinder. Ludwigs Tochter Mechthilde wurde Friedrich dem Ernsthaften von Thüringen verlobt, und schon im Mai fand die Hochzeit in Nürnberg statt. Diese Verbindung bedeutete einen Affront gegen Johann von Böhmen, dessen Tochter in früher Kindheit dem jungen Markgrafen von Thüringen/ Meißen anverlobt und, wie üblich, zum Zweck des sich Einfindens und Vertrautwerdens mit ihrem künftigen Land auf der Wartburg erzogen worden war. Nun schickte man die Prinzessin in ihre Heimat zurück. Dem Bräutigam aber wurden als Brautschatz die aus Reichsgut stam-menden Städte Mühlhausen und Nordhausen zugesprochen; außerdem erhielt er das königliche Zugeständnis, die an Böhmen verpfändeten Reichsstädte Altenburg, Chemnitz und Zwickau auslösen und an sich bringen zu können[71].

Zwei Nachkommen des deutschen Königs aus Bayern wurden also nach dem Norden des Reiches verpflanzt. Zwischen den beiden Schwägern bestand Erbverbrüderung, d.h. starb einer der beiden Markgrafen, so fiel dem anderen dessen Land zu. Auf diesem Nürnberger Reichstag des Frühjahrs 1323 empfing auch Otto von Braunschweig sein Land als Le-hen vom König und verband sich mit ihm zu einem Beistandspakt, der vor allem den jungen Ludwig von Brandenburg stützen sollte. Die wertvollste Mitgift aber, die der König seinem erst achtjährigen Sohn für sein schwieriges Amt in Norddeutschland mitgeben konnte, war ein Mann von großen Fähigkeiten im diplomatischen Dienst: Graf Bert-

hold von Henneberg. Ab 1323 gehörte er zu Ludwigs engstem Kreis.
Er wurde mit zahlreichen vertraulichen und schwierigen Verhandlungen beauftragt; der König stellte ihn nun dem unmündigen Sohn als
Pfleger von Brandenburg zur Seite. So lautet die Urkunde, die diese
Maßnahme dokumentiert: »Wir Ludowich von Gots gnaden Romischer chunig ze allen zeiten merer des riches bechennen offenlich an disem briefe, daz wir dem edeln manne Bertolden grafen von Hennemberg, unserm lieben betriwen enphohlen haben den hohen fursten
Ludowigen marchgrafen von Brandenbůrch unsern lieben erstgebornen
sůn und die marche zů Brandenburch mit allem dem das dartzů gehört
und haben im daruber gegeben vollen gewalt an allen dingen ze tůn und
ze lazzen, was in das beste důnchet, die wile er do bei ist...«[72]
Berthold war verantwortlich für die Truppenanwerbungen im nördlichen Reich, er führte Verhandlungen mit den feindlichen Nachbarn der
Mark, dem streitbaren Burchard von Magdeburg, mit Rudolf von Sachsen und Heinrich von Mecklenburg. Er brachte auch die Gespräche mit
dem dänischen König Christoph wegen einer Verlobung des jungen
Ludwig mit der dänischen Prinzessin Margarete in Gang. Ein Heiratsvertrag wurde unterzeichnet und ein Treffen beider Könige in Lübeck
vereinbart[73]. Mitte August 1323 findet man König Ludwig unterwegs
nach dem Norden: Endlich sollte auch dort sein Ansehen gefestigt werden; wichtige Regierungsgeschäfte waren auszuüben. Aber Ludwig
kam nur bis Arnstadt in Thüringen, wo er einige Wochen verweilte;
dann kehrte er zur Überraschung aller und zur Enttäuschung vieler um.
Zu den Enttäuschten gehörte auch der dänische König, der schon viel
für das Treffen in Lübeck und die Verlobung der Tochter investiert hatte.
Ludwig legte seines Sohnes und des Reiches Zukunft in Norddeutschland ganz in die Hände Bertholds von Henneberg. Dieser bewährte sich
als glänzender Diplomat, der überall das Gemeinsame zu finden wußte,
und geborener Vermittler, als Mann von klarem, wendigem Verstand
und immenser Erfahrung in Krieg und Frieden. Er ging nun daran, für
den jungen Markgrafen eine Kanzlei zu errichten, ihn beim Adel und
bei den Städten einzuführen, ihm in der Mark und in den östlich der
Oder gelegenen Gebieten Anerkennung zu verschaffen.
Ungeklärt ist die Frage, was König Ludwig im August 1323 zur
Umkehr von seinem norddeutschen Unternehmen bewogen hat. Die
päpstlichen Prozesse liefen erst Monate später an, waren also kaum die
Ursache. Es wird vermutet, daß ihm eine Meldung zuging, die Verhandlungen mit den Habsburgern wären soweit gediehen, daß man an eine

Übergabe der Reichskleinodien denken konnte[74]. Diese Tatsache war selbstverständlich von größter Bedeutung für die allgemeine Anerkennung des Königs. Der Besitz der Insignien hätte auch bei der geplanten Reise durch Norddeutschland seinem Auftreten noch mehr Nachdruck verliehen. Doch ist es nie wieder zu einer solchen Reise gekommen, nie wieder zeigte sich der Bayer im Norden des Reiches.

Wie dem auch sei, auf jeden Fall hatte das Jahr 1323 eine große Wende der wittelsbachischen Politik und der gesamten politischen Landschaft aufgerissen. Auf weite Sicht hieß dies: Ausbau einer Nord-Süd-Achse, die möglicherweise von Dänemark bis zur Adria reichte, Aufgeben der Ost-West-Verbindung und potentielle Gegnerschaft der Luxemburger. Schon mit der Kränkung durch die Hochzeit Wittelsbach-Meißen ließ sich König Ludwig auf dieses Wagnis ein. Dazu kam, daß sich König Johann von Böhmen selbst Hoffnungen gemacht hatte, sein Territorium nach Norden ausdehnen und eventuell in der Mark Brandenburg Fuß fassen zu können. Noch gelang es, einen Bruch zu vermeiden, noch versicherte man sich – bei einem Treffen im Oktober 1323 zu Donauwörth – des gegenseitigen Einvernehmens.

III Der Weg zur Kaiserkrönung

Beginn des Kirchenkampfes

Weder die Frömmigkeit des Christenmenschen noch die Struktur des öffentlichen Lebens ließen im Mittelalter eine Trennung von Religiösem und Profanem, von Kirche und Welt zu. Ideologisch und institutionell war das römisch-deutsche Imperium der Kirche verbunden, beide verstanden sich als universale Ordnungssysteme. Eine klare Abgrenzung der Rechts- und Machtsphären war kaum möglich.

Schon vor der Doppelwahl von 1314 waren antideutsche Bestrebungen von Robert von Anjou-Neapel und dem französischen König Philipp IV. an den Papst (Clemens V.) herangetragen worden (s. S. 83). Da dieser jedoch noch vor dem Wahlakt gestorben war, konnten die Anzeigen, die beide Könige an die Kurie abschickten, nur an den »künftigen Papst« gerichtet werden. In den folgenden Jahren ließ die Wittelsbacher Partei nichts unversucht, um die Kardinäle in Avignon und mit ihnen die Kurie günstig zu stimmen; diese aber wahrten Zurückhaltung und legten sich nicht fest, denn auch die Gegenpartei versuchte, vor allem auf dem Umweg über die Diplomaten des Königs von Aragon, sich ihre Unterstützung im deutschen Thronstreit zu sichern.

Sofort nach seiner Wahl hatte König Ludwig bzw. sein politischer Inspirator der ersten Regierungsjahre, Erzbischof Peter von Aspelt, mit den führenden Kräften in Italien Verbindung aufgenommen. Wahlanzeigen wurden an alle Signorien versandt. Mehrere Städte scheinen König Ludwig anerkannt zu haben wie z. B. Venedig, das sich wegen einer Beschwerde von Kaufleuten an ihn wandte. 1315 wurden einem der wichtigsten Männer in Oberitalien, Peter Colonna, Besitz-, Zoll- und Münzrechte im Gebiet zwischen Isère und Rhône bestätigt, und auch die römischen Mitglieder des mächtigen Hauses Colonna erhielten Privilegien[1]. Ludwig setzte 1315 Berthold von Marstetten, den Bruder Wilhelms von Hennegau, als Generalvikar für Reichsitalien ein; doch gelang es diesem zunächst kaum, auf die Kämpfe, die zwischen den Städten Pisa, Lucca, Florenz und Verona tobten, Einfluß zu nehmen.

Noch lebte in Italien die staufisch-imperiale Tradition der Ghibellinen-Partei; doch war von dem ideellen Anspruch des früheren Kaisertums, das sich durch göttliche Gnade berufen sah, die Christenheit zu
schützen und zu befrieden, die Schwachen zu verteidigen und alle Völker zum Heil zu führen, nicht mehr viel übriggeblieben. Auch die Guelfen-Partei, welche herkömmlicherweise die päpstlichen bzw. franzö-
sisch orientierten Interessen der italienischen Potentaten wahrnahm,
handelte kaum mehr nach ideellen Vorstellungen wie Freiheit der Kirche oder Verteidigung des rechten Glaubens, sondern nach machtpoliti-
schen Zielen. Die alten hohen Begriffe hatten während der heftigen
Auseinandersetzungen der beiden Parteien unter Kaiser Friedrich II.
und in der Nachstauferzeit ihren Inhalt weitgehend eingebüßt.

Friedrich der Schöne hoffte, durch eine Bindung an die Guelfen-Partei
Italiens dort Fuß fassen und den künftigen Papst zur Anerkennung be-
stimmen zu können. Im Gebiet von Padua und Treviso hatte er seine
Hauptanhänger. Auf den Rat seines Schwiegervaters, König Jakob II.
von Aragon, schloß er 1316 mit Robert von Anjou-Neapel einen
Nichtangriffspakt. Dieser war Haupt der Guelfen-Partei und unver-
söhnlicher Gegner des deutschen Königtums. Und wieder sollte eine
Heirat das Bündnis besiegeln: Katharina, die Schwester Friedrichs des
Schönen, wurde dem Sohn Roberts, Karl von Kalabrien, angetraut. Das
mutet wie eine Wiederholung der Szene an, als König Rudolf I. seine
kleine Tochter Klementina nach Italien bringen ließ, damit sie durch eine Ehe mit Karl Martell von Anjou das gute Verhältnis zu Süditalien
besiegle. Die Trennung von der erst zehn Jahre alten Tochter soll seinerzeit der Mutter das Herz abgedrückt haben[2]. Doch die Politik der
Zeit ging über solche Frauenschicksale hinweg, über das der Klementina
ebenso wie über das der Katharina. Diese muß eine bemerkenswerte
Persönlichkeit von eleganter Erscheinung gewesen sein. 1295 war sie
als Tochter Albrechts I. geboren und schon in frühester Kindheit dem
Herzog Johann von Brabant zugedacht worden. Diese Verbindung
wußte jedoch Peter von Aspelt aus politischen Gründen zu hintertrei-
ben, er hatte andere Pläne. Wenige Jahre später wurde die damals 17jäh-
rige Habsburgerin in ein neues Verlöbnis hineingedrängt, das sie mit
großem Ernst annahm: Kaiser Heinrichs VII. Gattin Margarete war im
Dezember 1311 in Italien zu Grabe getragen worden, und sofort wurde
der Luxemburger wieder Objekt europäischer Heiratsspekulationen.
Auch im Hinblick auf die noch unsichere Stellung des jungen Böhmenkönigs Johann schien der Plan, eine Habsburger Prinzessin mit dem

kaiserlichen Witwer zu verbinden, auf günstigen Boden zu fallen. Vielleicht waren auf diese Weise die böhmischen Ambitionen der Habsburger zu bannen, mochte die Luxemburger Partei erwägen. Als die Verhandlungen trotz der italienischen Konflikte Heinrichs zum Abschluß gediehen waren, und sich der Brautzug unter Leitung Herzog Leopolds in Bewegung setzte, war es zu spät: Kurz nach der Abreise traf die Schreckensnachricht vom Tode Kaiser Heinrichs VII. (August 1313) ein. Es wird bezeugt, daß sich Katharina wie die Witwe des Kaisers gefühlt habe. Noch ein anderes Heiratsprojekt, das der Prinzessin zugemutet wurde, scheiterte aus politischen Erwägungen: Friedrich der Schöne wollte sie dem Sohn Friedrichs III. von Sizilien, der unter Heinrich VII. seine kaisertreue Haltung aktiv kundgetan hatte, zur Frau geben. Friedrich von Sizilien war ja ein Bruder König Jakobs von Aragon, und so schien durch ihn auch von daher eine Anhänglichkeit an die Familie der Habsburger verbürgt. Jakob II. aber stimmte dem Plan nicht zu; vermutlich räumte er einem Festlegen der Habsburger auf die ghibellinische Richtung der Sizilianer keine Chance für die Bestätigung durch den Papst ein[3]. Nun also wechselte man die Partei und suchte die Annäherung an das Haus Anjou in Neapel.

Mit Katharina hatte auch die junge Isabell von Spanien zu leiden. Sie hatte in der Prinzessin eine warme Freundin gefunden, die ihr über die erste schwere Zeit in der Fremde hinweghalf. Nun mußte sie die einzige Vertraute am Wiener Hof ziehen lassen. Katharina starb schon nach wenigen Jahren in Neapel, vermutlich an den Folgen einer Geburt (1323)[4]. Der Gatte Katharinas, Karl von Kalabrien, wurde für alle guelfischen Gebiete zum Reichsvikar ernannt; doch hat er dieses Amt nie ausgeübt, und der Papst verlieh es später an seinen Vater Robert.

Als nun der neue Papst Jacques Duèse aus Cahors in Südfrankreich im September 1316 seine Regierung antrat, schien es, daß Friedrich der Schöne in der Hinwendung zu Robert von Anjou-Neapel richtig gehandelt habe; denn Johannes XXII., wie sich der neugewählte Papst nannte, war schon unter dem Vater Roberts und unter diesem selbst als Kanzler am Hof von Neapel tätig gewesen. Seine Wahl war von Robert in Zusammenarbeit mit dem französischen König Philipp V. geschickt in Szene gesetzt und trotz des Widerstandes der französischen und italienischen Kardinäle durchgedrückt worden. Zu den ersten Amtshandlungen des neuen Papstes gehörte es, daß er dem Geschlecht der Anjou, in Bischof Ludwig von Toulouse, dem Bruder Roberts, einen Heiligen schenkte. Ihn verehrten vor allem guelfische Kaufleute, die von ihm

Wunder in der Vermehrung oder Wiedererlangung ihrer Güter erfleh-
ten[5].

Johannes XXII. führte zunächst mit beiden deutschen Königen einen
korrekten, distanzierten Briefwechsel; beide sprach er mit »in regem
Romanorum electis« (als nur erwählte, nicht gekrönte Könige) an. Solange er selbst keinen von ihnen bestätigte, galt das Reich für ihn als vakant und dem Papst als Vikar untertan[6].

Zur ersten Konfrontation kam es in Italien. Die von Johannes im Januar 1317 entsandten Nuntien gehörten eindeutig der guelfischen
Richtung an, ihre nach Avignon gelieferten Berichte waren dement-
sprechend gefärbt. Der Papst erklärte nun alle von Heinrich VII. verlie-
henen Reichsvikariate in Italien für ungültig und erhob einige Monate
später (16. Juli 1317) – vacante imperio – Robert von Anjou-Neapel
zum Reichsvikar, wodurch dieser im Verein mit anderen juristischen
Titeln nun das Recht, die Reichsgewalt in Italien auszuüben, innehatte.
Die Nuntien hatten ferner durch diffamierende Berichte bewirkt, daß
die Anführer der Ghibellinen von der Kurie scharf ins Gebet genommen
wurden.

Zunächst ging man nun gegen Matteo Visconti, den Herrn von Mailand
und ehemaligen Generalvikar Heinrichs VII., vor. Der fingierte Vorwurf, er unterdrücke Mitglieder der Familie della Torre, führte zu einem Inquisitionsprozeß, der mit der Exkommunikation Matteos und
der Verhängung des Interdikts über die ghibellinische Stadt endete
(4. Januar 1318). Auch in der Stadt Ferrara suchte die Kurie gegen den
Willen des Volkes, das die Signori von Este als Stadtherrn anerkannte,
ihre eigenen Potentaten durchzusetzen. Die päpstlichen Anwärter
konnten sich jedoch nicht halten und mußten die Stadt verlassen. Solche Angriffe auf päpstliche Beamte sollten in Zukunft mit härtesten
Kirchenstrafen geahndet werden.

Ein Zentrum der Ghibellinen war Arezzo unter der geistlichen und
weltlichen Herrschaft des Bischofs Guido Tarlati. Undurchsichtig waren weiterhin die Pläne und das Eingreifen Roberts von Neapel, dem
gegenüber sogar der Papst bisweilen mißtrauisch wurde. Sicher ist, daß
er in Italien oder bei der Kurie nie zum Vorteil seines Schwagers Friedrich von Habsburg und zur Unterstützung von dessen Königtum gewirkt hat. Friedrich der Schöne versuchte mehrmals, sich in italienische
Angelegenheiten einzuschalten und als Friedensrichter zu fungieren,
doch scheint sein Einfluß nicht groß gewesen zu sein. Und der Papst
dachte nicht daran, ihm kraft seiner apostolischen Autorität Unterstützung zu gewähren. In Oberitalien war es vor allem die Stadt Treviso (in

Venetien), die ganz auf Friedrich setzte, von ihm aber in verletzender Weise enttäuscht wurde. Sie hatte unter dem Druck des mächtigen Fürsten von Verona, Cangrande della Scala, zu leiden und bat mehrmals dringend um Waffenhilfe. Verhandlungen zogen sich hin; eine Abordnung Friedrichs wurde 1319 von Cangrandes Leuten überfallen. Versprechungen der Österreicher an die Trevisaner täuschten eine Macht vor, die Friedrich realiter gar nicht aufweisen konnte, da er zu dieser Zeit mit der eigenen Behauptung in Deutschland befaßt war. Vorübergehend ließ sich auch Cangrande täuschen und zum Stillhalten veranlassen. Da Friedrich keine persönliche Hilfe leisten konnte, unterstellte er die hilfesuchenden Städte dem Schutz des Grafen Görz-Tirol, dessen mächtige Zwingburg nordwestlich von Triest lag. Sieben Wochen lang waren die Gesandten von Treviso in Graz, wo sich Friedrich damals aufhielt, hingehalten worden. Seine überhebliche Art und das mangelnde Geschick, sich das Vertrauen der Menschen zu erhalten, hat auch hier gegen ihn entschieden. Heinrich von Görz-Tirol aber nützte die Situation zum eigenen Vorteil[7].

Papst Johannes konnte diese verworrene Situation in Italien nur willkommen sein. Mit Hilfe seines Neffen, des Kardinals Bertrand, den er mit außerordentlichen Vollmachten nach Italien schickte, eröffnete er neue Prozesse gegen politische Gegner. Die drei Häupter der Ghibellinen, Matteo Visconti von Mailand, Cangrande von Verona und Passarino von Mantua, wurden der Ketzerei beschuldigt und nach Avignon vorgeladen. Matteo legte am 23. September 1320 feierlich Berufung ein und setzte sich mit der Rechtslage auseinander. Er bat den Papst, die Vorladung wegen seines Alters – er war über 70 – und seiner Krankheiten aufzuheben. Es kam jedoch zu neuerlichen Prozessen, und im März 1322 wurde Matteo zum Ketzer und aller Würden und Güter für verlustig erklärt. Auch die Söhne und die zu den Visconti haltende Stadt Mailand wurden in diese Maßnahmen miteingeschlossen, jedermann zur Vernichtung der Ketzer aufgefordert.

Erbitterte Kämpfe in Ober- und Mittelitalien waren die Folge mehrerer Ketzerprozesse. Einer der habsburgischen Herzogsbrüder, Heinrich, sollte den Kampf gegen die Visconti leiten. Es kam zu einer sehr unklaren Politik der Habsburger, zu Verhandlungen mit den Ghibellinen auf der einen und mit dem Papst auf der anderen Seite.

In Deutschland konnten die Habsburger kirchenpolitisch einen Erfolg erringen. Nachdem Erzbischof Peter von Aspelt von Mainz, Ludwigs zuverlässigster Parteigänger, 1320 verstorben war, gelang es seinen Gegnern, ihren Kandidaten durchzusetzen: Mathias von Bucheck, des-

sen Bruder Hugo im Dienste Roberts von Anjou-Neapel stand, wurde
Erzbischof und somit Reichskanzler. Er machte sogleich den Habsburgern bedeutende Zugeständnisse, verpflichtete sich zu Kriegskostenbei-
trägen usw. Der Papst erkannte ihn am 4. September 1321 an. König
Ludwig legte Beschwerde bei der Kurie wegen Parteilichkeit ein – und
wurde mit ironischen Bemerkungen abgefertigt. Balduin von Trier
scheint sich mit dem neuen Erzbischof über eine Art Neutralitätsstatus
geeinigt zu haben. In der Schlacht von Mühldorf blieb der Beitrag dieser Kurfürsten aus.

In Italien war nach dem Sieg über die Habsburger (1322) zunächst eine
für Ludwig günstigere Lage zu erwarten. Matteo Visconti war am 28.
Juni 1322 verstorben; sein Sohn Galeaz (auch Galeazzo oder Azzo genannt) übernahm in Mailand die Herrschaft. Auf die Anzeige des Sieges
bei Mühldorf hin richtete er ein Hilfegesuch an Ludwig, ihm gegen die
Übergriffe der päpstlichen Legaten Unterstützung zu gewähren. Ludwig schickte daraufhin drei königliche Nuntien, Graf Berthold von
Marstetten-Neuffen, Graf Bertold von Graisbach und Friedrich von
Truhendingen, mit Vollmachten zum Eingreifen für die Interessen Mailands[8]. Bei Monza gelang es, die päpstlichen Truppen zurückzuschlagen
und eine Belagerung Mailands zu vereiteln.

Sogleich wurden die königlichen Gesandten wegen Unterstützung der
Ketzer vor ein Inquisitionsgericht nach Piacenza zitiert und schließlich
– nachdem sie die Vorladung nicht beachtet hatten – am 7. Juni 1323
exkommuniziert und ihrer Güter für verlustig erklärt. Das militärische
Glück war jedoch fernerhin auf seiten des Ghibellinenheeres unter dem
Bruder des Galeaz, Marco Visconti. Mehrere Städte leisteten den deutschen Vikaren den Treueid.

Inzwischen hatte Friedrich von Truhendingen im Namen des Königs
ein Bündnis geschlossen mit den Abgeordneten Cangrandes, mit Passarino, den Brüdern Este und der Stadt Ferrara: man wollte sich nur gemeinsam auf einen Frieden einlassen. Die Lage für die Guelfen schien
ziemlich aussichtslos. Cangrande von Verona – für Italien der Mann der
Zukunft? – arbeitete mit den deutschen Nuntien zusammen. Nach der
Rückkehr der beiden anderen Generalvikare nach Deutschland residierte Berthold von Marstetten in Verona; es standen ihm dort treue Beamte (Kanzler, Richter, Notare) aus italienischen Familien zur Seite, die
dem Reich teilweise schon unter Heinrich VII. gedient hatten.

Auch Dante Alighieri, der große Dichter und Zeitkritiker, hielt sich
während seiner Verbannung von seiner Vaterstadt Florenz einige Zeit
in Verona auf. Die Gewalt seines Wortes setzte er gegen das französi-

sierte Papsttum und für ein Wiedererstarken des Kaisertums ein. Auf
Cangrandes Anregung geht vermutlich sein Werk »De Monarchia« zurück, in dem er die Unabhängigkeit der weltlichen Belange von den
geistlichen fordert[9].

Das erfolgreiche Vorgehen König Ludwigs in Italien versetzte den
Papst in äußerste Gereiztheit. Er ging seinerseits zum Gegenangriff
über, und nun folgt ein langes, schwieriges und düsteres Kapitel deutscher und kirchenpolitischer Geschichte. Am 8. Oktober 1323 ließ Johannes XXII. durch einen Anschlag an der Domtür von Avignon eine
Bekanntmachung folgenden Inhalts veröffentlichen: Durch die zwie-
spältige Wahl der deutschen Kurfürsten stehe dem Papst die Entscheidung über die Thronkandidatur zu. Die deutsche Krone hätte sich
Ludwig angemaßt, Ämter widerrechtlich vergeben und sogar die offen-
kundigen Häretiker Visconti unterstützt. Er habe innerhalb von drei
Monaten die Verwaltung des Reiches niederzulegen und seine Handlungen als König zu widerrufen. Alle Geistlichen und Laien wurden ihrer Treuegelübde gegen ihn enthoben, Gehorsam gegen den König gera-
dezu verboten[10].

Papst Johannes gab hier seine Auffassung, die er bereits 1317 formuliert
hatte[11], nochmals deutlich kund: Die Wahl der Kurfürsten mache noch
nicht den deutschen König, sondern liefere nur die Kandidaten. Der
Papst habe zu entscheiden, wer für das spätere Kaisertum geeignet sei,
auch das Königtum müsse daher eine Gabe des Papstes sein; also lägen
»regnum und imperium« in seiner Hand – auch das »regnum«, und das
war neu. Bis er den Erwählten approbiert habe, stehe dem Papst selbst
die Regierungsgewalt zu.

Hinter diesem Vorgehen gegen König Ludwig standen nicht nur Robert von Neapel, der damals für längere Zeit in Avignon weilte, und der
französische König, sondern auch die Luxemburger, die inzwischen eine Versöhnung mit den Habsburgern ins Auge gefaßt hatten. Ludwig
entsandte sofort Boten nach Avignon, um den Fall klären zu lassen. Am
18. Dezember 1323 erfolgte dann die Nürnberger Gegenerklärung
(Appellation), bezeugt von prominenten weltlichen und geistlichen
Persönlichkeiten, z. B. von Bischof Nikolaus von Regensburg. Sie ist in
sachlichem Ton abgefaßt: Ludwig habe sich immer für die Kirche eingesetzt und wolle ihrem Oberhaupt auch ferner Gehorsam und Ehrerbie-
tung erweisen. Zudem aber wolle er die Rechte des deutschen Reiches
schützen. Sodann verwahrt sich König Ludwig gegen den Vorwurf der
Amtsanmaßung: Er sei rechtmäßig durch die deutschen Kurfürsten gewählt und am rechten Ort gekrönt worden. Dann setzt er sich mit dem

Eingreifen in Italien auseinander und gibt den Vorwurf der Ketzer-
begünstigung zurück. Ludwigs einzige Möglichkeit, einem Inquisitionsprozeß zu entkommen, bestand darin, gegen die Person seines
Anklägers gravierende Einwände vorzubringen. In der Nürnberger
Appellation ist daher ein aggressiver Passus eingefügt (sogenannter Mi-
noritenexkurs), der einer prozeßinternen Notwendigkeit entsprungen
ist: Der Papst unternehme nichts gegen die Minoriten, heißt es da, denen vorgeworfen werde, das Beichtgeheimnis zu verletzen. (Dieser
Vorwurf entfiel bei der zweiten Appellation.) Ludwig betont, er könne
alle Anschuldigungen vor einem allgemeinen Konzil, das ein Schieds-
richterkollegium stellen solle, beweisen[12].

Die zweite Appellation Ludwigs erfolgte am 5. Januar 1324 von Frankfurt aus[13]. Sie war gleichen Inhalts – mit geringfügigen Änderungen
versehen –, aber präziser gefaßt, stilistisch geglättet und ohne Brüskie-
rung der Kurie. Man vermutete, daß das Weglassen des sogenannten
Minoritenexkurses bei der Frankfurter Fassung bereits auf den Einfluß
der Minoriten zurückzuführen ist; doch konnte man eine solche Einflußnahme zu diesem Zeitpunkt nicht nachweisen. Nürnberger und
Frankfurter Appellation waren gleichermaßen als Prozeßschriften kon-
zipiert; in ihnen ist der Versuch unternommen, die Haltlosigkeit der
Zitation und die Befangenheit des Papstes zu erweisen.

Nachdem im März der Bann über König Ludwig ausgesprochen worden war, erwiderte dieser am 22. Mai 1324 mit der Appellation von
Sachsenhausen (bei Frankfurt)[14]: Zunächst wird wiederum die Wahl
verteidigt; die Mehrheit der Kurfürsten und obendrein die Waffen hätten entschieden. Nun aber erfolgt ein Vorstoß gegen die Person Johannes' XXII.: Als Feind der Deutschen habe er die Absicht, das Reich zu
vernichten; er schüre die Zwietracht und versäume seine Aufgabe, das
Heilige Land zu befreien. Ein ausführlicher Exkurs, den Armutsstreit
betreffend – auf dieses Problem soll später eingegangen werden –,
schließt sich an: Eine Fehlentscheidung in Glaubenssachen konnte der
Kurie zum Verhängnis werden; denn nur der ketzerische Papst durfte
dem Kirchenrecht zufolge von einem kirchlichen Gericht abgesetzt
werden.

Die drei Appellationen – ihre Form, ihr Inhalt und die ihn bestimmenden Einflüsse – sind seit langem Mittelpunkt erregter Auseinandersetzungen der Forschung über diese Epoche. Dabei geht es vor allem um
folgende Fragen: Hat der König selbst maßgebend an den Appellationen
mitgewirkt? Entstand die Nürnberger Fassung hinter seinem Rücken,
ist sie überhaupt veröffentlicht worden? War die Sachsenhäuser Fas-

sung nur eine Propagandaschrift? Stammt ihr Text etwa aus der Feder oberitalienischer Ghibellinen? Hat Ludwig um die Vorwürfe, die darin erhoben wurden, überhaupt gewußt, hat er alle Formulierungen gebilligt, zu welchen hat er sich bekannt, welche sind ihm ohne sein Wissen unterschoben worden[15]?

Eine Schlüsselfigur in der ganzen Angelegenheit ist der Protonotar Ulrich Wild (Wildonis), das beherrschende Organ der deutschen Kanzlei in den 20er Jahren. Ludwig der Bayer hat später bei Verhandlungen um die Lösung vom Kirchenbann (1336) behauptet, sein Protonotar habe jene aggressiven Sätze ohne seine Billigung eingefügt. War dies nur eine Schutzbehauptung des Kaisers? Tatsache ist, daß in der Hand des Ulrich Wild damals das Reichssiegel lag, daß jedes Schriftstück, das die Kanzlei verließ, seiner Verantwortung unterlag. Ludwig, der lateinischen Kanzleisprache weitgehend unkundig, mußte sich auf die Redlichkeit dieses Beamten und seiner Gefolgschaft verlassen. Nun war aber – angeblich – eine merkwürdige Sache gegen diesen Wild anhängig, er war eines »ehrrührigen Verbrechens« angeklagt und mußte von Ludwig zur Rechenschaft gezogen werden. Zwar wurde er rehabilitiert, soll aber seinen Zorn über die öffentliche Verdächtigung nicht haben verwinden können und sich an der Partei des Königs dadurch gerächt haben, daß er in die dritte Appellation ohne Wissen Ludwigs ausfallende Worte – z. B. den Vergleich des Papstes mit dem apokalyptischen Tier – einfügte, also eine Kanzleifälschung vornahm. Ein Chronist berichtet, daß Ulrich auf seinem Totenbett (in Rom 1328) seine »Bosheit« enthüllt habe: »Niemand aber kann beschreiben, wie sehr der Kaiser über diese Enthüllung seufzte, weinte und sich betrübte. Da er aber von den Aerzten erfuhr, daß der Kranke in drei bis fünf Tagen unfehlbar sterben müsse, so sagte er: ›Obwohl dieser Nichtswürdige Qualen aller Art zu erleiden verdient hätte, so wollen wir ihn doch dem Gericht oder der Barmherzigkeit dessen, der ihn aufs Sterbelager geworfen hat, überlassen.‹«[16]

Die Tatsache der Fälschung ist von Ulrich Wild unter Zeugen zugegeben worden. Es bestehen jedoch berechtigte Zweifel, daß er dadurch lediglich sein Gewissen erleichtern wollte. Vielleicht opferte er sich, um seinem Herrn über seinen Tod hinaus einen Dienst zu erweisen[17]. Nicht selten kam es vor, daß Untergebene ohne ausdrücklichen Auftrag, aber im Interesse ihres Herrn, Handlungen ausführten, deren negative Folgen sie dann auf sich nahmen. Ulrich, der immer im besten Einvernehmen mit König Ludwig gestanden hatte[18], beabsichtigte vermutlich, ihn nicht auf den Standpunkt der Minoriten festzulegen, falls dieser von einem späteren Schiedsrichtergremium verurteilt würde. Tatsächlich konnte dem König bei späteren Prozessen (1336) in dieser Angelegenheit keine Schuld nachgewiesen werden.

Falls die Appellationsschriften überhaupt in die Hände des Papstes gelangten, so hat dieser sie absichtlich verheimlicht: er durfte sich nicht die Blöße geben, der Einberufung eines Generalkonzils entgegengewirkt zu haben[19].

Wie dem auch sei, die Kurie schenkte allen diesen öffentlichen Rechtfertigungen des deutschen Königs offiziell keine Beachtung. Nach der abgelaufenen Frist sprach sie am 23. März 1324 die Exkommunikation über Ludwig den Bayern aus[20], und zwar weil er gegen die päpstliche Konstitution des Reichsvikariats in Italien gehandelt habe. Wohl aus Rücksicht auf die Kurfürsten ist nicht mehr von der deutschen Königswahl die Rede. Ludwig solle den Königstitel ablegen und sich der Unterstützung oberitalienischer Ketzer enthalten. Die Erlasse seines Generalvikars Berthold von Marstetten wurden für null und nichtig erklärt; Ludwig selbst zitierte den Papst nach Avignon. Weitere gesonderte Prozesse gegen den Bischof Guido von Arezzo und verschiedene italienische Stadtherren wurden eingeleitet, all jenen, die zur Bekämpfung der Ketzerfamilie Este beitrugen, ein Kreuzzugsablaß zugesagt.

Eine weitere Prozeßphase gegen den deutschen König begann am 11. Juli 1324: Ludwig wurde nun aller Rechte, die ihm durch die Königswahl zustanden, für verlustig erklärt (Deposition)[21]. Am 1. Oktober sollte er sich in Avignon verantworten. Die schriftlichen Aktivitäten der Kurie waren begleitet von Botschaften an politisch bedeutende Personen. Die Anklagen wurden in allen Ländern verbreitet, in den verschiedenen Landessprachen öffentlich verlesen. Die päpstliche Kanzlei verfügte über einen ausgezeichneten Verwaltungsapparat und besaß in jedem Winkel Europas Beobachter und Propagandisten. Überhaupt scheinen die diplomatischen Geheimdienste aller Höfe Europas, insbesondere derjenigen Frankreichs, Neapels, Aragons, besser funktioniert zu haben, als die des deutschen Hofes. Die deutsche Kanzlei war für den juristischen und diplomatischen Kampf, der ihr in den folgenden Jahren aufgebürdet wurde, nicht genügend gerüstet[22].

Trausnitz im Tal

Während die meisten österreichischen Gefangenen aus der Schlacht von Mühldorf längst wieder in ihre Heimat zurückgekehrt waren, wurde Friedrich der Schöne immer noch in Haft gehalten. Man hatte ihn zunächst in der Nähe des Schlachtfeldes auf der Burg Dornberg festgesetzt und dann nach dem Nordgau gebracht zu der Burg Trausnitz an der Pfreimd, einem Seitental der Naab. Das wellige Hügelland ringsum, das gegen die böhmische Grenze hin zu sanften Höhen ansteigt, mochte Friedrich ein wenig an die südliche Steiermark erinnern, wo er sich häufig aufgehalten hatte. Doch war das Klima hier rauher, der Winter kalt und lang; in den Übergangszeiten stiegen Nebel aus den Flußniederungen und hüllten die damals schon jahrhundertealte Burg ein, deren hohe Mauern sich als Bering um einen kleinen Innenhof schlossen. Warum saß Friedrich hier immer noch fest?

Schon vor der Schlacht von Mühldorf war es dem klugen Politiker von Trier gelungen, die drei geistlichen Kurfürsten zu einem Neutralitätsbund zusammenzuschließen. Sicher ließ Balduin von Trier seine Beziehungen auch zum französischen Hof und nach Avignon hin spielen. Seine Korrespondenz aus dieser Zeit ist nicht erhalten, aber gewisse Verhandlungsergebnisse weisen auf eine rege diplomatische Tätigkeit zwischen Frankreich und den Luxemburgern hin. König Karl IV. von Frankreich hatte vom Papst die Auflösung seiner Ehe mit Blanca von Burgund wegen zu naher Verwandtschaft erreicht; kurz darauf erteilte Johannes XXII. die Dispens zu einer Heirat des Königs mit Maria, einer Schwester des Böhmenkönigs Johann. Sie fand ein halbes Jahr nach der Schlacht von Mühldorf am 8. Mai 1323 in Paris statt. Balduin von Trier und Johann von Böhmen gaben diesem Ereignis durch ihre Anwesenheit Gewicht. Eine weitere Verbindung von Kindern aus beiden Häusern wurde angepeilt: die Ehe der Tochter Karls von Valois mit dem Sohn Johanns von Böhmen, dem späteren Karl IV. Über den Feierlichkeiten wurde die Politik nicht vergessen. Die Luxemburger konnten ihre Grenzen nach Westen hin verbessern. Die Schutzrechte von Verdun, die König Ludwig 1321 Johann von Böhmen verliehen hatte, ließ sich dieser nun nochmals vom französischen König übertragen – ein nicht eben freundlicher Akt seinem deutschen Verbündeten und König gegenüber[23]. Wurde hier bereits mit dem Gedanken an eine Absetzung Ludwigs gespielt, so kurz nach seinem Sieg über die Habsburger?

Der Sohn Johanns, der sich nach seinem großen Vorbild Karl dem Großen nun Karl nannte, wuchs am französischen Hof auf. Zu dieser Zeit befand er sich gerade in Avignon, um vom Papst persönlich die Firmung zu erhalten. Dort wurde er in eine glänzende Hofgesellschaft eingeführt, von der er in seiner böhmischen Kindheit wohl kaum zu träumen vermocht hätte: italienische und französische Kardinäle, Würdenträger des französischen Hofes, Angehörige des europäischen Hochadels, wie der Graf von Savoyen und Robert von Neapel, hielten sich längere Zeit in Avignon auf.

Ein Zeichen beginnender Gesinnungsänderung König Ludwig gegenüber zeichnete sich bald nach der Rückkehr Johanns von Böhmen in den Osten ab: Heinrich, der jüngere Bruder der Habsburger, der bis dahin in schwerer Festungshaft auf Burg Pürlitz gehalten worden war – der zweitkostbarste Gefangene aus der Schlacht von Mühldorf –, wurde ohne Lösegeld freigegeben. Dies soll ebenfalls ein Ergebnis der großen politischen Beratung von Paris gewesen sein.

Die Habsburger hatten trotz der Gefangenschaft ihres Hauptes Friedrich, der im Grunde für ihre Politik nicht ausschlaggebend war, sowohl im Elsaß als auch an der Südostgrenze wieder an Boden gewonnen. Vermutlich durch Intervention Roberts von Anjou-Neapel hatte sich dessen Neffe Karlrobert von Ungarn mit den Österreichern zu einem neuen Bündnis geeinigt (20. Februar 1323)[24].

Von ungarischer Seite wurde auf eine Versöhnung der Luxemburger mit den Habsburgern hingewirkt, und diese kam schließlich auch zustande, was noch vor Monaten kaum möglich erschienen war (18. September 1323).

Man zeigte seinen guten Willen, indem man einige verpfändete Städte einlösen ließ, man versuchte überhaupt, Problempunkte zu beseitigen. In diesem Sommer 1323, der eine politische Umgruppierung in Europa einleitete, erfolgte ja auch das große Ausgreifen der Wittelsbacher nach dem Norden (s. S. 115), was für die böhmischen Luxemburger eine unangenehme Überraschung darstellte. Ob sich nun Johann selber Hoffnungen auf das freiwerdende Reichslehen Brandenburg gemacht hatte, ob er seine Besitzungen in der Oberlausitz in Gefahr sah: auf jeden Fall war seinem Ausdehnungsdrang nach dem Norden eine Schranke gesetzt. Außerdem hatte ihn die Abweisung der in Thüringen lebenden Tochter als persönliche Kränkung getroffen. So ist es verständlich, daß er dem Versöhnungsangebot der Habsburger ein offenes Ohr lieh.

Aber König Ludwig war nicht untätig. Vermutlich hat er seine geplante große Reise nach Norddeutschland u. a. deshalb abgebrochen, um dieses Netz politischer Verbindungen, das sich über ihn zu spannen drohte, rechtzeitig zu durchbrechen. Auch er trat mit den österreichischen Herzögen in Verbindung. Heinrich von Kärnten soll sich vermittelnd – über den niederbayerischen Herzog Heinrich und Friedrich von Hohenzollern/Nürnberg – eingeschaltet haben. Auf jeden Fall kam es zu einer Herausgabe der Reichskleinodien, die sich immer noch in Händen Herzog Leopolds befanden. Die feierliche Übergabe erfolgte in Nürnberg – ein Ereignis, das in allen deutschen Landen zur Stärkung des Glaubens an die Rechtmäßigkeit König Ludwigs beitrug.

Indessen saß Friedrich der Schöne immer noch in jener Burg, zwar nicht in strenger Kerkerhaft, aber doch fern von Heimat und Familie. Mehrere Quellen bezeugen, daß die Haftverhältnisse recht human waren, daß Friedrich sogar über Mittelspersonen mit der Außenwelt in Verbindung stand und Briefe schreiben konnte. Der Schwiegervater, König Jakob von Aragonien, setzte sich beim Papst fürsprechend ein, was zur Zeit der ersten Prozesse gegen König Ludwig jedoch illusorisch war. Es heißt, die Familie Friedrichs habe, da alle Geldangebote an König Ludwig Zurückweisung erfuhren, zur Schwarzen Magie gegriffen. Ein Dämon – von Isabell oder Herzog Leopold zitiert – sei bei Friedrich als Student verkleidet (»in specie scolaris«) erschienen. Er habe Friedrich aufgefordert, sich auf ein Tuch zu setzen, das ihn sicher zu seinem Bruder bringen würde. Friedrich habe ihn jedoch mit dem Kreuzeszeichen verjagt und seinem Wächter geraten, mit Reliquien gegen solchen Spuk anzugehen[25]. Daß in der Zeit und bei Friedrich insbesondere große Neigung zu abergläubischen Praktiken bestand, haben wir schon mehrfach angedeutet. Friedrichs Religiosität scheint solchen okkulten Vorgängen und Ängsten besonders aufgeschlossen gewesen zu sein. Die Geschichte von einem Wunderring, der bei der Schlacht von Mühldorf eine Rolle gespielt haben soll, geht ebenfalls in diese Richtung.

Herzog Leopold verließ sich nicht auf derlei Methoden; ihm war jedes Mittel recht, das versprach, eine Wendung zugunsten seines Hauses herbeizuführen. Nachdem er mit einigen elsässischen Städten, vor allem mit Straßburg, Colmar und Freiburg wieder Bündnisse geschlossen hatte, traf er mit dem französischen König in Bar-sur-Aube zusammen, unterstützt von den Ermunterungen des Papstes, der an diesem zwielichtigen Handel nicht unbeteiligt war: In den Urkunden, die in Bar-sur-Aube ausgetauscht wurden (27. Juli 1324), ist der Plan deutlich in Worte gefaßt, bei einer Neuwahl der deutschen Kurfürsten Karl von Frankreich auf den deutschen Thron zu bringen[26]. Herzog Leopold solle nach Kräften darauf hinwirken und »Herzog Ludwig von Bayern« in Deutschland und Italien bekämpfen. Die Besoldung seiner Truppen würde Frankreich bestreiten, das Leopold auch bei der Wiedergewinnung der Schweizer Besitzungen zu Hilfe kommen wolle. Dieser Vertrag sollte auch den anderen habsburgischen Brüdern gegenüber unter allen Umständen durchgesetzt werden. Reiche Geschenke besiegelten dieses Bündnis. Vielleicht dachte Herzog Leopold daran, selbst für

Deutschland das Reichsvikariat zu erhalten, falls ein Franzose das Imperium erlangte[27].

Daß König Ludwig, dem diese Vorfälle nicht verborgen blieben, von Haß und Wut übermannt wurde, läßt sich denken. Doch verlor er nicht den Kopf und ließ sich zu keinen Pressalien gegen den Gefangenen hinreißen.

Im Herbst dieses Jahres 1324 erhielt Ludwig dann einen weiteren Schlag, der sein Selbstbewußtsein empfindlich traf, weil dadurch seine bisher unbestrittene militärische Überlegenheit in Frage gestellt wurde. Ein ständiger Unruheherd im bayerischen Westen war die Grafschaft Burgau, die seit 1301 zum schwäbischen Streubesitz der Habsburger gehörte. Sowohl bayerisches Gebiet als gelegentlich auch die Stadt Augsburg wurden von hier aus heimgesucht. König Ludwig zog im November mit einer stattlichen Truppe gegen Burgau und belagerte den Schlupfwinkel, der von Burkhard von Ellerbach tapfer verteidigt wurde. Sieben Wochen zögerte Ludwig einen entscheidenden Angriff hin – dem Fürstenfelder Chronisten zufolge: um die Bevölkerung zu schonen –, und seine Truppe schmolz dahin. Einen Angriff konnte er nun kaum mehr wagen. Als Herzog Leopold sich von Biberach her mit einem rasch zusammengestellten Heer näherte, gab Ludwig auf, ließ das Lager mitsamt den Kriegsmaschinen am Platz und zog sich »bitteren Schmerz im Herzen und in tiefer Beschämung gegen Lauingen und nach Bayern zurück«[28].

Aus dieser deprimierenden Lage heraus scheint in Ludwig der Gedanke aufgekommen zu sein, das wertvolle Pfand, das er mit Friedrich von Habsburg in Händen hielt, zu nützen, sowohl im Streit mit der Kurie als auch in bezug auf einen Dauerfrieden mit den Habsburgern. Dieser war Voraussetzung für eine Heerfahrt nach Italien. Schon vor Burgau hatte König Ludwig über Mittelsmänner Verbindung mit Friedrich dem Schönen aufgenommen. Der getreue Graf Berthold von Henneberg führte die Verhandlungen mit Friedrichs ehemaligem Heerführer und Mitgefangenen, Dietrich von Pilichdorf. Es wurde sogar daran gedacht, Friedrichs Tochter Elisabeth mit einem Sohn Ludwigs zu vermählen, wobei Burgau von Österreich als Hochzeitsgabe geboten werden sollte; doch zerschlug sich dieser Plan. Die Verhandlungen aber wurden fortgeführt und Geistliche beauftragt, eine Versöhnung vorzubereiten: Konrad, der Prior der Augustiner-Eremiten in München, fand sich ein, und der Karthäuser-Prior Gottfried von Mauerbach[29]. Dieser war Friedrich, dem Mitbegründer seines Klosters im Wienerwald, besonders verbunden. Er hatte entscheidenden Anteil an den Verhandlungen. Es wurde festgelegt, daß Friedrich bei seiner Freilassung auf die Königswürde und alles Reichsgut verzichten und auch seine Brüder für einen Verzicht gewinnen sollte. Eine Begegnung der beiden Vettern auf der Burg Trausnitz fand im März 1325 statt, doch gibt es keine Kunde von Details. Häufig ist dieses Treffen in poetischer Weise romantisiert und verklärt worden. Die besondere Anteilnahme der Nachwelt wurde Friedrich sicher nur wegen seines ungewöhnlichen Schicksals als gefangener König zuteil[30].

Daß Friedrich die Zustimmung seines Bruders Leopold, der zu dieser Zeit gerade ein Bündnis gegen Ludwig den Bayern mit dem Erzbischof Mathias von Mainz und den Bischöfen von Würzburg und Straßburg abschloß[31], nicht erreichen konnte, war vorauszusehen. Friedrich soll, als er in Wien eintraf, wegen seines Bartes von keinem erkannt worden sein. Seine Frau Isabell war zu dieser Zeit schon fast erblindet; manche Chronisten behaupten, sie hätte sich in ihrem Kummer blind geweint. Möglicherweise handelte es sich bei ihrem Leiden jedoch um einen Gehirntumor, der auf den Augennerv drückte.

Da Friedrich bei seinen Brüdern auf Ablehnung der Pläne König Ludwigs stieß, kehrte er – treu dem gegebenen Wort – zu seinem Vetter nach München zurück, obwohl ihn der Papst von seinem Eid entband und sogar die Rückkehr verbot[32]. Ob nun der König, von diesem Verhalten beeindruckt, Friedrich gegenüber tatsächlich wieder Herz und Sinn öffnete, was seinem Wesen nach nicht als unmöglich erscheint, oder ob ihn nur politische Erwägungen zu neuen Verhandlungen zwangen: Ab Ende Juni 1325 wurden in München wieder Gespräche aufgenommen.

Der Papst, durch Herzog Leopold von dem Vorhaben der Versöhnung unterrichtet, unterließ es nicht, seine Empörung gegen derart »verlogene Machenschaften« kundzutun und Herzog Leopold zu warnen. Auch gegen die Verlobung von Friedrichs Tochter Anna mit Herzog Stephan von Niederbayern wetterte er, dies sei eine unzulässige Verwandtenehe; doch gab er im gleichen Jahr großzügig Dispens für die Ehe zwischen Herzog Otto von Habsburg mit einer Tochter Heinrichs d. J. von Niederbayern[33].

Trotz allem führten die Verhandlungen Ludwigs mit Friedrich dem Schönen zum Erfolg: Am 1. September 1325 konnte die Aussöhnung der beiden ehemaligen Gegner bekanntgemacht werden. Sie erfolge zum Wohl von Kirche und Reich, so hieß es, und werde durch die beiden Beichtväter der Fürsten, welche das Sakrament erteilten, sanktioniert. »Wir sullen auch gliche ere haben ze strazzen, ze chirchen und an aller stat und uns bede Romische chunige und merer dez riches schriben und nennen und uns bruder heizzen schriben an ein ander und auch als bruder haben.«[34] Weiter heißt es, die beiden Könige wollten wie ein Mann zusammenstehen, ob von weltlicher oder geistlicher Seite auch gegen sie angegangen werde. Und falls Ludwig nach Italien zöge, wolle sich Friedrich um seine Familie und sein Land kümmern. König Ludwig nahm Friedrich also zum Mitregenten an und gestand ihm die gleichen Rechte zu. Friedrich versprach, sich um eine Aussöhnung mit der Kurie zu bemühen.

Erst ein halbes Jahr später konnten die beiden nach mehrmaligen vergeblichen Verhandlungen auch Herzog Leopold für die Anerkennung der Doppelregierung gewinnen, nicht aber den Papst und die Kurfürsten. Deshalb erklärte sich Ludwig schließlich bereit (Ulm, Januar 1326), auf den Thron zu verzichten, wenn es Friedrich binnen sechs Monaten gelingen würde, die Anerkennung der Kurie zu finden[35]. Dies war jedoch nicht der Fall, trotz der Fürsprache von Friedrichs Schwiegervater, Jakob von Aragon. Es blieb beim Doppelkönigtum.

Friedrich begab sich darauf in die Steiermark, Leopold nach Straßburg. Hier traf ihn im Hause eines Verwandten der Tod (28. Februar 1326), vermutlich ein Herzschlag. Natürlich bot dieses rasche Hinscheiden des Herzogs wieder einmal Grund, an einen Giftmord zu denken. Der Chronist Mathias von Neuenburg stellt jedoch fest, Leopold sei schlichtweg an Erschöpfung gestorben. Bei diesem Berichterstatter finden wir auch die Behauptung, der Herzog habe am Rhein neue Kämpfe – von einer Belagerung Speyers ist die Rede – geplant, sei aber dann erkrankt und habe »in der Fieberglut ohne Reue seine Tage beschlossen«[36].

Nach dem Tode seiner Mutter hatte Herzog Leopold einst die habsburgische Familienpolitik in die Hand genommen und seither ohne Schonung seiner Person geleitet. Dies wäre eigentlich das Amt seines Bruders Friedrich gewesen; doch war Leopold stets der agilere, vermutlich auch intelligentere und politisch gewandtere der beiden älteren Söhne König Albrechts. Besonders seine militärische Tüchtigkeit wurde von den Zeitgenossen gerühmt. Seine Härte im Hassen und Verfolgen der Feinde hatte er nicht nur als Rächer des Vaters bewiesen, sondern in zahllosen Kämpfen gegen Ludwigs Anhänger und gegen die Schweizer Eidgenossen.

Friedrich war mit Leopold seiner wichtigsten Stütze beraubt. Er hat fortan keine bedeutende Rolle mehr in der Reichsgeschichte gespielt.

Der Ulmer Abmachung gemäß schickte er mehrere Abordnungen an den päpstlichen Hof, die bevollmächtigt waren, über Aussöhnung und Anerkennung der deutschen Könige zu verhandeln. Der Papst hielt sie hin und lehnte schließlich ab. Auch Friedrich, der sich ein Leben lang um die Gunst des Kirchenoberhauptes bemüht hatte, war als deutscher König nicht erwünscht und mußte die Exkommunikation auf sich nehmen.

Außer diesen Aktivitäten in Avignon hat sich Friedrich in Reichssachen nicht betätigt. Nur in Österreich hat er einige Male als deutscher König beurkundet. Die Verbindung zu seinem »Bruder« Ludwig scheint um 1327 und während dessen Italienaufenthalt völlig abgerissen zu sein. Würde sich ihre Freundschaft bewähren, wenn Ludwig als Kaiser zurückkehrte, so mochte sich mancher fragen.

Friedrichs Zuwendungen an Kirchen und Klöster waren nicht gering. Er schenkte Häuser und Güter an die Wiener Augustiner-Eremiten sowie an das Dominikanerinnenstift in Tulln, wo seine uneheliche Tochter Euphemia untergebracht war[37]. Daß er der Religion in einer um sein Seelenheil und persönliches Fortleben ängstlich vorsorgenden Weise zugetan war, bezeugen mehrere Stiftungen von täglichen Seelenmessen, die auch einen wesentlichen Anteil seines Testaments (24. Juni 1327) ausmachen. Übrigens bedachte auch seine Gattin Isabell in ihrem Testament eine große Reihe österreichischer Klöster. Todesfurcht muß Friedrich die letzten Jahre gequält haben; die lange Einsamkeit während der Gefangenschaft und die zahlreichen Todesfälle in der eigenen Familie mögen seine Anlage zu okkulten Dingen noch verstärkt haben. Seine Gesundheit war – wie die seiner Geschwister – nie sehr robust gewesen, wenn auch seine hochgewachsene, stattliche Gestalt diese Anlage verbarg.

Im Februar 1327 starb – ein Jahr nach Herzog Leopold – auch sein jüngerer Bruder Heinrich, der sich von der schweren körperlichen Schädigung in der böhmischen Kerkerhaft nie so recht erholt hatte.

Friedrich weilte nun häufig in den südlich von Wien gelegenen Waldbergen, Burg Gutenstein soll sein Lieblingsplatz geworden sein. Es ist nicht auszumachen, ob seine Gattin die letzten Jahre um ihn war; Gerüchte von einer Entfremdung liefen um. Die lobenden Bemerkungen, die die junge Gattin anfangs über Friedrich an ihren Vater gesandt hatte, waren zusehends spärlicher geworden. Auch scheint der Brief Isabells an den Vater (4. Juni 1326), in dem sie dringend um gute Ärzte für ihr Augen- bzw. Kopfleiden bat, darauf hinzuweisen, daß sie sich diesbezüglich in Österreich nicht genügend versorgt sah. Weder in seiner Familie noch bei seinen Untergebenen scheint Friedrich sich großer Beliebtheit erfreut zu haben.

Das Verhältnis zu seinem Bruder Otto dem Fröhlichen muß Friedrich in der letzten Zeit sehr bedrückt haben. Otto begehrte in gefährlicher Weise auf, verlangte größere Zuwendungen aus den Gesamteinkünften, sogar an eine Teilung des Landes wurde gedacht. Es kam soweit, daß Otto den Ungarnkönig und Johann von Böhmen gegen den eigenen Bruder zu Hilfe rief, und der Luxemburger nahm die Gelegenheit wahr, in Niederösterreich kriegerisch vorzugehen. Die Brüder Albrecht (II.) und Friedrich bemühten den Metropoliten von Salzburg nach Wien, um diesen Streitfall beizulegen; die Staatsidee von der Unteilbarkeit der habsburgischen Länder sollte bestehen bleiben. Schließlich gelang es, den aufsässigen Bruder zur Vernunft, den Böhmenkönig an den Verhandlungstisch zu bringen. Herzog Otto wurde nach dem Westen abgeschoben und mit der Verwaltung der Vorlande, die vordem Leopold innegehabt hatte, beauftragt. So war im habsburgischen Lager, das sich während des ganzen Thronstreites so musterhaft geschlossen hinter seinen Kandidaten gestellt hatte, nach dessen Beendigung ein böser Unfriede ausgebrochen, während im bayerischen Erbland um diese Zeit endlich Friede einzog, da König Ludwig sich mit der Familie seines Bruders Rudolf aussöhnte (s. u.).

Friedrichs Gesundheitszustand war schon 1329 nicht der beste. Am 13. Januar 1330 erlöste ihn der Tod. Die eigentliche Todesursache ist nicht bekannt. Die »Chronik der Herzöge von Bayern« kommt zu der nicht stichhaltigen Feststellung, daß Friedrich seine Versprechungen gegenüber Ludwig dem Bayern gebrochen habe, »... deshalb wurde er einige Jahre später von den Läusen aufgefressen«[38]. Von Burg Gutenstein wurde er nach dem nahen Kloster Mauerbach gebracht und dort beigesetzt; später fand er die letzte Ruhe im Stephansdom zu Wien. Ein Monat später starb auch die jüngere Schwester Friedrichs, Guta (Jutha), die Gemahlin des Grafen Ludwig von Öttingen, und am 12. Juli folgte ihnen Isabell von Aragonien, die Gattin Friedrichs, der die österreichische Heirat wenig glückliche Tage gebracht hatte.

Die Übergabe des »Defensor pacis«

Eine im Kloster St. Viktor zu Paris in der ersten Hälfte des 15. Jahrhunderts entstandene Prachthandschrift gibt ein Ereignis wieder, das damals etwa hundert Jahre zurücklag: die Überreichung des Werkes »Defensor pacis« an König Ludwig durch den Verfasser (Abb. 5). Die

Farbigkeit und der reiche Rankendekor der Miniatur heben die Bedeutung des Aktes besonders hervor.

Oben links ist König Ludwig auf seinem Thronsessel sitzend dargestellt, von weltlichen Großen umgeben. Ein kniender Mann im blauen Talar hält ihm einen kostbaren rot-gold-verzierten Einband entgegen. Auf der rechten Seite ist eine Gruppe geistlicher Herren zu sehen: der Papst mit drei Kardinälen und Priestern, die durch Buch, Kelch und Hostie gekennzeichnet sind, zwei Bischöfe und zwei Erzbischöfe (sitzend), in einen Disput verstrickt. Dazu kommen im Vordergrund zwei Reihen gelehrter Männer.

Kein anderes Bild vermag so präzis die Sachlage von 1326 und die Bedeutung des Ereignisses für die drei Standesgruppen – Politiker, Geistlichkeit und die zwischen beiden stehenden Wissenschaftler – symbolisch zu erfassen[39]. Im Ringen zwischen Kirche und Staat hat kein Buch, kein Erlaß oder Traktat so entscheidenden Einfluß erlangt wie dieses Werk, dessen Verfasser Marsilius von Padua heißt. Wie konnte dies geschehen? Wer war dieser Mann? Wie erreichte er einen so gewaltigen Einfluß auf die deutsche Reichsgeschichte?

Aus dem Leben des Marsilius ist wenig bekannt[40]. Um 1275 ist er zu Padua geboren, dort nahm er auch seine Studien auf. Ein Jugendfreund, der italienische Chronist Mussato, berichtet, Marsilius habe geschwankt zwischen Jura, Theologie und Philosophie und habe schließlich das Hauptgewicht auf das Studium der Naturwissenschaften und der Medizin gelegt. Ab 1311 ist er bereits als Magister in Paris nachzuweisen. 1312/13 sogar als Rektor der berühmten Universität. 1316, als der neuerwählte Papst eine Unmenge von Gunsterweisen beurkunden läßt, erhält auch Marsilius eine »Expektanz« auf ein Kanonikat in Padua, also die Anwartschaft auf eine Pfründe; doch ist er nie in ihren Genuß gekommen. Bereits 1314 und dann im Jahr 1320 hat er sich mehrmals auf seiten der Ghibellinen in Oberitalien betätigt; er fungierte als Gesandter des Cangrande von Verona und der Visconti von Mailand bei Karl IV. von Frankreich. In Paris trat er vermutlich mit den Franziskanerspiritualen Michael von Cesena, Ubertino de Casale, Johann von Jandun u. a. in Verbindung. Dort verfaßte er sein Hauptwerk »Defensor pacis«, das er 1324 abschließen konnte; seine Autorschaft wurde aber erst 1326 bekannt. Bei der engen Bindung der staatlichen Organe in Frankreich an die Kurie war ein Vorgehen gegen den Verfasser, vermutlich sogar der Scheiterhaufen, zu befürchten. Marsilius zog es vor zu fliehen. Zusammen mit seinem Kollegen und Freund Johann von Jandun reiste er nach Deutschland und suchte König Ludwig auf, in dem er einen Gleichgesinnten oder zumindest einen Gegner der ihn verfolgenden kurialen Richtung zu finden hoffte. Nach anfänglich kühler Aufnahme scheint es ihm gelungen zu sein, den Hof und auch den König selbst zu überzeugen. Ludwig hat sich das Werk des Marsilius vorlesen und interpretieren lassen. 27 lateinische Handschriften sind überliefert; es ist vermutlich damals auch schon in deutsche Sprache übertragen worden. Trotzdem mag es für den Laien – und Ludwig hatte ja nichts von einem Gelehrten an sich, im Gegensatz zu seinem Nachfolger auf dem deutschen Königsthron – zunächst keine leichte Kost gewesen sein.

Marsilius baut auf den antiken Autoren Aristoteles, Galenus, Cicero und Cato auf, zieht die Bibel, Paulinische Briefe, Kirchenväter, Chroniken, päpstliche Dekretale usw. heran. Viel fließt aber auch von eigenen Erfahrungen mit den italienischen Stadtstaaten, dem französischen Hof und der Papstresidenz in Avignon ein; diese hatte Marsilius selber kennengelernt, und er entwirft ein erschreckendes Bild von ihr als dem »Haus der Händler, einer entsetzlichen Räuberhöhle«[41].
Um einen Einblick in die Ideen und in die Macht der Redeführung des »Defensor« zu geben, sollen einige wichtige Passagen hier wörtlich wiedergegeben werden. So beginnt der »Defensor pacis«, der »Verteidiger des Friedens«: »Jedem Reich muß ja Ruhe erwünscht sein (tranquillitas), in der die Völker gedeihen und der Nutzen der Menschen gewahrt wird. Denn sie ist der edlen Künste schöne Mutter … belebt den Wohlstand und bildet die Gesittung.«[42] Die Aufgabe des Staates sei es, »frei für die edlen Lebensaufgaben« zu sorgen; daher ist jene Regierungsform die beste, bei der »der Herrschende die Führung zum Nutzen der Allgemeinheit ausübt nach dem Willen der Untertanen«[43]. Herrscher und Untertanen seien dem gleichen Gesetz unterworfen. »Gesetzgeber oder erste und spezifisch bewirkende Ursache des Gesetzes ist das Volk oder die Gesamtheit der Bürger … durch ihre Abstimmung oder Willensäußerung.«[44] Kluge Männer aus dem Volk haben dem König bei dem Entwurf der Gesetze und bei der Ausübung der Gerechtigkeit beratend beizustehen, wobei diesem immer noch ein Ermessensspielraum eingeräumt bleibt für Ausnahmen, Begnadigungen, »eine Art wohlwollende Auslegung oder Milderung des Gesetzes … Denn aus dieser Liebe heraus werden die Handlungen des Regenten für den Nutzen der Allgemeinheit und der Einzelnen in ihrer Fürsorglichkeit und Güte gesteigert.«[45]
Nachdem Marsilius nun die Staatsformen auf ihre Funktionstüchtigkeit

geprüft hat, kommt er auf die Unabhängigkeit der weltlichen Rechtssprechung von jeder geistlichen Bevormundung zu sprechen: »Denn
keinem römischen oder anderen Bischof, keinem Priester oder geistlichen Diener als solchem kommt gegenüber einer Einzelperson, welches
Standes auch immer, einem Gemeinwesen oder einem Kollegium das
zwingende Regierungsamt zu ... Das Priesteramt muß man nämlich als
etwas Verschiedenes neben die politischen Ämter stellen usw. Es sind
aber die einen von den Obliegenheiten politischen Charakters ... die
anderen sind wirtschaftlichen Charakters.«[46] Dieser Satz – wörtlich
von Aristoteles übernommen – führt zu der logischen Folgerung:
»Weil jene verderbliche Pest [die kirchliche Bevormundung], der
menschlichen Ruhe und jedem Glück der Ruhe todfeind, infolge der
Fäulnis ihrer verderbten Wurzel die übrigen Reiche der gläubigen
Christen in der Welt aufs schwerste vergiften könnte, halte ich es für
das Allernotwendigste, sie zurückzuwerfen ...«[47] Alle, die das Wissen
und die Macht dazu haben, sind zur Gegenwehr verpflichtet, sonst machen sie sich mitschuldig. »Um nun wenigstens mich selbst nicht wegen
wissentlicher Übertretung dieses Rechtsgebotes schlecht nennen zu
müssen, nehme ich mir vor, diese Pest von den christusgläubigen Brüdern zunächst durch Belehrung und dann, so gut ich vermag, mit der
Tat abzuwehren. Denn wie ich ohne jeden Zweifel zu sehen glaube, ist
mir von oben das Wissen um den Trugschluß und die Fähigkeit, ihn auf-
zudecken, gegeben – den Trugschluß, an dem die unhaltbare Meinung
gewisser römischer Bischöfe und ihrer Helfershelfer bisher und in der
Gegenwart ... eine Stütze gefunden hat und sich immer wieder auf-
rechtzuerhalten sucht.«[48]
Marsilius wendet sich also an das Gewissen jedes einzelnen Christenmenschen und an das der leitenden Staatsmänner; er fordert den Kampf
um die Wahrheit, auch wenn dieser zunächst aussichtslos erscheint.
»Wenn ich nun angesichts einer so schwierigen Aufgabe auch keinerlei
Hemmnis fürchtete, das sich der Wahrheit entgegenstemmen könnte –
ich sehe doch: drei gefährliche Feinde der Wahrheit bedrohen dieses
Werk mit Krieg: erstens die Verfolgung durch die keinen Gewaltakt
scheuende Macht der römischen Bischöfe und ihrer Helfershelfer. Das
Werk nämlich und seine wahrhaftigen Verkünder werden sie mit allen
Kräften zu vernichten suchen im Bewußtsein, daß diese unmittelbar ihrer Absicht, weltliche Güter – ohne alles Recht – festzuhalten und zu
besitzen, und auch ihrem glühenden Verlangen nach Herrschaft entgegentreten. Davon die römischen Bischöfe durch eine wahrhaftige Darstellung abzubringen, sei sie noch so schlagend richtig, wird schwierig

werden. Möge jedoch der barmherzige Gott in Gnaden sich dazu herab-
lassen, möge Er ihre keinen Gewaltakt scheuende Macht selbst in
Schranken halten, und möge es tun, wer an Ihn glaubt, Regenten wie
Untertanen, deren aller Ruhe sie wahrhaftig feind sind. Zweitens bedroht ein alter Feind fast jeder Wahrheit dieses Werk nicht minder mit
Krieg, die Gewohnheit, Falsches zu hören und das zu glauben, Falsches,
sag ich, das durch einige Priester oder Bischöfe und außerdem deren Anhänger schon längst ausgesät ist und in den Seelen der meisten schlichten Christusgläubigen Wurzel gefaßt hat. Denn diese Priester haben
durch ihre Reden und durch gewisse Schriften die göttlichen und
menschlichen Anschauungen über das menschliche Handeln, das private wie das staatliche, in ein buntes und nur mit größter Mühe zu ent-
wirrendes Durcheinander verhüllt ...«[49]

Das kuriale Machtstreben auf der einen, die Macht des Gewohnten, die
Trägheit des menschlichen Geistes sich zu lösen von dem jahrhundertelang Eingetrichterten auf der anderen Seite – das sind die Haupthinder-
nisse für den Durchbruch des wahren Rechtes. Wie Marsilius immer
wieder zu beweisen sucht, handelt es sich dabei um kein neues Recht.
Durch zahlreiche Belege aus den kanonischen Schriften führt er den
weltlichen Herrschaftsanspruch des Papstes ad absurdum. In dieser
Welt könnten überhaupt nur Verfehlungen gegen das menschliche Gesetz gerichtet werden. Da Christi Reich nicht von dieser Welt sei, könne auch sein Nachfolger nicht ein Fürst dieser Welt sein.

Diese Absonderung des weltlichen vom geistlichen Bereich hatten para-
doxerweise jene Päpste vorbereitet, die dem Reformgedanken von Clu-
ny Geltung verschafft und während der Salier- und Stauferzeit um die
»Freiheit der Kirche« (libertas ecclesiae) aus der Bevormundung durch
weltliche Fürsten, vor allem durch den Kaiser, gekämpft hatten. Dadurch war das Zusammenspiel der beiden Machtbereiche, das seit Karl
dem Großen und Otto I. Grundlage des christlichen Abendlandes bildete, empfindlich gestört. Unter einigen fanatischen Kampfpäpsten war
es dann zu jenem Allmachtsanspruch der Kirche gekommen, der sich zu
Beginn des 14. Jahrhunderts in der päpstlichen Bulle »Unam sanctam
ecclesiam« erneut manifestierte: Es sei zum Heile jedes Menschen
durchaus erforderlich, dem römischen Papst unterworfen zu sein.
Frankreich hatte dem Hegemoniestreben der Kurie auf seine Art geantwortet, indem es den Sitz der Kirche in den eigenen Machtbereich ver-
pflanzte. Die anderen Staaten mußten erst durch harte Auseinandersetzungen zur Eigenständigkeit erwachen. Marsilius von Padua war ihr
Vorkämpfer.

Das Papsttum sah sich an der Wurzel seiner Existenz angegriffen, seine Position in allen weltlichen Bereichen für nichtig erklärt. Mit wissenschaftlicher Präzision und rhetorischer Fertigkeit wurde hier an einer Tradition gerüttelt, die Jahrhunderte hindurch erkämpft, behauptet, anerkannt war. In seiner Kühnheit und Freiheit des Geistes stößt Marsilius in die Epoche der Neuzeit vor. In dem leidenschaftlichen Patriotismus, mit dem er vor allem für den Frieden seiner oberitalienischen Heimat kämpft, klingt schon der starke Nationalismus der nächsten Jahrhunderte an. Trotz seines Vorsatzes, auch »mit der Tat«, also durch politisches Handeln, zu seinen Erkenntnissen zu stehen, war Marsilius ein reiner Theoretiker, ein abstrakt denkender Idealist, dem die Realität nur scheinbar die Möglichkeit zur Verwirklichung der Ideen bot. Für die Zeitgenossen war seine Staatslehre als Ganzes noch nicht faßbar, wohl aber die Tendenz seiner Schriften, die zu einem neuen Verhältnis zwischen Kirche und Staat führte. Die Grundstimmung des Paduaners und seiner Ausführung war nicht mehr religiös, sondern rein weltlichpolitisch. Der »Defensor pacis« ist ein Zeugnis für den Übergangscharakter einer Zeit, die sich in revolutionären Ausbrüchen kundtut, und Marsilius ist der »Herold dieser neuen Zeit« genannt worden[50]. Zweihundert Jahre später erst sollte das, was er gedacht und erstrebt hatte, im Einklang mit der Wirklichkeit stehen[51].

Marsilius war nach Deutschland gekommen. Er stellte Ludwig dem Bayern seine Fähigkeiten zur Verfügung, und dieser nahm an. Als er sich im Januar 1327 zu dem Ghibellinentreffen nach Trient begab, ritt Marsilius in seinem Gefolge. Er und Johann von Jandun waren auf dem Italienzug die einflußreichsten Berater des König-Kaisers. Der Vorladung nach Avignon leistete er nicht Folge. So wurden zunächst einige Sätze seines Werkes als ketzerisch verurteilt, und schließlich er selbst und sein Freund mit dem Kirchenbann belegt.

Das Treffen von Trient

Daß Ludwig das Kaisertum anstrebte, geht sowohl aus seinen Verhandlungen mit dem Papst als auch aus seinen Maßnahmen in Oberitalien und den Vereinbarungen mit Friedrich dem Schönen um die Mitte der 20er Jahre hervor. Friedrich sollte während seiner Abwesenheit das Königsamt in Deutschland allein ausüben. Ob Ludwig allerdings 1327 schon an einen großen Aufbruch nach Italien dachte, ist nicht sicher. Im Dezember 1326 traf er mit seinem Gefolge in Innsbruck ein, wo er das Weihnachtsfest mit seinem »lieben Bruder« Friedrich feierte. Ein sehr freud- und friedvolles Weihnachten scheint es jedoch nicht gewesen zu sein; die Chronisten lassen in ihren – allerdings widersprüchlichen – Berichten verlauten, daß man sich in verschiedenen Punkten nicht einig war, daß Mißstimmungen die Herzlichkeit der Freundschaft trübten.

Von Innsbruck aus brach der König mit seinem Gefolge nach Trient auf, um dort mit den maßgebenden Fürsten Oberitaliens Kontakt aufzunehmen. Worum ging es bei dem Treffen in Trient? Vermutlich war der Hauptgegenstand der Verhandlungen Ludwigs geplanter Italienzug und die Stellung Herzog Heinrichs von Kärnten zu diesem Vorhaben. Es soll kurz die Position dieses wichtigen Exponenten an der südlichen Reichsgrenze ins Gedächtnis zurückgerufen werden: König Rudolf von Habsburg hatte seinerzeit Graf Meinhard II. von Görz-Tirol mit dem Herzogtum Kärnten belehnt. Dessen Sohn und Erbe Heinrich kämpfte dann auch mit seinen Kärntner Rittern in der Schlacht bei Göllheim auf seiten der Habsburger. Zum Konflikt mit diesen war es erst gekommen, als Rudolf III., der Bruder König Albrechts I. und Inhaber des böhmischen Thrones, im Jahre 1307 gestorben war. Wie Rudolf III., so hatte auch Heinrich von Kärnten eine Tochter aus der Přemyslidenlinie geehelicht (Anna, Schwester Wenzels III.); er bewarb sich nun um den böhmischen Thron. Es kam zu einem regelrechten Krieg mit den Habsburgern in Kärnten und Böhmen, und erst 1311 schloß Heinrich mit Friedrich dem Schönen Frieden. Inzwischen hatten sich die Luxemburger in Böhmen festgesetzt. Den Titel »König von Böhmen« behielt Heinrich von Kärnten bis zu seinem Tode (1335) bei.

Friedrich der Schöne übertrug dem unruhigen Nachbarn – vermutlich um ihn von seinen böhmischen Plänen endgültig abzubringen – 1321 das Reichsvikariat über Padua, band also Heinrich von Kärnten durch einen Dienstvertrag an sich. Dieser scheint in der Folgezeit im oberitalienischen Raum eine recht zwielichtige Rolle zwischen den Parteien gespielt zu haben[52]. Zuletzt stand er auf seiten des Papstfeindes Visconti, während er sich mit Cangrande von Verona (Canis Grandis della Scala) auf Kriegsfuß befand, vor allem wegen der Ansprüche auf Padua. Für einen Italienzug Ludwigs waren aber sowohl Heinrich von Kärnten, der die wesentlichen Alpendurchzugsgebiete beherrschte, als auch Cangrande, einer der mächtigsten Ghibellinenfürsten und Herr von Verona, Vicenza, Feltre und Belluno, nicht zu umgehen. In Trient sollte nun dieses Problem gelöst werden, in dieser Stadt am Südrand der Alpen und an der Grenze des deutschen Reiches zum Imperium.

Für den Zeitraum, der Ludwigs Italienzug umfaßt (1327–1330), weisen die deutschen Chronisten meist nur verschwommene Beschreibungen oder stereotype, an früheren Romzügen orientierte Berichte auf; um so genauer wissen die italienischen Geschichtsschreiber Bescheid, wenn sie auch den leidenschaftlich geführten Auseinandersetzungen in ihrer Heimat nicht immer unparteiisch gegenüberstehen und manchesmal die Geschehnisse verzerren. Die wichtigsten Quellen für den Italienzug Ludwigs sind Giovanni Villani und Alberto Mussato, denen wir auch eine ausführliche Berichterstattung über den Italienzug Heinrichs VII. verdanken.

Villani versucht ehrlich, gerechte Urteile und Akzente in seiner Chronik über die europäischen Ereignisse der Zeit zu setzen. Er ist Florentiner der guelfischen Richtung, ein weitgereister Weltmann, ein Mann der Mäßigung und des Ausgleichs. Mussato, dem wir eine genaue Persönlichkeitsschilderung des Bayern verdanken, gehörte unter Heinrich VII. den führenden Politikern der Stadtherrschaft von Padua an. Durch seinen engagierten Kampf gegen den Zwingherrn seiner Vaterstadt, Cangrande von Verona, kam er unter die Räder und mußte Padua als Gebannter verlassen. In ihm haben wir einen gebildeten italienischen Patrioten mit renaissancehaften Zügen vor uns. Wenngleich er sich in seiner Zeitgeschichte um Unparteilichkeit bemüht – immer scheidet er zwischen gesichertem Wissen und Gerücht –, kommt doch die Grundeinstellung des guelfischen Papstanhängers deutlich zum Ausdruck.

In den stolzen Städten Oberitaliens vollzog sich zu dieser Zeit bereits ein Umdenken, ein neues Weltbild entfaltete sich: In Venedig entstand 1321–1324 die Weltkarte des Pietro Vesconte, die das traditionelle Schema durchbrach und moderne Gesichtspunkte aufriß. Es wurden – teils nach islamischem Vorbild – exakte, für Seefahrer verwendbare Karten gezeichnet. Der Florentiner Missionar Johann von Marignola machte sich in den 30er Jahren nach Indien und China auf; von diesem Land hatte schon Marco Polo, der reisende Kaufmann von Venedig, ein buntes Bild entworfen (um 1320). Einer ähnlichen Weltaufgeschlossenheit waren die deutschen Herren in ihren Ländern bisher kaum begegnet.

Gefährliche Aktionen der guelfischen Gegenpartei in Oberitalien waren der Zusammenkunft der Ghibellinenfürsten in Trient vorausgegangen. Villani beginnt die Beschreibung der Ereignisse mit der Ankunft des Herzogs Karl von Kalabrien, des Sohnes König Roberts von Neapel, in Florenz, und zwar ist ihm das Ereignis wichtig genug, es präzise zu da-

tieren: Am Mittwoch, dem 30. Juli 1326, um die Mittagsstunde traf
Karl mit seiner Gemahlin und einem gewaltigen Anhang verwandter
Adeliger und ihrer Familien sowie italienischen und ausländischen Gefolgsleuten ein. Wegen innerer Streitigkeiten hatte die Stadt Florenz
diesem Fürsten die Signorie angeboten, was sie in der Folgezeit sehr zu
bereuen hatte. »Im Ganzen belief sich sein Gefolge mit den Provenza-
len, welche über das Meer kamen, auf 1500 Ritter, die 400 Ritter des
Herzogs von Athen nicht eingerechnet; darunter waren mindestens
200 Ritter vom goldenen Sporn. Es war eine erlesene schöne und zahlreiche, gut berittene und wohlbewaffnete Mannschaft, auch reichlich
versehen mit Kriegsgeräth, wovon sie gut 1500 Maulthierlasten mit
sich führten.«[53] Nachdem der feierliche Empfang und die Einquartierung der Gesellschaft im Stadtpalast vorüber waren, sandte Herzog Karl
Boten an alle verbündeten Guelfenstädte der Toscana. Villani, der diese
Vorgänge genau verfolgt, belegt mit Zahlen die Stärke der Truppen, die
aus den verschiedenen Regionen eintrafen, er kommt auf mehr als 1000
Berittene und etwa ebensoviel »erlesene Fußmannschaft«. »Allgemein
aber glaubte man, daß der Herzog einen Kriegszug unternehmen werde;
die Vorbereitungen waren sehr umfassend; auch legte er den reichen
Bürgern die Zahlung von 60000 Goldgulden auf.« Als leidenschaftlicher Vertreter der florentinischen Selbstverwaltung ist Villani auf Herzog Karl nicht gut zu sprechen; er führt einige Vermutungen an,
warum der Kriegszug gegen die »Gewaltherrscher der Lombardei und
Toscanas«, vor allem gegen deren Haupt Castruccio von Lucca nicht
zustande kam. Villani meint, daß ein unaufrichtiges Verhandeln zwischen dem Herzog, dem kurialen Legaten und Castruccio die Ursache
der Verzögerung war. Der Herzog machte sich bei der Oberschicht von
Florenz im Laufe der nächsten Monate sehr unbeliebt, da er seine Macht
allzu sehr spüren ließ und nach Gutdünken über städtische Ämter verfügte. Die Ausgaben, die er der Gemeinde Florenz innerhalb eines halben Jahres verursachte, beliefen sich auf die ungeheure Summe von
450000 Goldgulden und insgesamt während der neunzehn Monate seiner Anwesenheit in der Stadt auf 900000 Gulden, was er – Villani – au-
thentisch bezeugen könne, da er zu dieser Zeit selbst die Gemeindekasse
geführt habe[54]. »... es war eine schwere Strafe Gottes, daß in Folge der
früheren Parteikämpfe der Florentiner nun ihre Jurisdiktion und Herrschaft durch ganz erbärmliche Menschen, welche weniger verstanden
als sie, vernichtet wurde.«[55]
Ein im Herbst 1326 angesetzter Vorstoß in die Berglandschaft um Pistoja, der gegen einige Festungen von Castruccio unternommen wurde,

scheiterte kläglich an der Umsicht des Gegners und dem Einbruch des Winters. Nachdem im August 1326 vom kurialen Generallegaten gegen Castruccio und den Bischof von Arezzo, Guido Tarlati, Exkommunikation und Verlust aller Güter ausgesprochen worden war, ernannte Papst Johannes im Dezember einen Adeligen aus dem Bezirk Arezzo, Ubertini, zum Bischof: dieser konnte weder sein geistliches noch sein weltliches Amt in Besitz nehmen, da der Abgesetzte nach wie vor als »unbeschränkter Gebieter« dort herrschte.

Einige Städte der Lombardei unterwarfen sich – wie es scheint, wegen innerer Zwistigkeiten – dem Kardinallegaten und seiner Mannschaft. Die Städte Parma und Bologna und einige Orte der Toskana unterstellten sich freiwillig Karl von Kalabrien.

Villani gilt die Ankunft des Herzogs von Kalabrien in Florenz als auslösendes Moment für die Aktivität der Ghibellinen: Sie wandten sich daraufhin an König Ludwig nach Deutschland und »lockten« ihn nach Trient[56]. Hier stellten sich im Laufe der nächsten Monate folgende Fürsten ein: Cangrande mit 800 bewaffneten Rittern, die vermutlich dem Herzog von Kärnten Respekt einjagen sollten; Passarino (Buonacossi) von Mantua; die Markgrafen von Este, Opizo und Nikolaus, Herren von Ferrara; Azzo und Marco Visconti, die Söhne des vor kurzem verstorbenen Matteo Visconti von Mailand; der von Papst Johannes abgesetzte Bischof Guido Tarlati von Arezzo sowie Gesandte von Castruccio (Castracani degli Anteminelli), vom griechischen Kaiser, von Pisa, von Friedrich von Sizilien u. a.

Der Geschichtsschreiber Mussato, der über die Vorgänge in Florenz weniger gut unterrichtet bzw. von ihnen kaum tangiert war, beginnt die Schilderung von Ludwigs Romzug mit der Trienter Zusammenkunft. Die aufständischen Gewaltherrscher der Lombardei hätten sich der Übermacht der Kirche nicht mehr gewachsen gefühlt und »gingen also darauf aus, die Macht der Kirche mittels einer anderen Macht zurückzuweisen«[57].

König Ludwig scheint zunächst nur beabsichtigt zu haben, in Trient Verhandlungen mit den einzelnen Fürsten zu führen. Dafür spricht unter anderem auch, daß er für das Frühjahr 1327 einen Reichstag in Nürnberg vorbereitet hatte; dort wollte er vermutlich erst Anhänger für den Italienzug werben. Wie dem auch sei, auf jeden Fall erhielt er in Trient durch die Zusage der italienischen Unterstützung einen wesentlichen Impuls zum Aufbruch nach Rom.

Vom 15. bis 25. Januar kam es zu hitzigen Debatten mit den beiden

Kontrahenten Heinrich von Kärnten und Cangrande; Ludwig stellte
sich dabei hinter Heinrich, der sich verbürgte, mit seinen Leuten den
Zugang nach Italien offenzuhalten. Daraufhin zog Cangrande mißmu-
tig ab; ein wenig hoffnungsvoller Auftakt für das italienische Unternehmen. Die Verhandlungen mit den einzelnen Ghibellinenfürsten gingen weiter. Am 5. März kam es erst zu dem großen Gesamttreffen, und
König Ludwig – ob nun gedrängt oder sich drängen lassend – versprach,
sogleich zur Krönung nach Mailand und dann nach Rom aufzubrechen,
um die italienische Königskrone und die Kaiserkrone zu erwerben. Die
Ghibellinen-Partei erwartete selbstverständlich dadurch einen realen
Machtzuwachs. Die Städte verbürgten sich dafür, die Summe von
150 000 Florenen (Goldgulden) als Hilfsgelder aufzubringen, die Um-
lage wurde schriftlich geregelt. Hinter dieser Summe verbarg sich die
gewaltige wirtschaftliche Potenz Oberitaliens. Gewaltig war sie für
deutsche Verhältnisse, nicht für italienische, wenn man an das Aufkommen der Stadt Florenz für die Truppen Karls von Kalabrien denkt. Man
versäumte nicht, sich durch Privilegien abzusichern; die ghibellinischen
Herren wurden als Reichsvikare in ihren Gebieten bestätigt. Den Vermittlungsbemühungen des Opizo von Este gelang es schließlich, Cangrande von Verona zurückzuholen; die Streithähne Heinrich von
Kärnten und Cangrande konnten zum Waffenstillstand veranlaßt werden.

Nachdem die Versammlung aufgelöst war, ließ Ludwig an die deutschen Fürsten Briefe schreiben, um sie für das Unternehmen in Italien
zu gewinnen. Als sein Vertreter sollte Berthold von Henneberg den
Reichstag von Nürnberg abhalten und für die Sache sprechen. An seinen Schwiegervater, Wilhelm von Holland, aber richtete er die dringen-
de Bitte, ihm seine Tochter – also Ludwigs zweite Gemahlin Margarete – zur Krönung nach Mailand persönlich zuzuführen und ihn mit
Truppen zu unterstützen. Wilhelm von Holland ließ sich jedoch dazu
nicht bewegen.
Eine Anzahl niederländischer Ritter diente bereits in der Armee des
päpstlichen Legaten, in der Namen wie Gottfried von Jülich, Johann
von Monheim und Heinrich von Flandern nachzuweisen sind. Man
schätzt, daß etwa zwei Drittel der päpstlichen Truppen aus Deutschen
bestand[58].
Margarete unterzog sich der beschwerlichen Reise, begleitet von 140
Schweizer Kriegsknechten. Über welche Pässe mag man ihr Maultier
bzw. ihre Sänfte geführt haben, an welchen Felswänden vorüber, die für

den mittelalterlichen Menschen an sich und für die gebürtige Nieder-
länderin in besonderem Maße ein Inbegriff von Gefahr und Schrecken
bedeuteten! Der milde Frühling am Comer See wird der jungen Frau
nach all den Beschwernissen dieser Reise wie das verheißene Land erschienen sein. Dort erwartete sie der Gemahl, der ihr auf »gebirgigen
Pfaden«, wie es heißt, von Trient her mit seiner Gefolgschaft entgegen-
geritten kam, zwar »mit seiner geringen Heeresmacht, in ärmlichem
Zustande und geldbedürftig«[59], aber voll Zuversicht, frisch und ge-
bräunt durch die Ritte in der freien Natur der südlichen Bergwelt. Vielleicht waren es die ersten frohgemuten Wochen, die Ludwig mit dieser
Frau verbrachte in einer für beide neuen und herrlichen Umgebung.
Vielleicht war Ludwig der Römer, der Sohn, den Margarete im folgenden Jahr zu Rom gebar, eine Frucht dieser Zeit voll inneren und äußeren Aufschwungs[60].

Mitte Mai zog man dann, verstärkt durch die ersten aus Deutschland
eingetroffenen Kontingente, nach Mailand. König Ludwig scheint
»überall ehrenvoll und freudig bewillkommnet«[61] worden zu sein, wie
der Chronist berichtet, und in Mailand bereiteten ihm die Visconti einen großen Empfang. »Vornehme und Geringe jauchzten ihm zu«[62],
schreibt Mussato.

Krönung in Mailand

Inzwischen hatte sich die Stadt mit buntem Leben gefüllt. Die großen
Häuser und Paläste waren besetzt durch die fürstlichen Hofhaltungen:
Cangrande, die Markgrafen von Este und Passarino von Mantua waren
eingetroffen mit vielen anderen Herren der ghibellinischen Partei. Ihre
Kriegsleute lagerten rings um die Stadt. Handwerker und Händler wa-
ren voller Geschäftigkeit, Musiker, Schausteller und anderes fahrendes
Volk hofften, zum Zuge zu kommen.

Am 31. Mai – Pfingstsonntag 1327 – war es soweit. In festlichem Zug
begaben sich um neun Uhr vormittags die hohen Herrschaften nach
Sant Ambrogio. Ein deutscher Bischof – Emmich von Speyer und Gebhard von Eichstätt befanden sich im Gefolge des Königs – nahm die Salbung mit dem heiligen Öl vor. Bischof Guido Tarlati von Arezzo, der
mächtige gebannte Herr, und der Bischof von Brescia, setzten Ludwig
die eiserne Lombardenkrone auf[63]. Bei den Zeitgenossen kam dieser ei-
sernen Krone symbolische Bedeutung zu: »... denn wie das Eisen die
übrigen Metalle besiegt, so erwartet man, daß der also Gekrönte durch
seine Macht die übrigen Könige und alle anderen, welche der christli-

chen Lehre feind sind und sich dem Gesetz nicht beugen, ausrotte und
vernichte, denn seine Gewalt ist von Gott.«[64] Die Krone war anläßlich
der Krönung Heinrichs VII. neu angefertigt worden: Sie war in Form
eines Lorbeerzweiges gearbeitet und reich mit Perlen besetzt.

Der Vorgang der Krönung ist festgehalten auf dem Grabmal des Bischofs Guido im Dom zu Arezzo (Abb. 6): Ludwig kniet an den Stufen
des Altars, hinter ihm die Königin, beide in Gebetshaltung; der Bischof
neigt sich herab, um mit beiden Händen die Krone aufs Haupt des Königs zu drücken. Links hinten stehen hohe geistliche und weltliche
Würdenträger, auf der rechten Seite ist eine Schar von Rittern in voller
Rüstung mit Panzerhemd und umgürtetem Schwert zu sehen. Aus der
rechten hinteren Ecke ragen Posaunen über die Häupter hinweg – eine
Andeutung der feierlichen Bläsermusik, die den Akt begleitete. Über die
Szene spannt sich ein Baldachin.

Villani berichtet, daß der Bischof von Arezzo und der ebenfalls abgesetzte
Bischof von Brescia an der Handlung beteiligt waren, aber »der Bischof
von Mailand, dem die Krönung zustand, sich weigerte, in Mailand zu
erscheinen«. Seiner Meinung nach habe die ganze Krönung ein »wenig
festliches Aussehen« gehabt[65].

Anschließend an die Krönung leisteten alle anwesenden Herren Ludwig
den Treueid und huldigten ihm. Nach dem Auszug aus der Kirche erfolgten die üblichen Festlichkeiten, verbunden mit Gunsterweisen gegenüber allen Beteiligten. Während ins Volk Geldmünzen gestreut
wurden, erhielten die Großen Urkunden über neuerteilte oder bestätigte alte Privilegien.

Die festliche Hochstimmung hielt nicht lange an. Es scheinen innerhalb
der Familie Visconti Spannungen aufgetreten zu sein. Marco bezichtig-
te seinen Bruder Azzo, mit den päpstlichen Legaten in Verbindung getreten zu sein und ein gefährliches Doppelspiel zu treiben. Kompro-
mittierende Briefe wurden dem König hinterbracht. Möglicherweise
spielte auch eine gewisse Eifersucht des Azzo Visconti auf die Popularität des Deutschen in Mailand eine Rolle. Zudem wurde nun die Frage
der Hilfsgelder akut. Als Ludwig »das Geld verlangte, welches ihm auf
der Zusammenkunft in Trient versprochen war, antwortete der Signore
von Mailand, Galeazzo Visconti, der im stolzen Gefühl seiner Herrschaft sich in Mailand mächtiger dünkte als der Baier und in seinem Sol-
de mindestens zwölfhundert deutsche Reisige hatte, dem Baier, seinem
Herrn, der ihn um das Geld ansprach, in hochfahrender Weise, indem er
erklärte, er werde das Geld erheben lassen, wann und wo es ihm gut

scheinen werde«[66]. Villani meint, Galeazzo wäre beim Volk so unbeliebt gewesen, daß er es nicht gewagt habe, es wiederum mit neuen Steuern zu behelligen. Mehrere angesehene Bürger beschwerten sich nämlich bei König Ludwig über seine Gewaltherrschaft. Er hätte erst vor der Ankunft der Deutschen eine große Summe erheben lassen. Galeazzo aber hieß die Leute Lügner und benahm sich in Gegenwart des Königs so respektwidrig, »daß dieser hocherzürnt aufsprang und ihm untersagte einen Fuß zu rühren, ehe er nicht das Geld ausgeliefert hätte. Und da Galeaz stolz und trotzig sich zu gehorchen weigerte, ließ Ludwig ihn in einen tiefen, dunklen Keller werfen und seine Füße mit Fesseln behaften. Auf diese Kunde hin eilten die übrigen Glieder des viscontischen Geschlechtes, sich vor dem Angesicht des Königs zu verbergen und hier und dort zerstreut schützende Schlupfwinkel zu gewinnen. Sie wurden aller bisherigen Machtbefugnisse und jeglichen Vorranges beraubt, der König aber nahm das Geld und erheiterte Gemeinde und Volk, indem er sie entlastete und mit neuen Auflagen verschonte; gleichzeitig ordnete er die Verfassung von Mailand der Art, daß die Stadt durch den gemeinen Rath der Bürger in bestimmten feierlich festgesetzten Formen regiert werde. Durch dieses Vorgehen Ludwigs gegen die Vicecomites im höchsten Grade erschreckt, begannen die übrigen Gewaltherren der Lombardei Ludwig zu mißtrauen und waren fortan vor ihm auf der Hut, damit er in ihren Landen nicht übermächtig werden möchte; doch ließen sie sich äußerlich nichts merken, um nicht das gute Einvernehmen, dessen Herstellung sie so viele Mühe und so großen Aufwand gekostet hatte, zu vernichten.«[67]

Bei Villani erfahren wir, Ludwig habe sich vor der Versammlung Anfang Juli, bei der diese Dinge geschahen, genügend abgesichert, indem er alle seine Leute herbeigeholt und auch die in Viscontis Sold stehenden Soldaten heimlich in Eid genommen habe. Adel und Volk von Mailand hätten über die Handlungsweise Ludwigs »größte Befriedigung und Freude«[68] empfunden. Die Freunde der Kurie sahen in den Ereignissen die gerechte Strafe für die kirchenfeindlichen Visconti, an denen sich Christi Wort erfüllt habe: »Ich werde meinen Feind mit meinen Feinden töten.«

Pisa – Lucca

Den ersten Schwierigkeiten bei seinem italienischen Unternehmen hatte sich König Ludwig bereits in Trient gegenüber gesehen durch die Gegnerschaft zweier ihm befreundeter Fürsten, Heinrichs von Kärnten und Cangrandes von Verona. In Mailand mag ihm eine Ahnung gekommen sein von dem Ausmaß der innerstädtischen Machtkämpfe in Italien, von der Unzuverlässigkeit mancher seiner Verbündeten. Vielfach wurde er mit ganz neuen Situationen und unbekannten Verhaltensweisen konfrontiert. Es war ersichtlich, daß die Ankunft der Deutschen in Italien überall Erregung und Bewegung hervorgerufen hatte. Die Städte wurden zu Entscheidungen gedrängt. In Mantua, in Lucca und in vielen anderen Orten gab es blutige Unruhen, Aufstände, Vertreibungen. Es kann hier auf diese Geschehnisse – von den italienischen Chronisten mit großer Ausführlichkeit geschildert – nicht näher eingegangen werden. Eines der wichtigsten Gemeinwesen jedoch und seine Stellungnahme zu König Ludwig sei beispielhaft herausgehoben: Pisa. Die Nachricht von der Krönung des deutschen Königs in Mailand hatte in der Stadt eine sehr unterschiedliche Reaktion hervorgerufen. Pisa war eine reiche und durch den vorherrschenden Geschäftsgeist »liberale« Stadt und hatte in ihren Mauern Verbannte aus Guelfenstädten (z. B. Florenz) aufgenommen. Ihnen schreibt es der Chronist zu, daß bei der Kunde von Ludwigs Krönung Freudenfeuer entzündet und Feste gefeiert wurden, wobei das Volk durch die Straßen zog mit dem Ruf: »Tod dem Papst, dem König Robert und den Florentinern! Es lebe der Kaiser!« Die Vornehmen der Stadt jedoch, Gegner des Castruccio und in Verhandlungen mit der Kurie sowie mit Robert von Neapel, vertrieben diese Leute oder setzten sie gefangen[69].

Als nun Ludwig und die Seinen die Grenze zur Toskana überschritten, »eilte ihnen Castruccio mit großem Gefolge, reichen Geschenken und einer Fülle von Lebensmitteln bis Pontremoli entgegen und begleitete sie von dort mehrere Tagesmärsche weit bis nach Pietrasanta im Gebiet von Lucca«[70].
Ludwig aber wollte nicht an Pisa vorbeiziehen, ohne daß diese ehedem kaiserfreundliche Stadt, in deren Mauern Heinrich VII. bestattet war, in seiner Hand lag. Aber die Mächtigen der Stadt befürchteten zum einen die Rache des Castruccio, mit dem sie sich in einem ständigen heftigen Kleinkrieg befanden, zum anderen hatten sie Angst vor den Auflagen und den Unruhen einer Einquartierung durch die Deutschen. Sie gaben vor, sie wollten nicht gegen die Kirche und den mit Robert und den Florentinern geschlossenen Vertrag handeln und verschlossen vor Ludwig und seinen Boten die Tore. Sie verjagten ihre deutschen Söldner – immer wieder hören wir von deutschen Soldaten im Dienst italienischer Städte! –, deckten sich mit Lebensmitteln und Waffen ein und be-

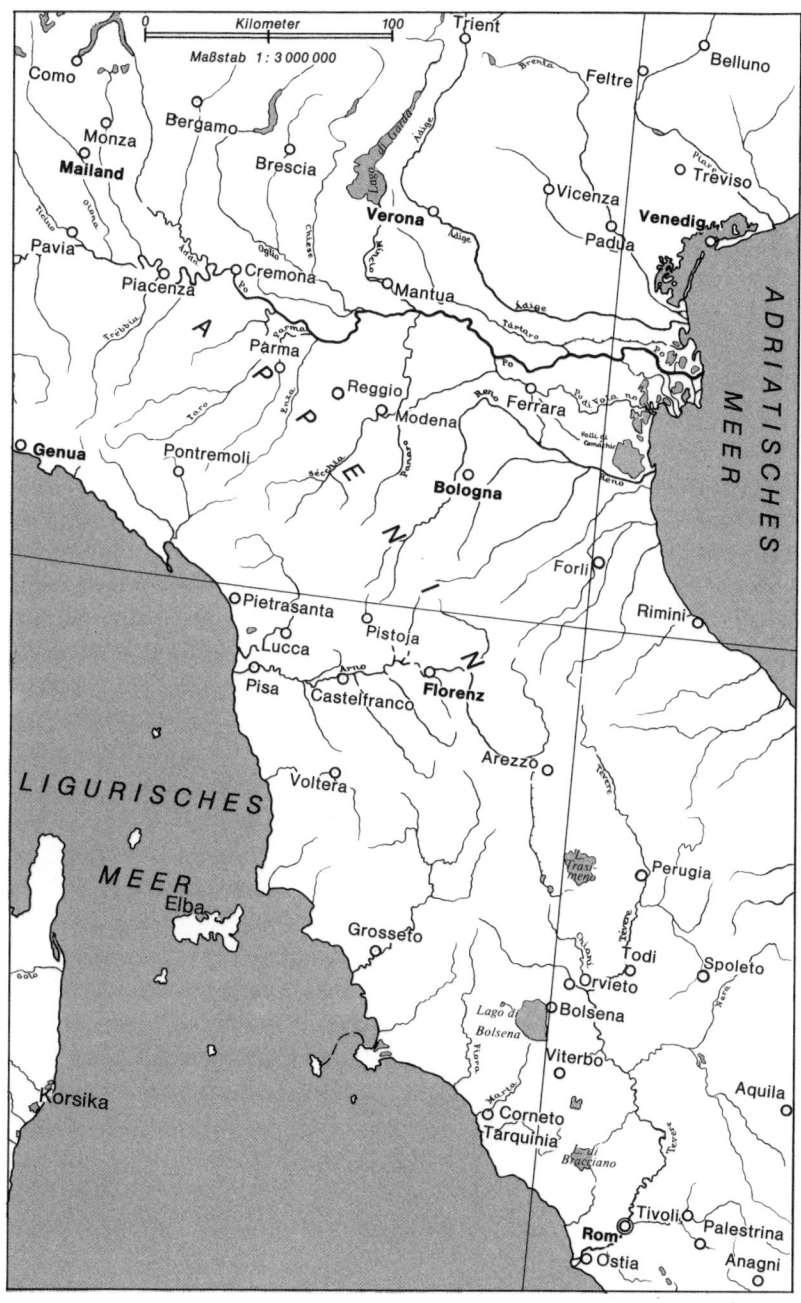

Italienzug Ludwigs des Bayern, 1327–1330

reiteten sich auf eine Belagerung vor. Nun versuchte Guido Tarlati, der
Bischof von Arezzo, vermittelnd einzugreifen. Die Pisaner sandten drei
angesehene Bürger zu Verhandlungen, die Ludwig schließlich eine Abfindung von 60 000 Gulden anboten, wenn er die Stadt ungeschoren
ließe. Ludwig lehnte ab, und Castruccio setzte die Gesandten der Stadt
auf ihrem Rückweg gefangen. Dieser Verrat rief große Bestürzung und
Wut bei den Pisanern hervor; sie verdoppelten ihre Verteidigungsbe-
reitschaft. Am 6. September 1327 begann die Belagerung[71]. Castruccio
ließ die Stadt völlig umzingeln, besetzte den Hafen sowie die umliegenden Orte und Schlösser.

Die Heeresstärke Ludwigs muß zu dieser Zeit beträchtlich gewesen
sein: Zu mehreren tausend Berittenen kamen große Scharen von Fußvolk aus Lucca, Pisa, Luni und der Riviera von Genua. Die Belagerung
wird von Villani folgendermaßen geschildert:

»Der Baier aber griff die Thore mehrfach an, ließ die Mauern untergra-
ben und viele seltsame Maschinen errichten, um die Stadt stürmen zu
können; aber alles erwies sich als nichtig, weil die Stadt stark und gut
versehen war. So verblieb der Baier länger als einen Monat unter großen
Beschwerden und noch größeren Entbehrungen bei der Belagerung.
Endlich aber, da es Gott gefiel, die Sünden der Pisaner zu strafen, entstand unter denjenigen, welche die Stadt beherrschten, Zwietracht, indem unter den ersten der Graf Fazio ... und Vanni di Banduccio Bon-
conti, welche durch Briefe und Versprechungen Castruccios gewonnen
waren, sich für den Frieden aussprachen, worauf auch die übrigen, ihre
Mitregenten, aus Furcht sich ebenso äußerten. So wählten sie denn Unterhändler, welche anbieten sollten, die Stadt dem Baier zu übergeben
und demselben sechzigtausend Goldgulden zu zahlen; die Stadt aber
sollte ihre Verfassung und Unabhängigkeit behalten und weder Castruccio noch die Ausgetriebenen dieselbe ohne den Willen der Herrschenden betreten dürfen ... Nachdem dieser trügerische Vertrag von
dem Baier angenommen und beschworen worden war, überlieferten sie
ihm die Stadt am 8. Oktober ... und am Sonntag den 11. Oktober zog
der Baier mit seiner Gattin und seinem ganzen Kriegsvolke friedlich
ein, ohne an dem Vertrag zu rütteln; Castruccio mit den Seinen und die
Verbannten mußten somit draußen bleiben. Aber drei Tage darauf ver-
brannten die Pisaner selbst, um dem Herrn zu gefallen, und aus Furcht,
da sie nämlich wegen des Pöpels nicht anders handeln konnten, das
schriftliche Dokument des Vertrages, übertrugen aus freien Stücken
und einmüthig dem Baier aufs neue die Signorie der Stadt und riefen
Castruccio und alle ihre Verbannten zurück, welche sich alsbald ein-

stellten. Doch erfolgte weiter keine Veränderung, außer daß ein gewisser Ser Guilielmo da Colonnata, ein ehemaliger Häscherhauptmann zu
Pisa, von einem der Kriegsobersten des Baiern, der ihn zu diesem führte, als der Pöpel ihm schreiend nachlief, auf offenem Platze in Gegenwart des Herrn getödtet wurde. Der Mörder ... glaubte seines Herren
Gunst dadurch zu erwerben; dieser aber ließ ihn, um Gerechtigkeit zu
zeigen, festnehmen und ihm den Kopf vor die Füße legen. Auch ließ er
bekannt machen, daß jede Art von Menschen heil und unbeschädigt in
Pisa und dessen Gebiet kommen und gehen dürfte, vorausgesetzt daß sie
die Steuer von acht Denaren für das Pfund von jeglicher Ware zahlten.
Er verfügte dies aber zu dem Zweck, damit nicht die Kaufleute von Pisa
wegzögen, um eine größere Einnahme zu erzielen, wenn nämlich die
Pisaner Gewinn machten.«[72]

Wiederum wird deutlich, wie wichtig wirtschaftliche Gesichtspunkte
für das ganze Unternehmen waren, was die Anhänger Ludwigs anscheinend auch erkannten und zu steuern suchten. König Ludwig nahm seinen Sitz im Erzbischöflichen Palais von Pisa. Der Erzbischof und seine
Familie, die zu den Hauptgegnern einer Stadtübergabe gehört hatten,
waren vorher entwichen. Ludwig residierte also unweit des Domes.
Das prächtige Bauwerk mit seiner reichen Innenausstattung beeindruckte ihn sehr. Besonderen Gefallen fand er an einer kleinen Marmorplastik, einer Madonna mit Kind, die er später in die Heimat mitnahm
und dem Stift Ettal schenkte. Sie war das Werk eines zeitgenössischen
Künstlers, des bedeutenden Bildhauers Giovanni Pisano (gest. 1328)
und atmete bereits das Schönheitsideal der italienischen Frührenaissance (Abb. 10).
Im Dom suchte Ludwig das Grab seines unglücklichen Vorgängers,
Kaiser Heinrichs VII. von Luxemburg, auf. Es wurde dort regelmäßig
Messe gelesen; es heißt, der Marschall Ludwigs habe die widerstrebenden Geistlichen dazu gezwungen. Für den Marsch nach Rom mußte
Ludwig den Pisanern 100 000 Goldgulden Steuern auferlegen, und diese gewaltige Einbuße kam für die Stadt – wenn man den Klagen der
Kaufleute Glauben schenken will – nahezu einem Ruin gleich und ließ
sie den Vertrag sehr bereuen.
Die Vorgänge in Pisa zeigen exemplarisch die Situation König Ludwigs: Sein Streben nach Befriedung und Unparteilichkeit mußte
zwangsläufig in Konflikt geraten mit den in langen Kleinkriegen und
Intrigen verfilzten Verhältnissen der italienischen Teilfürsten, Stadtherren, Stadträte, deren Parteizugehörigkeit häufig genug opportunistisch

bestimmt war und von Fall zu Fall wechselte. Dabei waren Ludwigs entschiedene Anhänger oft untereinander in Spannungen oder Feindschaft befangen. Durch die ständige Notwendigkeit, Anhänger gewinnen und Söldner bezahlen zu müssen, war die Geldfrage allerorten akut – und Steuererhebungen sind zu keiner Zeit und bei keinem Volk dazu angetan, Sympathien zu erwecken. Zwar war die Gegenseite ebenfalls nicht faul, aus der Bevölkerung das Letztmögliche herauszupressen, doch konnte eine Verweigerung von Abgaben dem deutschen König gegenüber sich immer auf das Motiv der Rechtgläubigkeit stützen, zumal ab Sommer 1327 die päpstlichen Legaten in Italien Ludwigs Bannung und Entsetzung von allen seinen Gütern – auch den bayerischen Besitzungen! – verkünden ließen. Am 11. Oktober war der Einzug in Pisa erfolgt, am 20. Oktober erging das Schlußurteil des Exkommunikationsprozesses, das Ludwig jede weltliche und geistliche Würde absprach. Es blieb nicht ohne Wirkung.

Bischof Guido von Arezzo, der in Mailand die Krönung vorgenommen hatte, schied mißgestimmt von König Ludwig, da ihm dieser gegenüber Castruccio keine Genugtuung verschaffen konnte. Castruccio, die ganz große Stütze des italienischen Unternehmens, hatte schwere Anklagen gegen Bischof Guido vorgebracht. Wiederum war Ludwig durch den Zwang zur Stellungnahme zu innerterritorialen Verhältnissen überfordert.

Auf der Heimreise nach Arezzo erkrankte der Bischof schwer und ehe er starb, »bekannte er in Gegenwart vieler Leute, Mönche, Weltgeistlicher und Laien, sei es weil er auf den Baier erzürnt war, sei es auch durch das Gewissen getrieben, daß er sich gegen den Papst und die Heilige Kirche vergangen habe und daß Papst Johann gerecht und heilig, der Baier aber, der sich Kaiser nennen lasse, ein Betrüger, ein Ketzer und Begünstiger von Ketzerei sowie eine Stütze der Tyrannen und kein rechtmäßiger und würdiger Herrscher sei«. Er starb angeblich »in großer Zerknirschung, was in Toskana für ein bedeutsames Ereignis galt«[73]. Wieviel von dieser Aussage auf guelfischer Propaganda beruht, ist kaum auszumachen. Das »bedeutsame Ereignis« mutet wie eine erste Warnung vor einem möglichen Umschwung an. Wir wissen nicht, ob Ludwig diese Warnung zugeleitet wurde, ob er sie als Stachel empfunden hat, ob er sie nur durch Heiterkeit überspielt oder im Rausch der Siegerfreude vergessen hat. Auf jeden Fall folgte er dem Castruccio nach Lucca, wo man ihm zu Ehren große Festlichkeiten veranstaltete. Diese wurden verbunden mit den Hochzeitsfeierlichkeiten anläßlich der Vermählung von Castruccios Tochter. Prunkende Gewänder, Tafelfreuden

mit renaissancehaftem Raffinement und erlesenem Tischgerät! Unter
großem Jubel des Volkes erhob Ludwig Castruccio zum erblichen Herzog der Stadt und des Distrikts sowie der Städte Luni, Pistoja und Vol-
terra. Außerdem verlieh der König ihm ein neues Wappen mit einem
Streitroß auf goldenem Feld und einem Querstreifen mit den silber-
blauen Rauten des bayerischen Wappens. Castruccio wurde zum Fah-
nenträger des Heiligen Römischen Reiches ernannt. In der Ernen-
nungsurkunde sind als Zeugen angeführt: Pfalzgraf Rudolf von Bayern,
ein Neffe König Ludwigs, der Herzog von Braunschweig und zahlreiche italienische Würdenträger. Zum Leidwesen der Pisaner übertrug
Ludwig dem Castruccio auch einige Vesten rings um Pisa.
Der Florentiner Villani, der Castruccio persönlich kennengelernt hat
und mit seinem Leben vertraut war, charakterisiert diesen Mann mit
präzisen Worten: »Dieser Castruccio war eine überaus gewandte Persönlichkeit, sehr groß und von angenehmem Aeßeren, wohlgewachsen
und schlank; sein Teint war rein, seine Gesichtsfarbe spielte ins Bleiche;
die Haare waren schlicht und blond, der Gesichtsausdruck anmuthig ...
ein tapferer hochgemuther Tyrann, klug, verständig, umsichtig, aus-
dauernd, schlachtenfroh und kriegskundig, voll kühnen Unterneh-
mungsgeistes ... [aber auch] grausam ... [Er] verlangte immer nach
Leuten und nach neuen Freunden; auch war er sehr prahlerisch und auf
seine Stellung und Herrschaft eingebildet ...«[74]
Ludwigs ganzer Rückhalt in Mittelitalien beruhte auf Castruccio, der
die gewaltigen Summen flüssig machen konnte, die für einen Zug nach
Rom nötig waren.

Rom und die Kaiserkrönung

Nachdem die Kunde von der Krönung in Mailand den Römern zu Ohren gekommen war, sandten sie nach Avignon zum Papst. Ihr Gesandter trug die Bitte vor, der Heilige Vater möge auf den angestammten
Apostolischen Stuhl nach St. Peter in Rom zurückkehren, er werde von
seinen treuen Untertanen in Ehren aufgenommen werden. Falls der
Papst ablehne, sähen sich die Römer gezwungen, »auf daß Rom, das
Haupt der Welt, von dem Gipfel seines Ruhmes nicht herabsteige«,
Ludwig als König in ihre Stadt aufzunehmen. Deutlich klingt der römische Patriotismus in diesen Worten an. Der Papst, so berichtet der Geschichtsschreiber Mussato, »mit ungewöhnlicher Beredsamkeit und
Klugheit begabt«, empfing die Gesandtschaft mit gütigen, wohlgesetzten Worten, hielt sie einige Zeit hin und ließ sie dann wissen, daß der

Zeitpunkt der Rückkehr noch nicht gekommen sei. Die Verhältnisse in der Stadt seien noch nicht genügend gefestigt, der Adel vertrieben und König Robert von Neapel der Zutritt verwehrt[75].

Den abgewiesenen Römern schien, »daß der Papst sein Spiel mit ihnen treibe«[76] – so schreibt der Guelfe Mussato! –; sie schickten umgehend zu Ludwig nach Mailand, um ihn nach Rom zur Kaiserkrönung einzuladen. Zwar stimmt es nicht ganz, wenn Mussato fortfährt, Ludwig sei von Pisa aus »in wenigen raschen Tagesmärschen«[77] nach Rom gekommen. Es gab einige Schwierigkeiten zu überwinden, vor allem die winterlichen Berge der Maremmen erwiesen sich als harte Prüfung. Am 15. Dezember zog Ludwig mit ungefähr 3000 Berittenen und 10000 Stück Vieh aus Pisaner Besitz (nach Villani) ab. Er entsandte eine Vorhut, welche die Pässe besetzte und Lebensmittel requirierte. Um Weihnachten erreichte er die Küste und überschritt dann »bei Grosseto unter großen Beschwerden den Ombrone, weil nämlich der Fluß in Folge starker Regengüsse heftig angeschwollen und eine Holzbrücke, welche der Marschall mit Hilfe der Bewohner der Maremmen hatte herstellen lassen, unter der Last des darübermarschierenden Heeres zusammengebrochen war, wobei Reiter und Rosse in großer Zahl ertranken, sodaß beschlossen wurde, der Herr solle nahe der Mündung mit Hilfe von zwei Galeeren und mehreren Barken übersetzen ... Und dergestalt durchzog der Baier die Maremmen unter großen Beschwerden bei übler Witterung und unter großem Mangel an Lebensmitteln, indem er nothgedrungen den größten Theil seines Kriegsvolkes inmitten des Winters im Freien lagern lassen mußte.«[78]

Für Karl von Kalabrien und seine Truppen wäre es ein leichtes gewesen, den Durchgang des deutsch-italienischen Heeres abzuschneiden und zu verhindern. Dies ist die Meinung Villanis. Aber Karl verhielt sich im Hintergrund; ebenso setzten die päpstlichen Streitkräfte Ludwig keinen Widerstand entgegen. War es Angst, Vorsicht, Bequemlichkeit, Selbstsicherheit, Strategie? Erst zu Beginn des Jahres 1328 verließ Karl von Kalabrien nach gewaltigen, kostspieligen Festlichkeiten die Stadt Florenz und schlug Mitte Januar in Aquila/Abruzzen sein Lager auf. Auf Anordnung des päpstlichen Legaten für die Toskana, Kardinal Orsini, wurden in Florenz und in anderen Städten drei Tage hintereinander Prozessionen mit Geistlichen und Laien veranstaltet, um Gott zu bitten, Hilfe für die Sache der Kirche und gegen den Bayern zu gewähren. Für die Beteiligung an diesen Gebeten und Umzügen wurde Nachlaß der Sünden gewährt[79].

Anfang Januar 1328 gelangte Ludwig nach Viterbo, wo auch Castruccio mit bestem Kriegsvolk zu ihm stieß.

In Rom war es inzwischen zu wilden Streitereien und Verhandlungen unter den maßgebenden Männern gekommen über das Verhalten zu den bevorstehenden Ereignissen. Die Auseinandersetzungen endeten mit der dramatischen Vertreibung der Orsini, eines der bedeutendsten römischen Geschlechter, und des Stefano della Colonna sowie aller anderen adeligen Anhänger Roberts von Neapel. Sciarra Colonna, der Bruder des Stefano, stand jedoch in der Gunst des Volkes. Er blieb in Rom und erwies sich als begeisterter Parteigänger Ludwigs des Bayern. Die Entscheidung für oder wider den deutschen König spaltete auch hier wieder Familien und Vertreter der Öffentlichkeit. Die Engelsburg, die im Besitz des Hauses Orsini gewesen war, wurde vom Volk besetzt. Dabei soll Castruccio mit großen Geldsummen bei den drei Volkskapitänen nachgeholfen haben. Sie sandten nun zu König Ludwig nach Viterbo, er solle unverzüglich nach Rom kommen. Ludwigs Bereitschaft, die Krönung als einen überwiegend weltlichen Akt anzunehmen, scheint nicht nur durch die theoretische Fundierung des Marsilius von Padua gewachsen zu sein, sondern auch durch die endgültige Absage des Papstes, an dessen Befugnis zur Kaiserkrönung Ludwig an sich nie gerüttelt hatte. Zum ersten Mal hatte sich der neue Weg in Mailand abgezeichnet, als mit den Abgesandten Friedrichs von Sizilien verhandelt wurde. In dem Bündnisvertrag ist von den »Machenschaften des Jakob von Cahors, der sich fälschlich Papst nenne« die Rede[80]. Dieser Friedrich war ja ebenfalls durch den Willen des Volkes zum Königtum gelangt – gegen den Einspruch des Papstes – und die Krönungsfeier war ohne geistliche Weihe erfolgt.

Als Ludwig am 7. Januar 1328 die Stadt Rom erreichte, traf er keinerlei Widerstand an, sondern wurde jubelnd aufgenommen. Die Römer haben seiner Ankunft »entgegengejauchzt, als wenn Gott selbst von seinem himmlischen Throne zu ihnen käme«[81]. Zunächst stieg Ludwig im Palast von St. Peter ab und begab sich dann auf die andere Tiberseite zu seinem Quartier in Santa Maria Maggiore. Am folgenden Tag nahm er unter großem Beifall des Volkes – »vornehm und gering« – an der Seite seiner Gemahlin seinen Sitz auf dem Kapitol ein. Es scheint eine gewaltige Volksmasse dort versammelt gewesen zu sein. Bischof Aleria von Korsika, ein redegewandter Augustiner, führte im Auftrag des Kaisers das Wort; dieser war ja der Landessprache unkundig: Ludwig dankte dem römischen Volk und versprach, der Stadt seine Förderung zuteil werden zu lassen. Am 11. Januar wurde er vom Volk zum Senator und

Volkskapitän ernannt. Er erklärte sich bereit, die Krone vom römischen Volk entgegenzunehmen und legte den darauffolgenden Sonntag als Krönungstag fest.

Da die meisten römischen Geistlichen sich weigerten, feierliche Gottesdienste abzuhalten, ließ Ludwig von gebannten Klerikern Heilige Messen lesen. Eine große Anzahl von Avignon abgesetzter weltlicher und monastischer Priester und Theologen scheint mit Ludwig in Rom eingezogen zu sein, »der ganze Auswurf der Häretiker der Christenheit«[82]. Nun geschah aber wieder eines jener bedeutsamen Zeichen: Einem papsttreuen Domherrn von St. Peter war es gelungen, mit dem »Schweißtuch Christi« (auch »Schweißtuch der Veronika« genannt) aus Rom zu entweichen und dieses von den Römern über alles verehrte heilige Andenken an Christi Leidensgang für die Gegenpartei zu retten. Bestürzung und düstere Vorahnung bemächtigte sich vieler gläubiger Menschen.

Von allen deutschen Chronisten und Annalisten wird die Kaiserkrönung Ludwigs des Bayern mehr oder weniger ausführlich vermerkt. Häufig erfolgt die Schilderung nach dem üblichen Schema des Krönungszeremoniells, wie es von all den vorausgegangenen Krönungen überliefert war. So beschreibt der Mönch der Vita die berühmte Szene: »Da sie ihn nun herankommen sahen, legten sie bunte Teppiche auf den Weg und streuten Gold und Silber aus, gleichwie dem Herrn geschah, als er nach Jerusalem kam, traten ihm jauchzend entgegen und riefen ihm ein freudiges ›Es lebe der König!‹ zu. Unter festlichen Chorgesängen und dem Schall der Hörner und Saiteninstrumente führten sie ihn dann über die Tiberbrücke in die Stadt, welche alle anderen Könige nur mit bewaffneter Hand betreten hatten, und ließen den freudigen Gesang erschallen: ›Du bist erschienen als der Erwünschte, den wir als unsern Herrn erwarteten, denn du bist die Hoffnung für die Verzweifelten und ein gewaltiger Trost den Gequälten.‹ Viele aber streuten den Kriegern Münzen, Teppiche und Zierrathen auf den Weg. Die ganze Bevölkerung, Männer wie Frauen, kam im festlichen Schmuck dem Herrscher entgegen, der unter lauten Gesängen der gesammten Geistlichkeit in die Kirche geführt und unter dem Rufe: ›Siehe, er ist da, der Herrscher, der Herr, und in seiner Hand liegt das Reich, die Macht und das Kaiserthum‹, nebst seiner Gattin auf den Altar erhoben wurde. Nach der festlichen Messe und Krönung wurden beide in Prunkgewänder gehüllt. ›Dann führte man ihn, das Scepter und den goldenen Apfel in der Hand, hoch zu Rosse, unter einem Baldachin durch die ganze Stadt, durch alle

Gassen und über alle Plätze, während Chorgesänge und Flötengetön und Paukenschall ertönten ... Auch bot man ihm unzählige kostbare Geschenke dar, und beging in Freude und Glanz die größten Festlichkeiten ... Im Jahre 1328 begab sich der sieggekrönte Kaiser Ludwig von Rom aus auf den Heimweg und kam ruhmbedeckt wieder in seinem Vaterlande an.«[83]

So also sah der Vorgang von der Entfernung aus, oder besser: so wollten ihn die deutschen Zeitgenossen, insofern sie dem Herrscher positiv gesinnt waren, sehen. Doch verlief weder der Aufenthalt in Rom noch der Heimzug des Kaisers in dieser von den Chronisten geschilderten störungsfreien Heiterkeit. Über den Glanz des Krönungstages allerdings sind sich alle Geschichtsschreiber einig. Villani gibt eine ausführliche Schilderung:

»Des Morgens brachen er und seine Gattin und sein ganzes Kriegsvolk von Santa Maria Maggiore, wo er bis dahin residierte, auf und zogen nach Sankt Peter. Voran ritten je vier Römer von jedem Bezirk als Bannerträger, die Rosse mit kostbaren Tüchern behangen, und viel anderes fremdes Volk. Alle Straßen aber waren rein gefegt und voll von Myrrthen und Lorbeeren und von jedem Hause hingen mancherlei Kostbarkeiten, die schönsten Tücher und Zierrathen, welche die Bewohner besaßen, herab ... sein Roß aber führten und umgaben die vier genannten, die zwei Kapitäne, der Senator ... und viele andere adlige Römer. Auch ließ er vor sich einen rechtsgelehrten Richter schreiten, welcher die Reichsordnung im Auszug mit sich führte. In dieser Anordnung wurde er zur Krönung geleitet, und es fand sich kein Mangel dabei, abgesehen von der üblichen Benediktion und Confirmation des Papstes ...«[84]

Es ist selbstverständlich, daß die Römer bei diesem Fest endlich wieder auf ihre Rechnung kommen wollten, daß sie alle ihre Repräsentationskünste spielen ließen, ihre Reichtümer zur Schau stellten und besonders dem »fremden Volk« zeigen wollten, wo das Herz der Welt schlug, auch wenn der Bischof von Rom seinen angestammten Platz verlassen hatte. Ein wichtiges Amt beim Krönungszeremoniell hatte der Pfalzgraf von Rom zu versehen; dieser befand sich aber unter den aus der Stadt Entwichenen. Ludwig, darauf aufmerksam gemacht, ließ an seiner Statt dem verdienstvollen Castruccio den Pfalzgrafentitel verleihen. In einem feierlichen Akt schlug er ihn zum Ritter, umgürtete ihn eigenhändig mit dem Degen und hängte ihm eine wertvolle Kette um den Hals. Noch andere Gefolgsleute schlug der Kaiser zu Rittern, »indem er sie nur mit dem goldenen Stabe berührte«[85]. Dieser Ritterschlag in

Rom – er erfolgte in der Regel auf der Tiberbrücke – war eine große Ehre und fand traditionsgemäß kurz vor der Kaiserkrönung statt; auch Adelige, die in der Heimat bereits früher den Ritterschlag empfangen hatten, unterzogen sich nochmals dieser Zeremonie.

Die Krönung selbst (17. Januar 1328) wird folgendermaßen beschrieben: Vier römische Ritter in goldgestickten Gewändern sowie 52 Vertreter des Volkes und der Präfekt von Rom geleiteten den König. Weihe und Salbung nahmen der Kardinal von Venedig und zwei andere Bischöfe vor. Die Kaiserkrone drückte Sciarra Colonna als Vertreter des römischen Volkes Ludwig und seiner Gemahlin aufs Haupt; er wurde assistiert von dem Abt-Bischof der Augustinerbrüder von Avila. Es fehlte also nicht ein gewisses weihevolles Zeremoniell.

Nach der Krönung ließ der Kaiser drei Dekrete verlesen. Es folgte das feierliche Hochamt, und dann zog die Festgesellschaft von St. Peter nach Maria Aracoeli am Kapitolshügel, wo das Krönungsmahl stattfand (Abb. 8). Es war Abend geworden, man fühlte sich müde und hungrig. Das kaiserliche Paar übernachtete auf dem Kapitol in dem Palast neben der Aracoeli-Kirche. Und hier nahm Castruccio am folgenden Tage eine neuerliche Auszeichnung entgegen: Er wurde zum Senator und Stellvertreter des Kaisers in Rom ernannt. Villani berichtet, Castruccio in seiner Prunkliebe habe sich dazu ein Kleid aus rotem Samt anfertigen lassen, auf dessen Brustseite mit goldenen Buchstaben stand: »Dies ist der, den Gott gewollt hat«; auf der Rückseite konnte man lesen »und er wird der sein, den Gott wollen wird«[86].

Für die beiden Verbündeten war hiermit die Höhe des Ruhmes und der Macht erreicht. Villani stellt fest, daß Ludwigs Ansehen sowie das von Castruccios ausgezeichneten Truppen, »die darauf brannten, sich zu schlagen«, zu diesem Zeitpunkt so gewaltig gewesen wären, daß ihnen keiner hätte widerstehen können, auch nicht Karl von Kalabrien mit seinem Heer, wenn sie jetzt gegen Süden gezogen wären. Über die Schwierigkeiten, die sich hinter der glänzenden Fassade türmten, war Villani anscheinend nicht unterrichtet. Wie sich seinerzeit bei dem Hinauszögern der Entscheidungsschlacht gegen die Habsburger gezeigt hatte, ließ sich Ludwig auf Unternehmungen, die wenig Erfolgsaussichten boten, nicht ein. Er hatte das Schicksal Heinrichs VII. vor Augen, er war durch die Verwicklungen in Oberitalien gewarnt. Für eine Endabrechnung in Mittel- und Süditalien mußte die Machtbasis verbreitert werden.

Anschließend an die Festlichkeiten gab es für die Kanzlei des Kaisers ein hartes Stück Arbeit. Briefe gingen in alle Richtungen, um das Ereignis bekannt zu machen. Urkunden und Privilegien für getreue Gefolgsleute mußten ausgestellt werden. So erhielt u. a. Burggraf Friedrich von Nürnberg mehrere Privilegien; die Verleihung des Sohnes Ludwig mit der Mark Brandenburg wurde durch kaiserlichen Erlaß bestätigt usw. Die neue Würde forderte ihren Tribut.

Die Dokumente, die nach der Kaiserkrönung ausgestellt wurden, sind versehen mit einer Goldbulle (Siegelkapsel), deren Rückseite eine Sicht auf die Stadt Rom zeigt, die von stark realistischen Zügen geprägt ist (Abb. 7). In meisterhafter Ausführung sind Gebäude wiedergegeben wie die Engelsburg, der alte Dom und die Kirche Santa Maria in Trastevere (rechte Seite). Der Tiber trennt die andere Bildhälfte ab, auf der das Pantheon, das Mausoleum des Augustus und die Trajanssäule deutlich zu erkennen sind. Ferner erscheinen im Bild der Titusbogen, die Cestiuspyramide, die Lateranbasilika und das Kolosseum. Diese Miniaturvedute steht am Anfang einer Reihe städtekundlicher Darstellungen, die sich um naturgetreue Details bemühen. Eine Parallele dazu bildet die porträtähnliche Wiedergabe des menschlichen Antlitzes, die sich ebenfalls um diese Zeit anbahnt und dann in der Renaissance zur Meisterschaft gedeiht.

Rom und der Gegenpapst

Noch vor der Kaiserkrönung hatte Papst Johannes Ludwig als Ketzer verurteilt und seine Enteignung ausgesprochen (23. Oktober 1327). Nach Bekanntwerden der Vorgänge in Rom wurde ein weiterer kanonischer Prozeß gegen ihn angestrengt, und am 31. März 1328 erklärte Johannes XXII. alle Maßnahmen Ludwigs des Bayern in Italien für rechtlos und nichtig[87].

Der Kaiser schloß sich um so mehr den ihn unterstützenden geistlichen und weltlichen Großen in Italien an. Wie eng der Kontakt der von Avignon gebannten Kleriker zu Ludwig während seines Italienaufenthaltes tatsächlich war – darüber lassen sich nur Vermutungen anstellen. Sie alle sahen in dem Kaiser ein Medium, sich selbst in gewissem Sinne zu rehabilitieren, ihre Ideen, ihre persönlichen und sachlichen Ziele und Vorstellungen an die Öffentlichkeit zu tragen. Häufig wird die Kaiserkrönung und die später verkündete Absetzung des Avignon-Papstes als Verwirklichung von Ansichten hingestellt, die Marsilius von Padua in seinem »Defensor pacis« geäußert hatte. Sicher ist kaum ein deutscher König des späten Mittelalters mit einer derart fundierten theoretischen Vorbereitung nach Rom gezogen wie Ludwig. Auf welche Weise diese

Theorien an ihn herangetragen wurden, ob er durch Lesungen, durch
Predigten, durch Übermittlung und Beratung seiner Getreuen das neue
Gedankengut aufnahm, läßt sich kaum feststellen. Ludwig habe die Angelegenheit »den Ersten seines Rathes, welche ihm aus Deutschland gefolgt waren, zu eingehender Prüfung und Rathbeschlagung vorgelegt.
Es waren aber in seinem Rathe auch zwei Italiener, welche sich die Förderung der Sache Ludwigs sehr hatten angelegen sein lassen, sich ihm
angeschlossen hatten und ihm mit ihrem Rathe vorzugsweise zur Seite
standen. Dies waren Marsilius de Raymundinis, ein Paduanischer Bürger von niederer Herkunft, ein kluger und beredter Philosoph, und der
Genuese Ubertinus de Casali, ein Mönch, ein ebenso verschlagener und
gewandter Mensch wie Marsilius.«[88]
Von diesen und den üblichen Vertrauten wurde dem Kaiser zugetragen,
daß es im römischen Volk – vor allem in den mittleren und unteren
Schichten – eine Stimmung gegen den auswärts lebenden Papst gebe,
den man als Abtrünnigen zu beseitigen trachte, damit Rom wieder Sitz
der Kurie werde. Ludwig verhielt sich abwartend, ließ andere für sich
agieren und demonstrierte dadurch vor aller Welt, daß das treibende
Moment die Römer selbst waren. »Die Römer sollten beschließen; den
Beschlüssen ihrer Vornehmen wie auch des Volkes wolle man sich fügen.« Mit Klugheit und fundiertem theologischem Wissen bereiteten
Marsilius und Ubertinus die Entscheidung vor. Nach dem Berichterstatter Mussato faßten sie mehrere Schriftstücke ab, in denen der Nachweis erbracht wurde, daß Johannes XXII. ein Schismatiker sei, ein gott-
loser Ketzer, und ihn zu verwerfen Christenpflicht. Als der für die
Zeitgenossen einleuchtendste Grund dieser Behauptung wird die Stellung des Papstes im sogenannten Armutsstreit (s. u.) angeführt. In allen
Schichten der Bevölkerung rumorte – zumindest seit den Tagen Wal-
thers von der Vogelweide und Franz' von Assisi – die Unzufriedenheit
mit dem Finanzgebaren der höchsten kirchlichen Instanz. Um 1240
war ein Flugblatt von Hand zu Hand gegangen, auf dem Petrus, der sich
all seiner Habe entäußerte, um Christus nachzufolgen, dem Papst ge-
genübergestellt wird, der einen Geldhaufen anbetet. Auf ähnliche Weise
mag die Meinung über die Ketzerei des Papstes Johannes unters Volk
gekommen sein.

Eine gewisse Vorarbeit zur Absetzung des Papstes leisteten auch die am
14. April 1328 auf dem Petersplatz verkündeten Kaisergesetze. »An
den Stufen, die zu der Kirche führen, waren große Schaugerüste errichtet und hier stand Ludwig im kaiserlichen Ornat, umstanden von zahl-

reichen Klerikern, Prälaten und Mönchen aus Rom und anderen seines Anhangs, welche ihm gefolgt waren, und viele Rechtsgelehrten und Anwälten, und ließ in Gegenwart des Volkes«[89] die jüngst formulierten Gesetze verlesen. Der Kaiser greift hierin auf das Volk als Gesetzgeber zurück wie es im »Defensor pacis« gefordert war und wie es auch von anderen rechtsgelehrten Zeitgenossen vertreten wurde[90]. Es wird auf das traditionelle Rechtsbewußtsein Rücksicht genommen, immer an frühere Bestimmungen angeknüpft; diese werden bekräftigt, ausführlich erläutert und im Sinne der Gegenwartsituation gedeutet. Kaiser Ludwig wird groß als »defensor ecclesiae« herausgestellt, ihm sei die Ehrfurcht vor dem Klerus, vor dem christlichen Glauben und der Schutz der Witwen und Waisen oberstes Gebot.

Das erste Gesetz bestimmt, »daß jeder Christ, der als Ketzer gegen Gott und die kaiserliche Majestät erfunden werde«, vom zuständigen Richter zum Tode verurteilt werden solle »zufolge der alten Gesetzesbestimmungen«[91].

Ein weiteres Gesetz legt fest, daß jede Notariatsurkunde nur dann Gültigkeit hat, wenn sie nach kaiserlichen Regierungsjahren datiert und auf den Namen des Kaisers ausgestellt ist. Die Formel soll lauten: »Geschehen zur Zeit unseres erhabenen und großmächtigen Herrn Ludwig, Kaiser der Römer, im ...ten Jahr seiner Regierung.« Das dritte Gesetz wendet sich gegen alle jene, die Widersacher des Kaisers unterstützen: sie und ihre Habe verfallen dem kaiserlichen Gerichtshof. Deutlich wird hier der Anspruch des Kaisers auf volle Gerichtsbarkeit im Imperium erhoben; deutlich sind diese Gesetze auch gegen die Maßnahmen des Papstes gerichtet, die ihnen zufolge Majestätsverbrechen unterstützen.

Wenige Tage später, am 18. April, geschieht unter Wahrung des gleichen Zeremoniells – der Kaiser thront im vollen Ornat – der nächste Schritt. Wie Papst Johannes gegen Ludwig die Form von Prozessen angewandt hat, so hält sich auch der Kaiser an die üblichen Prozeßformeln. Ein Augustinereremit ruft in die schweigende Menge: »Ist hier ein Bevollmächtigter, welcher den Priester Jakob von Cahors, der sich Papst Johannes XXII. nennen läßt, verteidigen will?« Als nach dreimaligem Ausrufen keine Antwort erfolgt, tritt ein deutscher Abt auf die Kanzel und hält in lateinischer Sprache eine Predigt über den Text: »Dies ist der Tag der guten Botschaft.«[92]

Sodann erfolgt der Urteilsspruch gegen Papst Johannes, flankiert von einer ausführlichen Begründung: Ludwig sei auf Bitten der Römer und

der heiligen Kirche veranlaßt worden, dieses Verfahren zu eröffnen,
denn die Aufgabe des Kaisertums sei es, das Volk von seinen Feinden zu
befreien; als oberster Vogt der christlichen Kirche müsse er die gestörte
Ordnung wiederherstellen. Dem Papst werden mehrere Vergehen vorgeworfen, u. a. Verhinderung des Kampfes gegen die Sarazenen, ketzerische Ansichten über die Armut Christi, Einmischung in Angelegenheiten der weltlichen Macht (was Christus ausdrücklich zurückgewiesen
habe: ›Gebt dem Kaiser, was des Kaisers ist‹), Beleidigung der kaiserlichen Majestät. Der Kaiser enthebe daher diesen Ketzer und Majestätsverbrecher seines Amtes[93].

Einige Tage später erfolgt die Verkündigung eines ergänzenden Gesetzes, das besagt, ein Papst habe in Rom seinen Aufenthalt zu nehmen:
nur drei Monate im Jahr dürfe er außerhalb der Stadt weilen[94]. Daß
Ludwig damit den Römern aus der Seele sprach, bestätigen die Freuden-
kundgebungen, die das Volk veranstaltete. Es ist überliefert, daß Stroh-
puppen in Stellvertretung des »falschen Papstes« verbrannt wurden
und der vermeintliche Sieg in ausschweifender Weise begangen wurde.

Doch der Siegestaumel überspielte die wahre Situation. Trotz Zustimmung bestimmter Interessengruppen fand das Vorgehen des Kaisers bei
den Zeitgenossen weitgehend Unverständnis und Ablehnung. »Man
beachte aber, wie sehr das ungerechte und unüberlegte Beginnen, dem
Hirten der heiligen Kirche Vorschriften zu machen und sein Bleiben
oder Gehen zu verfügen, der Freiheit der heiligen Kirche zuwider ist
und in wie schneidendem Contrast es zu der Machtfülle steht, welche
Päpste haben müssen und stets gehabt haben.«[95] Mit dieser Meinung
stand der weltkundige Villani nicht allein. Ludwig hatte mit seinen
Rom-Gesetzen tatsächlich den Weg eingeschlagen, über die Kirche zu
bestimmen, und das, obwohl er bisher immer einer Trennung der beiden Machtbereiche das Wort geredet hatte. Die Macht des Augenblicks
und vermutlich der Druck italienischer Adeliger hatten ihn über das
rechtlich und politisch Vertretbare hinausgetragen[96].

Die Römer, so wird berichtet, bemühten sich, einen Angehörigen des
Minoritenordens zu finden, der den päpstlichen Stuhl einzunehmen bereit war. Dem Einfluß der maßgebenden Ordensgeistlichen gelang es,
als Gegenpapst einen Mann zu präsentieren, der ein wahrer Antipode
des politisch intrigierenden, machtdurstigen, dabei hochgebildeten und
gewandten Johannes XXII. sein konnte: Petrus von Corvaro (Pietro de
Corbara), »welcher bis dahin einen unbescholtenen Wandel geführt
hatte« (Mussato)[97], »welcher in der Grenzlandschaft zwischen Tivoli

und den Abruzzen zu Hause war ... übrigens bisher für einen unbescholtenen Menschen von tadellosem Wandel galt« (Villani)[98]. Er entstammte dem römischen Minoritenkloster Aracoeli. Der Bischof von Venedig trat vor das Volk und befragte es dreimal, ob es diesen zum Papst haben wolle; nach dem bejahenden Zuruf wurde ein Dekret mit der Bestätigung Pietros als Papst Nikolaus V. verlesen, Fischerring und Ornat wurden ihm angelegt. Sodann erfolgte ein feierliches Hochamt in St. Peter.

Die Klärung der kirchenrechtlichen Situation war nicht Ludwigs Angelegenheit. Er überließ sie einem Gelehrtenausschuß, an dessen Spitze Marsilius von Padua und Sciarra Colonna fungierten. Nikolaus V. jedoch, aus einem Leben der Stille gerissen und in eine Stellung gedrängt, die ihm vielleicht der Gehorsam gegen seine Ordensoberen anzunehmen gebot, war theoretisch und praktisch für das neue Amt in keiner Weise vorbereitet oder geeignet. Seine wenigen päpstlichen Handlungen erweisen ihn als Vollzugsorgan der weltlichen und geistlichen Ratgeber des Kaisers. Er verteilte Pfründen an Anhänger und sprach feindlich gesinnten Klerikern ihre Privilegien und Benefizien ab. Er ernannte sieben hohe Geistliche, die der Bann des Avigneser Papstes getroffen hatte, zu Kardinälen. Es waren teilweise Ordensgeistliche; Kardinal Paulus von Viterbo z. B. war Minorit.

Obwohl Nikolaus als Franziskusjünger dem Glanz der Welt innerlich abhold war, stellte er sich für das große Gepränge des Pfingstsonntags 1328 zur Verfügung: Kaiser Ludwig, der in Tivoli geweilt hatte, zog von San Lorenzo her in feierlichem Prunkzug in die Stadt ein. »Der Gegenpapst kam ihm mit seinen schismatischen Cardinälen von San Giovanni Laterano entgegen. Dann durchzogen sie gemeinsam Rom und stiegen bei St. Peter ab, wo der Baier dem Gegenpapst das scharlachne Papstkäppchen auf das Haupt setzte. Darauf krönte der Gegenpapst Ludwig von Baiern aufs neue und bestätigte als Papst ihn als rechtmäßigen Kaiser.«[99]

An der Praxis der politisch notwendigen Festlichkeiten und an der menschlichen Anfälligkeit für Glanz und Personenkult scheiterte das minoritische Ideal der Nachfolge Jesu in Armut. Auch die neuernannten Kardinäle gaben dem Volk die Anschauung eines Lebenswandels, der alles andere als franziskanisch-schlicht war.

Kaiser Ludwig versuchte auch auf die Verwaltung des Kirchenstaates Einfluß zu nehmen. Zur Ausführung seines Willens ernannte er einen Markgrafen von Ancona; doch scheinen die Umstände die Wirkung dieser Maßnahmen vereitelt zu haben. Überhaupt war der Versuch, die

Stellung in Mittelitalien auszubauen und zu befestigen, wenig erfolgreich.

Umschwung und Heimkehr

Wetterleuchten am Horizont: der Tod des Bischofs Guido von Arezzo; die Ablehnung des neuen Papstes nicht nur von einigen Kreisen Roms, sondern auch bei den niederdeutschen Gefolgsleuten im eigenen Lager. Eine der wichtigsten Städte des Castruccio, Pistoja, wurde nach blutigen Kämpfen von den Florentinern eingenommen und geplündert. Dies veranlaßte Castruccio, die größte finanzielle und militärische Stütze des Kaisers, aus Rom abzuziehen (Februar 1328). Möglicherweise war dies auch der Hauptgrund, warum Ludwig ein weiteres Ausgreifen nach Süden und einen Kampf gegen Robert von Neapel hinauszögerte. Geldmangel scheint wieder aufgekommen zu sein und bei den Truppen zu Ausschreitungen geführt zu haben. So wurde z. B. der Signore der Stadt Viterbo unter einem Vorwand gefangengesetzt und gefoltert, bis er den Schatz von 30 000 Goldgulden preisgab. Ebensoviel an Steuergeldern erhob der Kaiser nun von den Römern, was naturgemäß seiner Beliebtheit Abbruch tat. Während Robert von Neapel den offenen Krieg mied, verstärkte er die festen Plätze seines Königreichs und beunruhigte durch zahlreiche Kleinangriffe den Gegner. Er kannte die Wankelmütigkeit der Römer. »Darum sorgte Robert angelegentlich dafür, daß, soweit sein Gebiet reichte, weder zu Land noch zur See Getreide und andere Lebensmittel nach Rom gebracht würden, um die Bevölkerung durch Mangel mürbe zu machen.«[100] Und dies gelang Robert nicht nur in Rom, sondern einige Monate später auch in Pisa, wo er durch Boykott des Handels die Lage zu Ungunsten der Deutschen beeinflußte. König Robert von Neapel besetzte mit 14 Galeeren Ende Juni 1328 die Tibermündung, nahm Ostia, und seine Truppen drangen plündernd tiberaufwärts. Bei diesen Gefechten scheinen die Leute Ludwigs schlecht abgeschnitten zu haben[101].

In dem Gebiet östlich von Rom war Aquila, der Sitz Karls von Kalabrien, zu einem bedeutenden Waffenplatz ausgebaut worden. Perugia und Spoleto, alte Guelfenstädte, waren wichtige Stützpunkte für die Position Roberts von Neapel. Sein ganzes Königreich erwies sich als ausgezeichnet durchorganisiert; an Geld und Versorgung litten seine Truppen keinen Mangel.

Kaiser Ludwig wartete vergebens auf Unterstützung durch seinen Bun-

desgenossen Friedrich von Sizilien und anderer italienischer Ghibellinen. Die eigenen Söldner konnten häufig nicht bezahlt werden und
begannen zu murren. Zudem fiel in diesem Sommer der gefürchtete
Wüstenwind mit besonderer Heftigkeit ein und rief gefährliche Fieber-
erkrankungen hervor. Einige bewaffnete Ausfälle auf kleinere Städte
wurden unternommen, brachten aber keinen kriegerischen Erfolg. Eine
allgemeine Lebensmittelknappheit und Verteuerung scheint die Miß-
stimmung in den eigenen Reihen, vor allem die Spannung zwischen den
Ober- und Niederdeutschen, gefördert zu haben. »Und schon griffen
beide Theile im Lager zu den Waffen, um einander anzugreifen, sodaß es
dem Baier nur mit großer Mühe und durch große Versprechungen gelang, sie zu trennen.«[102]
Ludwig sah ein, daß er unter diesen Umständen alle weiteren Unternehmungen gegen Robert von Neapel einstellen mußte. Er beschloß,
Rom zu verlassen. Am 4. August 1328 zog er mit dem Gegenpapst und
dessen Kardinälen nach Viterbo. Der Bericht Villanis über den Abzug
des Kaisers mutet wie eine Szene aus einem Drama Shakespeares an, in
der der Wankelmut des Volkes und der Zugriff des Schicksals dargestellt
werden soll:
»Die Römer aber legten bei seinem Abmarsch ihre Zuneigung zu ihm
an den Tag, indem sie ihn und den falschen Papst und seine Krieger
schmähten, dieselben Ketzer und Gebannte hießen und laut riefen: Nieder mit ihnen, nieder, es lebe die heilige Kirche! Ja, sie verwundeten die
Abziehenden durch Steinwürfe und tödteten einzelne Krieger und folgten den Abziehenden undankbarer Weise höhnend und spottend nach,
sodaß der Baier in große Furcht gerieth und in fluchtähnlicher Weise
schimpflich von dannen zog.«[103]
Endlich lief im August eine sizilianische Flotte mit Hilfstruppen, geleitet von Peter, dem Sohn Friedrichs von Sizilien, aus und bewegte sich
nordwärts, einzelne Küstenstädte schädigend und niederbrennend. Für
die Behauptung der Stadt Rom oder einen Vorstoß nach dem Süden
war es jedoch zu spät. Ludwig fand sich zu Besprechungen in Corneto-
Tarquinia ein, und Peter von Sizilien begleitete die Truppen Ludwigs
mit seinen Schiffen die Küste der Toskana entlang. Warum es nicht zu
einem konzentrierten Zusammenarbeiten mit dem sizilianischen Bundesgenossen kam, läßt sich nicht nachweisen. Möglicherweise hat König Jakob II. von Aragon seinen Bruder unter Druck gesetzt. Man vermutet auch, daß die mächtigen Florentiner Bankhäuser verhinderten,
daß Friedrich von Sizilien die nötigen Geldmittel in die Hand bekam
und daher seinen Sohn nicht tatkräftig unterstützen konnte[104].

In den folgenden Tagen zogen die Parteigänger Roberts von Neapel, Bertoldo und Napoleone Orsini und Stefano della Colonna, mit ihren Truppen in Rom ein und wurden festlich empfangen. Sie ließen die Verordnungen und Privilegien des abgezogenen Kaisers verbrennen und brachten die Stadt unter ihre Herrschaft.

Etwa um dieselbe Zeit zog Kaiser Ludwig in der Stadt Todi ein und wurde dort ähnlich umjubelt wie einst bei seinem Einzug in Rom. Die Minoriten veranstalteten eine feierliche Prozession.

Die Florentiner hatten – wie gesagt – Pistoja erobert, und Castruccio setzte alles daran, die Stadt zurückzugewinnen, was ihm auch am 3. August gelang. Wie ein Triumphator zog er nun nach Lucca, aber es war sein letzter Triumphzug.

»... er befand sich auf dem Gipfel der Macht, war in Folge seiner kühnen Unternehmungen gefürchtet und berühmt, wie dies seit dreihundert Jahren kein italienischer Signore oder Gewaltherrscher gewesen war, soweit ich aus den Chroniken ersehen habe; ferner aber war er Herr der Städte Pisa, Lucca, Pistoja, der Lunigiana und eines großen Theils der Riviera di Levante von Genua und sah sich als Gebieter von dreihundert festen Schlössern. Aber nach dem Rathschluß Gottes ... wurde Castruccio in Folge des Uebermaßes von Anstrengungen, denen er sich vor Pistoja regellos unterzogen hatte, indem er bewaffnet bald zu Roß, bald zu Fuß umhereilte, um die Wachen zu besorgen oder wo es bei den Seinen fehlte Abhilfe zu schaffen, Verschanzungen aufzurichten oder einzureißen, wobei er oft mit eigenen Händen zugriff, damit jeder sich anstrenge, und dies alles in der Hitze der Hundstage, von einem beharrlichen Fieber ergriffen und auf ein schweres Krankenlager geworfen. Ebenso erkrankten, nachdem das Heer von Pistoja heimgekehrt war, viele treffliche Kriegsleute des Castruccio und starben in großer Zahl ...«[105]

Inzwischen war Kaiser Ludwig mit seinen Truppen nach Bolsena gezogen, dessen Belagerung jedoch erfolglos abgebrochen werden mußte. Von Todi aus kam es zu Streifzügen durch die Toskana, die verbunden waren mit schrecklichen Verheerungen und Plünderungen. Die Florentiner befürchteten einen Angriff auf ihre Stadt; sie verstärkten die umliegenden Festungen und bereiteten sich auf eine Belagerung vor. Um diese Zeit aber trafen die Kriegsschiffe aus Sizilien ein, und Ludwig ließ ab von diesem Vorhaben. Anscheinend wollte Peter von Sizilien den Kaiser dazu bestimmen, doch noch nach Apulien zu ziehen. Es scheint zu Unstimmigkeiten zwischen beiden gekommen zu sein. Schließlich einigte man sich dahingehend, den als Ausfuhrhafen für Florenz wichtigen Ort Grosseto zu belagern.

In diesen Tagen verfinsterte sich der Himmel über Kaiser Ludwig vollends. Der Tod entriß ihm seine wichtigsten Anhänger. Passarino von Mantua, dessen ungewöhnliche Brutalität und Selbstherrlichkeit in der Stadt leidenschaftliche Erbitterung hervorgerufen hatte, wurde Opfer einer Verschwörung. Ihm und seinem Sohn wurden auf dem Marktplatz von Mantua das Haupt durch Säbelhiebe gespalten, natürlich »nach dem Rathschlusse Gottes«, wie der Chronist zu versichern weiß[106].

Mitte September traf die Nachricht vom völlig unerwarteten Tod des 47jährigen Castruccio ein. Es muß ein ungeheurer Schlag für den Kaiser gewesen sein. Trotzdem raffte er sich sofort zu der Entscheidung auf, die Belagerung von Grosseto abzubrechen und nach Pisa zu ziehen, wo die Söhne des Castruccio sich in den Besitz der Herrschaft gesetzt hatten. Die Pisaner, froh der Tyrannei des Castruccio und seiner Söhne zu entrinnen, nahmen die deutschen Herren mit Freuden auf.

Hier in Pisa waren inzwischen hohe Geistliche auf der Flucht vor Johannes XXII. eingetroffen, um am Kaiserhof Schutz und die Möglichkeit zur Rechtfertigung zu finden. Es waren vor allem Franziskaner-Spirituale unter der Führung ihres langjährigen (ab 1316) Ordensgenerals Michael von Cesena. In seiner Gefolgschaft befanden sich berühmte Gelehrte wie Wilhelm von Ockham, Bonagratia von Bergamo und Heinrich von Thalheim. Von ihren theologischen Meinungen wird später noch die Rede sein. Michael von Cesena war vom Papst 1327 aufgefordert worden, sich vor der Kurie zu verantworten. Die Unterredungen mit dem führenden Minoriten in Avignon aber ließen es ihm geraten erscheinen, diesen geistigen Kontrahenten nicht aus den Augen zu lassen. Johannes XXII. konnte es jedoch nicht verhindern, daß Michael im Mai 1328 in Bologna erneut zum Ordensgeneral gewählt wurde. Um dem Zorn des Kirchenfürsten zu entgehen, floh er mit seinen Getreuen nachts auf einem Schiff von dem provencalischen Hafen Aiguesmortes aus nach dem Süden. Am 9. Juli 1328 zogen sie festlich in Pisa ein. Hier verfaßte Michael eine umfangreiche, gelehrte Appellation, um gegen das Vorgehen des Papstes zu protestieren.

Ludwig nahm ihn und seine Anhänger unter kaiserlichen Schutz. Heinrich von Thalheim, bis 1326 deutsches Ordensoberhaupt, scheint zeitweise der Kanzlei des Kaisers in Italien vorgestanden und zahlreiche Urkunden diktiert zu haben. Die Absetzung Johannes XXII. wurde nun erneut proklamiert und durch minoritische Argumente ausführ-

lich begründet[107]. Diese propagandistischen Texte ließ man an der
Domtür von Pisa anschlagen, und Michael von Cesena wußte in flam-
menden Predigten die Gründe dieses Vorgehens dem Volke zu verdeut-
lichen. »Hierbei geschah ein offenkundiges, allen sichtbares Wunder,
indem, als die Versammlung zusammentrat, plötzlich der entsetzlichste
Hagelschlag, den man seit langem in Pisa erlebt, von Regen und Sturm
begleitet, niederging. Und da es den meisten Pisanern ohnehin nicht geraten erschienen war, zu jenen Verkündigungen zu gehen und dann zumal auch des Unwetters wegen sich nur wenige eingestellt hatten, so
entsandte der Baier seinen Marschall zu Roß mit bewaffneten Kriegern
und mit Fußmannschaft durch die Stadt, um zu erzwingen, daß die bes-
seren Stände zur Versammlung kämen; aber trotz aller dieser Gewalt-
maßregeln kamen nur wenige. Auch ereignete es sich, daß bei diesem
Herumreiten durch die Stadt während des Unwetters der Marschall sich
erkältete. Er ließ sich daher, um dem Unwohlsein abzuhelfen, abends
ein Bad rüsten, in welches er Branntwein tun ließ. Während er aber ba-
dete, entzündete es sich und plötzlich stand der Marschall in seinem Ba-
de in Flammen und fand so seinen Tod … Dieser Unglücksfall wurde
als ein großes Wunderzeichen Gottes, welches dem Baier und dem Gegenpapst, deren unwürdige Prozesse Gott mißfielen, Unheil bedeutete,
angesehen.«[108]

Indessen waren Ludwig durch immer neue politische Miseren die Hände gebunden. Es traten Versorgungsschwierigkeiten auf. Die Güter, die
für Pisa bestimmt waren, wurden von den Leuten Roberts von Neapel
oder von den Florentinern an der Küste abgefangen und beschlagnahmt. In den eigenen Reihen kam es wiederum zu Mißständen und
Abfall. Obwohl der Herzog von Braunschweig im Auftrag des Kaisers
einen Ausgleich suchte, machten sich die niederdeutschen Ritter selbständig, besetzten Städte und verhandelten auf eigene Faust mit den italienischen Parteien. Wie groß mögen die Reste der Gefolgschaft Ludwigs des Bayern aus Deutschland gewesen sein?
Hinzu kamen schleichende Veränderungen in den politischen Verhältnissen der Lombardei. Castruccios Fürsprache war es im Vorjahr gelungen, Galeazzo Visconti von Mailand aus der Haft freizubekommen
(s. S. 147). Er hatte ihn in seine Dienste gestellt und bei Pistoja eingesetzt, wo er den Tod fand. »… doch starb er in kläglichster Weise, als
ein Söldner, von der Barmherzigkeit des Castruccio abhängig.«[109] Die
Söhne des Galeazzo scheinen das Vertrauen des Kaisers wiedergewon-
nen zu haben, sie befanden sich zeitweise in seiner Umgebung. Azzo

wurde sogar mit dem Reichsvikariat von Mailand betraut und Johannes Visconti zum Kardinal und Legaten der Lombardei erhoben. Vermutlich war Ludwig aus Geldmangel zu diesen einträglichen Ernennungen gezwungen. In Mailand aber mußte deshalb der seinerzeit von Ludwig eingesetzte Vikar, Wilhelm von Montfort, abgesetzt und abgefunden werden – eine Handlung, die böses Blut schaffen mußte. Als Azzo Visconti, herrisch und stolz wie sein Vater, in Mailand im Sattel saß, dachte er nicht daran, seine Herrschaft von Kaisers Gnaden anzunehmen und ließ ihn wissen, er würde lieber untergehen, als sich unterwerfen. Doch kam es in der Folgezeit zu neuen Übereinkünften mit Kaiser Ludwig dem Bayern, beschämend für diesen und einer Bestechung nicht unähnlich: Die Deutschen sollten Mailand nicht betreten; sie wurden dafür durch einmalige und monatliche Zahlungen abgefunden[110]. Azzo, ein eiskalter und gerissener Politiker, stand zur gleichen Zeit in Verhandlungen mit den päpstlichen Bevollmächtigten. Johannes XXII. verstand es mit unheimlicher Gewandtheit und politischer Schläue, die Situation in Italien zu nützen, indem er den schwankenden Ketzern goldene Brücken baute und sie bei einem Abfall vom Kaiser in Milde der Kirche zuzuführen versprach. Bereits im Mai 1329 wurde das Interdikt von der Stadt genommen und Azzo Visconti als Herr von Mailand bestätigt. Johannes Visconti, der vom Gegenpapst ernannte Mailänder Kardinal, erhielt das Versprechen auf baldige Einsetzung in ein anderes freiwerdendes Bistum – eine Handlungsweise des Papstes, die kaum faßbar ist, aber die Hemmungslosigkeit in der Wahl der Mittel, vor denen auch klerikale Institutionen zu dieser Zeit nicht zurückschreckten, kundtut.

Es waren aber nicht nur politische Machtmittel, die Avignon einzusetzen verstand: wirksamer noch wußte der Papst die geistlichen Möglichkeiten zu nutzen. So berichtet Mussato von den »Tröstungen«, die der Papst seinen Anhängern gewährte: Seine Priester erhielten »... Weisung, daß bei der friedlichen Begehung der heiligen Messe nach dem Vaterunser ein besonderes Gebet am Altar gesprochen werde, des Inhalts, daß Gott durch seine Kraft die Widersacher zu Boden werfen möge, auf daß die Kirche im Genuß der gewohnten und ihr zukommenden Freiheit ihm dienen und ihn verehren könne, dazu sollte der Psalm gesungen werden: Ich freue mich dessen was mir verheißen ist. Wunderbares ist aber durch die Einführung dieses Gebetes zu vermerken. Durch seine Kraft erfolgten in eben jenen Tagen Zeichen und Wunder!« Und der Chronist fährt fort: Passarino, der Stadtherr von Mantua, einer der meistgehaßten und grausamen Tyrannen jener Tage, war niedergemacht worden, »sein Sohn Franciscus aber gefangen und an allen Gliedern verstümmelt und kahlgeschoren in die Tiefen von Castellare geworfen ...«[111]. So also nahmen sich die »Wunder« aus, die das kirchliche Gebet erwirkte! Cangrande von Verona, der an diesem Sturz Passarinos nicht unbeteiligt war, und seine Herrschaft vorübergehend auch auf Mantua auszudehnen vermochte, wurde ebenfalls in diesem Sommer hinweggerafft; die Partei des Kaisers verlor mit ihm einen unermüdlich wirkenden Verbündeten.

Kaiser Ludwig sah sich durch all diese Umstände gezwungen, Pisa zu verlassen und in Richtung Lombardei aufzubrechen. Nach seinem Abzug standen eine Reihe von Städten, in denen er Besatzungen bzw. Vikare zurückgelassen hatte, gegen seine Herrschaft auf. So riß in Lucca Castruccios Sohn die Macht wieder an sich und trat, ebenso wie die Städte Forli und sogar Pisa, in Verbindung mit den Guelfen und den Legaten des Heiligen Stuhles von Avignon. Die Flotte Peters von Sizilien war nach Süden geschwenkt; ein großer Teil der Schiffe und ihrer Besatzung kam bei der Rückkehr im Sturm um.

Ludwig hielt sich einige Zeit in der Gegend von Mailand auf; die Stadt verweigerte ihm jedoch den Zutritt. Auch das vom Kaiser und seinem Papst nach Mailand einberufene Konzil konnte nicht abgehalten werden. »Anderseits streifte Ludwig der Baier durch die Landstädte der Mailänder und verlegte bald hierhin bald dorthin in häufigem Wechsel sein Lager, wo er gerade für Menschen und Vieh die reichlichsten Nahrungsmittel fand.«[112] Das deutsche Hauptquartier befand sich von Mitte Juni bis Oktober 1329 in Pavia, wo man anscheinend eine militärisch relativ ruhige Zeit verbrachte. Eine rege Kanzleitätigkeit entfaltete sich und zeugt davon, daß der Kaiser sich einer wenig gefährdeten Position erfreuen konnte. Gesandte wurden empfangen, Urkunden über Privilegien ausgestellt. Zahlreiche deutsche Fürsten und Abordnungen von Städten stellten sich ein und wurden für ihre Treue belohnt. Frankfurt, Wetzlar, Gelnhausen, Nordhausen, Nürnberg u. a. erhielten Gunstbeweise. Auf den »Vertrag von Pavia«, der die Verhältnisse im Wittelsbacher Haus endgültig regelte, soll später eingegangen werden.

Das Wirken des Kaisers in Italien hatte 1329 jedoch nur noch lokale Bedeutung. Einige Städte – voran das wichtige Parma – wandten sich sogar jetzt noch von der Herrschaft des päpstlichen Legaten ab und stellten sich auf die kaiserliche Seite. Parma huldigte dem Kaiser, zahlte einen beträchtlichen Steuerbetrag, und am 17. November hielt Ludwig, von seiner Gemahlin begleitet, feierlichen Einzug – den letzten großen Einzug in einer italienischen Stadt. Als kaiserlicher Marschall wurde

Pfalzgraf Heinrich von Tübingen eingesetzt, der mit seinen Truppen bis zum Frühjahr 1330 die Gegend durchstreifte. Den Kardinallegaten ganz aus seiner Position zu verdrängen, war das Ziel einer Attacke auf die Stadt Bologna. Der Versuch mißlang.

Ludwigs Stellung in Italien war nicht mehr erfolgversprechend, da es an Geld, Truppen, Lebensmitteln – an allem, was ein zielstrebiges Vorgehen ermöglicht hätte – fehlte. Im Dezember zogen die Kaiserlichen nach Trient. Ludwig beabsichtigte, zu Beginn des folgenden Jahres – mit neuen Mitteln ausgestattet – den Kampf um Bologna wieder aufzunehmen und die italienischen Verhältnisse zu ordnen. Dazu sollte es jedoch nicht kommen.

So waren gegen Ende des kaiserlichen Aufenthalts die politischen Verhältnisse in Oberitalien genauso verworren, durch den Kampf verfeindeter Signorien und durch die Spaltung in Ghibellinen und Guelfen gekennzeichnet, wie zu Beginn vor zweieinhalb Jahren. Es war Kaiser Ludwig nicht gelungen, als überparteilicher Sachwalter des Imperiums aufzutreten und Frieden zu stiften. Der ideell so wohl vorbereitete Italienzug war in erster Linie an der fehlenden materiellen Grundlage und an organisatorischen Mängeln gescheitert[113]. Italien blieb weiterhin – auf unabsehbare Zeit – einer katastrophalen Selbstzerfleischung überlassen. Auch das Bemühen der Luxemburger, Oberitalien unter ihren Einfluß zu bekommen, war zum Scheitern verurteilt (s. u.).

Das Ziel freilich, die Kaiserkrone und mit ihr den Anspruch auf Herrschaft über die Herrscher Europas zu erringen, hatte Ludwig der Bayer erreicht. Er hoffte, dadurch die deutsche Königskrone für sein Haus gesichert zu haben, denn nur ein Kaiser konnte dem Reichsrecht gemäß einen König zum Nachfolger bestimmen. Nicht gering waren die Probleme, die Ludwigs Kaisertum von Volkes Gnaden auf ihn häufte, schier unüberwindlich die Schwierigkeiten, die er sich durch die Ernennung des Gegenpapstes aufgeladen hatte. In dem bayerischen Annalenwerk der Oberaltaicher Mönche, in dem Ludwigs Italienzug als ruhmvoll, sein Aufenthalt in Rom »nach Art eines mächtigen Kaisers« ohne Kritik anerkannt wird, erfährt doch die Spaltung der Kirche, die Ludwig durch die Einsetzung Nikolaus' V. veranlaßt hat, entschiedene Ablehnung: »... befleckte er endlich, von den Römern bewogen, oder vielmehr berückt, den Ruf, den er ruhmvoll gewonnen, indem er einen Papst, oder eigentlich Gegenpapst in die römische Kirche einführte.«[114]

Das Schicksal dieses Gegenpapstes muß Ludwig als lebenslange Belastung seines Gewissens empfunden haben. Beim Abzug von Pisa hatte er Nikolaus zurückgelassen. Dieser hielt sich von da an auf einem Schloß in den Maremmen verborgen. Angeblich wurde er von den Pisanern überlistet und verraten und schließlich nach Avignon gebracht. Für diese Tat wurden die Pisaner mit der Lösung des Bannes, der immer noch über der Stadt hing, belohnt. Nach einem öffentlichen Schuldbekenntnis erfuhr auch dieser »Ketzer« des Papstes diplomatische Milde: er wurde einem Franziskanerkloster überstellt, wo er 1333 verschied.

IV   Ordnung in Deutschland –
Kampf mit der Kurie

Versöhnung und Ausgleich

Drei Jahre war Kaiser Ludwig von seinen Ländern fern gewesen. Im Frühjahr 1330 betrat er wieder deutschen Boden. Obwohl die Arbeit seiner Kanzlei in Italien weitergelaufen war – zahlreiche Urkunden auch für Deutschland sind auf italienischem Boden ausgestellt worden –, schien ein persönliches Eingreifen des deutschen Königs mancherorts doch dringend notwendig.

Die Herzöge von Niederbayern, die einstigen Mündel des Königs, um die schon einmal ein heißer Kampf mit den österreichischen Nachbarn ausgetragen worden war, erwiesen sich für Ludwig als eine Quelle neuer Schwierigkeiten, da sie sich seit ihrer Großjährigkeit allzusehr verselbständigt hatten. Die Macht der niederbayerischen Stände war gewachsen; vor allem die aufblühenden Städte mischten sich nun kräftig in die Politik und meldeten ihre Kritik an der fortdauernden Finanzmisere und der uneinheitlichen politischen Haltung ihrer Herzöge an. Heinrich d. Ä. hatte sich – auf Vermittlung König Ludwigs – 1321 mit der böhmisch-luxemburgischen Prinzessin Margarete vermählt und schlug sich, als die Spannungen Ludwigs zu Böhmen wuchsen, auf die Seite seines Schwiegervaters. – Der andere Neffe, Heinrich d. J. von Niederbayern, der 1325 von Ludwig in die wittelsbachisch-habsburgischen Friedenspläne eingebaut worden war und die österreichische Prinzessin Anna geheiratet hatte, wurde mehr und mehr der habsburgischen Partei hörig.
Nur Herzog Otto von Niederbayern, ab 1324 verheiratet mit Richarda von Jülich, war ein getreuer Anhänger seines Oheims. Der Einfluß der Frauen, die als politische Schachfiguren den damaligen Spielregeln entsprechend eingesetzt waren, läßt sich auch in den niederbayerischen Verbindungen ahnen. Die drei Herzöge aber waren häufig untereinander zerstritten wegen der Aufteilung des Herzogtums. Der 1324 ausgebrochene Konflikt konnte nur durch massive Intervention des nieder-

bayerischen Adels geschlichtet werden[1]. Selbstverständlich blieb dieses
Schiedsgericht nicht ohne Auswirkung: Der Adel erreichte weitgehende Mitbestimmung bei den Regierungsgeschäften und bei der Besetzung der höheren Ämter. Die Stände allein verhinderten in den folgenden Jahren eine Teilung des Herzogtums. Die Städte waren wegen des
Durchgangshandels einer Teilung abgeneigt, die Landherren wegen ihrer verstreuten Besitztümer.

Die inneren Schwierigkeiten und wohl die Angst, einer der rivalisierenden Brüder könne sich während der Abwesenheit eines anderen dessen
Rechte aneignen, verhinderte eine Teilnahme der niederbayerischen
Herzöge am Italienzug. Diese Tatsache, sowie das Bestreben der Niederbayern, mit der Kurie auf gutem Fuß zu stehen, war ihrem Verhältnis zum kaiserlichen Oheim sicher nicht förderlich. Heinrich d. Ä. hatte
sich zudem 1329 mit den Habsburger Herzögen Otto und Albrecht sowie den Bischöfen von Salzburg und Konstanz zu einem Bündnis zusammengeschlossen, das eindeutig gegen König Ludwig gerichtet war[2].
In Niederbayern fand Ludwig bei seiner Rückkehr von Italien also eine
recht ungünstige Situation vor. Daß er sie mit viel Klugheit und diplomatischem Gespür zu meistern verstand, zeigt, daß sein Selbstbewußtsein durch die Mißerfolge der letzten Zeit nicht gebrochen war. Es
scheint fast so, als habe er durch die Schwierigkeiten der italienischen
Jahre einen Zuwachs an politischer Intelligenz erfahren, als sei sein
Blick für Zusammenhänge und Möglichkeiten geschärft worden.

Die Habsburger hatten ihr königliches Haupt im Januar 1330 verloren
und damit jede Aussicht, in nächster Zeit den Königsthron zu besetzen.
Herzog Otto (der Fröhliche) hatte die Verwaltung der althabsburgi-
schen Vorlande übernommen, während Albrecht II. (der Lahme, der
Weise) in Österreich an die Spitze trat. Die Habsburger, die in den letzten Jahren mehrere Versuche in Avignon unternommen hatten, für sich
selbst und dann auch für die deutsche Sache eine Wende herbeizuführen, ohne dabei mehr als hinhaltende, gleichgültige oder vorwurfsvolle
Antworten erwirken zu können, mochten der päpstlichen Mahnung,
mit dem »Ketzer« Ludwig keine Kontakte zu pflegen, nicht mehr nachkommen. Sie mußten sich mit dem allgemein anerkannten deutschen
König arrangieren. König Johann von Böhmen bot sich als Vermittler
an – auf die Motive soll später noch eingegangen werden – und es kam
bereits einige Monate nach Ludwigs Rückkehr zu Verhandlungen. Am
6. August 1330 fand der Vertragsabschluß in Hagenau/Elsaß statt. Herzog Otto von Habsburg, der bis zuletzt in seiner kaiserfeindlichen Haltung verblieben war und sogar zum Kampf gerüstet hatte, verstand sich

endlich mit Ludwig zu einem Hilfsversprechen auf Gegenseitigkeit. Die Österreicher versprachen das Reichsgut, das noch von Friedrichs des Schönen kurzer Regierungszeit her in ihrem Besitz war, herauszugeben. Herzog Otto leistete dem Kaiser den Treueid, wurde mit seinen Ländern belehnt und zum Reichsvikar ernannt. Für die Dienste am Reich, die von den Österreichern nun zu leisten waren, sollten sie mit 20 000 Silbermark entlohnt werden, die durch Verpfändung der Reichsstädte Breisach, Neuenburg, St. Gallen und Rheinfelden einzulösen waren[3].

Dieses Abkommen bedeutete einen großen Erfolg für den Kaiser und einen Bonus für alle künftige Politik im Reich. Nun zog er, begleitet von Herzog Otto und dem Böhmenkönig Johann wie im Triumphzug durch das Elsaß, von Straßburg über Colmar und Mülhausen zum Bodensee. Städte, von denen er bisher nur Feindseligkeiten erfahren hatte, öffneten sich ihm willig. Das Elsaß war gewonnen und hielt sich bis zum Tod des Kaisers treu auf seiner Seite[4]. Im eigenen und in seines Bruders Namen erhielt Herzog Otto im November 1330 die feierliche Belehnung mit den österreichischen Ländern. Für Österreich und seine Herrscher hatte die Anhänglichkeit an Ludwig allerdings die päpstliche Strafe des Interdikts zur Folge. Herzog Albrecht wußte jedoch durchzusetzen, daß es in seinen Landen nicht zur Anwendung kam.

Die Verhandlungen rissen nicht ab, denn es stand ein Ereignis bevor, an dem die Wittelsbacher, die Habsburger und die Luxemburger gleichermaßen heftig interessiert waren: das Ende Herzog Heinrichs von Kärnten und Görz-Tirol. Am 6. Februar 1330 hatte der Kaiser in Meran mit ihm ein Bündnis gegen die alten Feinde des Kärntners, die Scaliger von Verona, geschlossen; dabei war vereinbart worden, daß die Nachfolge Heinrichs, der in drei Ehen ohne männlichen Erben geblieben war, auf dessen Tochter übergehen sollte. Dies mußte indirekt den Luxemburgern zugutekommen, da Heinrichs von Kärnten Tochter Margarete (Maultasch) mit dem Sohn Johanns von Böhmen, Johann Heinrich, verlobt war. Zu einer Kontaktaufnahme mit dem ehemaligen Gegenkönig in Böhmen hatte sich Johann nach der Verstimmung von 1323 (Vorgehen Ludwigs des Bayern in Brandenburg und Meißen) entschlossen.

Kaiser Ludwig hatte sich allerdings die letzte Entscheidung in der Erbfrage noch vorbehalten, und die Habsburger hatten ein waches Auge auf diese bedrohlich erscheinende Zangenstellung, die den Luxemburgern gegebenenfalls zukommen würde. Sie versuchten ihrerseits, sich bei König Ludwig für den Ernstfall »vormerken« zu lassen. So kam es zu einem Abkommen mit Herzog Otto (26. November 1330), wonach im Fall des Ablebens Herzog Heinrichs von Kärnten die Habsburger das Etschland zu Lehen erhalten sollten, während sich Ludwig selbst Tirol vorbehielt. Dem zu erwartenden Protest Johanns von Böhmen und seines Sohnes Johann Heinrich wollte man gemeinsam entgegentreten. Das Bündnis mit Österreich hatte – trotz der Vorhaltungen des Papstes an die Adresse Herzog Ottos – Bestand und wurde im Mai 1331 bekräftigt durch eine große bayerisch-österreichische Koalition gegen jedermann[5].

So lavierte Ludwig geschickt mit den Interessen der beiden potentiellen Gegner und ließ sie weiterhin auf das kärntnerische Erbe spekulieren. Dies brachte sie sogar bis an den Rand einer kriegerischen Auseinandersetzung. In Oberitalien führte nämlich Johann von Böhmen einen eigenmächtigen Feldzug, indem er zunächst vorgab, als Beauftragter des Kaisers zu handeln. Die meisten Ghibellinenstädte der Lombardei übertrugen ihm die Signorie. Mit dem päpstlichen Legaten schloß er nach diesen anfänglichen Erfolgen einen Vertrag, wonach ihm Parma, Modena und Reggio als Lehen zugesprochen wurden, wogegen er versicherte, Ludwig nicht mehr als König und Kaiser anerkennen zu wollen. Kaiser Ludwig dachte damals an einen erneuten Zug nach Italien, doch kamen ihm die Ereignisse zuvor. Vermutlich durch die Habsburger veranlaßt – und durch Ludwig wohl gefördert – brachen Ungarn und Polen in Böhmen ein, was König Johann zu eiliger Rückkehr veranlaßte. In diesen Jahren war Balduin von Trier eng mit Kaiser Ludwig verbunden und wegen seiner Anerkennungsschwierigkeiten im Erzbistum Mainz auch auf ihn angewiesen (s. u.). Ihm sind sicher die immer wieder in Gang kommenden Vermittlungsverhandlungen zwischen dem böhmischen Neffen Johann und dem Kaiser zu verdanken.

Johann und Ludwig kamen am 21. Juli 1331 bei Regensburg zusammen[6]. Man führte geheime Besprechungen an einem Ort, an dem man abgeschirmt von allen Einflüssen sowohl der Reichsstadt als auch des ihr gegenüberliegenden herzoglichen Stadtamhof war: auf der Wöhrdinsel. Diese Insel war vermutlich unbewohnt, sie war vor sechzehn Jahren erst entstanden, als die Donau eine schmale Landzunge nordwestlich von Regensburg durchbrach. Wurden dort Zelte errichtet für die Fürsten oder suchten sie abends die schützenden Mauern der Stadt auf, nächtigten sie vielleicht in einer der Reichsabteien? Die Verhandlungen fanden im Angesicht der als »Weltwunder« bestaunten Donaubrücke statt, die auch für die Verbindung des bayerischen mit dem böhmischen Territorium von großer Wichtigkeit war. Denn Steige und Straßen hatten seit eh und je die beiden Länder verbunden, wobei die Chamer Senke eine Hauptrolle gespielt hatte, für friedliche Mission und für kriegerischen Durchzug. Der Aufenthalt der Fürsten zog sich Wochen hin, und nicht immer konnten sie ihre Aufmerksamkeit auf schwierige politische Gespräche sammeln. Worauf richtete sich ihr Sinn in den Stunden der Erholung? Ritten sie hinaus zur Jagd in die Täler des Jura oder gegen Osten in den »Nordwald«, wie das bayerisch-böhmische Grenzgebirge mit seinen endlosen Waldbergen damals hieß? Immerhin war noch kein Jahrzehnt vergangen, seit sie als Kampfgefährten in der Mühldorfer Schlacht ihr Bestes gaben. Wie also verlief diese Zeit? Spekulationen: Betraten sie inoffiziell die Stadt – und wie hat man sich so einen »Incognito«-Besuch vorzustellen? Wie wirkte die mächtige Reichsstadt auf Ludwig, der sie mehrere Jahre nicht mehr gesehen hatte? Wie war der Eindruck all des Neuen, das sich nun dem Blick darbot? Erst in jüngster Zeit war auch in Regensburg – wie in zahlreichen anderen deutschen Städten – ein neuer Befestigungsring um die erweiterte Stadt gezogen worden mit gewaltigen Mauern, Türmen und Toren. Pulsierendes Leben erfüllte diese Kaufmannsstadt am Strom mit ihren Mühlen zwischen den Brückenpfeilern, den mächtigen Salzstadeln am Ufer, mit stolzen Steinhäusern und Lagerhallen für Ware aus aller Welt. Neben die altehrwürdigen Abteikirchen waren religiöse Bauwerke getreten, aus denen ein neuer Geist sprach. Fand sich König Johann hin und wieder erinnert an Nordfrankreich, wo er die Wunder der Kathedralgotik in reifster Ausprägung erlebt hatte? Hier in Regensburg wies beispielsweise das Motiv des Rades über dem Spitzbogen – im Kreuzgang von St. Emmeram und an der Westfassade von St. Ulrich – auf die Maßwerkrosette der Kathedrale von Laon hin; allenthalben fanden sich Zierate, die das Vorbild des Westens nicht verleugnen konnten, wie z. B. die Knospen- und Blattkapitelle der Ulrichskirche. Auf dem Gelände hinter dieser Dompfarrkirche befand sich eine eindrucksvolle Baustelle: Der romanische Dom war in seinen östlichen Teilen abgebrochen worden, und dort erhob sich bereits die neue Chorpartie des gotischen Domes, auch das Südquerschiff stand bereits, und Teile des südlichen Langhauses wurden eben hochgezogen. Konnte man nicht schon in diesem Stadium des Baufortschritts erkennen, daß hier nicht das klassische Kathedralschema, wie es auf deutschem Boden Straßburg oder Köln übernommen hatten, angestrebt war, sondern daß hier eine deutsche Domkirche durchaus eigener Prägung entstand? Der Ostabschluß hatte nicht den üblichen Kapellenkranz erhalten, sondern war in mehrfacher Brechung nach den Seiten zurückgestaffelt. Bei allem Höhendrang fand doch die Waagerechte durch starke Gesimse und Galerien Betonung. Waren die riesigen, durchbrochenen Wandflächen des Chores und des Südquerschiffs damals schon mit den schillernden Glasmalereien versehen, die zur gleichen Zeit in Regensburger Werkstätten geschaffen wurden?

Spekulationen um ein Fürstentreffen, von dem wenig bekannt ist. Vielleicht bot die stolze Reichsstadt für Kaiser Ludwig die geeignete Kulisse, die sein Selbstbewußtsein stärkte und ihn die schwierigen Verhandlungen durchstehen ließen. Sie dauerten über zwanzig Tage. Nur zwei Räte waren bei den Gesprächen zugelassen, und über ihren Inhalt drang wenig an die Öffentlichkeit. Das Problem Kärnten war einer der Programmpunkte. Es soll sogar ein Austausch Kärntens gegen Brandenburg angesprochen worden sein. Das Ergebnis der Bemühungen war eine offensichtliche Aussöhnung. König Johann sagte zu, sich um einen Ausgleich mit der Kirche in Avignon zu verwenden.

Böhmen und Österreich bedeuteten also für den Kaiser im Augenblick keine akute Gefahr; sie waren außerdem mit ihren gegenseitigen Zerwürfnissen beschäftigt. Denn alsbald stieß König Johann von Mähren aus nach Niederösterreich vor, an der Thaya schien ein Kampf bevorzustehen, er wurde aber durch den vorzeitigen Einbruch eines extrem kalten Winters verhindert. Schließlich kam es nach einigen Kampfhandlungen und kriegerischen Greueltaten zum Ausgleich (Juli 1332), den man auch sogleich durch eine Heirat besiegeln wollte: dem habsburgischen Herzog Otto war seine erste Gemahlin gestorben, und so bestimmte man die zwölfjährige böhmische Prinzessin Anna zur Braut des Witwers. Sie wurde mit ihrem Heiratsgut nach Wien gesandt und vermählt, natürlich nicht ohne ausdrücklichen päpstlichen Dispens wegen der Minderjährigkeit. So eine Heirat konnte rasch das politische Klima umschlagen lassen. Zunächst zog Ruhe ein und machte sich in den drei Nachbarländern Böhmen, Österreich und Bayern wohltuend bemerkbar.

Der Erzbischof von Salzburg und der Bischof von Passau hatten nach der Aussöhnung Ludwigs mit Österreich eine Kursschwenkung vorgenommen, der Kaiser hatte nun fast den gesamten Klerus im Südosten des Reiches hinter sich. Auch für die Kaufleute war der Friede von Vorteil. So verstand sich z. B. Herzog Otto von Habsburg im Jahr 1332 dazu, die alten Handelsfreiheiten der bayerischen Residenzstadt München in seinen Ländern wieder ins Gedächtnis der Beamten zu rufen. Die vordem sehr gefährliche Hinneigung der niederbayerischen Herzöge einerseits zu Böhmen, andererseits zu Habsburg, war durch die Bündnerschaft Ludwigs zu beiden Ländern gegenstandslos geworden. Es kam zu einem Schutz- und Trutzbündnis mit allen drei niederbayerischen Herzögen, und Ludwig war sicher nicht schlecht beraten, als er dieses durch eine finanzielle Zuwendung bekräftigte (in Form einer Entschädigung für Kriegskosten von 1322). Ludwig hatte es also verstanden, in Niederbayern zu intervenieren, wieder in die internen Verhältnisse einzudringen und eine Rolle bei allen Planungen zu spielen.

Hatte er so durch gekonnte Auslotung der Gegebenheiten die östlichen Teile des wittelsbachischen Territoriums einer durch ihn gesteuerten Ordnung zugeführt, so zielte seine Friedenspolitik nicht weniger auf einen endgültigen Ausgleich mit der Pfälzer Linie seines Hauses. Der kraftraubende Kampf mit seinem Bruder Rudolf und dessen Nachfolgern war 1323 mit dem Tod der unnachgiebigen Witwe Rudolfs, Mechthild von Nassau, zu Ende gegangen. Ludwig hatte damals den gesamten Pfälzer Besitz in seine Hand genommen, womit er jedoch auf Jahre hinaus die latente Feindschaft seiner drei Neffen in Kauf nehmen mußte. Diese – vor allem der aktive Adolf – hofften auf der Seite der Habsburger ihren Ansprüchen Gehör verschaffen zu können, und Herzog Leopold scheint ihnen Unterstützung zugesagt zu haben[7]. Mit der Aufnahme Friedrichs des Schönen in die Regierungsgeschäfte (ab 1325), erfolgte auch eine Annäherung der gegensätzlichen Standpunkte im Wittelsbacher Haus. Friedrich der Schöne setzte mit Zustimmung seines königlichen »Bruders« ein Schiedsgericht zur Teilung der Besitzungen ein; doch zogen sich diese Bemühungen hin, bedingt auch durch den Tod Herzog Leopolds 1326 und durch den Tod Adolfs 1327. Eine endgültige Bereinigung des Konflikts bahnte sich an, als die beiden Söhne des verstorbenen Bruders Rudolf, die Pfalzgrafen Ruprecht I. und Rudolf II., sich zur Teilnahme am Italienzug bereitfanden. Auf italienischem Boden wurde der wittelsbachische Hausfriede besiegelt. Einem Bündnis auf Lebenszeit, dem sich auch der Sohn Adolfs, Ruprecht II. anschloß, folgte am 4. August 1329 zu Pavia der sogenannte Hausvertrag[8]. Sieben Adelige wurden mit der gerechten Teilung der Länder aus dem Erbe Ludwigs des Strengen beauftragt. Gegenseitige Beerbung beim Aussterben einer Linie sowie Vorkaufsrecht sollte für alle wittelsbachischen Besitzungen gelten, und diese weitschauende Festlegung hat im Laufe der Jahre und Jahrhunderte den gesamten Besitz des Hauses Wittelsbach wieder vereint.

Ludwig und seine Nachfahren behielten Oberbayern, das mit einem

nördlichen Zipfel (Markt und Burg Lengenfeld, Kalmünz) in den
Nordgau (die nachmalige Oberpfalz) hineinreichte und das Burggrafenrecht in Regensburg einschloß. Der Pfälzer Linie, also den beiden
Söhnen Rudolfs und dessen Neffen Ruprecht, wurde die Pfalz mit Heidelberg und das gesamte von nun als »Obere Pfalz« oder »Unsere Pfalz
zu Baiern« bezeichnete Gebiet um Amberg, Sulzbach, Nabburg, Neunburg, Parkstein, Peilstein, Neumarkt, Hersbruck, Hirschberg zugesprochen. Die Kurstimme sollte beiden Linien abwechselnd zustehen, die
Besitzungen in der Wachau gemeinsam verwaltet werden. Gemeinsame
Maßnahmen sollten auch bei inneren Schwierigkeiten, z. B. bei Aufständen, Zwistigkeiten unter den Adeligen usw., getroffen werden.
Mit dieser Regelung entäußerte sich Ludwig zwar eines großen Teils
seiner territorialen Machtbasis, auf der sein Königtum vorzugsweise
gründete, aber er gewann zugleich zuverlässige Anhänger, die er für die
harten Kämpfe der nächsten Jahre dringend nötig hatte. Und bei allem
scheinbaren Auseinanderfallen der bayerischen Lande blieb die geistige
Einheit und das Bewußtsein der Zusammengehörigkeit, der Zugehörigkeit zu einer Dynastie, über lange Zeiträume hin gewahrt. Das Vertragswerk hat sich bewährt beim Aussterben der niederbayerischen Linie (1340) und – Jahrhunderte später – beim Heimfall der Oberpfalz
(1628) sowie der pfälzischen Lande (1777).
Ludwig hatte also mit Umsicht die Klärung der Beziehungen zu seinen
Verwandten und zu den territorialen Nachbarn in die Hand genommen. Er suchte die allseitige Aussöhnung durch Bündnisse mit Adel
und Städten zu bekräftigen. So berichtet eine Urkunde vom Oktober
1330, der Kaiser habe sich in Augsburg mit neun Herren – darunter Bischof Friedrich von Augsburg, die Grafen Ludwig d. Ä. und d. J. von
Öttingen, Graf Berthold von Graisbach und Marstetten, Graf Heinrich
von Württemberg – und zahlreichen Vertretern schwäbischer Reichsstädte an den Verhandlungstisch gesetzt[9]. Ein Abkommen zu gegenseitiger Hilfe wurde vereinbart und der Landfriede der beiden Gerichtsbezirke Oberbayern und Schwaben koordiniert. In den nächsten Jahren
wurde das Bündnis erneuert und erweitert. Ludwig band dadurch das
bisher mehr der Habsburger Politik zugeneigte Schwaben enger an sich.
Darüber hinaus versuchte er, seinen schwäbischen Streubesitz durch
Aufkauf von Burgen, Grundbesitz, Rechten und Pfandschaften zu erweitern. Sein Sohn Stephan, dem er die Verwaltung dieser Gebiete übergab, ließ sich in der schwäbischen Reichsstadt Ravensburg – später in
Ulm – nieder und vertrat mit seinen Hausmachtinteressen auch die Politik des kaiserlichen Vaters.

So schien zu Beginn der 30er Jahre die Aussicht auf eine wittelsbachische Thronfolge nicht schlecht zu stehen.

Kloster Ettal und das Verhältnis zum Klerus in Bayern

Die heutige Mönchsgemeinschaft des Benediktinerklosters Ettal in
Oberbayern ist von erzieherischen Idealen bestimmt, die sich von den
üblichen gymnasialen Lernzielen absetzen. Neben die geistige Ausbildung der Schüler tritt die körperliche und handwerkliche, die Zuwei-
sung einer Verantwortung auf einem begrenzten Gebiet praktischer
Arbeit. Dieser Ort zwischen Theorie und Praxis war schon der ursprünglichen Gründung des Klosters Ettal eigen.
Heute liegt das Kloster nicht abseits. Von der großen Garmischer Straße
zweigt bei Oberau die Bundesstraße nach Augsburg ab und führt in gut
ausgebauten Windungen hinauf in das Hochtal der Ammer zu den Orten Ettal und Oberammergau. Die Lage des Klosters ist eher lieblich als
grandios. Zwar bilden die östliche Kulisse langgestreckte, steilabfallen-
de Zweitausender und das unmittelbar hinter dem Kloster aufsteigende
»Ettaler Mandl« ist von einer bizarren Felspartie bekrönt; aber das Tal
und die nach Norden hin niederer werdenden Berge sind von sanften
Formen, ein grünes Wald- und Weideland.
Das gewaltige Geviert der Klosteranlage umfaßt einen Innenhof, aus
dem die breite Fassade der Kirche weißleuchtend hervortritt, von zwei
Zwiebeltürmen seitlich abgeschlossen und von einem gewaltigen Kup-
pelrund überhöht. Diese Rundanlage ist noch geblieben von jenem
Bau, zu dem Ludwig der Bayer 1330 den Grundstein gelegt hat, in ihm
birgt sich das spätgotische Achteck des Zentralbaus.
Wie kam es zu dieser Gründung und was bedeutet sie? Sowohl bei dem
Chronisten Abt Johann von Viktring als auch in einem um die Mitte
des 14. Jahrhunderts niedergeschriebenen Ettaler Gründungsbericht[10]
wird die Klostergründung durch eine »visio«, also ein mystisches Ereignis, sanktioniert: Als sich Kaiser Ludwig in Italien in größter Geldnot
befand, erschien ein grauer Mönch, der ihm Hilfe versprach; er solle bei
seiner Rückkehr in den wilden oberbayerischen Bergen ein Kloster er-
bauen lassen, dort wo sich derzeit ein Schlupfwinkel für Räuber befin-
de. Ludwig versprach es, und der Mönch überreichte ihm eine kleine
Madonna (Abb. 10) – jene Statue, die heute noch den Hochaltar ziert
und nachweislich eine italienische Arbeit der Zeit ist. Man nimmt an,
daß der Kern dieser Legende auf die Verhandlungen Ludwigs mit Azzo
Visconti im Sommer 1329 zurückgeht; Azzo mag sich zur Anknüp-

fung der Gespräche mit Kaiser Ludwig eines Mönches bedient haben (s.
S. 169). Am 23. September 1329 hatte die Belehnung Azzos mit Mailand stattgefunden, wobei 12 000 Gulden in bar an den Kaiser bezahlt
werden mußten, neben den monatlichen Abgaben und der Verpflichtung, für den Unterhalt von 1200 deutschen Rittern zu sorgen[11]. Für
die bedrängten Deutschen in Oberitalien mag dies tatsächlich ein ans
Wunderbare grenzendes Geschehen gewesen sein!

Als Ludwig zu Anfang des Jahres 1330 – über den Brenner und dann
vom Inntal herauf über Mittenwald und Partenkirchen – nach Oberbayern zurückkehrte, empfing ihn auf heimatlichem Boden sein Jägermeister Heinrich Fend, der in dieser Gegend begütert war. Mit ihm soll
Ludwig die Verwirklichung des Vorhabens – selbstverständlich war der
Plan mit den vertrauten Beratern erörtert worden – besprochen und
den Ort für die klösterliche Niederlassung ausgemacht haben. Dieser
war damals nicht so einsam, wie man der Lage in einem bergumschlos-
senen Waldtal nach annehmen möchte. Die Straße zu den westlichen
wittelsbachischen und zu den schwäbischen Reichsbesitzungen, vor allem zu den wichtigen Reichsstädten Augsburg und Ulm, führte dort
vorbei; sie bot obendrein eine günstige Verbindung zu dem Streubesitz
der Habsburger und der Wittelsbacher in Schwaben. Zahlreiche Kaufleute benützten diese Straße, wenn sie nicht, wie eben zu dieser Zeit,
durch das Räuberunwesen blockiert war. Dem sollte Abhilfe geschaffen
werden.
Das Motiv der Stiftung ist jedoch nicht eindeutig. Es ist wohl kaum auszumachen, welches der Hauptgrund war, der Ludwig bewog, gerade hier ein
Kloster errichten zu lassen. War es das Gelübde in der Notlage, war es die
Freude über die gesunde Rückkehr in die Heimat (hier hatte er erstmals eigenen Boden betreten, nachdem er das zu Freising gehörende
Werdenfelser Land durchzogen hatte)? War es eine Art Pro-
testaktion des frommen, von der Kurie gebannten Kaisers? War es die
Notwendigkeit, alle künftigen Unternehmungen, die einen Durchzug
von Truppen durch die Alpen und über Tiroler Pässe erforderten,
strategisch zu sichern, eine Etappe für den geplanten Italienzug zu
schaffen?
Der Landesherr ging mit Energie daran, in dem Gebiet um das neue Kloster alle fremden Hoheitsrechte auszuschalten. Der Stadt Augsburg, die
verschuldet und daher zu Verkäufen bereit war, kaufte Ludwig neben
zahlreichen Höfen die Burg Eschenlohe mit dem Markt Murnau sowie
Rechte in Tölz ab. Gebiete aus dem Reichsbesitz im Ammertal,

schenkte er an das Kloster; es gibt außer der Zustimmung des Kurfürsten von Brandenburg sogar einen Willebrief Johanns von Böhmen, der sich als Kurfürst mit dieser Überschreibung von Reichsgütern einverstanden erklärte, möglicherweise ohne zu realisieren, daß so das bayerische Landesfürstentum auf Kosten des Reiches gestärkt wurde. Auch die Vogteirechte, die das Reich bisher über die Klöster Steingaden und Rottenbuch ausübte, vergab Ludwig an Ettal. Die Abtei war von vornherein stark auf das wittelsbachische Haus bezogen.

Ludwig, der nach der Festlegung des Ortes mit dem Jägermeister Fend diesem den Auftrag zu einer ersten Rodung des Baugeländes gegeben haben soll, wandte sich daraufhin seiner Residenzstadt München zu; bald aber kehrte er nach Ettal zurück, um dort am 28. April 1330 persönlich den Grundstein zu legen (Abb. 9). Auch das spricht für die Bedeutung, die er dieser Gründung zumaß. Den ersten Abt und die Mönche berief er aus dem Benediktinerkloster Reichenbach am Regen, aus einem Kloster also, das in allen Stürmen der letzten Jahre treu zu ihm gestanden war. Der Gründungsabt Friedrich Heinrichsreuther (von Reichenbach) soll Berater und Beichtvater Ludwigs gewesen sein[12].

Die Ordensregel wurde in Form einer Urkunde ausgestellt (1332). Sie ist stark von den Statuten der Spitäler und Siechenhäuser, die sich bei allen Städten befanden, beeinflußt, vor allem aber weist sie Parallelen zu den Regeln des Deutschherrenordens und des Templerordens auf. Vor nicht allzulanger Zeit war dieser Orden in Frankreich auf grausame Weise ausgerottet worden, nicht ohne Mitschuld der Kurie. Wollte der Kaiser die Welt auf dieses Unrecht aufmerksam machen[13]?

Neben 20 Mönchen sollten 13 Ritter mit ihren Frauen in Ettal Wohnung nehmen. Es war an ausgediente Ritter gedacht, die nicht mehr für Kriegszüge geeignet, wohl aber in der Lage waren, ihr altes Handwerk im bescheidenen Rahmen des Klosterschutzes und der Freihaltung der Straße von Räubern auszuüben. Wie bei den Deutschherren 12 Brüder unter einem Meister standen, so hatte sich auch hier die klösterliche Rittergemeinschaft einem Meister unterzuordnen; ihm standen Verwaltung und Gerichtsbarkeit zu. Die Ritter wiederum wählten für ihre Frauen eine Meisterin. Es gab Bestimmungen über das gemeinsame Speisen, vor dem die Frauen zwei Paternoster zu beten hatten; ohne Erlaubnis des Meisters sollte sich niemand entfernen; weltliche Lustbarkeiten wie Tanz und Schauspiel waren verboten, die beliebten ritterlichen Sportübungen jedoch – Jagd und Bogenschießen – erlaubt. Die Ritter verfügten über Knechte und Mägde, Pferde und Hunde. Dem Meister standen vier Pferde, ein berittener Koch, zwei Junker, ein

Schreiber, ein berittener Jäger mit 12 Hunden und einem Leithund, ein
berittener Falkner und zwei Fußknechte zu. Durch genaue Vorschriften
wurde das alltägliche Zusammenleben, z. B. das Verhalten während des
Gottesdienstes oder bei Tisch, geregelt. Die Kleidung zeigte den üblichen Zuschnitt der Gewandung der weltlichen Ritter; persönlicher
Schmuck durfte angelegt werden. Harte Strafen waren vorgesehen für
Ritter, die sich an Frauen anderer Ordensritter vergingen – mit allen
menschlichen Möglichkeiten scheint man gerechnet zu haben. Und der
oberste Herr, an den sich Mönche und Ritter mit ihren Anliegen und
Beschwerden zu wenden hatten, war der Landesherr; mit allen materiellen, geistigen und geistlichen Kräften unterstanden ihm die Klosterleute.

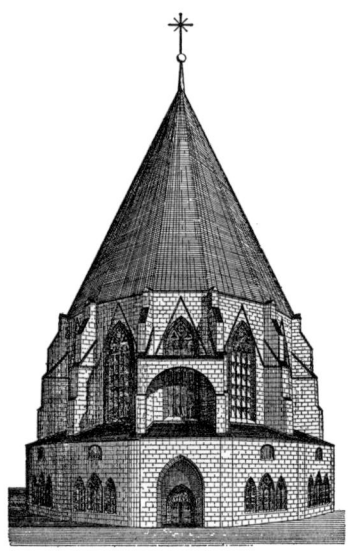

Gotische Klosterkirche Ettal (Rekonstruktion)

Der Name »Ettal«, der schon in der ersten Zeit nach der Gründung auf-
taucht (»ze unser frawen Etal«), scheint mit dem mittelhochdeutschen
Begriff é (= Gesetz, Bindung, Gelöbnis) zu tun zu haben; vermutlich
ist das Tal gemeint, das der Gottesmutter anheimgegeben wurde, ob
nun im Sinne von Gelöbnis oder von menschlicher (kaiserlicher) Ordnung, sei dahingestellt.
Unterschiedlich wie die Gründungsidee wird auch der mittelalterliche

Baukörper der Kirche beurteilt[14]. Der Grundriß der ersten Kirche war ein Zwölfeck von 25,3 m im Durchmesser; es öffnete sich gegen Osten zu einem von zwei Jochen überwölbten Chor. Chor und Rotunde umlief ein Umgang, im Hauptbau doppelgeschossig ausgeführt, d. h. mit Emporen versehen. Zwölf Streben stützten den Raum, aus dessen Mitte vermutlich eine Säule aufragte, in der die Rippen des Gewölbes zusammenliefen. An dieser Mittelstütze soll ursprünglich die Marienstatue angebracht gewesen sein. Die Vermutung, der Kaiser habe die Kirche zu seiner Grabeskirche bestimmt – wie Karl der Große seine Pfalzkapelle zu Aachen –, läßt sich nicht für die Erklärung des Grundrisses heranziehen. Möglicherweise hat die mystische Zwölfzahl (12 Apostel um Christus geschart) eine Rolle gespielt. Man konnte bisher keine Abhängigkeit von einem bestimmten Kirchenbau schlüssig nachweisen. Eine Tradition der Rundbauweise ist seit der Antike bis in die Spätromanik . nicht abgerissen. Die trotzdem ungewöhnliche Anlage einer so großen Kirche mit zwölfeckigem Grundriß hat die Vermutung einer literarischen Verflechtung des Gründungsmotivs (Gralstempel) immer wieder aufleben lassen. Sicher ist, daß sich die Motivationen von Verhaltensweisen beim mittelalterlichen Menschen noch weniger isolieren lassen als beim Menschen der Neuzeit. Religiöse, mystisch-symbolische, ästhetische Elemente mögen sich mit politisch-strategischen und wirtschaftlichen Erwägungen gemischt haben.

Daß die Kloster-»Politik« Ludwigs auch das wittelsbachische Königtum stärkte, zeigte sich nicht nur im Falle Ettals[15]. Diese Tatsache war schon in den Jahren vor dem Italienzug augenscheinlich, und zwar nicht nur in bezug auf den eigenen Besitz, sondern für das ganze Reichsgebiet, wenn auch nicht in der gleichen Intensität wie in Bayern. Ludwig hatte von Anfang an – und hier folgte er dem Vorbild des Vaters und seines Oheims Albrechts I. – die Kirche seines Territoriums fest in die Hand genommen. Häufig stellte er der Geistlichkeit Schutzprivilegien aus. Er schirmte sie vor Übergriffen der adeligen Vögte – auch seiner eigenen – zum Beispiel vor ruinösen Steuerabgaben, vor Beeinträchtigung der Verfügungsgewalt über ihre Liegenschaften usw. Mit Bedacht suchte er schutzwillige und -fähige Herren oder Städte aus, denen er die Klöster anvertraute und wies in vielen Fällen seinen eigenen Beamten (Viztumen) diese Position zu. Reichsklöster führte er auf diese Weise und durch Schenkungen in Landesklöster über, bei denen er selbst als Landesherr die Blutgerichtsbarkeit ausübte. Als Beispiel seien die großen Reichsabteien Benediktbeuern, Tegernsee und Ebersberg genannt. Die niedere Gerichtsbarkeit blieb den Klöstern vorbehalten[16].

Ein Kloster des Mittelalters war ja nicht nur Zentrum der Religiosität und der Kultur, es bedeutete meistens auch einen Stützpunkt für den Grundherrn. Wenn es auch von steuerlichen Abgaben weitgehend befreit war, so hatte es doch hin und wieder den Landesherrn bzw. den König aufzunehmen mitsamt seinem Gefolge, denn noch verbrachte dieser die wenigste Zeit in seiner Residenzstadt. Manchen alten Klöstern waren Pfalzgebäude, also Unterkunfts- und Repräsentationsräume für den Herrscher angeschlossen, wie dies z. B. für St. Emmeram in Regensburg nachgewiesen werden konnte.

In der Regel waren die Klöster leistungsfähige Wirtschaftsmittelpunkte ihres Umlandes. In ihrem Bereich arbeiteten zahlreiche Knechte und Mägde; fronpflichtige Bauern lieferten an sie ihre Abgaben an Naturalien oder leisteten Dienste z. B. beim Bau der Klosteranlagen oder der Straßen. Alle diese dem klösterlichen Grundherrn unterstellten »Hintersassen« profitierten auch aus dem blühenden Wirtschaftsleben, das die klösterliche Organisation ermöglichte. Sie zogen Gewinn aus der planmäßigen Bebauung der Felder, aus der Anlage von Teichen, Mühlen u. a. sowie aus den Erfahrungen der Klosterwerkstätten. Sie wußten sich in Zeiten der Not beraten und aufgehoben, denn jedem Kloster waren Apotheke, Krankenstation und Armenspeisung beigegeben. Nicht zu vergessen, daß hier für die Leibeigenen die Möglichkeit bestand, gleichberechtigtes Mitglied eines Arbeitsverbandes zu werden: sie konnten als Bruder oder bei entsprechender Eignung auf dem Weg über die Klosterschule auch als Pater in die demokratisch organisierte Mönchsgemeinschaft aufgenommen werden.

Erste Zeilen einer Urkunde, 1345

Diese Gesichtspunkte legen es nahe, daß es auch im Interesse des Landesherrn liegen mußte, ein gesundes klösterliches Leben zu fördern. Die Einstellung Ludwigs zu den bayerischen Klöstern kam in zwei großen, zusammenfassenden Dokumenten zum Ausdruck: 1329 in der Trienter Urkunde (genereller Steuererlaß und Schutzmaßnahmen für den Klerus) und 1330 in einem landesherrlichen Gerichtsprivileg: Alle, die gegen die Vergünstigungen der Klöster verstießen, sollten dem geistlichen Bann verfallen und aus der Gemeinschaft der Gläubigen ausgestoßen sein. Damit griff Ludwig nun eigentlich in die Kompetenzen der kirchlichen Spitze ein. Immer wieder in den nächsten Jahren wandte der Kaiser den Klöstern seine Gunsterweise zu, sei es in den oben erwähnten Schutzverordnungen, sei es in der beurkundeten Versicherung, keine Klosterpfändungen zuzulassen (1332), sei es in dem Gnadenbrief an alle Äbte und Prälaten von Bayern (1333), in dem er die Klöster von Steuern und anderen Leistungen befreite[17].

Es scheint so, daß Ludwig der Bayer mit dieser Hinwendung zu den Klöstern allen sichtbar seiner königlich-kaiserlichen Pflicht als Schirmherr der Christenheit nachkommen wollte. Wollte er – der Gebannte, von der Kirche Verfolgte – damit ostentativ seine wahre Gesinnung und Treue zur Religion kundtun? Sicher entsprang seine Haltung nicht nur politischen Absichten, sondern auch einem ehrlichen Bedürfnis seiner Natur. Es gibt nicht nur mehrere Klöster, deren Gründung nachweislich auf seine Initiative zurückgeht wie Ettal, Frauenau im Bayerischen Wald, Windsbach bei Bacharach im pfälzischen Land u. a., sondern er gründete auch »Kirchen, begabte Altäre und Kapellen, stiftete Kerzen, machte Schenkungen, bewahrte Nachlässe und ertheilte Bestätigungen, sodaß es in seinem ganzen Herzogthum, Königreich und Kaiserreich keine Kirche giebt, der er nicht, sofern er darum angegangen wurde, seine Gunst und Unterstützung im reichsten Maße hätte zu Theil werden lassen«[18], weshalb er der »wahrhaft kirchlich gesinnte und rechtgläubige Fürst« genannt wurde.

An der Spitze der Orden, die sich eindeutig zu Ludwig bekannten, standen – neben den Minoriten, von denen noch eingehend gesprochen werden soll – die Ritterorden, die traditionsgemäß national und kaiserlich gesinnt waren. Drei Deutschordensmeister gehörten zu Ludwigs »Geheimen Räten«: Konrad von Gundelfingen, Heinrich von Zipplingen, Wolfram von Nellenberg[19].

Dem Johanniterorden, dem Ludwigs enger Vertrauter und Beamter Berthold von Henneberg angehörte, war es von der Ordensleitung zur Pflicht gemacht, für das Wohl des Königs zu beten und eine bestimmte

Anzahl von Messen zu lesen. Einer offiziellen Entscheidung gemäß trat auch der Orden der Augustiner-Eremiten hinter den König; aus diesem Kreis stammte Ludwigs langjähriger Beichtvater, der Prior Konrad, dem 1325 die schwierige Kontaktaufnahme mit Friedrich dem Schönen anvertraut worden war. Mit Ausnahme jener Klöster, deren Ordensleitung in Frankreich beheimatet war (die Zisterzienser z. B.) und jener, die mit den Minoriten in Streit lagen (die Dominikaner), standen alle Klöster treu zum König. Für die Dominikaner (Predigermönche) war es nicht leicht, ihre kurientreue Haltung zu wahren, wenn ringsherum alles Kirchenvolk für den Landesherrn eintrat. Dutzende von Bullen gingen von Avignon aus, die immer wieder den offenen Kampf gegen den exkommunizierten Landesfürsten forderten. Die kurialen Prozesse sollten vor versammelter Kirchengemeinde verkündet, kein öffentlicher Gottesdienst, kein kirchliches Begräbnis, keine Sakramentsspende vollzogen werden. Oft waren die Dominikaner die einzigen Kleriker der Stadt, die sich diesen Anordnungen fügten und nicht »sangen«, d. h. keine fürs Volk zugänglichen Gottesdienste mit Gesang abhielten. Daß der Landesherr und seine treuen Beamten oft mit List oder Gewalt diesen Widerstand zu brechen wußten, bezeugt die aus Landshut überlieferte Geschichte, wo König Ludwig mit einem Getreuen vereinbarte, die anscheinend nur zögernd widerstrebenden Dominikaner zu »bekehren«:

»Als sich nämlich der Kaiser in Landshut befand, brach eines Tages der Herzog von Teck mit brennenden Fackeln in das Kloster der Predigermönche ein, geberdete sich gar zornig und leidenschaftlich und rief den Mönchen zu, sie sollten ohne Verzug den Gottesdienst öffentlich absingen, wenn sie nicht wollten, daß ihre Kirche und all ihre Habe auf der Stelle in Flammen aufgingen. Und sofort begannen die Mönche, als dergestalt eine Entschuldigung gefunden war, ohne die päpstliche Absolution zu erwarten, den Gottesdienst öffentlich zu begehen. Schließlich erklärten auch die Dominikaner zu Regensburg, nachdem sie etwa zwanzig Jahre hindurch hinter geschlossenen Thüren den Gottesdienst begangen, da ihnen der Papst keine Vergünstigung erwies, ein gewisser Bischof habe ihnen Dispens ertheilt, und fingen an, den Gottesdienst wieder öffentlich zu feiern.«[20]

Ab 1330 bestand eine Weisung Kaiser Ludwigs an die Landvögte, den Klerikern, die das Interdikt beachteten, ihre Ämter und Güter zu entziehen.

In der Regel hielt auch der weltliche Klerus in Bayern während des Kirchenkampfes treu und zuverlässig zu Ludwig. Lediglich jene Kirchensprengel, die in österreichische Lande hineinragten wie Passau und Salzburg, gaben sich kurienfreundlich, d. h. eigentlich prohabsburgisch, bis zum Zeitpunkt der endgültigen Aussöhnung zwischen Bayern und Österreich.

Der zentrale Bischofssitz für Altbayern war Freising[21]. Da das Erzstift ausgedehnte Besitzungen in Gebieten hatte, die rings von habsburgischen Ländern umgeben waren, sah es sich gezwungen, sich mit den Österreichern zu arrangieren, wenn es nicht alle Einnahmen aus diesen Gütern verlieren wollte. So verstand es Bischof Konrad aus dem alten Münchner Geschlecht der Herren von Sendling, sowohl mit Ludwig als auch mit den habsburgischen Nachbarn in bestem Einvernehmen zu leben. Nach der vorübergehenden Besetzung des Bischofsstuhls durch Johann Wulfing von Bamberg, kam es jedoch im Juni 1324 zu einer verhängnisvollen Ernennung durch den Papst: Der kuriale Prätendent Konrad von Klingenberg erhielt von dem übergangenen Domkapitel seine Provisionsurkunde nicht ausgehändigt. Sein Einzug in die Stadt wurde mit Hilfe königlicher Truppen verhindert, wobei der Bischof sogar verwundet und einer seiner Anhänger getötet wurde. Konrad floh und hielt sich seitdem die meiste Zeit auf den freisingschen Gütern in Kärnten auf. König Ludwig zog feierlich in Freising ein und das Kapitel versicherte, es werde so lange den Bischof nicht anerkennen, bis eine Aussöhnung zwischen ihm und dem Landesherrn erfolgt sei. Der vom König eingesetzte Administrator Heinrich Impler wußte die Verkündigung der päpstlichen Prozesse im Bistum zu verhindern. Erst als Ludwig sich in Italien befand, wagte Bischof Konrad in Freising aufzutauchen und gegen Ludwig zu agitieren, wobei der niederbayerische Herzog Heinrich d. Ä. eine unrühmliche Hilfestellung bot. Nach Konrads Tod in Kärnten (1340) setzte das Domkapitel den eigenen Kandidaten gegen den päpstlichen durch: Bischof Ludwig von Camerstein ergriff eindeutig für den Kaiser Partei und war auch bereit, das Tiroler Ehemanöver (1341) zu stützen.

Der Bote des Salzburger Metropoliten, der 1324 eine Rundreise zu den bayerischen Bischofssitzen unternahm, um das Banndekret vorzuweisen, fand weder in Freising noch in Regensburg Gehör. Hier wurde er von der kaisertreuen Bürgerschaft so eingeschüchtert, daß er aus Angst die Urkunde in die Donau warf und sich eiligst von dannen machte[22]. In Regensburg residierte der zuerst prowittelsbachisch gesinnte, zeitweilig sogar exkommunizierte Bischof Nikolaus von Stachowitz, der in den Jahren während und nach dem Italienfeldzug von Ludwig abfiel.

Dies hängt möglicherweise mit internen Regensburger Verhältnissen zusammen: Zwischen dem Bischof und der Reichsabtei St. Emmeram gab es ungute Spannungen und Kompetenzstreitigkeiten. In früheren Zeiten wurden die Bischöfe sogar abwechselnd von den Mönchen und von den Domkanonikern gestellt. Ludwig war mit dem Abt von St. Emmeram, einem Gegner des Bischofs, aufs engste befreundet; dieser übernahm die Patenschaft über dessen 1333 geborenen Sohn Wilhelm. Erst 1335 gelang es dem Kaiser, das alte gute Verhältnis zu Bischof Nikolaus wieder herzustellen. Auch dessen Nachfolger, Heinrich von Stein, war ein zuverlässiger Anhänger Ludwigs, der sich gegen den päpstlichen Konkurrenten durchzusetzen verstand.

In Eichstätt war ab 1324 einer von Ludwigs treuesten Freunden Bischof, Gebhard von Graisbach. Er trat mit ihm den Italienzug an und erlitt dort den Pesttod. Sein Nachfolger war der päpstlich protegierte Heinrich von Reicheneck, den Kaiser Ludwig bewog, ihm seine Ergebenheit zu beschwören, ehe er ihn als Bischof anerkannte. Er starb – diesem Gelübde treu – 1344 im Kirchenbann.

In Augsburg hatte Bischof Friedrich Spät 1322 nach der Schlacht von Mühldorf vom König seine Lehen angenommen; er hielt sich entschieden auf der Seite des Wittelsbachers. Auch nach seinem Tod (1331) setzte sich ein Anhänger Ludwigs durch, Ulrich von Schöneck, während es dem vom Papst ernannten Rivalen Nikolaus von Kenzingen nicht einmal gelang, seine Bischofsstadt zu betreten.

Ähnlich wie in den genannten Kirchenprovinzen erwiesen sich die Verhältnisse in den Bistümern Chiemsee, Brixen, Konstanz, Bamberg, Würzburg, Speyer, Worms, Trier, Brandenburg, Minden und Hildesheim, die seit 1330 alle kaiserlich gesinnt waren. Im übrigen Reich war die Stellung der Kleriker unterschiedlich; meistens fügten sie sich der Entscheidung ihres Bischofs. Es kam allerdings auch vor, daß die königstreue Bürgerschaft Kleriker, die sich an das Interdikt hielten, vertrieben; so geschah es in den Städten Straßburg, Colmar und Zürich.

Papst Johannes XXII. hat auf Reichsgebiet allein dreißig Bischöfe ernannt; manche von ihnen haben ihre Bischofsstadt nie gesehen. In all diesen Gebieten war eine Parteiung aus kirchlichen Gründen möglich, eine Art regionales Schisma, oder auch eine Haltung, die von jener sehr viel später (im Augsburger Religionsfrieden 1555) geforderten »Cuius regio, eius religio«, nicht allzuweit entfernt war. Die Domkapitel, so kann man zusammenfassend feststellen, die sich von dem päpstlichen Absolutismus gegängelt und gedrückt sahen und um ihr angestammtes

Wahlrecht kämpften, standen geschlossen hinter dem König. Die Reservationen und Provisionen wurden von der Kurie nämlich ohne Rücksicht auf die alten Rechte der Kapitel gehandhabt. Häufig umging sie das Wahlrecht der Kanoniker, indem sie einfach hohe Würdenträger versetzte, z. B. den Bischof Wulfing von Bamberg nach Freising oder Konrad von Brixen nach eben dorthin.

König Ludwig verstand es, durch eine sorgsam bedachte Kirchenpolitik die Mehrzahl der Klöster und Bistümer auf seine Seite zu ziehen und an sich zu binden, trotz der Last, die ihm und den Seinen von Avignon her aufgebürdet war. Die Schwere der Gewissensentscheidung blieb, der Zweifel, die Not und Verängstigung der Frommen. Nicht zuletzt war sie es, die den Kaiser zu immer neuen Versuchen führte, sich und das ihm anvertraute Land von Bann und Interdikt zu befreien.

Kirchenpolitik bis zum Tode Johannes' XXII.

Während der Klerus des bayerischen Landes mit geringen Ausnahmen hinter Ludwig stand, fügte sich die hohe Geistlichkeit des übrigen Deutschland mehr oder weniger dem Wechselspiel der großen Politik. Die drei rheinischen Kurfürsten, deren politische Geltung durch die mehrmalige Ablösung der Regierungen zu Beginn des 14. Jahrhunderts bedeutend zugenommen hatte, sahen sich von dem Spannungsfeld Kurie – Frankreich – England – Niederlande – Deutschland bedrängt und getragen. Die Veröffentlichung der päpstlichen Prozesse gegen den König oder die Verhinderung dieses Aktes war signifikant auch für die politische Entscheidung der geistlichen Landesfürsten. Nicht selten kam es dabei – wie bereits erwähnt – zu offenem Gegensatz zwischen der Bürgerschaft, die fast stets auf königlicher Seite zu finden war, und dem Landesherrn. So konnte Erzbischof Heinrich Virneburg von Köln, schon 1314 ein entschiedener Gegner des Bayern, die päpstlichen Strafmaßnahmen gegen Ludwig in seiner Bischofsstadt nicht veröffentlichen, da die Kölner Bürger – von Ludwig zu Beginn seiner Regierung reich privilegiert – eine bedrohliche Haltung einnahmen. Sie machten Anstalten, den Mönch, der im Dom die Vorlesung vornehmen wollte, zu ergreifen und in den Rhein zu werfen. Während des Italienaufenthalts des Kaisers änderte sich – aus unbekannten Gründen – die Haltung der städtischen Behörden in Köln, und die päpstlichen Prozesse wurden bekanntgemacht[23].

Die Stellungnahme der niederrheinischen Adeligen war problematisch, zum Teil gleichgültig, zum Teil ablehnend. In den 20er Jahren waren sie

ganz der Kurie ergeben. Während des Italienfeldzuges erwuchsen dem
Kaiser gerade durch das Kontingent der Truppen aus dem Nordwesten
des Reiches große Schwierigkeiten; von dem eigenmächtigen, aufsässigen Betragen dieser Ritter war bereits die Rede. Die Grafen von Jülich
galten zunächst als Anhänger der päpstlichen Linie (s. u.). Ludwig
konnte es als besonderen Erfolg verbuchen, daß es ihm 1334/35 gelang,
Graf Wilhelm von Jülich auf seine Seite zu ziehen[24].

Auch der niederrheinische Klerus war antiköniglich gesinnt, und die
Bistümer Münster, Paderborn und Osnabrück stellten sich während des
Kirchenkampfes entschieden auf die Seite des Papstes. Der Erzbischof
von Bremen verweigerte die Huldigung und Belehnung durch den
deutschen König. 1327 bestand sogar der Plan, das gesamte rheinische
Gebiet zu einem geistlichen Staat zu verbinden. Der päpstliche Beauf-
tragte, Peter de Ungula, von dem die antikaiserliche Propagandatätig-
keit in Deutschland ihren Ausgang nahm, hatte seinen Hauptsitz im
Erzbistum Köln. Schon 1323/24 war eine Koalition zur Absetzung
König Ludwigs zustandegekommen. Während seines Aufenthalts in
Rom soll Ludwig Kunde von den erneuten Machenschaften der geistlichen Wahlfürsten erhalten haben, was ihn mit zu seinen extremen
Handlungen angetrieben haben mag. Man strebte durch eine keine Mittel scheuende Hetze den Thronentzug an; wieder war eine französische
Kandidatur im Gespräch. Der Papst trug dann im März 1328 den Kurfürsten offiziell seinen Wunsch nach Neuwahl eines deutschen Königs
vor; es kam sogar zur Festlegung eines Wahltermins (Ende Mai
1328)[25].

König Karl IV. von Frankreich, der letzte Kapetinger, war im Februar
verstorben. Mit Philipp VI. kam nun das Haus Valois an die Regierung.
Dieser Herrscher stand nicht nur auf bestem Fuß mit Papst Johannes,
sondern auch in einem engen Verhältnis zu den Luxemburgern, vor allem zu König Johann von Böhmen; diesem räumte er ein ständiges
Quartier in Paris ein, das der franzosenfreundliche Luxemburger auch
häufig in Anspruch nahm. Johann und sein Sohn Wenzel-Karl waren
auch bei der feierlichen Krönung des französischen Königs in Reims
(29. Mai 1328) zugegen. Der Böhmenkönig und Philipp von Frankreich verwendeten sich persönlich beim Papst, damit dieser bei der bevorstehenden Neubesetzung des Mainzer Bischofsstuhles Balduin von
Trier berücksichtige; sie hatten damit jedoch keinen Erfolg. Aber auch
die Wahl eines deutschen Königs kam nicht zustande, und es ist zu vermuten, daß ein innerer Zusammenhang zwischen beiden Tatsachen gegeben war.

Balduin von Trier traf zu dieser Zeit ein bemerkenswertes Mißgeschick, das man in Verbindung mit einer Gegenaktion von kaiserlicher Seite gebracht hat: Bei einer Moselfahrt wurde er von der Gräfin Loretta von Spanheim gefangengesetzt und mehrere Monate in Haft gehalten[26]. Es ist nicht auszumachen, ob private Streitigkeiten hinter diesem Akt standen oder ob es eine geheime Abmachung gab mit den Verwandten der Gräfin, die in Italien zum engeren Kreis um Kaiser Ludwig gehörten. Sonderbar ist es jedenfalls, daß Balduin seine eindeutig kurial-französische Haltung nach dieser Gefangenschaft aufgab und sich seit Ludwigs Rückkehr nach Deutschland der kaiserlichen Partei näherte. Hatte man ihm Versprechungen, Angebote gemacht, war er von der Zweckmäßigkeit eines Bündnisses mit dem Kaiser überzeugt worden? Hoffte er, über diesen eher den großen Mainzer Kirchenbezirk in die Hand bekommen zu können?

Der Mainzer Erzbischof Mathias von Bucheck starb im September 1328. Während seiner Regierungszeit hatte Ludwigs ursprünglich gutes Verhältnis zu der Stadt gelitten. Ab 1324 waren die päpstlichen Prozesse verkündet worden, und das hatte auch ein Ende der kaiserlichen Gunsterweise für die Bürgerschaft bedeutet. Nun wählte das Mainzer Domkapitel als Nachfolger Balduin von Trier, der sich bereits in den letzten Jahren des kränkelnden und wenig agilen Erzbischofs in Mainz großen Einfluß verschaffen konnte. Johannes XXII. jedoch providierte sofort nach Bekanntwerden der Vakanz Heinrich von Virneburg, einen Neffen des ihm stets ergebenen Kölner Erzbischofs. Balduin versuchte, sich gegen den päpstlichen Willen durchzusetzen. Er verscherzte sich allerdings bald das Wohlwollen der selbstbewußten und wirtschaftsmächtigen Mainzer Bürger, da er nicht bereit war, die alten Privilegien der Stadt zu bestätigen. Die Bürger zerstörten sogar mehrere Klöster außerhalb der Mauern, die dem Fürstbischof als Stützpunkte dienten. Der Kaiser mußte dieses Vorgehen mit der Reichsacht ahnden. Tatsächlich konnte sich Balduin acht Jahre lang gegen den päpstlichen Rivalen im Mainzer Erzbistum behaupten. Sein Selbstbewußtsein scheint durch die Tatsache, daß ihm die Mißachtung päpstlicher Befehle den Kirchenbann und seinem Land das Interdikt einbrachte, nicht beschädigt worden zu sein. Erst unter dem Nachfolger Johannes' XXII. hielt er es aus politischen Gründen für angebracht, seinen Frieden mit der Kurie zu machen. Auch dies erweist wiederum die Diskrepanz zwischen Anspruch und Realität der päpstlichen Stellung. Damals erstreckte sich der Einflußbereich Balduins vom westlichen Moselgebiet bis hinüber ins östliche Thüringen. Wollte das Haus Luxemburg auf diesem Wege eine

Verbindung seiner Stammlande zu den östlichen Besitzungen schaffen, eine Art Barriere in Mitteldeutschland errichten?

Balduin von Trier und Kaiser Ludwig waren zu dieser Zeit aufeinander angewiesen, und so ist es verständlich, daß der Erzbischof bemüht war, des Kaisers Freundschaft durch Vermittlungsdienste sowohl gegenüber den Habsburgern als auch gegenüber Johann von Böhmen zu erhalten. Zu einem Versöhnungsversuch mit dem Papst stellte Balduin bald nach der Rückkehr Ludwigs aus Italien die Weichen. Von Ludwig bevollmächtigt, wandten sich Balduin von Trier, Johann von Böhmen und Otto von Habsburg an Johannes XXII. und schlugen einen Kompromiß vor: Der Kaiser solle alle gegen die Kirche vollzogenen Handlungen einschließlich seiner Appellationen zurücknehmen, die Exkommunikation anerkennen und sich der Milde des Papstes unterwerfen. Dieser wiederum solle das König- und Kaisertum Ludwigs anerkennen. Am 31. Juli 1330 lehnte Johannes jedoch diese Vorschläge ab und ging in seinem Schreiben nochmals auf die unerhörten »Verbrechen« des Bayern ein; doch wolle er, so fuhr er fort, diesen in den Schoß der Kirche aufnehmen, falls er reumütig zurückkehre. Johannes ließ also einen Hoffnungsschimmer für Verhandlungsmöglichkeiten aufleuchten. Vielleicht schien ihm durch die neue Konstellation der Fürsten in Deutschland ein radikales Ablehnen im Augenblick nicht ratsam.

Die Verhandlungen rissen nicht ab. Ludwig verbot zu dieser Zeit jede agitatorische Tätigkeit der Minoriten und des Marsilius von Padua. Die Sehnsucht nach Frieden und Ausgleich war nicht nur bei Fürsten und Klerikern verbreitet, sondern auch beim Volk nicht zu überhören. Davon zeugt z. B. ein Schreiben der kaisertreuen schwäbischen Städte an Balduin von Trier mit der dringenden Bitte, er möge sich doch um eine Versöhnung des Kaisers mit dem Papst bemühen[27]. Im Dezember 1331 kam es zu einem Bündnisabkommen zwischen Erzbischof Balduin von Trier und dem Kaiser, wobei man sich gegenseitig versicherte, ein Friede mit der Kurie dürfe nur von beiden gemeinsam vollzogen werden.

In den geistlichen Territorien des Nordwestens ergaben sich zu dieser Zeit bedeutende Verschiebungen. Bald nach seinem Kollegen in Mainz verstarb der greise Kirchenfürst von Köln, Heinrich von Virneburg. Auch dieses Erzbistum Köln war Jahre hindurch schon Gegenstand geheimer Konspirationen und Verhandlungen gewesen. Besonders das Haus der Grafen von Jülich war an einer familiengünstigen Besetzung

interessiert. Da es mit den Virneburgern, die sich stets als getreue Papst-
anhänger erwiesen hatten, verschwägert war, schien die Kandidatur erfolgversprechend. Graf Wilhelm von Jülich begab sich in dieser Angelegenheit eigens nach Avignon, stellte sich für das geplante Kreuzzugsun-
ternehmen zur Verfügung und schwor, der Kirche ein Leben lang zu
dienen; Ludwig dem Bayern und anderen Ketzern wolle er die Gefolgschaft verweigern. Beträchtliche Gelder flossen obendrein, und so bestimmte Papst Johannes XXII. den 20jährigen Bruder des Wilhelm von
Jülich am 27. Januar 1332 zum neuen Erzbischof von Köln. Es war ja
zu dieser Zeit allgemein üblich, daß nachgeborene Söhne des Hochadels
mit einträglichen Kirchenämtern ausgestattet wurden[28].

Auch nach dem Scheitern der luxemburgischen Versöhnungsversuche
mit der Kurie verfolgte Kaiser Ludwig das Anliegen einer Aussöhnung
mit Tatkraft. Er bestimmte von sich aus neue Unterhändler: Bischof
Ulrich von Augsburg und Arnaldus Minnepeck, ein Eichstätter Kanoniker, sowie der getreue Ludwig von Öttingen wurden nun mit der
schwierigen Mission betraut. Nach langen Beratungen hatte der Kaiser
die Instruktionen für die Verhandlungen mit dem Papst in zehn Punkte
zusammengefaßt: In allen Dingen erweist er sich darin als nachgiebig –
persönliche Buße, Heimführung der Minoriten in den Schoß der Kirche, Erneuerung der Privilegien für die Kurie usw. –, nur was die Rechte und die Ehre des Reiches betreffe, wolle er sich nichts vergeben. Den
Kaisertitel wolle er nur ablegen, wenn der päpstliche Gesandte ihn sofort wieder krönen würde. Mit diesen Angeboten sollten sich die deutschen Gesandten zunächst heimlich an die Kardinäle in Avignon und
dann, womöglich mit deren Unterstützung, an den Papst wenden.
Die Haltung des greisen Johannes XXII. blieb starr und hartnäckig. Er
war der französischen Krone gegenüber in immer größere Abhängigkeit
geraten und wagte kaum einen Schritt zu tun ohne vorherige Anfrage
bei Philipp VI. und nachfolgende Berichterstattung. Aus einem Schreiben an diesen geht hervor, daß der Papst die Vollmachten der deutschen
Gesandten als nicht ausreichend für so weitgehende Verhandlungen an-
sah[29].

In Italien hatten die französisch-päpstlichen Truppen, von König Johann von Böhmen und – in dessen Auftrag – von seinem Sohn Karl unterstützt, eine folgenschwere Niederlage erlitten, eine Niederlage, die
auch das Ende der päpstlichen Pläne in Oberitalien bedeutete. Der Neffe des Papstes, Kardinallegat Bertrand Poget, mußte dem Franzosenhaß

der Italiener weichen und kehrte als Gescheiterter nach Avignon zurück
(April 1334). Karl hat damals möglicherweise die Einsicht mitgenommen, daß ein Behaupten der kaiserlichen Macht in Italien realpolitisch
weder möglich noch erstrebenswert war.

Die Situation des Stuhles Petri stand also nicht zum besten, als Kaiser
Ludwig in der Überzeugung, daß es ihm mit den üblichen Verhand-
lungsmitteln nicht gelingen würde, eine Versöhnung mit dem Papst für
sich und sein Land herbeizuführen, ein neues Projekt ins Auge faßte. So
wie Ludwig 1325 das Ende der offenen Feindschaft der Habsburger er-
zwungen hatte, so versuchte er nun, die Kurie durch moralischen
Druck zum Nachgeben zu nötigen.

Obwohl Erzbischof Balduin von Trier aus den erwähnten Gründen der
kaiserlichen Politik zugetan blieb, ließ er die Pläne seines Neffen in
Frankreich, Italien und Deutschland nicht unbeobachtet. Nur durch
seinen mächtigen Schutz hatte das ständige Intrigieren des böhmischen
Luxemburgers am französischen Hof und das Doppelspiel in Italien
nicht zur Katastrophe einer Reichsacht wegen Hochverrats geführt.
Seine zweifelhafte Position der Kurie gegenüber konnte Balduin absi-
chern durch einen Landfriedensbund mit Erzbischof Walram von Köln
und Wilhelm von Jülich. Der damit verbundene Beistandspakt stärkte
die Position der drei Fürsten ungemein; er verhinderte u. a. jede Wirksamkeit päpstlicher Maßnahmen, da diese ohne Einwilligung des Landesherrn gar nicht an die Öffentlichkeit drangen. Doch war Balduin
von Trier geschickt genug, das Gespräch mit Avignon nie ganz abreißen
zu lassen.

Kaiser Ludwig hatte längst erkannt, daß die luxemburgische Gefahr
nicht endgültig beseitigt war. Wieder und wieder war ihm zugetragen
worden, daß Johann von Böhmen in ständiger Konspiration mit dem
französischen Hof stand, und daß die böhmisch-französischen Bestrebungen wegen einer Umbesetzung des Königs- und Kaiserthrones wei-
terliefen. Wie war dieses Komplott zu sprengen? Wenn Ludwig zugunsten eines nahen Verwandten des Hauses Luxemburg abdankte, so
konnte weder der Böhmenkönig Einwände geltend machen, noch der
Papst sich unversöhnlich zeigen: hatte dieser doch immer betont, daß
die Lösung vom Bann nur durch den völligen Verzicht Ludwigs auf
Königs- und Kaisertitel erfolgen würde. Ludwig ließ also eine Verzicht-
urkunde zugunsten des Schwiegersohnes Johanns, Heinrichs d. Ä. von
Niederbayern, ausfertigen – eine Kühnheit, die ihm den Thron hätte
kosten können, wenn Heinrich ein Politiker von durchschlagendem Ta-
lent gewesen wäre und die Luxemburger sofort ihre Konsequenzen ge-

zogen hätten. In dem am 19. November 1333 ausgefertigten Schriftstück wurden alle Fürsten und Freien des Reiches von ihrem Ludwig
geleisteten Eid entbunden; es wurde empfohlen, dem für die Regierung
besser geeigneten Heinrich von Niederbayern Gehorsam zu leisten[30].
Zunächst kam diese Urkunde jedoch nicht in die Öffentlichkeit – erst
wenn die päpstliche Absolution einträfe, sollte sie wirksam werden. Es
fragt sich, ob tatsächlich eine Chance – oder Gefahr? – bestand, daß die
Kurie auf den Vorschlag eingehen würde. Die maßgebenden deutschen
Fürsten wurden eingeweiht. Wie würden sich die deutschen Kurfürsten
zu dem dubiosen Unternehmen stellen? Gegen Recht und Ordnung
war hier von einem deutschen König über die Zukunft des Reiches bestimmt worden, ohne daß von ihrem Wahlrecht überhaupt die Rede
war. Das mußte sie an einem empfindlichen Nerv treffen. Ende des Jahres kamen zähe Verhandlungen zwischen den Kurfürsten in Gang wegen einer eventuellen Neuwahl. Johann von Böhmen gewann durch bedeutende Zahlungen auch Rudolf von Sachsen für den Plan. Heinrich
von Niederbayern versprach dem französischen König für den Fall seiner Wahl zum deutschen König, die von Frankreich längst begehrten
Reichsgebiete in Südfrankreich (Arelat) und im Nordwesten (Cambrai) abzutreten.
Und nun machte sich eine gewichtige Gesandtschaft, von den Luxemburgern zusammengestellt und beglaubigt, nach Avignon auf den Weg,
um dem Papst dieses Projekt vorzulegen. Auch eine eventuelle Neu-
oder Umbesetzung des Mainzer Erzbistums sollte zur Sprache kommen. Die fieberhaften Gespräche, Verhandlungen, Geheimsitzungen,
welche die deutsche Delegation in Avignon auslöste, macht deutlich,
wie sehr dieser Fall nicht nur die deutsche Innenpolitik betraf, sondern
der großen europäischen Politik zugehörte. Es konnte auch nachgewiesen werden, daß mit Geldern von verschiedenen Seiten nicht gespart
wurde, vor allem da es galt, das Kardinalskollegium zu beeinflussen[31].
Die vorgeschlagene Ausweitung des französischen Einflusses kam aber
weder den englischen Interessen gelegen, noch ließ sie Robert von Neapel gleichgültig. Dieser war einer Erneuerung des Kaisertums grundsätzlich abgeneigt und begründete diese Meinung, indem er auf die großen Schäden, die Italien aus den Kriegszügen der deutschen Kaiser
erwachsen waren, hinwies. Auch ein Luxemburger Kaisertum, das mit
dem Papst auf gutem Fuße stünde, erschien dem italienischen Hause
Anjou nicht weniger bedrohlich. Da war noch ein mit der Kurie zer-
strittenes deutsches Kaisertum akzeptabler, weshalb Robert von Neapel sich in diesen Monaten nicht scheute, auf die Seite Ludwigs des Bay-

ern zu treten. Auch die lombardischen Städte protestierten gegen einen
Thronwechsel.

Die Opposition im Kardinalskollegium gegen Papst Johannes hatte zugenommen. Kardinal Napoleon Orsini vertrat diese Opposition vor allem vom dogmatischen Standpunkt her; er wandte sich an den Kaiser
und forderte von ihm – falls die Abdankungsgerüchte sich nicht bestä-
tigten – die Einberufung eines allgemeinen Konzils zur Klärung der
Frage der »Visio beatifica« (s. u.), in der der Papst seiner Meinung nach
eine ketzerische Ansicht vertrat[32]. In der Antwort an den Kardinal, verfaßt von der Münchener Hofakademie (s. u.), erklärte sich Ludwig dazu bereit und dementierte die Abdankungsgerüchte.

Inzwischen hatte der Papst den Rücktritt Ludwigs des Bayern gutge-
heißen, aber zugleich die geforderten Bedingungen zu einer Neuwahl
zurückgewiesen. Diese ganze Angelegenheit hat die Forschung vor große Probleme gestellt, sie wird sich vermutlich nie restlos erhellen lassen.
Mußmaßungen über die tatsächliche Absicht des Kaisers zur Resignation wurden bestätigt und widerlegt, Ludwigs Angebot eines Rück-
tritts als »Scheinmanöver« bezeichnet. Welche Partei aber deckte in diesem endlosen und von so verschiedenartigen Bedingungen, Zielen und
Wünschen abhängigen Streit ihre Karten völlig auf! War es Ludwig
zu verdenken, daß er dem jahrelangen Doppelspiel eines Johann von
Böhmen und seiner Partner das eigene Lavieren mit allen nur irgend
möglichen politischen Chancen entgegensetzte? Bei einigen seiner Zeitgenossen brachte ihm das den Vorwurf der Hinterhältigkeit und Dop-
pelzüngigkeit ein; sie lasteten ihm an, seine Rede stimme häufig nicht
mit dem Tun oder den eigentlichen Absichten überein[33]. Es läßt sich jedoch kaum behaupten, daß die Offensive des Kaisers in den Jahren
1333/34 das zu dieser Zeit übliche Maß an politischer Verschlagenheit
und Rigorosität überschritt.

Seine psychologische Wirkung verfehlte der »Verzicht« Ludwigs, wie
immer er gemeint war, jedenfalls nicht. Der Kaiser schien der Öffentlichkeit gegenüber gerechtfertigt: Trotz seiner persönlichen Bereitschaft zum Einlenken auch um einen hohen Preis hatte sich der Stellvertreter Christi auf Erden als unchristlich hart, als unnachgiebiger Gegner
erwiesen. Der Abdankungsplan konnte vergessen werden, und tatsächlich war schon im Sommer 1334 nicht mehr die Rede von einer Abdan-
kung des Kaisers, ja sie wurde in verschiedenen Schreiben aus seiner
Kanzlei entschieden zurückgewiesen.

Im Dezember 1334 aber starb Papst Johannes XXII. im Alter von über
90 Jahren. Damit trat zunächst eine neue Situation ein.

Mit Papst Johannes XXII. war von der Christenheit ein Oberhaupt genommen, das mit einer wahren Besessenheit für die Stellung der Kirche in der Welt gekämpft hatte; in der Wahl der Mittel war dieser Papst nicht wählerisch gewesen. Von mehr als einem Zeitgenossen wurde die Papststadt Avignon als Zentrum der Intrigen, der Verleumdungen und Gewaltherrschaft, der Bestechung und nationalen Leidenschaft angeprangert. Die Menschheit sehnte sich nach dem wahren Bild Christi in einer würdigen Nachfolge.

Es nimmt daher nicht wunder, daß das franziskanische Ideal eine ganz große Gegenbewegung auslösen konnte. Von unvorstellbarer Faszination für die Zeitgenossen war die Gestalt des heiligen Franziskus von Assisi: sein Lebensstil der absoluten Armut, seine auf die Natur, die Krippe von Bethlehem, das Herz Jesu, die Sakramentsverehrung gerichtete Frömmigkeit, seine Leiden und Stigmatisation. Nun hatte aber Franziskus den Brüdern keine verbindliche Regel hinterlassen wie etwa St. Benedikt seinem Orden. Mit der Ausbreitung der Franziskaner und der quantitativen Zunahme des Ordens waren im Laufe des 13. Jahrhunderts mehr und mehr Probleme aufgetaucht. Zum einen mußte die Gemeinschaft, sobald sie zu einem weitreichenden öffentlichen Faktor geworden war, ihr Anliegen theologisch fundieren. Dazu waren Studien, Studienzentren, also feste Unterkünfte mit Studiermöglichkeiten, nötig, und diese bildeten sich auch in mehreren Ländern heraus: für Deutschland in Magdeburg, für England in Oxford, für Frankreich in Paris. Feste Unterkünfte in Städten brachten einen Orden, der für völlige Besitzlosigkeit plädierte, in Schwierigkeiten. Diese wurden zunächst so gelöst, daß sich die Kurie als juristischen Eigentümer der Franziskanerklöster und ihrer Güter erklärte, während die Ordensleute nur deren Nutznießer waren. Trotz dieser Fiktion hatten sich innerhalb des Ordens zwei Gruppen gebildet, von denen sich die eine dieser Regelung anschloß, während die andere die Verhältnisse dieser Welt für unwesentlich hielt gegenüber den geistig-religiösen Fragen. Diese wurden deshalb die »Spiritualen« genannt; sie bewegten sich ständig in einer gewissen Gefahrenzone des Ungehorsams den offiziellen kirchlichen Stellen gegenüber. Als radikale Verfechter des Armutsideals standen sie jedoch dem religiösen Empfinden der Zeit und dem Laienvolk sehr viel näher als die andere Gruppe – die »Konventualen« – und wurden von weiten Kreisen freiwillig mit allem Lebensnotwendigen versehen.

Die Predigerorden – zu ihnen zählen neben den verschiedenen Richtungen der Franziskaner auch die Dominikaner – ließen sich nicht mehr
an hervorgehobenen Plätzen in der Landschaft wie die Benediktiner
oder in stillen Waldtälern wie die Zisterzienser, nieder: Sie gingen in die
volkreichen Städte, wo sie eine größere Anzahl von Menschen durch
das Wort erreichen konnten. Eine neue, zweckbestimmte Sprache führen ihre Gotteshäuser[34]. Sie liegen eher versteckt; ihre schlichten Fassaden ordnen sich unauffällig dem Straßenbild ein. Im Gegensatz zu den
gewaltigen Turmanlagen der Kathedralen begnügen sie sich mit kleinen
Dachreitern. Ihre großen, hohen Dächer überspannen oft mehrere
Schiffe (Abb. 12). Teilweise bleibt die konservative Raumeinteilung
der romanischen Basilika erhalten, wenn auch die Vertikale stärker betont wird und steilere Verhältnisse vorherrschen. Eines der schönsten
Beispiele deutscher Bettelordensgotik ist die Dominikanerkirche in Regensburg. Die Weite und Höhe des Raumes, die edlen Proportionen,
die klaren Mauerflächen schließen sich zu einem Bild vollendeter Harmonie zusammen. Hier – wie bei den meisten Kirchen der Predigerorden – sind die Schiffe mit Kreuzrippengewölben versehen. Hin und
wieder wird aber auch die Flachdecke beibehalten wie etwa bei der Regensburger Minoritenkirche. Weitgestellte Stützen mit breiten Spitzarkaden gliedern den schmuckarmen Raum. Die Seitenschiffe werden
nach 1300 mehr und mehr nach oben gezogen, so daß sich der Kirchenraum zur Halle weitet.
Auch bei ausgeprägten Hallenkirchen, z. B. bei der von Rudolf III.
1305 gestifteten Klarissinnenkirche in Wien, bleibt die einfache Rechtecksform des Grundrisses gewahrt; kompakte Wandflächen dominieren.
Die programmatische Weiträumigkeit und Kargheit der Laienschiffe
wird in den Chorpartien häufig zugunsten einer feingliedrigen Durchgestaltung aufgegeben. Diese langgestreckten Priesterräume sind oft
erst Jahrzehnte später den Langhäusern angefügt worden. Sie wirken
schlanker, steiler, heller; die prächtigen Glasgemälde der weit heruntergezogenen Fenster tauchen den Raum in ein mystisches Licht. Als Beispiel sei die Kirche des Doppelklosters Königsfelden genannt, die von
der Gemahlin Albrechts I. von Habsburg an der Stelle des Königsmordes (s. S. 56) gegründet und 1330 geweiht wurde: An die flach gedeckte Säulenbasilika schließt sich ein gewölbter Langchor an. Der Chor
kann zu einem nahezu eigenständigen Raumgebilde werden wie etwa
bei dem von Friedrich dem Schönen 1327 gestifteten Hochchor der Augustiner-Eremiten-Kirche in Wien oder dem sogenannten Ludwigs-

chor der Minoritenkirche, den Friedrichs Gemahlin Isabell stiftete und zu ihrer Grablege bestimmte.

Die Bettelordensarchitektur war spätestens während der Regierungszeit Ludwigs des Bayern in nahezu allen größeren deutschen Städten vertreten. Ihre Stilelemente finden sich auch in zahlreichen Friedhofskapellen und Spitalkirchen und wirken fort in den großen bürgerlichen Bauten des folgenden Jahrhunderts.

Im Laufe des 13. Jahrhunderts war in Deutschland aus dem Bedürfnis der Franziskaner, sich dem Volk mitzuteilen und seine Sprache zu sprechen, eine neue Art und Weise des Sprechens erwachsen, eine Geschmeidigkeit des Wortes, die dem Bedürfnis nachkam, sich den Inhalten der Predigten, der mystischen Kontemplation einerseits und den mehr politisch ausgerichteten Traktaten andererseits anzupassen. Diese Sprache mußte von dem Ausdrucksvermögen der Minnesänger und der höfischen Epiker abweichen. Die großen Männer des Ordens, vor allem David von Augsburg und Berthold von Regensburg, waren Gelehrte und Rhetoriker zugleich. Eine Miniatur der Wiener Handschrift zeigt »bruoder Berchtold« bei einer seiner aufrüttelnden Bußpredigten, mit denen er Menschen aller Stände zu fesseln verstand, so daß keine Kirche die Massen mehr fassen konnte und diese sich im Freien um ihn lagerten. Dieser Barfüßermönch wußte, wie die Menschen, die zu seinen Füßen kauerten, lebten, litten und sündigten; er kannte ihre derben und zarten Seiten; er war einer, der es verstand, ihnen »aufs Maul« zu schauen, wie später der Augustinermönch von Wittenberg. Er und seine Nachfolger sprachen die Sprache des gemeinen Mannes, der Gelehrten und der Fürsten, und diese Dreiheit des Kontakts erklärt das Geheimnis ihrer Wirkung[35].

Eine ganze Reihe von Persönlichkeiten großer geistiger Potenz und von weltweitem Ansehen erwuchs dem Orden. Nur die wichtigsten seien hier genannt: Das Haupt der Spiritualen war bis zu seinem Tod (1337) Angelus von Clareno, ein wahrhaft »seraphischer« Franziskaner, dessen Anhänger als arme Eremiten lebten. Der Wille zum buchstäblichen Nachahmen des evangelischen Lebens beseelte auch Ubertino von Casale, der zunächst in Burgund wirkte, dann in verschiedenen Missionen am kurialen Hof weilte und ab 1325 als verschollen – geflohen? – galt. Er trat für Verinnerlichung durch Kontemplation ein und war bedeutendster Verteidiger der spiritualistischen Anschauungen.

Auch der Geschichtsschreiber Johann von Winterthur, der aus den habsburgischen Vorlanden stammte und das Zeitgeschehen in farbigem Erzählstil festhielt, war Minorit und setzte sich rückhaltlos für das Armutsideal ein. Der heilige Franziskus wirkte wie ein Scheidewasser auf die Nachlebenden, und weder Chronisten noch Staatsmänner konnten aus ihrer Einstellung zur Minoritenfrage ein Hehl machen.

Als der wichtigste fürstliche Befürworter der Franziskaner galt Friedrich III. von Sizilien, der Bruder König Jakobs II. von Aragon. Er lebte in den Vorstellungen des staufischen Kaisertums, als dessen geistigen und rechtlichen Nachfolger (seine Mutter Konstanze war Tochter Manfreds von Sizilien) er sich fühlte. Entscheidend beeinflußt wurde er von den eschatologischen Schriften des Spiritualen Arnold von Villanova, der 1304/05 persönlich in Sizilien weilte[36]. Damals bekannte König Friedrich seinem Bruder Jakob, er wolle für den Rest seines Lebens in der Nachfolge Christi verharren, er wolle auch ihn, Jakob, und kraft seines Standes viele andere Menschen zu dieser Haltung hinführen. Friedrich stand mit Konsequenz zu seiner Weltanschauung, und zwar im persönlichen wie im staatlichen Leben: Er verbot allen Überfluß an seinem Hof, erließ einschneidende Gesetze im Sinne einer christlichen Wirtschaftsführung, nahm verfolgte Spirituale auf, gründete christliche Schulen ohne Berücksichtigung der Stände und unternahm es, Sklaven zu befreien. Er ordnete sogar an, bevorzugt neuere Sprachen zu lehren, damit die Ungläubigen verstanden und bekehrt werden könnten. Da Friedrich das römisch-deutsche Imperium als erste Macht über die Welt anerkannte, hatte er bereits Verbindungen zu Heinrich VII. aufgenommen. Auch Ludwig den Bayern nannte er schon 1323 in einem Brief an seinen Bruder Jakob »Kaiser«. Von seiner Bereitschaft, Ludwigs Italienzug zu unterstützen, war schon die Rede. Die Ernennung eines Gegenpapstes allerdings lehnte er ab, obwohl er selbst schon seit Jahren im Kirchenbann lebte.

Der große politische Gegner des Königs von Sizilien war König Robert von Neapel. Es ist bekannt, daß auch er, bei aller Ergebenheit der Kurie gegenüber, mit den Franziskanern – vor allem mit Michael von Cesena – sympathisierte, und daß er sich in einer Franziskanerkutte zur letzten Ruhe betten ließ.

Sogar unter dem Kardinalskollegium von Avignon zeigten sich einige Männer den Spiritualen zugetan: Da waren vor allem die beiden Kardinäle Jakob und Petrus Colonna, deren Vorfahre, Kardinal Johann Colonna, sich einst als Fürsprecher des heiligen Franziskus bei Papst Innozenz stark gemacht hatte. Während Jakob schon 1318 starb, wirkte Petrus noch lange Jahre in Avignon und setzte sich bei der Kurie für einen Ausgleich mit Kaiser Ludwig ein. Der oben genannte (s. S. 198)

Kardinal Napoleon Orsini – aus dem bekannten römischen Adelsgeschlecht – steuerte einen demokratisch-konziliaren Kurs. Ein halbes Jahrhundert vermochte dieser Mann unter sieben Päpsten seine Würde zu behaupten. Er vertrat die Ansicht, daß dem Kardinalskollegium das Aufsichtsrecht über das kirchliche Oberhaupt zustehe und betrieb in den 30er Jahren die Einberufung eines Konzils, wobei er Balduin von Trier und dem Kaiser bedeutende Rollen zugedacht hatte.

Franziskanerkloster in München

Schon Ludwigs des Bayern Großvater, König Rudolf von Habsburg, war ein großer Gönner der Minoriten gewesen. Der Vater Ludwigs hatte die Franziskaner, die am Anger in München eine Niederlassung besaßen, dadurch gefördert, daß er ihnen ein größeres Gelände für einen Klosterneubau zur Verfügung stellte. Dieser Bauplatz lag nicht weit von der Burg. 1284 wurde der Klosterbau fertiggestellt, 1294 die Kirche, die allerdings 1311 wieder abbrannte. Auch bei dem großen Stadtbrand von 1327 wurden die Münchener Minoriten schwer betroffen. Kaiser Ludwig hat den Wiederaufbau ihrer Gebäude nach Kräften gefördert. Eine kostbare Reliquie, die er dem Franziskanerorden und der Stadt München aus Italien mitbrachte, der Oberarm des heiligen Antonius von Padua, wurde bald Mittelpunkt frommer Verehrung in der Antoniuskapelle der Franziskanerkirche.

Ludwig war dem Orden nicht nur der Familientradition zufolge und aus politischer Notwendigkeit, sondern aus innerer Neigung zugetan. Als Gebannter soll er häufig in einer kleinen Loge der Minoritenkirche in München unbeobachtet dem Gottesdienst beigewohnt haben[37]. Die Minoriten hatten schon vor etwa hundert Jahren das Privileg der Befreiung von der Jurisdiktion der Bischöfe durch den Papst erhalten, und außerdem war ihnen zugestanden worden, das Meßopfer feiern zu dürfen, auch wenn das Land ringsum im Interdikt leben mußte. Beide Privilegien wirkten sich nun im 14. Jahrhundert beim Kampf mit der Kurie positiv für die Sache Ludwigs aus. Heinrich von Thalheim, der zu Beginn von Ludwigs Aufstieg dem Minoritenkonvent von Ingolstadt angehörte, stand dem König sehr nahe und war auch später einer seiner engsten Berater. Im Jahr 1313 war der Herzog nach der Schlacht von Gammelsdorf sogleich in Richtung Ingolstadt aufgebrochen, um in dem befreundeten Kloster einen Dankgottesdienst für den Sieg zu feiern. Auf dem oberdeutschen Provinzialkapitel, das 1316 in Würzburg tagte, wurde dann Heinrich von Thalheim zum Ordensoberen gewählt. Es war selbstverständlich, daß er während des Kirchenkampfes auf seiten Ludwigs verharrte und diesem eine wesentliche moralische Stütze gab. Alle Minoritenklöster hielten öffentliche Gottesdienste ab und minderten so die Auswirkung des Interdikts in den Städten. 1325 wurde Heinrich von Thalheim zur Verantwortung nach Avignon gerufen, und hier lernte er Michael von Cesena und seine Ideen kennen. Beide sollten später in München der geistlichen Hofakademie angehören. Als Heinrich von Thalheim 1326 vom Ordenskapitel in Konstanz nicht mehr gewählt wurde, zog ihn König Ludwig noch stärker in die politische Verantwortung: In den Jahren nach 1328 war er als Stellvertreter des Kanzlers und Mitverantwortlicher für die kaiserliche Politik in Oberitalien tätig[38]. Immer bewährte er sich als ein gemäßigtes, den Ausgleich suchendes Element.

Auf der Rückreise von Italien begleiteten Kaiser Ludwig neben Marsilius von Padua die Italiener Michael von Cesena und Bonagratia von Bergamo nach München; der englische Minorit Wilhelm von Ockham gesellte sich der illustren Gesellschaft zu. Von ihnen wird im nächsten Kapitel die Rede sein. Selbstverständlich reizten die Schriften und auch der neue Frömmigkeitsstil der Franziskaner zum Widerspruch; sie waren heftiger Kritik aus Gelehrtenkreisen ausgesetzt. Es ging teilweise um abstrakte philosophisch-theologische Probleme. Es gab jedoch auch eine Minoritenfeindschaft, die sich nicht gegen die Idee, sondern gegen die Praxis der Minderbrüder richtete. Bei der zunehmenden Zahl von Anhängern konnte es nicht ausbleiben, daß unlautere Elemente und menschliche Schwäche sich in die Ordensgemeinschaft einschlichen. Nicht zu überhören war die Stimme Konrads von Megenberg, der bis Anfang der 40er Jahre an der Universität Paris, dann als Domherr in Regensburg (seit 1348) und schließlich als Rektor der Stephansschule in Wien wirkte. Ordnung war seiner Meinung nach das Grundprinzip der göttlichen Natur und der Menschenwelt, und für diese Ordnung setzte er sich in seinen kirchenrechtlichen, politischen und naturwissenschaftlichen Abhandlungen ein. Er sieht in den Bettelmönchen die Urheber großen Unheils: Sie hätten sich zu Tausenden in den Städten eingenistet, wohnten in unsittlicher Gemeinschaft mit Schwestern (bei Doppelklöstern), rafften Pfründen an sich, verkauften Gebete und Ablässe – im Volk heiße es »Ein frisches Ei um ein De profundis« –, prügelten sich um die Begräbnisgelder der Reichen usw. Sie betätigten sich als Feinde der Eintracht in den Städten durch ihr ständiges Gezänke mit den Weltgeistlichen. Sie hätten seinerzeit Kaiser Heinrich VII. vergiftet (s. S. 69), sie hätten auch Ludwig zur Einsetzung des Gegenpapstes verführt[39].

Konrad von Megenberg war freilich selbst einer der Weltgeistlichen, die sich von den Mönchen beeinträchtigt fühlten. Aber seine Vorwürfe und Mahnungen hatten trotzdem Gewicht, weil er sie nicht einseitig einer politischen Partei oder einer theologischen Richtung erteilte, sondern weil er die Mißstände im ganzen Bereich der Ecclesiae sichtbar machte und nach einer allen gerecht werdenden Lösung suchte.

München und die geistliche Hofakademie

München, das bei König Ludwigs Regierungsantritt bereits eine Entwicklung von ungefähr 150 Jahren aufweisen konnte, erlebte unter dem wittelsbachischen König-Kaiser eine Blüte in mehrfacher Hinsicht: Eine lange Reihe von Privilegien stärkte die Wirtschaft der Stadt. Ihr Gewohnheitsrecht wurde schriftlich festgelegt und dem Landrecht eingegliedert (s. u.). Der Ausbau der herzoglichen Burg und die Präsenz des Hofstaates sowie die Häufigkeit der Aufenthalte des Herrschers innerhalb ihren Mauern brachten ihr das Ansehen einer Königs-, ja einer Reichsstadt. Dazu kam ab 1324 die nicht zu unterschätzende Tatsache, daß des »riches heyltum« in der Lorenzkapelle des Alten Hofes verwahrt wurde, was nicht nur das politisch-propagandistische Gewicht

Münchens erhöhte, sondern auch in geistig-religiöser Beziehung eine Rangsteigerung bedeutete. München stellte die alte Herzogsstadt Regensburg nun in den Schatten.

Noch war München eine Ackerbürgerstadt mittlerer Größe. Die Einwohnerzahl – man schätzt sie auf 10 000 – stellte es neben Basel oder Frankfurt, während die freien Reichsstädte Ulm, Augsburg, Straßburg und Nürnberg beträchtlich größer waren[40]. Schon unter der Regierung des Bruders Rudolf war es notwendig geworden (1301), die über den alten Kern hinauswuchernde Stadt mit neuen Mauern zu umgeben. In Ludwigs Jugend muß München eine große Baustelle gewesen sein: ein Schanzen und Graben an der Stadtmauer, Bauen am Neuhauser Tor (dem heutigen Karlstor), dem Sendlinger-, dem Anger-Tor (am Eingang der Blumenstraße), dem Heiliggeistbad-Tor beim Viktualienmarkt, dem Tal- und dem Kost-Tor, dem Schwabinger Tor, das nach Norden die Stadt abschloß. Um 1315 war der wehrhafte Gürtel um die Stadt gelegt worden, der im wesentlichen bis ins 19. Jahrhundert der Bürgerschaft Schutz bot.

König Ludwig war gerade nach Italien aufgebrochen, da suchte seine geliebte Residenzstadt eine große Katastrophe heim: Am 14. Februar 1327 brach im Angerviertel ein Feuer aus, das sich rasch ausbreitete und ein Drittel der Stadt verschlang. Das Heiliggeistspital, die Peterskirche, das Franziskanerkloster und auch Teile des Alten Hofes wurden niedergelegt, dreißig Tote aus den Trümmern geborgen. Als Ludwig von Rom kommend im Februar 1330 in München einzog, hausten noch viele Bürger in Ruinen; jahrzehntelang wurde an der Beseitigung der Brandschäden gearbeitet. Nun erst erstand München als eine Stadt mit Steinbauten und Ziegeldächern – denn bisher waren Holz und Stroh die wichtigsten Baumaterialien gewesen. Sicherheitsbestimmungen galten den offenen Feuerstellen, die ja zu dieser Zeit noch die einzigen Wärme- und Lichtquellen waren, da sich Talg- und Kerzenbeleuchtung nur der Wohlsituierte leisten konnte. Die offenen Schmieden, die Flachsdörren innerhalb der Stadt usw. konnten »fliegende Feuer« auslösen; all das mußte gesteuert werden durch Verordnungen und Hilfsmaßnahmen[41].

Aber nicht nur Not und Arbeit waren in der Stadt zu Hause: Münchens Weinhändler waren schon um die Wende zum 14. Jahrhundert die bedeutendsten Abnehmer Südtiroler Weine im Reich. 1294 ist erstmals eine Fasnachtsfeier erwähnt, und auf den Anfang des 14. Jahrhunderts bezeugten Dulten (periodischen Märkten) kam viel fröhliches Volk zusammen; da gab es Schausteller, Musik, Wettspiele und andere Volksbelustigungen.

Wo heute König Max Joseph inmitten eines weiten, vornehmen Platzes thront, wo die Bayerische Staatsoper, der Königstrakt der Residenz auf der einen, das klassizistische ehemalige Palais Törring (Hauptpost) auf der anderen Seite und einige gut renovierte Bürgerhäuser im Westen den festlichen Raum umgrenzen, muß man sich zur Zeit Ludwigs einen spätmittelalterlichen Platz vorstellen, der hauptsächlich von religiösen Bauten geprägt war: seit der Mitte des 13. Jahrhunderts gab es hier ein Christophoruskirchlein (etwa am Eingang der heutigen Perusastraße); daneben lag ein Hospital, das Pütrich-Regelhaus, und gegen Norden hin (bei der späteren Schwabinger Gasse) das Seelhaus der Patrizier Ridler, ab 1295 in ein Drittordenshaus umgewandelt.

Hier also erfolgte der Neu- bzw. Wiederaufbau des Franziskanerklosters und der Kirche. Das kreuzgewölbte Schiff mit dem steilen Giebeldach war bis zum Tode Kaiser Ludwigs fertiggestellt. Rings um das Kloster scharten sich mehrere Handwerkertrakte für Schreiner, Tuchmacher u. a., ein Brauhaus und eine Gärtnerei. Auf allen alten Platzansichten (vor 1803) ist diese Baugruppe zu sehen.

Michael von Cesena war schon 1322 der Ordensgemeinschaft vorgestanden, als Papst Johannes sich entschied, die Fiktion der päpstlichen Güterverwaltung für die Franziskaner fallenzulassen (8. Dezember 1322). Schwere innere Konflikte wurden den Ordensleuten durch die Entscheidung des Kirchenoberhauptes aufgebürdet, denn nun waren sie ja rechtlich Eigentümer weltlicher Güter. Obwohl Michael in Fragen der evangelischen Armut unnachgiebig war und weiterhin behauptete, Christus und die Apostel hätten auch als Gemeinschaft nichts besessen, kam es damals noch nicht zum Bruch mit dem Papst. Der Ordensgeneral, der als einer der klügsten Männer seiner Zeit galt, versuchte alles, um einen Ausgleich mit dem Standpunkt Johannes XXII. zu ermöglichen und dem Orden den Frieden zu erhalten. Als er – vom Papst noch mit der Formel »dilectus filius« angesprochen – am 8. Juni 1327 nach Avignon zitiert wurde, kam es monatelang zu heftigen Auseinandersetzungen in der Armutsfrage, an denen auch schon Wilhelm von Ockham beteiligt war. Aus dem Minoritenkloster Avignon richtete Michael am 13. April 1328 schließlich eine Appellation in feierlicher Form an den Papst, in der sein Standpunkt fixiert war. Zahlreiche Ordensbrüder unterzeichneten und setzten sich damit der kurialen Verfolgung aus.

Auch für Michael von Cesena scheint vor dem Inquisitionsgericht keine Chance mehr bestanden zu haben. Am 26. Mai 1328 wurde er heimlich im Hafen Aiguesmortes eingeschifft und außer Landes gebracht; er

tauchte dann in Pisa wieder auf, wo er vom Kaiser empfangen und mit
Schutzprivilegien bedacht wurde (s. S. 167). Am 9. Juni des gleichen
Jahres wählte ihn das Ordenskapitel in Bologna erneut zum General.
Von nun an sah er seine Aufgabe darin, nachzuweisen, daß Johannes
XXII. häretische Anschauungen vertrete und daher als Ketzer-Papst
unhaltbar sei. Michael wollte ihn durch theologische Beweisführung
besiegen. Am 20. April 1329 erfolgte dann auch seine Exkommunikation und die Wahl eines neuen, kurienfreundlichen Ordensgenerals
(Gerardus Oddo). Während Michael von Cesena im Grunde ein gemä-
ßigter, besonnener Mann des Ausgleiches war, von selbständiger Denk-
art und der geistigen Arbeit zugetan, erwies sich das Temperament des
anderen italienischen Exulanten, Bonagratias' von Bergamo, eher als
ungestüm und kompromißlos. Er war der Jurist des Ordens, früher in
Avignon für diesen tätig und vertrat die Rechte der Spiritualen und später auch die des deutschen Königs. Er war u. a. an der Reichsgesetzge-
bung Ludwigs des Bayern von 1338 beteiligt. Er starb 1340 in München, etwa drei Jahre vor Marsilius von Padua.
Alle diese führenden Köpfe waren also in München zusammengekom-
men; die antikurialen theologischen Publizisten konnten sich unter der
Wittelsbacher Protektion entfalten und eine zukunftsweisende Staatsphilosophie entwickeln. »Unter Kaiser Ludwig war seine Hauptstadt
der Sitz von Gelehrten, der Ausgangspunkt einer Literatur von weltge-
schichtlicher Bedeutung. In zehn bis zwanzig Jahren ist damals von diesem Dutzend Fremder im Münchener Barfüßerorden und in der Herzogsburg wahrscheinlich mehr theoretisiert, gegrübelt und geschrieben
worden, als von allen Tausenden biederer Münchner, die seit Gründung
der Stadt gelebt hatten, ganze Generationen der Nachfahren noch ein-
geschlossen.«[42] Wenn man abzieht, was an dieser Behauptung Sigismund von Riezlers auf Konto zynischer preußischer Gesinnung geht,
bleibt immer noch genug, München als »geistiges Ideen- und Kampf-
zentrum allererster Ranges neben Paris und Oxford«[43] zu bezeichnen.
Bis zu ihrem Tode verharrten die gelehrten Männer bei ihren Überzeu-
gungen. Das Bewußtsein, der wahren Ordnung und dem Interesse der
Kirche zu dienen, gab ihnen Festigkeit.
Es waren nicht nur die oberitalienischen Gelehrten und Minoriten ver-
schiedener Nationalität, die sich um Kaiser Ludwig scharten und in leb-
haftem Gedankenaustausch untereinander standen; der Personenkreis
umfaßte auch Dominikaner, Benediktineräbte (z. B. Friedrich von Reichenbach, s. S. 183), hohe Geistliche (u. a. aus der Mark Brandenburg),
Hofkapläne, Pfarrer und Notare. Wenn sie auch nicht alle im Minori-

tenkloster wohnten – Marsilius lebte in oder bei der Herzogsburg, viele mußten bis zur Wiederherstellung der Klostergebäude nach dem Brand 1327 in anderen Konventen untergebracht werden –, so kamen sie doch immer wieder zusammen. Es ist z. B. nachgewiesen, daß eine große Gesellschaft gelehrter Leute sich am 7. April 1330 im Refektorium einfand, um die von Michael von Cesena verfaßte große Appellation gegen Johannes XXII. anzuhören und zu bezeugen. Neben die theologische trat die politische Aktivität. Es wurden z. B. Gesandtschaftsberichte verfaßt, und dabei erwiesen die gelehrten Männer der kaiserlichen Diplomatie große Dienste, vor allem durch ihre Erfahrungen am päpstlichen Hof. Man nimmt an, daß eine eigene Kanzlei im Minoritenkloster diesen Zwecken diente[44].

In den Jahren nach 1330 begann Wilhelm von Ockham (William Occam), der seit 1328 zu dem Kreis der geistlichen Berater des Kaisers gehörte, sein gewaltiges Gedankengebäude zu errichten. Als Minorit der englischen Provinz hatte er in Oxford gewirkt. Schon 1324 war er mit der Kurie in rein erkenntnistheoretischen Fragen in Konflikt geraten: Eine Kommission wurde in Avignon eingesetzt, die seine Thesen zu prüfen hatte. Während Avignon weiterhin an der Lehre des Thomas von Aquin festhielt, kam Wilhelm zu neuen Einsichten[45], die aus den Gesetzen der Vernunft, aus empirischen Beobachtungen und Erfahrungen abgeleitet waren: Es gäbe keine vorgegebenen, ewig gültigen Allgemeinbegriffe (»Universalien«), auch Begriffe seien vom menschlichen Geist gebildet. Alles Existierende sei individuell, jede Aussage in Frage zu stellen, nicht absolut festlegbar, da den Zufälligkeiten des Geschaffenen unterworfen und an Sinneswahrnehmungen gebunden. Der Mensch sei ohne Gewißheit, ohne Halt, ein »viator mundi« – und müsse sich in diese Unsicherheit fügen, sich ganz dem Willen Gottes unterwerfen. Die Allmacht Gottes steht im Zentrum von Wilhelms Denken. Mit ihrer Betonung nimmt Wilhelm eine Tendenz der Reformatoren des 16. Jahrhunderts vorweg.

Wie aber stand es um die Befugnis des Papstes, die absolute Glaubenswahrheit zu verkünden, wie um seinen Alleinherrschaftsanspruch? Keinem Menschen kam nach Wilhelm von Ockham eine absolut verbindliche Stellung zu. Während Johannes XXII. daran festhielt, daß die Kirche heilsverbindlich sei, daß sie auf dem Weg durch die Welt von der ersten Ankunft Christi bis zu seiner zweiten am Jüngsten Tag einer Führung bedürfe, der alle weltlichen Machtmittel zur Verfügung stehen mußten, kam Wilhelm zu ganz anderen Ansichten und sah sich mit diesen nicht allein[46]. Weder die Sorbonne in Paris noch der Nachfolger auf

dem Stuhl Petri folgten Johannes z. B. in der »Visio-Frage«, welche die
Geister der Theologen damals erhitzte. Es ging dabei um das Schicksal
der Seele in der Ewigkeit. In seinem »Compendium errorum Johannis
XXII.« (1339) weist Wilhelm zusammenfassend nochmals auf die Irrtümer jenes Papstes hin: Die erste Glaubensquelle – so behauptet Ockham schon 200 Jahre vor Luther! – ist die Heilige Schrift, und nur die
»ecclesia universalis«, die Kirche als vom erhöhten Christus beherrschte
Gesamtheit, kann unfehlbar sein, nie ein Einzelner, auch nicht ein
Konzil. Im Grunde ist der einzelne Gläubige nur mit Gott selbst konfrontiert. Immer wieder hebt Wilhelm das Wort aus dem Römerbrief
hervor: »Man muß Gott mehr gehorchen als den Menschen.« Dem
Menschen bleibt also der Weg der eigenen Entscheidung. Indem sich
der Papst als absolut notwendig setze, mache er sich der Häresie schuldig.
Wilhelm von Ockham ging es jedoch nicht nur um wissenschaftliche
Theorien, sondern auch um das historische Erscheinungsbild: die Ku-
rialpraxis entspreche nicht dem Bild Christi und seiner Kirche. Als
gläubiger Kritiker, überzeugt von seiner Gewissensfreiheit und der politischen Notwendigkeit, befaßte er sich mit aktuellen Problemen, mit
der Armutsfrage und dem Verhältnis der historischen Form der Kirche
zum Staat. Er setzte sich mit dem Staatsrecht auseinander, wobei der
Gedankenaustausch mit Marsilius nicht ohne Einfluß auf ihn blieb.
1331 schrieb er ein Gutachten über die Verhandlungen von Kaiser und
Papst. Kirchliche und weltliche Ordnung seien gottgewollt. Von der
Ordnung des Weltreiches hinge das Wohl der Allgemeinheit (bonum
commune) ab.
Während der Jahre 1332–34 trat die öffentliche Arbeit der Minoriten –
wie erwähnt – zurück; erst 1334 haben wir wieder ein offizielles
Schreiben aus Ockhams Feder. In diesen Jahren reifte das schon seinem
Äußeren nach (580 Seiten Großfolio) gewaltige Hauptwerk Wilhelms,
der »Dialogus«, in dem er alle großen Probleme der Zeit behandelt.
1337 wendet er sich in einem Traktat leidenschaftlich gegen den neuen
Papst Benedikt, gegen seine Einmischung in die Reichspolitik und gegen die Kaiserprozesse. Dieses Schriftstück atmet schon den Geist von
Rhense, der ein Jahr später im »Kurverein« dokumentiert werden sollte. In verschiedenen politischen Traktaten – als Höhepunkt dieser Tätigkeit nimmt man das Jahr 1338 an – vertritt Ockham eine kaisertreue,
konservative Richtung. Bis zum Ende des Wittelsbachers hat er ihm seine Feder zur Verfügung gestellt – wir werden ihren Linien noch begegnen im Zusammenhang mit dem Koblenzer Reichstag von 1338 und

mit der Tiroler Eheangelegenheit Ludwigs des Brandenburgers. Zwei Jahre nach seinem Beschützer starb Wilhelm und wurde – möglicherweise als Opfer der Pestwelle – in der Münchner Minoritenkirche beigesetzt. Sein Grab befand sich neben dem des Bonagratia von Bergamo im Chor und verschwand mit dem Abbruch der Kirche 1802.

Kaiser und Kurie unter Benedikt XII.

Mathias von Neuenburg, dem wir eine novellistisch bereicherte Schilderung des Zeitgeschehens verdanken, leitet das Ereignis der Papstneuwahl mit einer Geschichte ein, die für seine Zeit so signifikant ist, daß sie dem Leser nicht vorenthalten werden soll: Als Papst Johannes starb, befand sich gerade ein Bischof, von Rom kommend, auf dem Weg nach Avignon. »... dieser hatte in der Nacht, in welcher der Papst starb, im Traume eine Erscheinung, welche sagte: ›Suchst du den Papst? es giebt keinen‹, und gleich darauf setzte sie hinzu: ›Willst du den Papst sehen? sieh, dieser ist es!‹ und zeigte ihm einen großen, unbekannten Mann. Als er nun seine Reise fortsetzte, hörte er vom Tode des Papstes. Bei seiner Ankunft in Avignon besuchte er die zur Berathung sich versammelnden Kardinäle und schaute jeden einzelnen genau an, und da er die ihm gezeigte Person nicht fand, fragte er, ob alle Kardinäle versammelt wären. Man antwortete ihm: ›Alle bis auf den weißen Kardinal (weißes Ordenskleid) vom Orden der Zistercienser.‹ Er besuchte diesen also in seiner Behausung und bei genauer Betrachtung erkannte er das ihm gezeigte Gesicht, weshalb er zu ihm allein in seinem Gemache sagte: ›Vater, ihr seid der zukünftige Papst.‹ Darüber lachte jener, weil gar keine Aussicht auf seine Erhöhung bestand, indem er von allen der niedrigste und ärmste war; der Bischof aber erzählte ihm sein Traumgesicht und fügte bei: ›Vater, der, welcher mir euch gezeigt hat, führte mich in einen schmutzigen, mit Unrath angefüllten Stall, wo ich einen Kasten von blendend weißem Marmor, aber leer, sah. Ihr seid dieser Kasten und müßt denselben während eurer Amtsführung mit Tugenden anfüllen; und, o Hirte und Herr des Stalles! reiniget den apostolischen Hof und Stuhl, der jetzt ein schmutziger Stall ist, von dem Unrathe des Geizes und der Simonie und laßt euch die heilige römische Kirche und die Stadt Rom anbefohlen sein.‹ Und sieh! bei der Wahl wurde er von so vielen Kardinälen, welche von alle dem nichts wußten, bedingnisweise erwählt, nämlich so: ›Ich wähle den und den, wenn dieser es aber nicht sein kann, will ich den Weißen‹, daß es sich ergab, daß er von zwei Dritteln gewählt wurde.«[47]

Für den Zeitgeist bezeichnend sind zwei Dinge: 1. Alles Große – in gutem und in schlechtem Sinne – kündet sich durch Zeichen des Himmels an, in diesem Fall durch eine Traumvision; 2. Mathias überträgt seine Meinung über den derzeitigen Zustand der Kurie auf einen Bischof und läßt diesen den apostolischen Stuhl als »schmutzigen Stall« beschimpfen. Er billigt also auch der hohen Geistlichkeit ein selbständiges Urteil über die höchste kirchliche Instanz zu. Tatsächlich ist dies nur eine von zahlreichen kritischen Äußerungen, die in diesen Jahren immer stärker und dringlicher werden: Sie fordern eine Reform des kurialen Finanzgebarens und des Lebenswandels der Kleriker. Diese Reformrufe drohen den herkömmlichen Rahmen geistlicher Autorität zu sprengen, sie münden schließlich in die großen Reformkonzilien des beginnenden 15. Jahrhunderts.

Der Nachfolger Johannes' XXII. wurde am 20. Dezember 1334 gewählt und trat unter dem Namen Benedikt XII. am 8. Januar 1335 sein Amt an. Wer war dieser Mann, auf den die Friedenserwartungen, die Hoffnung auf Recht und Gerechtigkeit in der Christenheit zielten? Er hieß Jakob Fournier und stammte – wie sein Vorgänger – aus Südfrankreich; auch er war Franzose von starkem Nationalbewußtsein und somit dem französischen Staatswohl in besonderem Maße verpflichtet. Dies war für die Sache des Reiches und des deutschen Kaisers von vornherein ein Negativum. Allerdings kam Benedikt nicht aus dem Karrierekampf des weltlichen Klerus, er war Ordensmann, der auch als Papst das Gewand des Zisterziensers trug, wenn auch kein extremer Asket: Sohn eines Bäckers und – wie die Bildnisse zeigen – weltlichen Genüssen anscheinend nicht abgeneigt, mit frischen, weichen, gutmütigen Zügen, einem kleinen sanften Lächeln im Gesicht. Oder täuschte die Fassade? Man bekam zu hören, er habe sich bei den Ketzerprozessen im Süden Frankreichs als Inquisitor hervorgetan – war er wirklich der gütig segnende Vater, wie ihn die Steinplastik aus den Vatikanischen Grotten darstellt? Man konnte ihm persönlich nichts nachsagen: Schacher mit Pfründen, Begünstigung von Freunden und Verwandten hatten bei ihm keine Chance. Er wechselte die außenpolitischen Berater am kurialen Hof, ließ gewissenhaft Gesuche, diplomatische Schriften und theologische Untersuchungen registrieren. Konnte man auf Grund dieser Haltung des neuen Papstes eine Lösung der großen kirchlichen Probleme erhoffen?

Benedikt hatte kaum den Krönungsakt hinter sich, als das Netz der französischen Europapolitik nach ihm ausgeworfen wurde. König Philipp VI. von Frankreich forderte von ihm seine Anerkennung als Vikar bzw. Vizekönig von Italien. Es sah fast so aus, als ob ein Konflikt mit dem Kaiser provoziert werden sollte. Anscheinend war diese Meinung auch im Kardinalskollegium stark verbreitet. Hier wurden Stimmen laut, die für eine Aussöhnung mit Ludwig dem Bayern plädierten. Eine Denkschrift aus diesen Kreisen wies darauf hin, daß man sich gegen Christus versündige, wenn man im Falle des Bayern die Barmherzigkeit ausschlage; man habe andere Sünder wie etwa die Geschlechter der Este und der Visconti in den Schoß der Kirche wieder aufgenommen, während man diesem Reumütigen die Rückkehr verweigere. Auch sei der von dem Apostelfürsten ersehnte Kreuzzug gegen die Türken nur mit einer geschlossenen Christenheit durchzuführen. Und so wurde die Maschinerie der Verhandlungen wieder in Gang gesetzt.

Eine erste deutsche Abordnung – ihr Beglaubigungsschreiben stammt vom 10. März 1335 – wurde sorgfältig ausgesucht, um Fühlung mit dem neuen Papst aufzunehmen und ein günstiges Klima zu schaffen: Ulrich von Augsburg, Marquart von Randegg, Eberhard von Tumnau, Ludwig d. J. von Öttingen, alles Adelige aus angesehenen süddeutschen Geschlechtern. Der Chronist berichtet, der Freisinger Domherr Marquart von Randegg (s. u.) sei am päpstlichen Hof als Sprecher der deutschen Delegation vor die Versammlung getreten und habe in wohlgesetzten Worten um Lossprechung vom Interdikt gebeten. Der Papst habe geantwortet, er fühle sich geehrt, wenn Deutschland wieder zum Baum der Kirche zurückfinde und er hoffe auf Befriedung der Welt durch den edelsten Herrn Ludwig. Benedikt XII. schien also einer Aussöhnung – allerdings im Rahmen eines kanonischen Rekonziliationsprozesses – nicht abgeneigt[48]. Mit den schönsten Erwartungen kehrten die Abgeordneten im Juli zurück, um mit dem Kaiser in Nürnberg weitere Schritte zu beraten.

Die Gesandten mußten allerdings eine Niederlage in einer ihnen vom Kaiser übertragenen anderen Mission melden: Die der Papststadt in Südfrankreich benachbarte Grafschaft Vienne (Delphinat oder Dauphiné) zwischen Savoyen und der Provence war schon vor König Rudolf von Habsburg ein strittiger Punkt zwischen Deutschland und Frankreich gewesen. Auch bei den Verhandlungen König Albrechts und Herzog Leopolds mit dem französischen König (1299 und 1324) hatte sie eine Rolle gespielt. Die Lehenshoheit des Reiches über dieses Gebiet und das anschließende Arelat (später: Burgund) mit der Stadt Arles als Mittelpunkt war nie aufgegeben, aber nur selten wirksam geworden[49]. Im Besitz der Grafschaft Vienne war seit 1333 Humbert II., der sich bisher erfolgreich gegen Versuche des französischen Throns, sich in diesem

Gebiet festzusetzen, gewehrt hatte. Einer der Gesandten Ludwigs bei dem Anknüpfungsversuch in Avignon, Ludwig von Öttingen, hatte auch Humbert von Vienne aufgesucht (April 1335). Er war bevollmächtigt, diesen mit dem Königreich Arelat zu belehnen. Doch Humbert weigerte sich, Ludwig den Bayern vor einer päpstlichen Entscheidung als Imperator anzuerkennen und huldigte bald darauf dem französischen König als Lehensherrn. König Ludwig aber versuchte mit der ihm eigenen Zähigkeit auch später noch mehrmals – z. B. im Sommer 1337 – Humbert für sich zu gewinnen[50].

König Philipp VI. wurde nicht müde, den Papst und die Kardinäle vor einer Aussöhnung mit dem Deutschen zu warnen. Auch Robert von Neapel äußerte, Benedikt solle sich vor einer Begünstigung der Ketzer hüten. Dem Chronisten Mathias von Neuenburg zufolge habe der Papst selbst darauf hingewiesen, daß auch die Kurie an dem Bayern schuldig geworden sei. »Wir haben viel mehr gegen ihn gefehlt«, soll er gesagt haben, man habe den Versöhnungswilligen immer von neuem gereizt[51]. Der König von Frankreich soll daraufhin argumentiert haben, Benedikt könne durch seine Entscheidungen zugunsten eines Hilflosen nicht zahlreiche Fürsten beleidigen. Und Philipp VI. ließ seinen Worten Taten folgen, die einer Erpressung gleichkamen: er sperrte alle Einkünfte der Kardinäle in Frankreich.

Für Ludwigs Sache setzte sich nicht nur der Vater der Kaiserin, Wilhelm von Holland-Hennegau, ein; auch die Habsburger traten als Fürsprecher auf. Noch im gleichen Jahr reiste eine weitere deutsche Gesandtschaft nach Avignon, vom Kaiser in offizieller Form angekündigt. Ihre schriftlichen Weisungen (Prokuratorien und Gesandtschaftsinstruktionen) sollten dem Papst die Vorstellungen des deutschen Königs vom Prozeßverlauf und den Sühnemaßnahmen sowie seine Vorbehalte kundtun. Die Kirche wird von Ludwig als einzige Heilsvermittlerin anerkannt, die eigene Schuld (Appellationen, Verstöße gegen kirchliche Satzungen, papstlose Kaiserkrönung u. a.) zugestanden. Als Ketzer aber bekenne er sich nicht schuldig, er sei nie wissentlich vom rechten Glauben abgewichen, ließ Ludwig wissen. Ehre und Bestand des Reiches sollten nicht angetastet werden. Einer formalen Approbation der Wahl wolle er zustimmen: »Ir sulent wissen ... daz uns der babst approbier zu einem roemischen kuenig, als es gewonlich ist dem rich, und den kaiserlichen namen in zeitlichen fristen wider geben werde mit der weihung.«[52]

Auch das darauffolgende Jahr (1336) ging mit Verhandlungen hin – von März bis Anfang September lassen sich Delegationen in Avignon nachweisen. Aus dem Papst spricht mehr und mehr der politische Mentor: Die Versöhnung mit dem deutschen Herrscher wird von einem Bündnispakt Deutschland-Frankreich abhängig gemacht; damit soll der gefährlichste Gegner Frankreichs, England, getroffen werden. Man munkelte nämlich – und befürchtete nicht zu Unrecht –, Deutschland führe geheime Verhandlungen mit England. Immer wieder wird die endgültige Entscheidung verschleppt, die Boten Monat für Monat hingehalten. Langsam war auch den kurial gesinnten Kreisen in Deutschland klargeworden, daß der Papst in seiner Handlungsfreiheit gehemmt und dem französischen Thron hörig war. Je mehr Nachgiebigkeit der Kaiser zeigte und auf die immer neuen Forderungen seines Gegners einging, um so mehr erschien nun der päpstliche Versöhnungswille vor der Öffentlichkeit in Frage gestellt[53].

Im März 1336 hielt sich der französische König mehrere Wochen zu Geheimverhandlungen in Avignon auf. Offiziell verlautete, man bespreche den geplanten Kreuzzug, der wegen europäischer Unruhen wieder hinausgeschoben werden mußte. Die Einnahmen aber, der Kreuzzugszehnte, verblieben dem französischen Staat. Ein Aufstand des burgundischen Adels sei von deutscher Seite geschürt worden, wurde propagandistisch verbreitet. Benedikt warf nun Kaiser Ludwig franzosenfeindliche Machenschaften vor, wogegen sich dieser höflich verwehrte: Man sei bereit, mit dem französischen König und dem Herzog von Burgund den Fall zu klären. Auch Kaiserin Margarete, die eine Nichte Philipps VI. war (die Gattin ihres Vaters, Gräfin Johanna, war die Schwester König Philipps), suchte in einem persönlich gehaltenen Brief bei ihrem Onkel zu vermitteln[54]. Graf Wilhelm von Jülich schaltete sich als kaiserlicher Beauftragter am französischen Hof ein: Ludwig werde während der Verhandlungen keine anderweitigen Bündnisverpflichtungen eingehen; dies beschwor er am 23. Dezember 1336 im Namen des Kaisers. Ende Januar 1337 kam zur Unterstützung Wilhelms von Jülich, der von Paris nach Avignon weitergereist war, noch eine Gesandtschaft aus Deutschland hinzu, geführt von Pfalzgraf Ruprecht I., dem Neffen des Kaisers. Formal waren alle Forderungen des Papstes erfüllt worden. Benedikt zögerte die Entscheidung hinaus und wartete auf das Eintreffen der französischen Gesandtschaft. Sie ließ auf sich warten. Ganz Europa sah mit Spannung nach Avignon. England, Frankreich, Burgund, Italien und Deutschland waren von dem kirchlichen Akt mit weltpolitischem Hintergrund unmittelbar betroffen. Der Papst scheint zu diesem Zeitpunkt mit der Möglichkeit einer baldigen Absolution Ludwigs ernsthaft gerechnet zu haben. Er überreichte, wie der Geschichtsschreiber Heinrich von Diessenhofen überliefert, dem Pfalzgrafen Ruprecht die »Goldene Rose« (Tugendrose), ein Sinnbild der Tugend und Friedensbereitschaft[55]. Eine überraschende öffentliche Auszeichnung für den Gesandten eines »Häretikers«! Vermutlich sollte diese Geste die peinliche Situation überbrücken, die durch das monatelange Warten auf eine Entscheidung entstanden war[56].

Benedikt stellte in einem ausführlichen Brief an den französischen König nochmals seine eigene Verantwortung, die er dem Seelenheil so vieler gläubiger Christen im Reich und dem Glauben selbst gegenüber trage, heraus; er dürfe ohne einleuchtenden Grund die Verhandlungen zur Rückführung des Bayern nicht verweigern, zumal dieser sich zur Unterwerfung unter die Bedingungen der Kirche bereitfinde[57].

Kurze Zeit später trafen zwei Erzbischöfe – darunter der nachmalige Papst Clemens VI. – und einige Diplomaten als Abordnung König Philipps VI. ein. Benedikt befand sich in dem Dilemma, seine Entscheidung nach den verschiedenen Gesichtspunkten treffen zu müssen; er wollte die kirchliche Ordnung wiederherstellen und zugleich einer Zuspitzung der militärischen Gefährdung Westeuropas entgegenwirken[58].

Am 11. April 1337 wurde ein feierliches Konsistorium einberufen, und wiederum war es Marquart von Randegg, der das Anliegen Kaiser Ludwigs vortrug[59]. Als hoher Geistlicher – Domherr von Freising, später Bischof von Augsburg und Patriarch von Aquileja – war er Experte im kanonischen Recht und im diplomatischen Verhandlungsstil. Er führte eine sehr entschiedene Sprache. Nochmals wies er auf die tiefe Verstörung Deutschlands durch das Wüten der Prozesse hin und ermahnte den Papst, seine Hirtenpflicht zu erfüllen und dem Bußfertigen Versöhnung zu gewähren. Ludwig habe alle Voraussetzungen zu einer Wiederaufnahme in die Kirche erfüllt; wer gegen diese arbeite, könne nur als »Werkzeug des Teufels« bezeichnet werden. Abschließend rief Marquart von Randegg nochmals die Güte und Barmherzigkeit des Papstes an. Allen Anwesenden war klar geworden, daß die Rede darauf angelegt war, den Papst theologisch in die Enge zu treiben.

Ob sich nun Benedikt XII. durch die versteckte Drohung des deutschen Gesandten gereizt und verstimmt fühlte oder ob der französische Einfluß ihn letztlich zu einer Änderung seiner Haltung bewog, ist wegen der lückenhaften Wiedergabe des Verhandlungsablaufes kaum zu entscheiden[60]. Er stellte die Reue Ludwigs des Bayern in Abrede und verglich ihn mit dem Drachen der Apokalypse. Es sei daran erinnert, daß sich vor hundert Jahren Kaiser Friedrich II. und Papst Gregor IX. in der letzten Phase ihres Kampfes ebenfalls gegenseitig mit dem apokalyptischen Tier verglichen hatten: »Es öffnet seinen Rachen zur Lästerung des göttlichen Namens und greift das Haus des Herrn und die Heiligen, alles zu zermalmen und mit seinen Füßen zu zerstampfen ...« So konnte man nur sprechen, wenn man nicht mehr an den Verhandlungstisch zurückkehren wollte. Damit waren die Würfel gefallen.

Für Ludwig den Bayern mag die Entscheidung aus persönlichen religiösen Motiven ein Schlag gewesen sein; für seine innen- und außenpolitische Stellung bedeutete sie zunächst keine Beeinträchtigung. Dies sollten die Ereignisse des Jahres 1338 erweisen.

V Gewinn und Verlust

Der Blick nach dem Nordwesten

Wie Burgund und das Arelat an der südwestlichen Reichsgrenze, so stellten die Niederlande einen gefährlichen Wetterwinkel im Nordwesten des Reiches dar. Hier prallten Interessen aufeinander, deren Stärke sich zeitweise die Waage hielt: der französische König im Bunde bzw. in der konkurrierenden Partnerschaft mit den Luxemburgern auf der einen, der deutsche Anspruch und die englische Einflußkraft auf der anderen Seite. Dazwischen die kleineren und größeren einheimischen Adeligen, die Kaufleute, das Volk der sich in Flandern und Brabant häufenden Städte.

Die Grafen von Flandern standen zusammen mit den Räten der großen Städte an der Spitze eines blühenden Gemeinwesens. Sie hatten bisher eine nahezu selbständige Politik nach außen geführt und im Innern ein gesundes, fortschrittliches Wirtschaftsleben (z. B. einheitliches Maß- und Münzsystem) gefördert. Auch die nördlich anschließende Grafschaft Holland zählte zu den reichsten und modernsten Ländern der damaligen Zeit. Handel und Gewerbe gediehen in den Zentren Delft, Den Haag, Dordrecht, Utrecht und Amsterdam; die Künste erreichten dort eine erste Blüte.

Dieser Städtelandschaft im Nordwesten des Reiches kam – neben der Hanse im Nord- und Ostseebereich und dem oberitalienischen Ballungsraum – eine dominierende Stellung im Wirtschaftsgefüge Europas zu. Der Kampf der großen Mächte riß die Einwohner dieser Gebiete in Parteien auseinander; sie mußten in der Folgezeit ein grausames Grenzlandschicksal erleiden. Klassenkämpfe entwickelten sich und nahmen sozialrevolutionären Charakter an.

1326 hatte sich Flandern einem von Frankreich diktierten Frieden beugen müssen. Aber die Unruhe in den Städten schwelte; sie ging aus der Auflehnung des Volkes gegen den französischen Einfluß und den franzosenfreundlichen Adel hervor und wandte sich vor allem gegen Graf Ludwig, der mit einer Tochter des französischen Königs vermählt war.

Der Kampf wurde von beiden Seiten mit Grausamkeit geführt. 1327 wandten sich die Aufständischen (»Kerels«) von Brügge und Ypern um Unterstützung an England. In einer blutigen Schlacht (Mont Cassel 1328) gewann jedoch Frankreich erneut die Oberhand. Graf Ludwig ließ 500 Rebellen hinrichten[1].

Am 8. Oktober 1327 war König Eduard III. von England zum ersten Mal dem Gegenspieler, König Johann von Luxemburg-Böhmen, der damals Frankreichs Interessen in diesem Raum wahrnahm, handelnd entgegengetreten: er hatte die Kaufleute von Mecheln unter seinen Schutz gestellt. Diese Stadt gehörte zu den wichtigsten Handelszentren an der Rheinmündung. Sie unterstand dem Herzog Johann III. von Brabant, der ein Jahr später für ein Bündnis mit England gewonnen werden konnte. Beide Fürsten – Eduard und Johann III. – waren Vettern, und so schien die Einflußnahme Englands auch durch verwandtschaftliche Bande gefestigt. Johann hatte nun seinen Sohn einer Tochter des Grafen Wilhelm von Holland-Hennegau verlobt und beharrte auf dieser Verbindung, auch als am französischen Hof intensive Bemühungen einsetzten, eine französische Prinzessin hier ehelich-politisch wirksam werden zu lassen. Es gab laufend Reibereien mit Frankreich, und Philipp VI. schloß sich vertraglich noch enger mit Johann von Böhmen zusammen (Fontainebleau 1332), der wiederum zahlreiche niederdeutsche Adelige auf seine Seite zu ziehen wußte. Schon zu diesem Zeitpunkt schien eine schwere Auseinandersetzung zwischen England und Frankreich unmittelbar bevorzustehen. Frankreichs Verhandlungsgeschick, seinen Schmiergeldern – durch die gewaltigen Kreuzzugseinnahmen konnte man ja aus dem vollen schöpfen – und Landverschungen gelang für dieses Mal ein unkriegerischer Sieg: Der Graf von Geldern und Wilhelm von Jülich traten auf die französische Seite (Mai 1332), Herzog Johann von Brabant wurde zu Verhandlungen gezwungen und mit einer Rente von 2000 Pfund pro Jahr in Abhängigkeit vom französischen Thron genommen. Dies war ein Gegenschlag zu Englands Streben, sein Gewicht in diesem Gebiet zu verstärken – ein Schlag auch gegen die Intentionen Ludwigs des Bayern.
Der Zündstoff ging auch in den folgenden Jahren nicht aus. Plötzlich schien sich das Blatt zu wenden, und Herzog Johann von Brabant sah sich einer von Frankreich wegstrebenden Koalition der niederländischen Adeligen und Wilhelms III. von Holland-Hennegau gegenüber. Wiederum war es die Stadt Mecheln, die von sich reden machte. Johann von Brabant nahm es als Herausforderung, daß der Bischof von Lüttich

im Mai 1333 die Stadt an Ludwig von Flandern verkaufte. Dieser
wandte sich an Philipp VI. und Papst Benedikt XII. um Unterstützung.
Es kam zu offenen Auseinandersetzungen mit dem Domkapitel von
Lüttich um die Stadt.

Hier im Nordwesten des Reiches begann zum ersten Mal in der Geschichte Europas so etwas wie ein Wirtschaftskrieg, wenngleich ökono-
mische Verflechtungen auch bei früheren Auseinandersetzungen eine
Rolle gespielt hatten, denken wir nur an die Bedeutung der reichen
lombardischen Städte für die deutsche Italienpolitik. England hatte mit
wirtschaftlicher Zielsetzung bereits 1327 die Interessen der Kaufleute
von Mecheln gewahrt; nun wurde die englische Wollausfuhr (Oktober
1336) – eine lebenswichtige Rohstoffquelle für die flandrische Textil-
industrie – gedrosselt und staatlich monopolisiert. Der Rohstoffmangel
traf das dicht bevölkerte flandrische Industriezentrum empfindlich. Fi-
nanzmittel, Schiffe, ja sogar alle Reisenden – auch geistliche Würdenträger – unterlagen der Kontrolle königlich englischer Beamter. Die
Güter der flandrischen Kaufleute in England wurden beschlagnahmt.
Der wirtschaftliche Druck war vor allem gegen Graf Ludwig von Flandern und seine französischen Verbündeten gerichtet, aber er traf in erster Linie das Volk der Städte, die Kaufleute und Arbeiter von Gent,
Brügge, Ypern usw. Ihnen war mit der Arbeit die Existenz gefährdet;
die Lebensmittel wurden knapp, eine ungeheure Teuerung führte zu sozialen Unruhen und blutigen lokalen Auseinandersetzungen[2].

Während also Flandern seinem wirtschaftlichen Ruin zusteuerte, zog
Brabant Gewinn aus diesem politisch-ökonomischen Kräftemessen. Johann von Brabant schloß sich nun ganz dem englischen Vorhaben an
und erreichte dadurch, daß die englische Wolle und ihre industrieför-
dernde Wirkung in sein Land einströmte. Den Engländern gewährte er
freien Zugang zu ihren Stapelplätzen. 1337 schloß er mit England einen Handelsvertrag ab, wobei u. a. der Wolleinkauf seiner Kaufleute in
England geregelt wurde. Keine Wolle durfte nach Flandern abgegeben
werden. Englische Beamte waren ständig in diplomatischer Mission unterwegs; in den Rathäusern der niederländischen Städte, an den Höfen
der Herren, besonders bei Rainald von Geldern, Wilhelm von Holland-Hennegau und dessen Schwiegersohn, Wilhelm von Jülich. Ihre
Einflußnahme spannte sich bis hin nach Köln und Limburg. Sachver-
ständige Leute wie John Walwayn verhandelten in Antwerpen, das
einen ungeheuren Aufschwung erlebte und Brügges bisherige Markt-
funktion übernahm; Vertreter niederländischer Wirtschaftskreise führten am englischen Hof Besprechungen. Englischer Finanzexperte war

der »Thesaurar« (Finanzminister) und Vertrauensmann des englischen Königs, Heinrich Burgersh, nebenbei auch Bischof von Lincoln. Er hatte um sich einen Kreis erfahrener Diplomaten, Wirtschaftskenner und Rechtsberater versammelt; reiche Mittel standen ihm und seinen Gesandten zur Verfügung: sie ermöglichten eine ausgedehnte Agententätigkeit, ein großzügiges Handhaben von Belohnungen, Festlichkeiten, Heiratsvermittlungen.

Voraussetzung für diese politischen Aktionen war, daß in England – im Gegensatz zu Deutschland – seit König Eduard I. das gute Verhältnis von Thron und Parlament laufend intensiviert worden war und zu echter Zusammenarbeit der Stände geführt hatte. Aus solcher Machtfülle heraus konnte sich England mit ultimativen Forderungen an König Philipp VI. von Frankreich wegen Friedensverhandlungen und Regelung der niederländischen Verhältnisse wenden. Als Abgeordnete hatte man Johann von Holland-Hennegau und Gräfin Johanna, die Schwester des französischen Königs, bestimmt. Aber auch diese verwandtschaftliche Geste vermochte das Mißtrauen Philipps nicht zu zerstreuen.

Valenciennes, die Hauptstadt des Wilhelm von Holland-Hennegau, war Mittelpunkt der englisch-niederländischen Zusammenarbeit und Propaganda auf dem Festland geworden. Dort wurden im Frühjahr 1337 die meisten niederländischen Fürsten zum Krieg gegen Frankreich verpflichtet. Der englische König sagte zu, zum Schutz der holländischen Marken jährlich tausend Bewaffnete zu finanzieren (24. Mai 1337). Eine große Zahl niederländischer Herren trat vertraglich in englische Dienste; sie erhielten Soldzahlungen für die von ihnen zu stellenden Soldaten, und zwar 15 Gulden für jeden. Die Grafen von Holland-Hennegau, von Berg, von Limburg und andere schlossen Subsidienverträge mit England ab. Johann von Brabant fand sich im Juli 1337 zu einem militärischen Pakt mit England bereit. Herzog Ludwig von Brandenburg, Pfalzgraf Rudolf und Marquart von Randegg folgten diesem Beispiel. Der Beitritt der beiden letztgenannten Fürsten zur englischen Allianz, die im Frühjahr des gleichen Jahres noch als maßgebende kaiserliche Prozeßvertreter in Avignon aufgetreten waren, kam demonstrative Wirkung zu: Die Periode der Ausgleichsversuche mit dem Papst und Frankreich war abgeschlossen[3].

Bei den Verhandlungen, die der deutsche Kaiser in diesen Jahren mit Avignon führte, war immer wieder die Angst Frankreichs durchgeschlagen, Deutschland werde sich dem großen Feind des Landes verbünden. Ein Vertrag mit Frankreich sollte schließlich Bedingung einer Aussöhnung Ludwigs mit der Kirche sein. Auf dem wichtigen Reichstag zu

Nürnberg im Juli 1335 gehörte Berthold von Henneberg, der im Norden Deutschlands über großen Einfluß verfügte (s. S. 114f), zu den maßgebenden Beratern des Kaisers. Mehrere niederländische Grafen, die 1337 dann dem englischen Bündnis beitraten, wie Wilhelm von Jülich, Gerlach von Nassau u. a. sowie Gesandte aus England waren damals anwesend. Bei all den kirchen- und innenpolitischen Auseinandersetzungen dieser Jahre spielte der Gedanke an ein eventuelles Zusammengehen mit den englischen Interessen mit herein.

Auf dem Reichstag in Frankfurt, Ende Juli 1337, auf dem die Unversöhnlichkeit des Papstes Hauptthema war, stand auch die niederländische Frage auf dem Programm. Graf Wilhelm III. von Holland, der Schwiegervater des Kaisers, war am 7. Juli des Jahres verstorben, sein Sohn Wilhelm IV. – Schwiegersohn Johanns von Brabant – folgte ihm in der Herrschaft Holland-Hennegau nach. Es ging auch um die wichtige Nachfolge des Verstorbenen in der Ausübung der Reichsgewalt in den Niederlanden. Nicht nur eine starke englische Abordnung, auch die rivalisierenden Grafen Wilhelm von Jülich, Johann von Brabant und Rainald von Geldern hatten sich zum Reichstag eingefunden. Zunächst bestimmte der Kaiser Rainald von Geldern und Wilhelm von Jülich als Reichsvikare in dem am meisten gefährdeten Gebiet um Cambrai. Es gilt als sicher, »daß irgendeine Art Stellvertretung in Reichsrechten« auch an König Eduard von England übertragen wurde[4]. Nach den Bestimmungen des Beistandspaktes sollten von ihm 300 000 Goldgulden aufgebracht werden; dafür hatte der Kaiser 2000 Bewaffnete auf zwei Monate zu stellen. Wenn dieser sich innerhalb von sechs Wochen nach Empfang der Subvention nicht selbst am Krieg gegen Frankreich beteiligte, konnte Eduard die Rechte eines Reichsvikars wahrnehmen. Bis Ende September sollte das kaiserliche Heer auf englische Kosten aufgestellt sein.

Daß ein bewaffnetes Vorgehen auch gegen Avignon damals in Betracht gezogen wurde, geht aus einem Brief König Eduards von England an Ludwig hervor (26. August 1337), in dem die Rede von dem Plan ist, Benedikt durch kriegerische Intervention in Avignon zum Frieden zu zwingen[5]. Auf solche Absichten weisen auch die erneuten Bemühungen um Humbert von Vienne hin (s. S. 214). Bei Mathias von Neuenburg findet sich im Anschluß an die Beschreibung der vergeblichen Verhandlungen in Avignon der Satz: »Man sagte aber, das Heer des Fürsten [Kaiser Ludwigs] wäre, solange es Mundvorrath hatte, in allen Theilen der Welt unbesiegbar gewesen.«[6]

Durch die angedeutete reichsrechtliche Stellung des englischen Königs in den Niederlanden stand einer Landung englischer Truppen nichts mehr im Wege. Doch ließ der Vollzug der Abmachungen – sowohl Landung als auch Zahlungen – auf sich warten. Erst in langwierigen Vorbereitungen konnte Eduard III. ein schlagkräftiges Heer schaffen, das dann im Hundertjährigen Krieg gegen Frankreich (1339 bis ca. 1450) erfolgreich eingesetzt wurde.

Zunächst kamen durch Vermittlung des Papstes abermals Verhandlungen zwischen den großen Gegnern Westeuropas zustande, ohne daß die Kontakte England-Deutschland deshalb vernachlässigt wurden. Der Blick auf die Verhältnisse in den Niederlanden hat folgendes klar gemacht: Von den dreißiger Jahres des 14. Jahrhunderts an zeichnet sich in Europa eine Schwerpunktverlagerung vom italienisch-mittelmeerischen Raum nach dem Nordwesten hin ab. Es ist nicht so, als ob die niederdeutschen Städte und England erst in der Zeit der großen Weltfahrer und Entdecker zum Leben erwacht und aufgeblüht wären. Hier an den Mündungen von Rhein, Schelde und Maas, hier um die Handelsstädte Dordrecht, Rotterdam, Delft, Leiden, Amsterdam, Haarlem, Valenciennes, Mons usw. lagen die neuen Interessenschnittpunkte der europäischen Nationen, und dies bereits im ersten Drittel des 14. Jahrhunderts.

Kaiser Ludwig benützte die »Pause« im außenpolitischen Feld – als solche mußte die Verzögerung des Krieges erscheinen – zur innenpolitischen Festigung seiner Position.

Speyerer Bischofstreffen und Frankfurter Ständetag

Um den wichtigsten geistlichen Sitz im deutschen Reich, das Erzbistum Mainz, verbunden mit der Reichskanzlerschaft, ging das Tauziehen nun schon seit Beginn der dreißiger Jahre. Balduin von Trier, der sich seinerzeit nach Ludwigs Rückkehr aus Italien durch ein Bündnis mit dem Kaiser Erfolg gegenüber dem päpstlichen Kandidaten versprochen hatte, neigte in der zweiten Hälfte des Jahrzehnts wieder ganz der französischen Seite zu. Er verband sich mit seinem Neffen, Johann von Böhmen, zu gemeinsamem Vorgehen u. a. in Oberitalien und in den Niederlanden. Er entschloß sich nun, seinen Verzicht auf das Erzbistum Mainz zu erklären (Ende 1336).

Der als Providierter des Papstes zu Amt und Würden gelangte Mainzer Erzbischof Heinrich von Virneburg hatte zunächst zu den schwerwiegendsten Gegnern Kaiser Ludwigs gezählt. Es ist signifikant für den Stimmungsumschwung, der sich 1337 durch die hartnäckige Versöhnungsweigerung des Papstes vollzog, daß sich auch Heinrich von Mainz der kaiserlichen Partei zur Verfügung stellte, und daß von ihm sogar die Initiative zur Formulierung der kaiserlichen Rechte ausging[7].

Bereits auf dem Reichstag zu Nürnberg 1335 war – durch Vermittlung Friedrichs von Meißen, eines erbitterten Gegners von Balduins Ausdehnungspolitik in Mitteldeutschland – eine erste Fühlungnahme des Mainzers mit Ludwig dem Bayern erreicht worden. Den endgültigen Anstoß zur Aussöhnung zwischen Heinrich von Virneburg und dem Kaiser gab dann das eigenmächtige Vorgehen der vom Papst für das Mainzer Bistum eingesetzten französischen Nuntien; sie suchten mehr und mehr die Verwaltung des Erzbistums Mainz an sich zu reißen. Nur durch die schweren Strafen, die auf Bruch des Landfriedens standen, konnte eine kriegerische Auseinandersetzung am Mittelrhein verhindert werden. Ab Juni 1337 war das Zusammengehen zwischen Heinrich von Mainz und Kaiser Ludwig festgelegte Sache. Das Domkapitel, ohne das der Erzbischof nicht zu regieren vermochte, erklärte sich – nach Zusicherung seiner Rechte – mit dem Virneburger einverstanden. Kaiser Ludwig bestätigte alle alten Privilegien für das Erzbistum, und Heinrich von Mainz verbot, daß irgendwelche feindlichen Bullen des Papstes verlesen wurden. Sie Suffraganbischöfe und die Städte forderte er zum Gehorsam dem Kaiser gegenüber auf. Diese Abmachungen wurden auf dem Frankfurter Reichstag am 29. Juni 1337 besiegelt.

Am 20. Februar 1338 befahl Benedikt XII. Heinrich von Mainz und elf seiner Domherren nach Avignon zur Verantwortung. Die Vorladung wurde nicht beachtet. Erzbischof Heinrich gelang es in den nächsten Monaten, auch den Bischof von Straßburg, Berthold von Bucheck, der bisher stets auf päpstlicher Seite gestanden und sehr unter dem kirchlichen Zwiespalt gelitten hatte, für die kaiserliche Partei zu gewinnen; allerdings war diesem Umschwung eine gewaltsame Gefangennahme des Bischofs durch das uneinige Domkapitel von Straßburg vorangegangen.

Das gesamte Episkopat des großen Mainzer Sprengels – zehn Bischöfe! – versammelte sich in Speyer am 22. März 1338 zu einer Art Provinzialsynode, an der auch der Kaiser teilnahm. In mehrtägigen Besprechungen setzte man sich mit der kirchlichen und politischen Situation und mit der schädlichen Wirkung des Kirchenkampfes auf Geistlichkeit und Kirchenvolk auseinander. Wie Mathias von Neuenburg berichtet, wollte man sich ein letztes Mal mit dieser Sorge an den Papst wenden; wenn dieser Aussöhnungsversuch wieder scheitern würde, sollten weitere Schritte unternommen werden. Man hat in diesen Erwägungen eine Verselbständigung des deutschen Episkopats gesehen, ja sogar einen Angriff auf den päpstlichen Primat[8]. Sicher war das außergewöhnliche Verhalten der Bischöfe auch durch die außergewöhnlich starre und deutschenfeindliche Stellung der Kurie provoziert.

Am 27. März 1338 wurde ein Brief an Benedikt XII. gesandt, in dem die Ergebnisse der Speyerer Tagung mitgeteilt und die Bitte um Aufhebung von Exkommunikation und Interdikt wiederholt wurde. In diesem Schreiben ist auch vom Volk die Rede, das sich gegen jene Kleriker, die das Interdikt befolgten, auflehne und die päpstliche Hartherzigkeit nicht verstehen könne.

Benedikt aber wies das Ansinnen der Bischöfe von sich und verbot ihnen den Gehorsam gegenüber Erzbischof Heinrich von Mainz, der sich neuerdings in die Prozesse gegen Ludwig den Bayern verstrickt habe. Der Chronist läßt durchblicken, daß diese Antwort selbst für den nationalfranzösisch gesinnten Papst eine tiefempfundene Belastung bedeutet habe. Benedikt, der die Abordnung der Bischöfe – darunter auch den Bischof von Chur – am Abend wohlwollend empfangen hatte, soll ihr am nächsten Morgen mit Tränen in den Augen mitgeteilt haben, der König von Frankreich habe ihm gedroht, daß ihm Schlimmeres widerfahren werde als seinerzeit Papst Bonifaz unter seinem Vorgänger, wenn er den Bayern losspreche[9].

Spannung lag in der Luft, alle Stände waren auf ihre Entladung begierig. Fieberhafte Verhandlungen setzten ein; vor allem taten sich die rheinischen Städte an Aktivität hervor. Mainz, Straßburg, Speyer und Worms schlossen einen gegenseitigen Beistandspakt. Diese und viele andere Städte schickten Abgeordnete zu dem Reichstag, den der Kaiser nun für 17. Mai 1338 nach Frankfurt einberief. Man hat diesen Reichstag, auf dem in bisher nicht gewohnter Weise der niedere Adel, die Städte und Domkapitel vertreten waren, einen Ständetag genannt. Im Deutschordenshaus traten die Delegierten zusammen. Der Kaiser setzte ihnen auseinander, wie er sich unter Papst Johannes XXII. und seinem Nachfolger immer wieder vergeblich um Aussöhnung mit der Kurie bemüht habe und wie alle Anstrengungen fortgesetzt mißachtet worden waren. Der Erzbischof von Mainz und seine Geistlichkeit habe sich kürzlich nochmals wegen eines Ausgleichs beim Papst eingesetzt, und der Kaiser bitte die Städte, von sich aus Briefe nach Avignon zu senden; mit dem Hinweis auf das Bibelwort (Math. 18, 15–19) fügte Ludwig der Bayer hinzu: Wenn der Papst dann auch den Städten kein Gehör schenke, möge er ihm als Heide gelten[10].

Die Rede fand großes Echo. Sie war bis ins letzte durchdacht, und rhetorisch ausgefeilt, sicher also keine spontane Äußerung des Kaisers. Nicht nur die Grundsätze des »Defensor pacis« klangen darin an, auch Ockhams großer »Dialogus« hat nach Meinung der Forschung Pate gestanden.

Wenn auch keiner der Original-Briefe im Vatikanischen Archiv erhalten ist, so gibt es doch mehrere Entwürfe für die verschiedenen Bittschriften der 36 Städte an Benedikt, und es gibt Berichte von Boten, die aus Avignon zurückkamen. Die Städte verwiesen auf das alte Reichsrecht der Wahl und Krönung des deutschen Königs und bezichtigten Papst Johannes des Verstoßes gegen diese Gewohnheitsrechte. Sie hoben nochmals den Schaden hervor, der für das Volk Christi aus dem Streit der obersten Spitzen von Staat und Kirche erwachse. Sie baten eindringlich, den »Kaiser« in Gnaden aufzunehmen, da sonst eine Rebellion gegen den Heiligen Stuhl die Folge sein könne. Auch die Geistlichkeit des Kölner Sprengels und mehrere Fürsten erklärten sich solidarisch und wandten sich in eigenen Schreiben an den Papst – es muß ein Berg von deutschen Briefen durch Boten in Avignon eingetroffen sein! Die Intensität der deutschen Bitte wurde durch die Vielfalt der Stimmen zu einer gewaltigen, ja bedrohlichen Demonstration. Tatsächlich waren damals weite Kreise in Deutschland bereit, Ludwig anzuhangen, selbst auf die Gefahr einer Trennung von der Kirche. Konrad von Megenberg (s. S. 205), der ein Leben lang um eine gerechte Ordnung zwischen Sacerdotium und Imperium bemüht war und Entartungen auf beiden Seiten geißelte, trat in seinem 1337 vorgelegten Werk »Planctus ecclesiae in Germaniam« für ein starkes Reich mit einem mächtigen Kaiser an der Spitze ein: Der ganze Erdkreis flehe für Kaiser Ludwig, Maria, die schmerzhafte Mutter unter dem Kreuze und die glorreiche Königin des Himmels, das göttliche Kind in der Krippe, die Sonne, die Sterne des Himmels, die Kirche und ganz Deutschland. Ihr ganzes Volk sammelt die Alemannia vor dem Thron des Papstes, Scharen von Rittern, von Bischöfen, von Priestern und Scholaren, von blühenden Jungfrauen und selbst die Gattin Ludwigs, die ein Kind unter dem Herzen trägt: alle rufen sie in gewaltigem Chor ein Miserere für Ludwig[11].

Auch die Chronisten geben dieser Stimmung im deutschen Reich Ausdruck. In der Vita des Kaisers heißt es, jeder Mensch, sogar die Engel und Apostel sündigten, aber Gott verzeihe den Reuigen: »Ist demnach der Hausvater selbst freigiebig, so kommt es dem Verwalter desselben [dem Papst] nicht zu, karg zu sein, sondern zu sprechen: Gehe hin und sündige nicht mehr!«[12]

Immer noch wollte Ludwig der Bayer also auf eine Regelung des Verhältnisses zur Kurie nicht verzichten. Gestützt auf Kurfürsten, Bischöfe und Städte hoffte er, die Gewährung der Absolution erwirken zu können[13]. Benedikt verharrte weiterhin auf seinem Standpunkt, daß dem Bayern weder König- noch Kaisertum zukomme und daher das Imperium vakant sei. Zwar rissen die diplomatischen Verhandlungen zwischen Avignon und dem kaiserlichen Hof nie völlig ab – deutsche Gesandtschaften haben noch kurz vor dem Tode Benedikts (April 1342) bei der Kurie vorgesprochen –, aber der päpstliche Grundsatz, daß eine kirchenrechtliche Prozedur mit den alten Forderungen unabdingbar für die Rekonziliation Ludwigs sei, wurde beibehalten.

Zum Schutz des Reiches (1338)

Der Mai-Rede des Kaisers mit dem Aufruf an die Städte hatte sich unmittelbar die Veröffentlichung eines unter dem Namen »Fidem catholicam profitentes« berühmt gewordenen Reichsgesetzes angeschlossen. Wortlaut und Ideologie erweisen es als Werk der geistigen Elite am kaiserlichen Hof, eines Ockham und eines Bonagratia. Hier ging es nicht mehr um die Rechte dieses einen König-Kaisers, sondern um die Rechte aller Fürsten, aller weltlichen Institutionen gegenüber den universalen Ansprüchen der Kurie[14]. Drei wichtige Bestimmungen wurden deklariert:

1. Die kaiserliche Gewalt stammt unmittelbar von Gott, nicht vom Papst. Unabhängig von Salbung und Krönung durch diesen kann der zum Kaiser Erwählte seine Rechte im Reich ausüben.
2. Johannes XXII. hat sich in den kurialen Prozessen Reichsrechte angemaßt; die Prozesse sind daher ungültig.
3. Wer gegen diese Ungültigkeitserklärung des Kaisers verstößt, geht aller Privilegien und Reichslehen verlustig.

Eine neue, harte und eindeutige Sprache wird hier gesprochen. Die Frage war nun, inwieweit die Kurfürsten sich hinter den Kaiser stellten. Es war gerade die Zeit lebhafter Verhandlungen mit der englischen Krone, und es ist nicht zu verkennen, daß das Bündnis mit Eduard III. Ludwig dem Bayern den Nacken steifte gegenüber Frankreich und den Gefahren im Innern. Auch Erzbischof Walram von Köln, der Bruder Wilhelms von Jülich, war dem niederländischen Bündnis zugeneigt, wie oben bereits festgestellt wurde. Dieses Bündnis erschien für den Erzbischof Balduin von Trier nicht ungefährlich: Da die Pfalz und das Elsaß, das Mainzer Erzbistum und nun auch der gesamte Adel am Niederrhein der

kaiserlichen Partei zugehörten, bestand die Möglichkeit, daß das Trierer
Territorium in die Zange genommen wurde. Balduin, der sich in den
letzten Jahren politisch weitgehend zurückgehalten hatte, war durch
seine Vertrauensleute wohl unterrichtet über die Vorgänge in den nördlich seines Territoriums gelegenen Gebieten sowie in Speyer und Frankfurt. Es konnte ihm nicht verborgen bleiben, wie stark die antifranzösische Welle über Deutschland hinbrauste, und daß bei vielen Fürsten
eine Änderung der Einstellung vor sich gegangen war. Maßgebender
Mann an Balduins Seite – schwer durchschaubar, mit allen Wassern
zeitgenössischer Diplomatie gewaschen – war sein Kanzler Rudolf Los-
se. Er besaß Pfründen im mitteldeutschen Raum (Erfurt, Eisenach) und
war schon deshalb an einem Ausgleich mit dem Mainzer Erzbischof interessiert. Von ihm soll die erneute Annäherung des Trierer Kurfürsten
an den Kaiser Ende der dreißiger Jahre ausgegangen sein[15]. Kaiser Ludwig hatte sich bereits mehrmals an Balduin gewandt, um ihn zur Teilnahme an den Gesprächen zu gewinnen, doch war dieser weder nach
Speyer noch nach Frankfurt gekommen; er hielt sich abwägend im Hintergrund.

Nachdem schon Ende des Jahres 1337 ein Anschluß Triers an die englische Partei in den Niederlanden in die Wege geleitet worden war – Rainald von Geldern hatte dies vermittelt –, kamen nun auch Verhandlungen mit Mainz in Gang, die am 12. Juli 1338 abgeschlossen wurden.
Die beiden Erzbischöfe versöhnten sich. Balduin von Trier erhielt Aus-
gleichszahlungen für mitteldeutsche Gebiete, der Mainzer wiederum
solche vom Kaiser (z. B. den Zoll von Lahnstein). Viele einzelne Privilegien zum Vorteil der wichtigen Kurfürsten wurden in mühseligen
Einzelverhandlungen ausgetüftelt und in den großen rheinischen Landfriedensbund eingefügt. Die kaiserliche Kanzlei hatte eine gewaltige Ar-
beitsleistung zu vollbringen. Es ist nicht so, daß der sogenannte Kurverein von Rhense, wie das Zusammentreffen der Kurfürsten am 16.
Juli 1338 und die dabei verfaßten Schriftstücke genannt werden, ein
spontaner Akt nationaler Erhebung gewesen wäre. Ein Geflecht von diplomatischen Bemühungen schriftlicher und mündlicher Art war dem
vorangegangen.

Mehrere Wochen hielt sich der Kaiser am Rhein auf; Gespräche mit
Abgeordneten der Kurfürsten, mit diesen selbst und seinen eigenen Beratern wurden geführt.

Bei der Zusammenkunft in Rhense (s. S. 58) waren anwesend: die drei
geistlichen Kurfürsten; Herzog Rudolf von Sachsen, der schon wegen
der Brandenburger Politik des Bayern ein Gegner Kaiser Ludwigs und

außerdem mit Johann von Böhmen befreundet war; Ludwigs Sohn, der Markgraf von Brandenburg; für die Pfälzer Kurstimme einer der Wittelsbacher Herzöge. Johann von Böhmen blieb fern.

Der Gang der Verhandlungen, der Anteil jedes einzelnen, Abstriche und Zusätze, Beeinflussung und Formulierungen usw. sind nur indirekt aus dem Ergebnis dieser Sitzungen zu erschließen. Den zahlreichen Ausfertigungen des abschließenden Schriftstückes zufolge müssen sowohl Beamte der kaiserlichen Kanzlei als auch Schreiber der einzelnen Kurfürsten anwesend gewesen sein. Der Kaiser war bei der eigentlichen Rechtsfindung und Abfassung des notariellen Dokuments nicht zugegen; er hielt sich jedoch in der Nähe auf, vielleicht auf der Burg Lahnstein. Einige Kaiserurkunden sind sogar um diese Zeit in Rhense ausgefertigt (am 15., 16., 18. Juli); aber dies beweist noch nicht seine Anwesenheit, da es üblich war, solche Urkunden zurückzudatieren und an den Ort wichtiger Entscheidungen zu verlegen[16].

Ein Schriftstück wurde aufgesetzt und als rechtsverbindliches Weistum herausgebracht. Die Kurfürsten erklärten darin zunächst, sich gegenseitig beistehen zu wollen zum Schutze der Rechte und Gewohnheiten des Reiches. Wie in dem kaiserlichen Mandat »Fidem catholicam profitentes« wird auch hier der Grundsatz vertreten, daß der von den Kurfürsten – sogar bei Zwietracht – Erwählte keiner Ernennung, Billigung oder Zustimmung des apostolischen Stuhles bedürfe, um die Verwaltung im Reich auszuüben und den Königstitel führen zu können. Neu und wichtig war die Bestimmung, daß bei Zweifelsfällen die Mehrheit der Kurstimmen entscheidend sein solle; denn das Prinzip der Mehrheit war bis dahin noch in keinem Reichsgesetz formuliert worden. Das Weistum ist so gehalten, daß kein Bezug auf die augenblickliche Situation, also weder auf die Stellung des Kaisers noch auf den Abfall des Böhmenkönigs von diesem genommen ist. Während im Speyerer Dokument und in den Städtebriefen, die aus dem Frankfurter Reichstag hervorgingen, vom »Kaiser« gesprochen wurde, hatte man hier sorgfältig Namen und Titel Ludwigs des Bayern vermieden; aber auch der päpstliche Gegner wurde nicht benannt. Dieses Herausheben des Weistums aus der Tagespolitik auf die Ebene allgemeiner Gültigkeit wird der Taktik des Balduin von Trier zugeschrieben. Die Erzbischöfe wandten sich in persönlich abgefaßten Briefen an den Papst, wobei die verschiedenen Schattierungen ihrer Haltung offen zutage traten. Es liegen zwei Entwürfe von kurfürstlichen Schreiben vor, die in der Forschung sehr unterschiedlich beurteilt wurden. Erzbischof Balduin bat den Papst in zurückhaltender Weise, den »zum Reiche erwählten Ludwig von Bayern« gnädig in den Schoß der Kirche aufzunehmen und mit den Kurfürsten zusammen nach einem Weg der Verständigung zu suchen[17].

Der Erzbischof von Mainz, eifrigster Verfechter der kaiserlichen Interessen, die besonders seit der päpstlichen Vorladung zu Beginn des Jahres mit seinen eigenen zusammenfielen, ging einen Schritt weiter: Als Reichskanzler ließ er noch am gleichen Tag eine Appellation an den Papst ausfertigen mit dem Nachweis der Unanfechtbarkeit des Kaisers; »als wir das rich begriffen und in den briefen benant haben, meinen unsern herren, den keyser Ludwigen von Rom und das Romische rich, das er inne hat, und nieman anders«[18]. Heinrich von Mainz spricht Ludwig also ausdrücklich den Kaisertitel zu, fordert den Widerruf der päpstlichen Prozesse und droht mit weiteren Schritten. Gegen die eigene Vorladung verwehrt er sich.

Während diese Mainzer Erklärung eindeutig im Sinne Kaiser Ludwigs abgegeben wurde, haben sich die anderen Schreiben, die von den Kurfürsten einzeln an den Papst geschickt wurden, viel zurückhaltender ausgedrückt. In dem Bericht des Erzbischofs Walram von Köln z. B. wird ein nahezu unterwürfiger Ton angeschlagen. Walram entschuldigt sich sogar wegen der Beteiligung an der Rhenser Versammlung und versichert, daß er immer ein treuer Sohn der Kirche gewesen sei und daß er auch Ludwig den Bayern nicht ohne dessen päpstliche Approbation anerkennen werde. Auch die Trierer Fassung des Schreibens war nicht so schroff formuliert wie die des Mainzers; sie schlägt einen zwar selbstbewußten, aber Ausgleich suchenden, versöhnlichen Ton an, der die Möglichkeit zum Einlenken nicht ausschließt.

Kaiser Ludwig mußte die Dokumente von Rhense als Bestätigung seiner über ein Jahrzehnt verfochtenen staatsrechtlichen Auffassung empfinden – und als Sabotage zugleich. Grundsätzlich war sein Wollen dem päpstlichen Stuhl gegenüber vertreten worden, doch ohne ihn und vor allem ohne Erwähnung seines Namens und seiner Situation. Die Initiative war ihm für einen – historisch bedeutsamen! – Augenblick entglitten, »das Reich« vom Kurfürstenkollegium vertreten worden, das souverän an die Erklärungen früherer deutscher Kaiser anknüpfte. Die Fürsten, die der Papst mehrfach gegen den deutschen Herrscher ausgespielt hatte, sie führten den Hieb gegen ihn und vertraten das deutsche Rechts- und Nationalbewußtsein. Sie waren eine Art parlamentarische Regierungsgewalt geworden. Dies bedeutete einen Schritt weg von der Zentralgewalt. Die Fürstengesetze Kaiser Friedrichs II. von 1214 und 1231 hatten den Anfang gesetzt – die Goldene Bulle unter Kaiser Karl

IV. 1356 sollte die konsequente Folge sein: Deutschland entwickelte sich zu einer konstitutionellen Monarchie hin. Den territorialen Gewalten gehörte die Zukunft, und es ist müßig, die Kurfürsten des Egoismus' zu zeihen, den im Grunde gleichermaßen das deutsche Königtum seit Rudolf von Habsburg – durch die Stärkung seiner landesfürstlichen Position – praktizierte. Das Feld wurde allmählich reif zur Ernte jener Ideen über Staat und Kirche, Recht des Individuums und der Gemeinschaft, welche Männer wie Ockham, Marsilius, Bonagratia, Michael von Cesena u. a. in die Welt gesät hatten.

Initiale mit Porträt Ludwigs, 1331

Kaiser Ludwig, der die Last der Verteidigung von Ehre und Recht des Reiches so lange Jahre in zähem Ringen getragen hatte, mußte zumindest enttäuscht sein, daß eine Solidaritätserklärung der Kurfürsten ausgeblieben war. Charakteristisch für seine Zähigkeit aber ist, daß er seine Persönlichkeit nochmals in die Waagschale zu werfen wußte, um eine Brücke zu bauen zwischen dem kurfürstlichen Reichskaiser und seiner eigenen kaiserlichen Stellung. Weder die abstrakte Reichsvorstellung eines Balduin von Trier noch die ihres sakralen Charakters beraubte Staatsidee des Marsilius trafen die Vorstellungen Ludwigs genau: Das Bewußtsein für die Größe und Verantwortung seines Amtes war verbunden mit einem Gefühl für den weihevollen, religiösen Charakter des Herrschertums. Und dieses mußte für das Volk sichtbar und greifbar in einer Einzelpersönlichkeit dargeboten werden. Ludwig, der selbst kein Intellektueller war, traf sich in diesem Hang zur Repräsentation mit dem auf Anschauung und Zeichenhaftigkeit angewiesenen Verständnis der breiten Volksschichten[19].

Vor dem Kurfürstentreffen von Rhense schon geplant und einberufen,
trat am 4. August 1338 in Frankfurt erneut ein Reichstag zusammen,
einer der im ganzen Reich am meisten beachteten des Jahrhunderts, und
auf ihm nahm Ludwig die Gelegenheit wahr, seinen Standpunkt macht-
voll zu demonstrieren: Die Bestimmungen des im Mai auf dem Ständetag verkündeten Gesetzes »Fidem catholicam profitentes« wurden wiederholt und ergänzt zu dem Kaisergesetz »Licet iuris utriusque«. Im
wesentlichen werden die Bestimmungen vom Mai und von Rhense beibehalten; auffallend aber ist eine Vermengung der Rechte des Königs
mit denen des Kaisers; es heißt, beide seien durch Jahrhunderte eng verbunden. Ausdrücklich wird nun formuliert, daß der gewählte deutsche
König auch wahrer Kaiser sei, ein Standpunkt, der bisher noch nicht
vertreten worden war und dessen Hervorhebung man vielleicht dem
Einfluß der minoritischen Ratgeber zuschreiben kann[20].
Am Deutschen Haus zu Sachsenhausen, dem Tagungsgebäude, sowie an
der Kirche von St. Bartholomae wurde das Gesetz angeschlagen. Es
fehlte der Zeit ja noch an Publikationsorganen, an allen und jedem zu-
gängigen Vermittlungsmöglichkeiten des obrigkeitlichen Willens. An-
schläge, mündliche Verlesungen und Verkündigungen, Briefe, die von
der Kanzel aus mitgeteilt wurden, mußten dafür stehen. Die kaiserliche
Kanzlei gab Formulare aus, worin die Städte, die Klöster und alle Stände aufgefordert wurden, dem »Kurverein« beizutreten. Viele kamen
diesem Verlangen nach, voran die elsässischen und eine Reihe anderer
Reichsstädte.

Der Frankfurter Demonstration war Erzbischof Balduin von Trier
ferngeblieben. Als einen Sieg über dessen Reserviertheit mochte es Kaiser Ludwig empfinden, daß der nächste Reichstag – er fand knapp einen
Monat später statt – auf dem Territorium des Trierer Erzbischofs und
in dessen Anwesenheit zu einem großen Triumph wurde. Am 5. September 1338 versammelten sich die Großen des Reiches in der West-
vorhalle von St. Kastor zu Koblenz, der Kirche des Deutschordens-
hauses. Auf einem erhöhten Thron, der über der Tribüne der anderen
Fürsten aufgebaut war, saß der Kaiser in vollem Ornat, mit Krone,
Reichsapfel und Szepter. Der Schwertträger hielt das Reichsschwert
über seinem Haupt; so bezeugen es die Schilderungen mehrerer Chronisten, tief beeindruckt von dem großartigen Schauspiel.
Seine außerordentliche Bedeutung erhielt dieser Reichstag durch die
Anwesenheit des englischen Königs, Eduards III. Die Vorgeschichte
dieses Treffens ist – kurz wiedergegeben – folgende: Die Verhandlungen

zwischen dem niederländischen Adel und England waren ins Stocken
geraten; der Einfluß Balduins von Trier auf das Bündnis aber wuchs.
Das zeigt sich schon darin, daß das Treffen auf seinem eigenen Grund
und Boden stattfand. Im Februar 1338 hatte der englische König von
seinem Parlament die Zustimmung zur Kriegserklärung an Frankreich
und die Bewilligung der nötigen Gelder – in Form von 25000 Sack
Wolle! – erlangt. Am 22. Juli landete er mit seiner ganzen Familie in
Antwerpen. Es begleitete ihn seine Gattin (trotz ihrer Schwanger-
schaft), seine zwei Söhne, seine fünfjährige Tochter Johanna, die als
Braut für einen Habsburger bestimmt war. Neben dem Hofstaat waren
Regierungsvertreter, Fachleute für Wirtschaft und kriegerische Wachen mitgekommen. Die Rechnungsbücher der englischen Hofkammer
überliefern, daß für die kostbare Ausrüstung dieses Zuges allein 900
Pfund Gold aufgewendet wurden. Rote, mit Eichenlaub bestickte Mäntel waren für die fünfzig »Yeomen« – die berühmten englischen Bogenschützen – der Begleitung gefertigt worden. Die Staatsrobe des Königs
hob sich durch repräsentative Pracht ab: der Leopard als englisches
Wappentier und andere Symbole waren in Gold- und Silberstickerei

Erzbischöfliche Stadt Köln

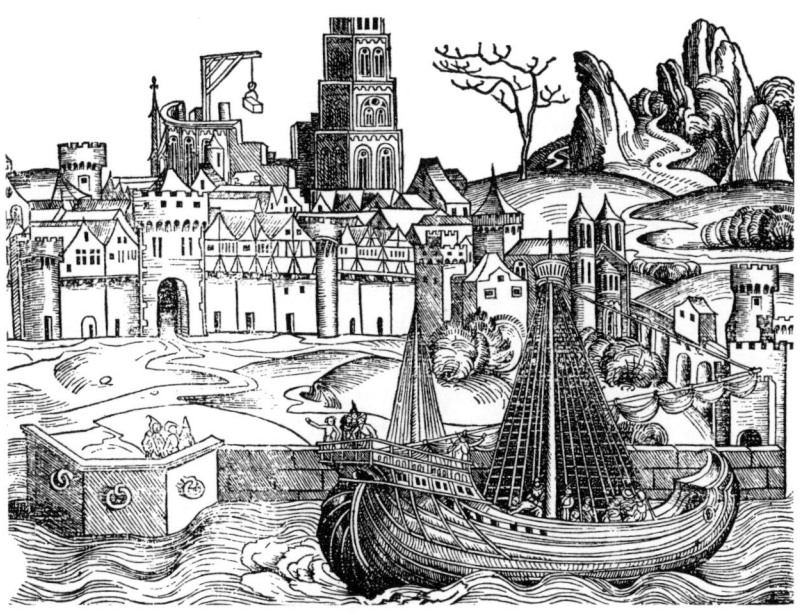

ausgeführt. Kostbare Geschenke für den Kaiser, den Herzog von Brabant und andere Fürsten – fünfzehn Tuniken und Mäntel werden aufgeführt – waren im Reisegepäck. Spielleute und Sänger begleiteten den Zug, der sich nach einer Ruhe- bzw. Verhandlungszeit in Antwerpen am 19. August aufmachte, quer durch Brabant, die Maas überwindend, zum Rhein. Am Sonntag, dem 23. August, erreichte man Köln, wo der englische König bedeutende Stiftungen an die Kirchen machte und vom Erzbischof als Gastgeschenk ein wertvolles Pferd erhielt[21]. Die hohe Gesellschaft begab sich zum Dom, dessen Ruhm als Stätte wertvoller Reliquien – der Heiligen Drei Könige – wie ein Magnet wirkte. Seit einem Jahrhundert baute man schon an dem ungeheuren Werk dieser nach französischem Vorbild erstehenden Kathedrale. Der Chorraum war nun eingewölbt, und staunend verharrten die Besucher vor der geheimnisvoll leuchtenden Pracht der Glasgemälde: oben in der Mitte die drei biblischen Könige, wie sie der Gottesmutter und dem Kind ihre Gaben darbringen, und dann zu beiden Seiten Reihen von anbetenden Königen, harmonisch auf die Mitte hingeordnet. Wie ein Hohn auf die Disharmonie der Gegenwart mochte mancher Beschauer diese Darstellung empfinden.

Die nächste Station der Reise war Bonn; es ging weiter nach Andernach und schließlich zur Rheininsel Niederwerth, wo Balduin von Trier ein würdiges Quartier, vermutlich für die ganze Zeit des Aufenthaltes, bereitet hatte. Hier fand auch der feierliche Empfang durch den Kaiser und sein Gefolge statt. Als Willkommensgruß hatte der Kaiser dem englischen König einen lebenden Adler überbringen lassen, eine besondere Aufmerksamkeit für den Tierliebhaber Eduard. Die Woche darauf traf man sich in Koblenz zu politischen Gesprächen, und dann kam jener vielgerühmte 5. September.

In den verschiedenen Schriftstücken der Städte, der Äbte und Prälaten sowie der Kurfürsten war die deutsche Anschauung über Staat, Recht und Kaisertum in unterschiedlicher Form zum Ausdruck gekommen, so daß es Kaiser Ludwig für angebracht hielt, in Koblenz noch einmal seine offizielle Auffassung zu präzisieren und die praktischen Konsequenzen aus der Staatstheorie zu ziehen. Im Zentrum steht der Satz, »superiorem non recognoscens imperator in regno suo« (der Kaiser sei in seinem Herrschaftsbereich Herr, ohne einen Höheren über sich anzuerkennen), der in einem feierlichen Staatsakt vor den Repräsentanten der deutschen Länder und mehrerer europäischer Nationen verkündet wurde. Bei der Gesetzesdokumentation konnten als Teilnehmer des Reichstages angeführt werden: König Eduard III., die Erzbischöfe von Mainz und Trier, die Bischöfe von Augsburg und Speyer, Herzog Rudolf von Sachsen, drei Pfalzgrafen, des Kaisers Räte Berthold von Henneberg, Berthold von Graisbach, Ludwig von Teck, Ruppert von Virneburg, Friedrich von Öttingen, der Protonotar Ulrich von Augsburg und zahlreiche Notare und andere englische und deutsche Adelige. Die Herzöge von Habsburg waren in Koblenz nicht zugegen, ebenso fehlte König Johann von Böhmen.

Vor diesem erlesenen, die Öffentlichkeit repräsentierenden Publikum wurde nun als Reichsrecht verkündet, daß dem von den Kurfürsten in Rhense gefundenen Recht zufolge die Prozesse Johannes' XXII. zu Unrecht erlassen worden waren, daß sie daher – unter Androhung der Reichsacht – nicht zu beachten seien. Ohne Standesunterschied habe jeder den Kaiser und seine Vikare bei der Verteidigung der Reichsrechte zu unterstützen. Wer die Heeresfolge verweigere, verfalle der Friedlosigkeit, werde also strafrechtlich verfolgt, und nicht wie bisher nur seiner Lehen enthoben. Das Fehdewesen wurde entschieden eingeschränkt; jede Fehde mußte drei Tage vor Beginn angesagt werden; Straßenüberfälle sollten schwer bestraft werden, vor allem Angriffe auf Boten und Beamte des Kaisers zögen Strafen an Leib und Gut nach sich. Damit sollte ein Geleitschutz hinfällig werden. Jeder, der also einem Reichsvikar nicht gehorchte, konnte als Majestätsverbrecher verfolgt werden, ebenso ein Geistlicher, der sich weigerte, wegen des Interdikts Gottesdienst zu halten[22].

Im Rahmen dieser Koblenzer Verlautbarungen wurde der englische König zum Reichsvikar erklärt[23]. Er war also ermächtigt, in Stellvertretung des deutschen Königs Steuern einzuheben und andere Verwaltungsakte zu vollziehen; er übte in den Niederlanden sogar das Münzrecht aus. Neue Termine für Zahlungen englischer Kriegsgelder an den Kaiser – insgesamt 400000 Goldflorenen – wurden festgelegt. Ludwig dagegen verpflichtete sich, bis zum 8. Mai des folgenden Jahres 2000 Bewaffnete gegen Philipp von Frankreich aufzubieten. So sollte die allzeit schwache Kasse des deutschen Kaisers durch die englische Finanzkraft im beiderseitigen Interesse gestärkt werden. Allerdings waren die finanziellen Abmachungen nicht zentral gesteuert, viele der norddeutschen und niederländischen Herren hatten ihre Sonderverträge geschlossen.

Von Koblenz her gesehen war der englische König ein Vasall des deutschen Kaisers – von der Politik des englischen Staates aus betrachtet,

waren der deutsche Herrscher und seine Anhänger nichts weiter als
Bündnispartner im Kampf gegen Frankreich.

Für Ludwig den Bayern bedeutete der September 1338 den Höhepunkt
seiner Laufbahn. Glanzvoll war sein Auftreten, gekräftigt seine Autorität nach innen und außen. Die königliche Stellung war nunmehr nicht
nur theoretisch fundiert: Ludwig machte mit der Verfolgung der Unbotmäßigen Ernst, zwang z. B. Bischof Berthold von Straßburg mit
kriegerischen Mitteln zum Gehorsam. In allen deutschen Ländern wurde wieder Gottesdienst gehalten, in den meisten Fällen ohne Widerstand der Geistlichkeit.

Konnte der Kaiser auf dem eingeschlagenen Weg weitergehen? Würde
sich die Partnerschaft bewähren? Vermochte Ludwig über einen länge-
ren Zeitraum hinweg seine Macht im Innern und sein Koalitionssystem
im europäischen Umland zu bewahren? Was fehlte, um einer starken
Regierung auf die Dauer Wirksamkeit zu verleihen, war vor allem eine
durchorganisierte Reichsverwaltung, waren tüchtige Kanzleibeamte
und ausführende Organe, die z. B. alle Reichseinnahmen und -ausgaben
präzise verzeichneten, Steuern eintrieben, den Willen des Königs in die
einzelnen Zellen des großen Reichsverbandes weiterleiteten. Noch gab
es kaum administrative Zwischenglieder zwischen Herrscher und Volk,
und nur in den einzelnen Territorien machten sich Ansätze zur
Verwirklichung solcher Voraussetzungen des Staatswesens bemerkbar.

Der Landauer Feldzug und die Vereinigung Bayerns

Es war für Ludwig den Bayern keine einfache Aufgabe, die Interessen
der verschiedenen Zweige seiner Familie stets im Auge zu behalten und
nach Möglichkeit zu berücksichtigen. Der Hausvertrag von Pavia 1329
hatte trotz der Teilungsbestimmungen daran festgehalten, daß die wittelsbachischen Länder auch weiterhin als Gebiete einer Dynastie gelten
und einer Landfriedensordnung unterstehen sollten. Die pfälzischen
Vettern hatten sich in der Folgezeit eindeutig als Anhänger des Kaisers
bekannt.

Anders als das Verhältnis zur Pfälzer Linie entwickelten sich die zu Beginn von Ludwigs Regierungszeit so positiven Beziehungen zu den
niederbayerischen Wittelsbachern. Heinrich d. J., seit 1325 mit der
Habsburgerin Anna vermählt, überließ sich zwar dem Fahrwasser der
habsburgfreundlichen Politik, die Ludwig in den dreißiger Jahren verfolgte; Heinrich d. Ä. von Niederbayern aber hing seit seiner Verehli-
chung mit der böhmischen Margarete mehr und mehr seinem Schwie-

gervater Johann an und verstrickte sich somit in dessen wachsende
Feindschaft zum deutschen König. Durch die Aussöhnung Ludwigs
mit den Habsburgern und Luxemburgern nach dem Italienzug war allerdings auch eine Annäherung an die Niederbayern erfolgt, die im
März 1330 sogar durch ein »ewiges Schutz- und Trutzbündnis« besiegelt wurde; doch hatte diese »Ewigkeit« nur wenige Monate Bestand.
Im Verhältnis Kaiser Ludwigs zu den Luxemburgern blieb Heinrich
d. Ä. eine Schlüsselfigur, und zeitweise sahen diese in ihm sogar einen
Königskandidaten ihrer Partei (Verzichtplan 1333/34). Die Zusammenhänge der Königspolitik mit den niederbayerisch-böhmischen Beziehungen sind noch weitgehend unerforscht. Rückschlüsse von den
Ergebnissen auf die Hintergründe und die Zielvorstellungen der Partner bleiben daher im Bereich der Mutmaßungen.

Den Alleinherrschaftsansprüchen Heinrichs d. Ä. in Niederbayern be-
gegnete Ludwig der Bayer dadurch, daß er sich mit den beiden anderen
niederbayerischen Herzögen noch fester zusammenschloß. Heinrich
d. Ä. sah sich durch diese Initiative in die Enge getrieben und söhnte
sich mit dem kaiserlichen Oheim aus; er mußte in eine Teilung Niederbayerns einwilligen (Juli 1331). Sie blieb – in dieser Form – nur Episode: Heinrich d. Ä. erhielt Landshut, Straubing, Pfarrkirchen, Schärding;
Otto das südöstliche Niederbayern mit Burghausen; Heinrich d. J. den
Osten mit Cham, Deggendorf, Landau, Dingolfing und Vilshofen.
Doch mußte sich Ludwig der Bayer noch mehrmals auf die Seite der
Herzöge Otto und Heinrich d. J. stellen, um dem Streben des ehrgeizigen Heinrich d. Ä. nach Alleinherrschaft in Niederbayern entgegenzu-
treten. Dieser riß dann beim Tod Heinrich d. J. 1333 dessen Territorium sogleich an sich, ohne seinen Bruder Otto IV. zu berücksichtigen.
Als auch Otto 1334 starb, maßte sich Heinrich d. Ä. auch dessen Territorium an, obwohl Otto ausdrücklich Kaiser Ludwig als Erben eingesetzt hatte. Noch kam es nicht zum offenen Krieg, da Ludwig glaubte,
sich die Fürsprache der Luxemburger bei der Kurie und den deutschen
Fürsten im Kampf um die Behauptung der Krone nicht verscherzen zu
dürfen. Eine ernsthafte Auseinandersetzung mit Heinrich d. Ä. aber
hätte unweigerlich auch Krieg mit dessen mächtigem böhmischen Pro-
tektor bedeutet. Erst Jahre später, als die Erbschaft Herzog Heinrichs
von Kärnten zum Nachteil der Luxemburger verteilt wurde, war es soweit.

König Johann von Böhmen hatte fest auf das Erbrecht der Tochter
Heinrichs von Kärnten gebaut; am 16. September 1330 war er zur
Hochzeit seines Sohnes Johann Heinrich mit Margarete Maultasch ge-

reist und hatte sich dann seinen oberitalienischen Plänen zugewandt[24].
Als der Erbfall eintrat – Heinrich von Kärnten starb am 2. April 1335 –,
lag Johann gerade krank in Paris und mußte zunächst seinem Sohn Karl
von Mähren die Initiative überlassen.

Ludwig der Bayer stellte sich nun entschieden auf die Seite der Habsburger. Er eilte persönlich nach Linz, und als Ergebnis der Verhandlungen erfolgte bald darauf die Belehnung der Habsburger mit dem Herzogtum Kärnten und dem Etschtal. König Ludwig selbst erhoffte mit
Unterstützung der österreichischen Herzöge, Nordtirol für das Haus
Wittelsbach vereinnahmen zu können. Immer hatte er das Ziel einer
Ausgangsbasis für alle nach Süden gerichteten Unternehmungen im
Auge. Mit den Luxemburgern glaubte er zurechtzukommen, wenn er
ihnen das Angebot eines Tausches der Mark Brandenburg gegen Kärn-
ten-Südtirol unterbreitete. Doch kam es zu keiner Verständigung. Johann Heinrich behauptete sich in Tirol, und sein Vater, im Verbund mit
dem niederbayerischen Schwager, rüstete zum Krieg. Wie ernst das
Ringen um das Land mit den wichtigsten Alpenpässen war, geht aus der
Tatsache hervor, daß sich dieser Konflikt sogleich ins Gesamteuropäi-
sche ausweitete und nahezu jedes Land zwischen England und Ungarn,
Frankreich und Litauen in Mitleidenschaft zog. Sowohl König Ludwig
wie auch Johann von Böhmen nahmen Verbindungen zu der neuerstan-
denen Ostmacht Polen auf. Johann gelang es, den Rücken frei zu bekommen durch eine Verzichterklärung auf den polnischen Königstitel,
den er – alten přemyslidischen Ansprüchen zufolge – bis dahin immer
noch nicht aufgegeben hatte; er erreichte andererseits die Anerkennung
der eigenen Lehenshoheit über die schlesischen Fürstentümer. Immer
wieder war es in den letzten Jahren wegen Schlesien, Litauen und Pommern zu bedrohlichen Situationen zwischen Böhmen und Polen gekommen, nun schienen hier die Verhältnisse geklärt, und Johann konnte sich auf das Problem Habsburg-Wittelsbach konzentrieren.

Zu Anfang des Jahres 1336 besprach Kaiser Ludwig in Wien mit Albrecht II. die militärische Situation. Um einem Angriff der vereinten
Gegner zuvorzukommen, fiel König Johann von Böhmen im Februar
1336 in Oberösterreich ein. Herzog Otto, der jüngere Bruder Albrechts und Schwiegersohn des Böhmenkönigs, trat ihm dort entgegen,
mußte aber der Übermacht weichen. Inzwischen nutzte Heinrich von
Niederbayern die Abwesenheit König Ludwigs und drang plündernd
und sengend mit seinen Truppen bis in die Gegend von München vor.
So berichtet ein Zeitgenosse aus unmittelbarer Erfahrung[25].

Auf dem Nürnberger Reichstag im Juni 1336 konnte Ludwig der Bayer seinen Einfluß dahingehend geltend machen, daß ihm ein stattliches Heer – vorwiegend aus reichsstädtischen, fränkischen und niederrheinischen Kontingenten – ins Niederbayerische folgte. Er ordnete Strafmaßnahmen gegen den unbotmäßigen Neffen an, und seine Truppen zogen siebzehn Wochen lang kreuz und quer durchs Land, wobei besonders die Passauer Gegend verheert wurde. Als bemerkenswertes Ereignis wird vom Chronisten folgende Begebenheit angeführt: Als Ludwig sich wieder nach Norden wandte, habe Herzog Heinrich d. Ä. versucht, ihm den Weg abzuschneiden und die Brücke über die Salzach zu besetzen. »Dieser aber überschritt, als er das vernahm, die Salzach, deren Wasser durch ein Wunder eben an diesem Tage und in der Nacht zuvor sich derart verlaufen hatte, daß er fast trockenen Fußes hinübergelangte und weder ein einziger Mann von dem ganzen Heere ertrank und zu Tode kam, noch von dem Heergeräth und Wagen irgendetwas verloren ging.« Demnach muß das Überqueren eines Flusses durch Truppen damals eine gewaltige und gefahrbringende Aktion gewesen sein, bei der normalerweise mit großen Verlusten gerechnet wurde.

In Schärding am Inn vereinigte sich das deutsche Heer mit dem der Österreicher. Sie zogen nach Landau an der Isar, wo die Streitmacht Heinrichs d. Ä. und Johanns von Böhmen lagerte. Kaiser Ludwigs gleichnamiger Sohn, um dessen Erbe es in diesem Kampf ging, stellte sich in der Nähe von Kufstein den Rittern Karls von Mähren entgegen und verhinderte, daß diese von Tirol aus zur böhmischen Streitmacht vorstoßen konnten.

Die Truppenzahlen auf beiden Seiten werden mit 5500 Berittenen (Ludwig) und 4500 Berittenen (Johann) angegeben[26]. Fast zwei Wochen lagen sich diese Heere gegenüber, ohne daß es zu einem Kampf gekommen wäre, angeblich deshalb, weil man nicht vermochte, die Isar zu überqueren. Vor den Augen der Gegner schlug Ludwig einige seiner Gefolgsleute zu Rittern. Der Graf von Jülich, der sich als Bruder der niederbayerischen Herzogin Richarda, der Witwe Ottos, an dem Heerzug beteiligte, wurde zum Markgrafen erhoben, und auch Herzog Otto der Fröhliche von Habsburg erhielt eine Auszeichnung: ihm wurde die Helmzier seiner Dynastie, der »Pfauenstoß« feierlich zuerkannt[27].

Diesen formalen Machtdemonstrationen folgten jedoch keine Taten. Möglicherweise hat König Johann erkannt, daß seine Truppen denen des Gegners nicht gewachsen waren; er zögerte die Schlacht hinaus in der Erwartung, daß seinem Sohn von Tirol her doch noch der Durchbruch gelingen würde, und der Gegner in die Zange genommen werden könnte. Dies ist ebenso eine Vermutung wie jene, den Truppen habe der

Mangel an Lebensmittel so zugesetzt, daß sich Ludwig der Bayer
schließlich gezwungen sah, das Lager abzubrechen und donauabwärts
davonzuziehen.
Der ganze Feldzug erweist sich als höchst merkwürdig, die Hintergründe bleiben schleierhaft, unerklärlich der Riesenaufwand und das Hinauszögern eines Treffens. War König Ludwig vielleicht eine neue Kunde aus dem Reich oder aus Avignon zugekommen? Stand er etwa in Geheimverhandlungen mit dem Gegner und erhoffte auf diplomatischem
Wege mehr zu erreichen als durch eine Schlacht? Oder hatte er vor, auf
dem Umweg über Linz und Oberösterreich nach Böhmen einzudringen? War das Unternehmen zu wenig geplant, scheiterte es am finanziellen Rückhalt? Das Ergebnis war für keine Partei befriedigend, für
das geplagte Niederbayern aber eine harte und unnütze Prüfung.
Schließlich kam es zu einem Vergleichsfrieden (9. Oktober 1336) in
Enns. Ludwig dem Bayern war es nicht gelungen, die Luxemburger im
Alpenbereich auszuschalten, Südtirol war in der Hand Karls von Mähren bzw. seines Bruders Johann Heinrich verblieben. In Nordtirol hielt
sich Ludwig der Brandenburger nur mit Mühe gegen eine starke einheimische Opposition. Profitiert hatte nur Habsburg, das inzwischen das
Herzogtum Kärnten fest dem Verband seiner Länder eingegliedert hatte. Vielleicht war es die Erkenntnis dieser Tatsache, die Ludwig veranlaßte, wenigstens einen vergleichsweise kleinen Gewinn aus dem ver-
fehlten Unternehmen für sein Territorium zu schlagen: Er verlangte
von den Habsburgern als Kriegsentschädigung vier befestigte Burgen
im Ennsland[28]. Mit diesen, allem politischen Instinkt hohnsprechenden
Forderungen verstimmte er seine Bundesgenossen und trieb sie zu einer
Fühlungnahme mit Johann von Böhmen. In dem zähen Ringen um
Vergrößerung seiner Machtbasis beging Ludwig der Bayer Fehler, die
auch seiner königlichen Stellung von Schaden waren; das erwies sich
hier beim ersten Kampf um das Erbe Heinrichs von Kärnten, das sollte
sich später bei dem erneuten Ringen um das Tiroler Land in weit ver-
derblicheren Ausmaßen zeigen.
In den nächsten Jahren schloß sich Herzog Heinrich d. Ä. vollends den
Plänen seines Schwiegervaters an, wobei er sogar in einen Feldzug gegen
Litauen verstrickt wurde. Auch zur Beteiligung an einem Bündnis mit
Frankreich, das durch drei Eheverträge bekräftigt wurde, fand er sich
bereit. Erst der allgemeine Stimmungsumschwung und die neuen politischen Perspektiven des Jahres 1338 ermöglichten es dem Kaiser, die
für ihn negativen Auswirkungen sowohl des habsburgisch-böhmischen
Zusammengehens als auch des niederbayerisch-böhmischen Einver-

ständnisses nichtig zu machen. Noch einmal bot das Schicksal Ludwig eine Chance, die Entfremdung mit Habsburg rückgängig zu machen und seinen eigenen Zielen näherzukommen. Im Januar 1339 veränderte sich durch den überraschenden Tod Ottos von Habsburg die Situation in Österreich. Albrecht II. übte nun allein die Regierungsgewalt in den Habsburger Ländern aus und schloß sich wieder enger der kaiserlichen Politik an. Im Mai 1339 kam es zu einem Bündnis mit Ludwig gegen jedermann, ausgenommen den Papst und den Erzbischof von Salzburg. Der Kaiser führte die englische Prinzessin Johanna, die mit ihren Eltern nach Deutschland gekommen war, den Habsburgern zu; sie wurde dem Prinzen Friedrich, einem Sohn Herzog Ottos, angetraut. Damit sollte die Position der Partnerschaft gegenüber Karl von Böhmen und Frankreich verstärkt werden. Für England bedeutete dies einen letzten Versuch, die deutschsprachigen Länder als Gegengewicht gegen Frankreich einzusetzen und zugleich die Habsburger als östliche Nachbarn Frankreichs für einen englandfreundlichen Kurs zu gewinnen.

Gegen Heinrich von Niederbayern wurde ein gemeinsames Vorgehen vereinbart, und man begann, das militärische Unternehmen aufs sorgfältigste vorzubereiten[29]. In dieser Bedrängnis entschied sich Heinrich von Niederbayern zum Einlenken gegenüber dem kaiserlichen Verwandten: am 16. Februar 1339 kam es zum Frieden, besiegelt durch ein Eheversprechen von Heinrichs Sohn Johann mit Ludwigs Tochter Anna. Durch diese gewandelte Situation sah sich nun auch Johann von Böhmen an den Verhandlungstisch gezwungen. Als letzter der deutschen Kurfürsten huldigte er endlich am 20. März 1339 auf dem Frankfurter Reichstag dem Kaiser und erhielt von diesem seine Lehen zugesprochen. In Anpassung an das Gesetz »Licet iuris« versprach der Böhmenkönig, dem Kaiser beizustehen gegen alle Feinde, die des Reiches Ehre, Recht und Freiheit gefährdeten.

Noch einmal war Kaiser Ludwig hiermit ein großer politischer Erfolg beschieden und er schien am Ziel seiner Wünsche zu sein. Sein langjähriger Antipode im Reich hatte sich ihm gefügt, ja sogar verbündet, die territorialen Ansprüche waren weitgehend durchgesetzt. Die päpstliche Diskriminierung schien wirkungslos geworden zu sein.

Als Heinrich d. Ä. von Niederbayern im September 1339 verschied, war dafür gesorgt, daß Ludwig der Bayer die Vormundschaft über dessen einzigen Sohn Johann – seinen künftigen Schwiegersohn – übernehmen konnte, und dieses Fußfassen in Niederbayern wurde durch ein unvorhersehbares Ereignis noch gestützt; Der Schwiegersohn – Anfang 1340 hatte es eine große Verlobungsfeier in München gegeben – folgte

seinem Vater bereits am 20. Dezember 1340 ins Grab. Auf einem Ständetag in Deggendorf wurde beschlossen, daß Ober- und Niederbayern
von nun an ein Land sein sollten. Wenn man bedenkt, wieviele der niederbayerischen Adeligen vor einem Vierteljahrhundert Ludwig bei
Gammelsdorf feindlich gegenübergetreten waren, so kann man diese
Einhelligkeit, mit der sie sich nun zu ihm bekannten, als einen großen
Gewinn für den Kaiser verbuchen. Heinrichs d. Ä. Witwe Margarete
mußte sich mit Entschädigungen in Böhmen zufrieden geben; auch sie
starb noch im gleichen Jahre. So war die bisherige Stütze der Luxemburger auf Wittelsbacher Boden endgültig beseitigt und Bayern fest in
Ludwigs Hand[30].

Die Ordnung innerhalb des wittelsbachischen Territoriums

Den Vertragswerken, die der Abgrenzung und dem Zusammenhalt des
wittelsbachischen Territoriums dienten, folgten Maßnahmen, welche
die Harmonie im Innern des Landes festigen sollten. Schon während der
späten Stauferzeit war es reichsrechtlich festgelegt, daß den führenden
Schichten in den einzelnen Herrschaften ein Mitspracherecht bei der
Gesetzgebung zukam. In seinen ersten Regierungsjahren in Oberbayern
hatte Ludwig der Bayer erfahren, daß auch bei politischen Entscheidungen neben dem alten Stammesadel der Dienstadel Gewicht hatte. Das
Rechts- und Verfassungswesen war in Bewegung – sowohl innerhalb
der Territorien als auch in deren Verhältnis zum Reich –, und Ludwig
selbst wirkte als König dieser Entwicklung nicht entgegen, ja er vertrat
sogar mit stärkstem Engagement die Position der Landesherren. Sie waren fortan die Träger rationaler werdender Rechts- und Verwaltungsmethoden.
Die Machtgrundlage der Landesherrschaft bildete die Grundherrschaft,
sowohl wirtschaftlich als auch rechtlich. Zur niederen Gerichtsbarkeit
hatte der Landesherr auch die Hoch- oder Blutsgerichtsbarkeit hinzuerworben; sie war ursprünglich Königsrecht, d. h. sie wurde von königlichen Grafen ausgeübt. Das Recht des Landesherrn stammte aus Privilegien, die der König gewährt hatte bzw. gewähren konnte; insofern war
der Landesherr vom Reich abhängig. Der König zog sich notgedrungen
mehr und mehr aus den Landesherrschaften zurück, der Herzog wurde
dominus terrae. Dem Landesherrn wiederum standen die Landstände
gegenüber, die oft mehr als er selbst die Einheit des Landes repräsentierten, wie sich im Fall Niederbayerns gezeigt hatte.
Gesetze, die für das ganze Territorium gültig waren, bezeichnete man

als »Landfrieden«. Schon vor 1300 gab es in Bayern mehrere Landfriedensgesetze, in denen eine einheitliche Haltung zum Ausdruck kam z. B. in bezug auf Kleidung, auf Waffentragen u. a. Das in den Jahren 1334/35 und dann endgültig 1346 unter Ludwig dem Bayern geschaffene Landrecht für Oberbayern bedeutete für das wittelsbachische Territorium die einzige große Zusammenfassung zwischen dem Volksrecht

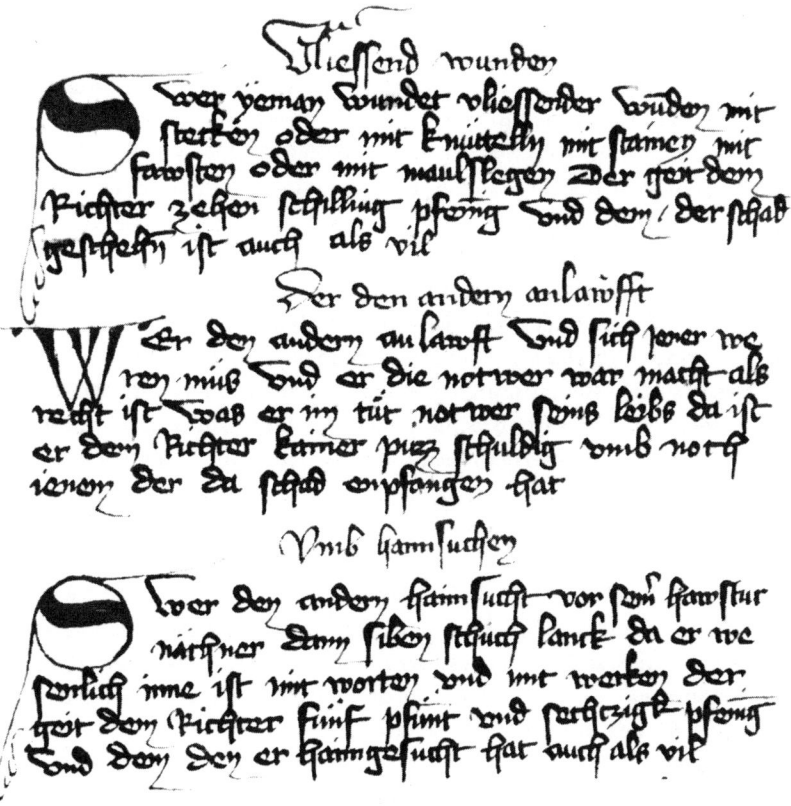

Oberbayerisches Landrecht, 1346

des 8. Jahrhunderts (Lex Baiuwariorum) und den Gesetzen Herzog Maximilians im 17. Jahrhundert, die dann für Gesamtbayern die Rechtsgleichheit festlegten. Unverändert wurde das Landrecht bis 1518 beibehalten, in den drei Gerichten, die 1505 an Tirol abgetreten wurden, sogar bis 1805[31]. Einer förmlichen Zustimmung der Landstände hatte es bei diesem Gesetzeswerk nicht bedurft, da man im ganzen

Land Erhebungen durchgeführt, also die Gerichtspraxis der einzelnen Bezirke erforscht hatte: »auz allen gerichten, steten und maergten nach des kaysers geheizzen« waren die alten Gesetze zusammengetragen worden. Der Landesherr behielt es sich allerdings vor, Lücken im Material durch Rechtsweisung seines Hofgerichts schließen zu lassen. Solche gelegentlichen Ergänzungen sind gekennzeichnet durch Einleitungen wie »Uns dunckt·[dünkt] …« oder »Wir haben erfunden …«.

Rein juristisch gesehen gab es keine großen Neuerungen, das Recht war für den mittelalterlichen Menschen grundsätzlich altes Recht. Verbessert konnte altes Recht nur durch noch älteres werden; Fälschungen in dieser Zeit beziehen sich meistens auf den Nachweis eines hohen Alters. »Novitas« konnte zum Schimpfwort werden. Daher wurde das Recht auch nicht von oben her»gesetzt« oder angeordnet, sondern »gefunden« (Rechtsfindung), aus dem Bestehenden aufgewiesen. »Nicht der Fortschritt, sondern die Rückkehr zu Gott, die Wiederherstellung der durch die Erbsünde verderbten Ebenbildlichkeit ruht als Sehnsucht auf dem Grunde seiner [des mittelalterlichen Menschen] Seele.«[32]

Die konkrete Absicht des oberbayerischen Landfriedens war, alten Rechtsbrauch systematisch zu kodifizieren, damit die Grundlage für eine gleichförmige Rechtssprechung zu geben und Sondergerichte auszuschalten. Eine stabile Organisation der Gerichte und ihrer Verwaltung wurde geschaffen. Darin bestand die Fortschrittlichkeit. Und diese ging noch aus zwei weiteren Gesichtspunkten hervor: Zum einen war die Sprache des Rechtes nun nicht mehr das den wenigsten verständliche Latein, sondern Deutsch (Spätmittelhochdeutsch), und zum zweiten wurde das Recht schriftlich fixiert. Bei allen Gerichtsverhandlungen mußte künftig »das Buch« mit dem geschriebenen Recht bereitliegen. Außerdem war es Vorschrift, daß die Gerichtsbeamten Einheimische waren; »Ausländer« durften im Staatsdienst nicht beschäftigt werden. Das war deshalb wichtig, weil bei einem eventuellen Regierungswechsel keine Überfremdung durch – aus andern Ländern des Herrschers stammende – Amtsträger stattfinden konnte. Daß eine solche böses Blut machte, hatte man mehrfach erlebt, etwa in den Habsburger Ländern, aber auch im Territorium Balduins von Trier, der mit Vorliebe landfremde Beamte einstellte. Überhaupt war durch das bayerische Landrecht eine gewisse Stabilität gewährleistet: ein Herrscherwechsel mußte nicht eine Veränderung im Ablauf der Verwaltung nach sich ziehen.

Hier in Bayern waren also diese Grundsätze der modernen Rechtssprechung schon staatliches Gesetz geworden zu einem Zeitpunkt, da in an-

Kaiser Ludwig übergibt seinen Söhnen den Hausbesitz, 1334

deren deutschen Territorien noch sehr uneinheitliche, z. T. private Rechtsaufzeichnungen (z. B. Sachsenspiegel, Schwabenspiegel) den Gerichten vorlagen und ehe noch für das Reich selbst verbindliche Rechtsnormen schriftlich niedergelegt wurden (z. B. in der Goldenen Bulle von 1356). Es gelang Ludwig dem Bayern allerdings nicht, in allen wittelsbachischen Landesteilen eine über die Personalunion hinausgehende einheitliche Rechtssprechung und Verwaltung zu erreichen. Dem stand vor allem in Niederbayern die »Ottonische Handfeste« von 1311 entgegen, die dem Adel die Ausübung der niederen Gerichtsbarkeit einräumte. Sicher hoffte der Kaiser, das oberbayerische Landrecht eines Tages im ganzen Territorium durchsetzen zu können. Daraufhin zielte auch seine Anordnung, daß seine Söhne nach seinem Tode das Land nicht teilen sollten.

Ludwig scheint Bayern als eine Zelle im Reich betrachtet zu haben, deren musterhafte interne Ordnung über die Landesgrenzen hinauswachsen sollte. In dieser Richtung wirkten die verschiedenen Bündnisse zur Förderung von Frieden und Recht. Pfalzgraf Rudolf II. hatte 1338 mit Ludwig ein Schutz- und Trutzbündnis gegen jedermann abgeschlossen und ihn – die Ansprüche seines Bruders übergehend – zum alleinigen Erben und Pfleger in seinem Territorium eingesetzt. Die Möglichkeit einer Wiedervereinigung von Pfalz und Bayern schien also in die Nähe zu rücken.

Weitere Maßnahmen zur Konsolidierung der Verhältnisse in Süddeutschland waren jene Abkommen, durch die Ludwig mit Hilfe seiner königlichen Friedensgewalt größere Gebiete zusammenschloß. So brachte er einen großen Landfriedensbund zwischen Bayern und Schwaben sowie zwischen Bayern und Franken (1340) zustande[33]. Seinem Sohn, Herzog Stephan, übertrug er das Amt des Landfriedenshauptmannes fast für ganz Süddeutschland, also die Überwachung der öffentlichen Friedenswahrung, wie er einst (November 1317) Graf Wilhelm III. von Holland zum Hauptmann des rheinischen Landfriedens bestellt hatte.

Wenn auch das wittelsbachische Königtum vor allem einen Höhepunkt in der Entwicklung Bayerns bedeutete, so zielte Ludwigs Handlungsweise doch dahin, von der Basis des territorialen Machtpotentials aus seinen Standpunkt in der Reichspolitik zu festigen. Dies geht aus seinen Zuwendungen für die Klöster (s. S. 185 f.) ebenso hervor, wie aus seiner Landfriedens- und Städtepolitik.

Ludwigs Verhalten zu den Städten schlug sich vorwiegend durch Verleihung von Rechtstiteln nieder. Auch hier gilt, daß auf Süddeutschland sein Königtum ruhte, daß hier seine Regierungsgewalt in weit höherem Maße wirksam wurde als in den nördlichen Ländern, wo er nur über Beauftragte Einfluß nahm[34]. Im allgemeinen hat er Märkte und Städte außerordentlich gefördert und dadurch dem Wirtschaftsleben starke Impulse gegeben, was häufig erst nach seinen Lebzeiten zur vollen Auswirkung kam. Handel und Handwerk blühten auf, Bedürfnisse wurden geweckt, Anregungen weitergereicht. Durch Zollerleichterung oder -befreiung, Schutz der reisenden Kaufleute vor Ausplünderung und willkürlicher Verpfändung erlebten ganze Industriezweige einen Aufschwung. So geht die Vorherrschaft Ambergs in der Eisenindustrie Nordbayerns während des 14. und 15. Jahrhunderts auf eine große Privilegienerteilung zurück, die der Stadt im Nordgau noch vor dem Hausvertrag von Pavia zuteil wurde (19. August 1328)[35], und auch Münchens berühmter Salzhandel verdankt ähnlichen Rechtsmaßnahmen seine Bedeutung[36].

In Regestenwerken ist eine sprunghafte Zunahme von Markt- und Stadtrechtsverleihungen während Ludwigs Amtszeit festzustellen. Jahr- und Wochenmärkte zu genehmigen war ein Vorrecht des Königs, das er freilich häufig an den Adel vergab oder verpfändete; denn mit dem Markt verbunden waren erhebliche Einnahmen für den Marktherrn. Die zu den Märkten zusammenströmende Bevölkerung konnte dafür mit dessen besonderem Schutz auf dem Weg (Geleit) und während des Marktes (Marktfrieden) rechnen. Das Recht zur Befestigung mit Mauer, Graben, Toren und Türmen wurde in der Regel nur Städten verliehen; doch gab es auch Märkte, die mit Befestigungsvorrichtungen versehen waren, wenn auch in geringerem Ausmaß.
Stadtrechtsurkunden beziehen sich meistens auf Rechte anderer Städte, die sich bereits bewährt hatten; das entsprach dem Traditionsbewußtsein des mittelalterlichen Menschen. Häufig wurden z. B. die Rechte der Reichsstädte Augsburg und Nürnberg für eine solche »Bewidmung« in Anspruch genommen. Selten war mit der Stadtrechtsverleihung auch die höhere Gerichtsbarkeit verbunden, immer aber beinhaltete sie eine Ordnung der Selbstverwaltung.
Diese Privilegienerteilung geschah im beidseitigen Interesse der Partner. Für König Ludwig bedeutete sie eine Möglichkeit, sich seinen Getreuen dankbar zu erweisen bzw. neue Anhänger zu werben (s. S. 107 ff. und S. 170).
In Süddeutschland, dessen Städte seine Gunst in besonderem Maße er-

fuhren, konnte er seiner Untertanen sicher sein. Dort erfreute er sich
großer Beliebtheit und erlangte eine Popularität wie kaum ein anderer
Fürst vor oder nach ihm.

Abkehr vom englischen Bündnis
und letzte Versöhnungsversuche mit der Kurie

Verworrene Verhältnisse herrschten in den Niederlanden (s. S. 218 ff.), wo
die kleinen Herren Gewinn aus dem Streit der großen Mächte zogen, und
die Subventionen statt wie früher aus der französischen nun vorwiegend
aus der englischen Staatskasse empfingen. Rüstungsvorbereitungen und
Unterstützungsgelder brachten Eduard III. und seine festländischen Ban-
kiers zeitweise sogar in Finanzschwierigkeiten. Seinen Verpflichtungen
als Reichsvikar kam der englische König nicht nach. Die mit dem Kaiser
vereinbarten Zahlungstermine konnten nicht eingehalten werden, man
mußte neue Abmachungen treffen.
Im September 1339 stand ein ansehnliches Heer der Engländer, verstärkt durch Kräfte Ludwigs des Brandenburgers und Friedrichs von
Meißen in der Gegend von Brüssel bereit. Mit Recht wurde gefragt,
warum Ludwig der Bayer die Gunst der Stunde nicht nutzte, warum es
nicht zu diesem populären Feldzug gegen das verhaßte Frankreich
kam[37]. Warum warf sich der Kaiser nicht mit vollem Einsatz auf die Seite Eduards? War ihm dessen immer einflußreicher werdende Position
im Nordwesten des Reiches verdächtig? Noch erinnerte man sich, daß
vor einem Menschenalter ein Engländer, gestützt auf seine Beziehungen zum Niederrhein zum deutschen König gewählt und gekrönt worden war. Keine zwei Jahre hatte sich dieser Richard von Cornwallis
(1257–72) während seiner Regierungszeit in Deutschland aufgehalten; das Land mußte damals gerade die furchtbare Zeit des verendenden
Stauferreiches erleben. Fürchtete Kaiser Ludwig, daß die Hochstimmung im Reich verebbte, ehe sie durch entscheidende Taten genützt
werden konnte? War diese nationale Welle tragfähig genug für einen
großen Krieg? Konnte Ludwig der Gefolgschaft der Kurfürsten – vor
allem der Luxemburger und des ihnen zugeneigten Rudolf von Sachsen – absolut sicher sein?
Von Mecheln aus, wo mit den deutschen Bundesgenossen eine Tagung
abgehalten worden war, erfolgte am 1. September 1339 die feierliche
Kriegserklärung an den König von Frankreich. Die Engländer gingen
zum Angriff über. Frankreich verhielt sich zunächst defensiv, obwohl
sein Heer weit stärker war als das der deutsch-niederländisch-englischen

Koalition. Es kam jedoch zu keiner Entscheidung, und die deutschen Truppen kehrten unverrichteter Dinge zurück.

1340 setzte Eduard III. erneut zum Angriff auf Frankreich an. Als Rechtsvorwand dienten ihm seine Erbansprüche auf den französischen Thron: Seine Mutter Isabella war eine Tochter König Philipps IV. von Frankreich, mit dem die Linie der Kapetinger ausgestorben war. Eduard erkannte die Nachfolge der Valois nicht an und ließ sich in Flandern bereits als französischer König huldigen. In Gent wurde er auf dem Marktplatz inthronisiert, Volk und Adel leisteten ihm den Treueid. Rainald von Geldern setzte er als »Gubernator« ein. Die Engländer betrieben gezielt antifranzösische Propaganda, nicht nur in Flandern, sondern in ganz Europa[38].

Inzwischen ging der Kleinkrieg gegen französische Einheiten weiter; vor allem die Grafschaft Hennegau hatte unter den Verwüstungen zu leiden. Bei Sluys an der Scheldemündung kam es durch die neue Technik der englischen Bogenschützen zu einem glanzvollen Seesieg der Engländer (24. Juni 1340). Eine Entscheidung bedeutete auch diese Schlacht nicht. Die deutsch-englische Zusammenarbeit scheint um diese Zeit beendet gewesen zu sein. Daß der englische König damals schon in Geheimverhandlungen mit dem französischen Thron gestanden hat, wie ihm der Kaiser später vorwarf, ist nicht bewiesen. Auf jeden Fall war Eduard seinen Bündnisverpflichtungen nicht nachgekommen. Der immer in Geldnöten steckende Kaiser konnte sich ohne finanzielle Hilfe aber nicht in ein so großes Kriegsabenteuer einlassen. Die Hoffnungen, die er auf England gesetzt hatte, waren enttäuscht worden.

So nahm Ludwig der Bayer wiederum einen politischen Stellungswechsel vor und trat in Verhandlungen mit dem französischen König ein. Man nimmt an, daß dies in erster Linie mit dem Blick nach Avignon hin geschah, also im Interesse einer Normalisierung der Verhältnisse im Reich[39]. Wilhelm IV. von Hennegau und seine Schwester Margarete, die Gemahlin des Kaisers, versuchten zu vermitteln. Zu Anfang des Jahres 1341 kam es tatsächlich zu einem »Freundschaftsvertrag« mit Philipp VI. von Valois, der versprach, in Avignon für Ludwig zu intervenieren. Hoffte Ludwig, auf diese Weise ein formelles kanonisches Prozeßverfahren umgehen und auf diplomatischem Weg zu einer Übereinkunft mit dem Papst kommen zu können? Der französische König versprach, er wolle den Kaiser als Schiedsrichter im französisch-englischen Krieg anerkennen; dieser solle aber das Reichsvikariat von Eduard zurücknehmen und auf die bereits von Frankreich besetzten Reichsgebiete verzichten. Am 25. Juni 1341 teilte Ludwig der Bayer diese neue Gegebenheit dem englischen König offen mit. Eduard III. wies alle Vorwürfe zurück und lehnte die Friedensvermittlung ab.

Daß sich Ludwig aus Gewissensgründen für eine Schwenkung zum papstfreundlichen französischen König entschloß, ist wohl kaum anzunehmen. Wahrscheinlich hoffte er, die im Reich immer noch seine Position gefährdende Luxemburger Partei dadurch endgültig für sich zu gewinnen. Daß dies nicht gelingen konnte, lag an dem Zusammenspiel der Gegenkräfte, wohl auch an den zwischen Avignon und Paris aufkommenden Spannungen.

Ludwig trat also wieder in ernsthafte Verhandlungen mit Papst Benedikt XII. ein, und zwar hatte er als seine Prozeßvertreter neben dem erfahrenen Marquart von Randegg dieses Mal den bedeutendsten Rechtstheoretiker des Reiches, Lupold von Bebenburg, aufzuweisen. Das Jahr zuvor hatte dieser sein großes Werk »Tractatus de iuribus regni et imperii« vollendet, in dem er Königs- und Kaiserrechte gegen kuriale Ansprüche abgrenzte. Obgleich Lupold – später unter Karl IV. Bischof von Bamberg – den Rhenser Standpunkt der Kurfürsten historisch untermauerte, zielten seine Bemühungen immer auf Ausgleich der weltlichen und geistlichen Mächte. Aber auch diese Abordnung des Kaisers an den Papst hatte keinen Erfolg. Der völligen Unterwerfung unter die Bedingungen der Kurie konnte und wollte der Kaiser nicht zustimmen. Da außerdem der Tiroler Ehehandel (s. u.) von Benedikt als neuer Verstoß gegen die Kirche gewertet wurde, fand er sich nicht zum Einlenken bereit. Am 25. April 1342 verstarb der Papst.

Die große Frage lag in der Luft: Würde unter einem neuen Papst das Elend des Interdikts beseitigt und endlich Friede für das Imperium erreicht werden? Konnte noch ein für beide Seiten annehmbarer Modus der Versöhnung gefunden werden? Mit der Wahl eines als erbitterter Feind aller »Häretiker« bekannten Mannes, Clemens VI., war die Frage eigentlich beantwortet[40]. Die Aussicht erfolgreicher Verhandlungen um die Rekonziliation Ludwigs des Bayern schien unter diesem Papst von vornherein gering. Daß er ein hervorragender Theologe und gewandter Weltmann zugleich war, hatte sich bereits bei seiner Funktion als Abgeordneter des französischen Thrones in Avignon erwiesen (s. S. 216). Zudem war er dem Hause Luxemburg in besonderer Weise verbunden: Als ehemaliger Erzieher Karls von Mähren hatte er die Weichen gestellt für das künftige Verhalten seines Zöglings zu Frankreich und zur Kurie.

Mit frischem Elan und verschärftem Doktrinarismus ging er nun das Problem Kaiser – Papst an.

Ludwig versprach sich durch die Vermittlungsbemühungen des französischen Königs, der sich zu dieser Zeit in starker außenpolitischer Bedrängnis befand, Erfolg. Als Gesandtschaft des Kaisers zogen nun der Kanzler Graf Albrecht von Hohenlohe, der Deutschordensmeister Wolfram von Nellenburg, Marquart von Randegg und der Protonotar Ulrich nach Avignon. Die Tatsache, daß der Papst diese Prokuratoren überhaupt als Verhandlungspartner anerkannte, ließ Zuversicht aufkommen, es handelte sich immerhin um zwei in der Reichsverwaltung tätige Beamte (Kanzler und Protonotar). Wenn der Papst sie nicht zurückwies, erkannte er de facto auch die Amtsausübung des deutschen Königs als Rechtens an. Aber die Erwartungen wurden enttäuscht: Unversöhnlich standen sich nach wie vor kaiserliche und päpstliche Rechtsanschauung gegenüber. Die Grenze von Ludwigs Konzessionsbereitschaft war gezogen durch sein Beharren auf der Unanfechtbarkeit seines Königtums.

Ein Ausweg mußte gefunden werden. In der Folgezeit versuchte Ludwig der Bayer über den persönlichen Einfluß des Dauphins von Vienne (Vollmacht vom Mai 1343) erneut, den Papst zum Einlenken zu bewegen; aber erst Marquart von Randegg, der sich im September 1343 aus persönlichen Gründen in Avignon aufhielt[41], gelang es, Clemens zu veranlassen, einen neuen Absolutionsprozeß vorzubereiten. Im Januar 1344 wurde dieser feierlich eröffnet und mit strengem Formalismus durchgeführt. Es ging vor allem darum, ob der Prozeß Papst Johannes' XXII. von 1324 und die seinerzeit ausgesprochene Exkommunikation und Deposition anerkannt werden sollte oder nicht. Nach dreißigjähriger Ausübung der Regierungsgewalt mutete man Ludwig dem Bayern zu, seine Amtsführung für ungültig zu erklären. Der Kaiser war zu einer völligen Unterwerfung nur gegen gewisse Garantieerklärungen des Papstes bereit. In diesen Vorbehalten aber sah Clemens VI. ein Zeichen der Unbußfertigkeit und verkündete den endgültigen Abbruch der Verhandlungen.

Wittelsbachischer Territorialzuwachs und Feindschaft der Luxemburger

Mehrmals in seiner langen Regierungszeit hatte Ludwig der Bayer den Umschlag der politischen Meinung erfahren. Immer dann war sie zu seinen Ungunsten ausgefallen, wenn er wegen eigener Machtansprüche eine andere Machtsphäre verletzt hatte. Um so verwunderlicher ist es,

daß er im Falle Südtirols nicht erkannte oder erkennen wollte, welche
Vielzahl von Gegnern er sich mit seinem Vorgehen aufladen, welch starke Emotionen und feindliche Energien er auslösen mußte. War er dem
politischen Kalkül unzugänglich, vermochten ihn seine Ratgeber nicht
davon zu überzeugen, daß das mühsam hergestellte Gleichgewicht der
Kräfte in Mitteleuropa viel zu labil war, um einen derartigen Anstoß zu
verkraften? Zwar jagten auch seine dynastischen Rivalen Expansions-
plänen nach, wie das Vorgehen der Luxemburger im Osten, in den Niederlanden und in Oberitalien zeigte; doch sie konnten sich auf ein gesi-
chertes Wohlwollen der Kurie und Frankreichs stützen und unterlie-
ßen es nie, die deutschen Kurfürsten zu umwerben. Auch Habsburg
verfolgte territoriale Ziele, aber es war anscheinend behutsamer und ge-
duldiger am Werk als der Wittelsbacher.

Der wenig begabte Bruder des böhmischen Markgrafen Karl, Herzog
Johann Heinrich von Luxemburg, hatte es als Gatte der Margarete
Maultasch (Tochter Heinrichs von Kärnten-Tirol) nicht verstanden,
den Tiroler Adel für sich einzunehmen. Vor allem seine Günstlings-
wirtschaft hatte böses Blut geschaffen. Auch den Widerwillen gegen seine Gemahlin wußte er nicht in der üblichen Weise abzureagieren; so
trieb er Margarete zur Konspiration mit den Herren ihres Landes und
vermutlich auch mit dem deutschen Kaiser. Bekannt ist die Episode von
dem nach einem Jagdausflug zurückkehrenden Herzog Johann Heinrich, der Tür und Tor der Burg verschlossen fand und vor seiner ihn
aussperrenden Gattin gegen Süden floh (November 1341). Friaul
durcheilend erreichte er die Stadt Aquileja, wo ein Verwandter, Bertrand von Luxemburg, seit kurzem als Patriarch residierte. Man wandte
sich mit der Klage gegen Margarete und ihre Verbündeten an den Heiligen Vater, und dieser befahl Bertrand, nach Anhören beider Parteien
eine Entscheidung zu treffen. Margarete Maultasch lehnte eine Vorladung ab, und so wurde auch gegen sie ein kanonischer Prozeß angestrengt[42].

Auf der kaiserlichen Seite erfand man für die Vertreibung des böhmischen Gemahls der Maultasch den in jener Zeit häufig bemühten Schei-
dungsvorwand: Johann Heinrich habe seinen ehelichen Pflichten nicht
nachkommen können; anscheinend war dies tatsächlich der Fall, aber
nicht aus physischer Schwäche – in einer zweiten Ehe zeugte der Herzog fünf Kinder – sondern aus Abneigung gegen diese Frau. Vermutlich
war Margarete Maultasch wirklich nicht dazu geschaffen, das Wohlge-
fallen eines Mannes zu erregen, wie auch aus dem widerstrebenden Verhalten ihres künftigen Bräutigams hervorgeht[43]. Die treuen Anhänger

der kaiserlichen Politik waren um eine Rechtfertigung der Scheidung
und Neuvermählung nicht verlegen; es hieß, diese Handlungsweise
müsse als löblich erscheinen, »wenn man erwägt, daß, falls die Fähigkeit
zum Beischlaf abhanden käme, bald die ganze Erde aussterben würde«[44]. Man ging in blindem Eifer so weit, die Tatsachen grob zu ver-
fälschen: der Tiroler Adel habe vom Papst einen Scheidungsbrief für
die Regentin erhalten. Die Wahrheit ist, daß Benedikt – aufs äußerste
aufgebracht – protestierte. Ludwig der Bayer hatte mit den Tiroler Abgeordneten Verhandlungen aufgenommen. Er sah eine günstige Gelegenheit zu der längst angestrebten Erweiterung des Wittelsbacher Territoriums nach dem Süden. Auf seine Veranlassung hin machte sich der
ihm befreundete Bischof Ludwig von Freising auf den Weg, um in Südtirol Scheidung und Neuvermählung der Margarete Maultasch zu vollziehen. Doch stürzte er auf der Reise so unglücklich vom Pferd, daß er
seinen Verletzungen erlag. Nun trennte Ludwig die Ehe kraft eines kaiserlichen Machtspruches und unter Berufung auf Gutachten Wilhelms
von Ockham und Marsilius' von Padua, wonach die Ehe von vornherein ungültig – da nicht vollzogen – gewesen sei. Außerdem sei im Interesse der Allgemeinheit das Notrecht anzuwenden. Die Bischöfe von
Freising, Augsburg und Regensburg sanktionierten nun die vom Kaiser
dem Sohn befohlene Vermählung mit der Erbin Südtirols[45].

Es muß ein leidenschaftlicher Wunsch Ludwigs des Bayern gewesen
sein, dieses ehemals bayerische Land seinem Territorium einzuverleiben. Diesem Wunsch hatte sich auch die eigene Familie zu fügen; er ver-
führte ihn zu rigorosem Vorgehen und machte ihn blind gegenüber den
politischen Konsequenzen einer zweifelhaften Moral. Ludwig muß vor
Glück über den Besitz des prächtigen Gebietes wie berauscht gewesen
sein. Als er nach seinem Einzug auf Schloß Tirol ins Etschland hinun-
tersah, schien ihm der schönste Traum seines Lebens verwirklicht zu
sein. Der Schwierigkeiten bei seinem Italienzug gedenkend, frohlockte
er über diesen Neuerwerb, der ihm und seinen Nachfahren nun bei allen
südwärts gerichteten Unternehmungen eine strategisch günstige Position geben würde[46].
Ludwig der Brandenburger ging sofort daran, die Burg stark zu befestigen. Es ist eine merkwürdige Tatsache, daß er, der im Norden unter
Berthold von Henneberg eine hervorragende politische Schule durch-
gemacht hatte, es nicht verstand, das den Bayern stammesmäßig nahestehende Südtirol für sich einzunehmen und die Herrschaft der Wittelsbacher dort auf die Dauer zu befestigen. Hart pochte er auf seine Rechte

und allzusehr ließ er die neuen Untertanen seine herrscherliche Hand spüren. Die Habsburger waren in der Landnahme und in den Eingewöhnungsmaßnahmen behutsamer und einfühlsamer vorgegangen. Auch die Verbriefung der alten Rechte (28. Januar 1342), die in der Folgezeit zur Grundlage der Landesverfassung werden sollte, vermochte nicht, das Mißtrauen des Adels dem Bayern gegenüber zu beseitigen[47].

Mit dieser bedeutenden Erweiterung des Wittelsbacher Machtgebietes im Süden wurde die Gegnerschaft der Luxemburger besiegelt. König Johann von Böhmen war über die Vertreibung und Diffamierung seines Sohnes Johann Heinrich aufs äußerste empört. Er suchte sofort Herzog Albrecht II. von Österreich auf, um Rat und Unterstützung zu erbitten. Der Chronist Johann von Viktring erzählt die tragikomische Begebenheit, die sich bei diesem Zweiertreffen abspielte: Der blinde Johann habe nach der Verabschiedung vergeblich die Tür zu ertasten versucht, die ihm der lahme Albrecht nur beschreibend weisen konnte, bis sie schließlich von außen geöffnet wurde und beide die traurige Situation durch befreiendes Gelächter beendeten[48].
Selbstverständlich machte König Johann seiner Wut Luft und ließ zahlreiche geharnischte Briefe durchs Land gehen, die über Unrecht und Unmoral des Kaisers berichteten. Die gute Meinung, die man eben noch von Ludwig dem Bayern hatte, erlitt schwere Einbuße. Der Tiroler Ehehandel war mit schuld an seiner langsam zunehmenden Isolierung in den 40er Jahren. Es war Ludwig nicht gelungen, die neue Macht des Fürstentums und besonders des Kurfürstenkollegs auf die Dauer so an sich zu fesseln, daß sie zu einem gemeinsamen politischen Vorgehen bereit gewesen wäre.
Eine Festigung seiner Position erhoffte sich Ludwig der Bayer durch die neue Chance zur Erweiterung der wittelsbachischen Hausmacht, die sich 1345 im Nordwesten des Reiches bot: Der letzte Graf aus dem Hause Avesnes, Wilhelm IV., wurde bei einem Aufstand von den Friesen erschlagen. Nun war die Gemahlin Kaiser Ludwigs, Margarete, Erbin der Grafschaft Hennegau. Die gleichzeitig vakant werdenden Grafschaften Holland, Seeland und die Herrschaft Friesland übernahm der Kaiser in eigene Hand bzw. übergab sie seinem Sohn Wilhelm zur Verwaltung. Er setzte sich somit über Ansprüche der jüngeren Schwester Margaretes, die mit Eduard III. von England vermählt war, hinweg, und ebenso über die Erbrechte des Grafen von Jülich. Daß durch ein Ausgreifen nach dem Nordwesten erneut das Interessengebiet der Lu

xemburger gekreuzt wurde, schien Ludwig der Bayer nicht zu beachten oder in Kauf nehmen zu können. Wie im Ennser Vertrag 1336 und in Südtirol 1341 brüskierte er nicht nur seine Gegner, sondern auch Freunde und Verwandte. Neue, ungeahnte Möglichkeiten schienen sich ihm zu erschließen, wenn er dieses hochentwickelte, volkreiche und wohlhabende Land, nach dem Frankreich und England gleichermaßen gierig die Hand ausgestreckt hatten, an sich bringen konnte. Schelde-, Rhein- und Maas-Mündung im Besitz seiner Dynastie – welch ein Aspekt!

Doch der Traum von der Teilhabe am Welthandel sollte in wenigen Jahrzehnten zu nichts zerrinnen wie jener vom Besitz des Tiroler Landes.

Während Ludwig glaubte, durch den territorialen Zuwachs im Süden und im Nordwesten des Reiches eine politisch wirksame Machterweiterung erfahren zu haben, wurden gerade durch sie die Gegenkräfte im Staat zu gemeinsamem Vorgehen angestachelt. Dahinter mag auch die Sorge der Reichsfürsten gestanden haben, der Bayer werde seine königliche Gewalt allzusehr der wittelsbachischen Dynastie zugute kommen lassen[49].

Schon bald nach der Inthronisation Clemens VI. scheint Balduin von Trier mit ihm in Verhandlungen getreten zu sein; wegen seiner Widersetzlichkeit in der Angelegenheit des Mainzer Erzbistums lasteten immer noch Bann und Interdikt auf ihm und dem Hochstift Trier. Aus dem Briefwechsel mit der Kurie wegen der Sühnemaßnahmen geht deutlich hervor, daß Balduin entschlossen war, sich gegebenenfalls von Ludwigs Person zu lösen, was ja auch schon in den Rhenser Schriftstücken von 1338 angeklungen war. Die dort »gefundenen« Rechtsbestimmungen für das Reich verteidigte Balduin auch weiterhin: So sind seine Korrekturen des päpstlichen Absolutionsentwurfes zu verstehen, wo er zwar Ludwigs Kaiserkrönung und alle Handlungen, die er als Kaiser vorgenommen habe, für ungültig erklärte, nicht aber dessen königliche Rechte. Ein deutlicher Trennungsstrich zwischen Regnum und Imperium wurde gezogen. Der Papst nahm stillschweigend diese Fixierung – ein Meisterwerk diplomatischer Formulierungskunst – hin. Balduin hatte sich den Weg zu Ludwig offen gelassen, indem er zwar versicherte, er wolle ihm keinerlei Beistand gewähren, aber hinzufügte, »so lange er im Aufstand gegen die Kirche verharre«[50]. Der Papst paßte sich geschmeidig dieser Linie Balduins von Trier an und berief sich in den neuen Prozessen (ab April 1343) nicht mehr auf die widerrechtliche Herrschaft Ludwigs, sondern auf seine Vergehen gegen die Kirche, wie

Billigung ketzerischer Schriften, antikuriale Stellungnahme im Armutsstreit, unmoralische Eheschließung des Sohnes u. a.
Schon im August 1343 ließ er durchblicken, daß er die deutschen Kurfürsten bald zu einer Neuwahl auffordern würde. Anfang des Jahres
1344 trafen Erzbischof Balduin von Trier, König Johann von Böhmen
und sein Sohn Karl, der sich auf dem Weg nach Avignon befand, zur
Beratung in Trier zusammen. Immer intensiver scheinen die Luxemburger nun auf eine Entscheidung hingearbeitet zu haben.
Kaiser Ludwig kämpfte verbissen weiter. Er unterbreitete den Kurfürsten erneut die unannehmbaren Versöhnungsbedingungen Clemens VI.
zur Beratung (Köln, August 1344). Eindeutig stellten diese nochmals
den Standpunkt von Rhense heraus: Der Papst habe kein Recht auf Approbation oder Absetzung eines deutschen Königs, es bestehe auch kein
Lehensverhältnis zwischen Kurie und deutschem König. Diese Bera-
tungsergebnisse werden den Reichsständen in Frankfurt (September
1344) in Form einer Dokumentation vorgelegt. Adel und Städte schließen sich den Erklärungen an. Um die Krone seinem Hause zu retten,
fand sich Kaiser Ludwig bereit, zugunsten seines Sohnes, Ludwigs des
Brandenburgers, abzutreten. Doch hatte sich gerade dieser Sohn durch
den Tiroler Ehehandel in Mißkredit gebracht, während Markgraf Karl
von Mähren sich immer mehr in den Vordergrund zu schieben verstand. Er war der eigentliche Rivale Ludwigs geworden, und er ließ sich
von seinem Ziel nicht mehr abbringen.
Die Kurfürsten trafen sich im Spätherbst 1344 zu Bacharach am Rhein
und begaben sich nach Rhense, an den Ort der Weistumsfindung von
1338. Dort wiederholten sie das Bekenntnis von damals. Sie verteidig-
ten damit nicht Kaiser Ludwig, sondern ihre Eigenrechte. Bemerkenswert ist nun der Zusatz, daß bei zwiespältigen Wahlen künftig der König von Böhmen stimmentscheidend sein sollte[51].
Noch schien die Position des Wittelsbachers im Reich nicht aussichtslos. Es gelang Ludwig durch ein großangelegtes Bündnis, eine gefährliche Klammer um Böhmen zu legen: König Kasimir von Polen, der
Herzog von Schweidnitz, die Markgrafen von Meißen und von Brandenburg sowie König Ludwig von Ungarn gingen eine Koalition ein.
König Johann mußte sich zu Verhandlungen mit dem Kaiser bereitfinden (März 1346). Dieser bot ihm als Entschädigung für Tirol die Lausitz, mehrere Städte in der Mark Brandenburg und Geldzahlungen an.
Sogar eine Ehe zwischen einer Kaisertochter und einem Sohn Johanns
wurde vereinbart. Doch zu einem ehrlichen Ausgleich der beiden Dynastien konnte es zu Ludwigs Lebzeiten nicht mehr kommen.

Im Frühjahr 1346 verhandelte Erzbischof Balduin von Trier ein letztes Mal mit Kaiser Ludwig und fand sich sogar zu einem vermittelnden Schreiben an den Papst bereit. Darin heißt es: »Ich bitte Euch, den zum römischen König Erwählten, den künftigen Kaiser, ihn in Eure väterlichen Arme schließend, ihn römischer König nennend und für einen solchen ansehend, die kaiserliche Weihe und Krönung zu erteilen.«[52] Doch – wie zu erwarten – ließ sich Clemens VI. auf keine Verhandlungen mehr ein und sprach am 13. April eine erneute Verfluchung Ludwigs des Bayern aus. Am 24. Mai 1346 sagte sich Balduin von Trier endgültig von Ludwig los[53]. Erzbischof Heinrich von Mainz, der zu Ludwigs treuer Gefolgschaft gehörte, wurde vom Papst für abgesetzt erklärt und an seiner Stelle Gerlach von Nassau providiert. Dieser konnte allerdings zunächst den alten Erzbischof nicht aus Mainz verdrängen. Trotzdem war der Luxemburger Partei durch die Umbesetzung eine neue Kurstimme zugewachsen.

Karl von Luxemburg war im Frühjahr in Avignon gewesen und hatte die vom Papst geforderten Bedingungen beschworen[54]. Dabei gab er die Rechte in Reichsitalien weitgehend auf, während er für Deutschland keine reichsrechtlichen Konzessionen machte. Die Kurfürsten forderte der Papst Ende April wiederum auf, zur Neuwahl zu schreiten.
Am 11. Juli 1346 versammelten sich in Rhense die drei geistlichen Kurfürsten, der Herzog von Sachsen und der König von Böhmen. Die Waagschale sank zugunsten der Luxemburger: Karl von Mähren wurde zum deutschen König gewählt (Karl IV.).
Im Norden Frankreichs war es inzwischen zu neuen Kriegshandlungen gekommen. Die Luxemburger und mehrere andere deutsche Herren standen mit ihren Truppen auf französischer Seite. In der Schlacht von Crécy bei Calais (26. August 1346) neigte sich das Kriegsglück auf die englische Seite[55]. Johann von Luxemburg, der bis zuletzt politisch agierende und fast krankhaft unruhige Böhmenkönig, nahm daran teil, obwohl er seit Jahren völlig erblindet war. Man vermutet sogar, daß er diesem für ihn unerträglichen Zustand ein ritterliches Ende setzen wollte. Er ließ sich mitten ins Schlachtengetümmel führen, wo er den Tod fand. Sein Sohn Karl kam mit einer Verletzung davon. Während König Johann sich in Böhmen nie recht heimisch gefühlt hatte und von den Tschechen als »König Fremdling« bezeichnet wurde, fand sein Sohn bei ihnen ohne Schwierigkeiten Eingang. Die Nachfolge auf dem böhmischen Thron, den Karl faktisch schon einige Jahre innegehabt hatte, erfolgte reibungslos[56]. Auch die Niederlage ihrer Partei in Frank-

reich vermochte die Position der Luxemburger in Deutschland nicht zu
schmälern. Der Wahl Karls IV. folgte nun die Krönung zum deutschen
König in Bonn (26. November 1346). Sie fand am »unrechten Ort«
statt, da das kaisertreue Aachen sich nicht gewinnen ließ, dem Luxemburger seine Tore zu öffnen. Bei den Wahlanzeigen an den Papst vermieden es die Kurfürsten, von einer Approbation des deutschen Königs
zu sprechen, sie baten lediglich um Anerkennung und Kaiserkrönung.
Beide wurden vom Papst zu gegebener Zeit gewährt. So zog der diplomatisch gewandte Nachfolger des Bayern indirekt Gewinn aus dem
jahrzehntelangen Kampf um das Reichsrecht.

Der Kreis um Karl von Luxemburg muß sich bald zerstreut haben. Es
heißt, daß der neue König aus Angst, seinem Gegner in die Hände zu
fallen, verkleidet den Heimritt nach Böhmen durchführte[57]. Für ihn
kam es nun darauf an, die maßgebenden Herren in den deutschen Landen für die Anerkennung seines Königtums zu gewinnen. Da der mächtigste Territorialfürst Albrecht II. von Habsburg war, so ist es kein
Wunder, daß man Karl gleich zu Beginn des Jahres 1347 am Wiener
Hof findet, wo auch der den Luxemburgern befreundete und verschwä-
gerte König Ludwig von Ungarn eintraf, um den Habsburger in seinem
Sinn zu beeinflussen. Herzog Albrecht II. bewahrte Ludwig jedoch bis
zuletzt die Treue. Noch im Juni 1347 ist ein freundschaftliches Abkommen über Angelegenheiten die österreichischen Vorlande betreffend zwischen den beiden Fürsten zustande gekommen.
Für Ludwigs rasche Reaktionsfähigkeit und zähe kämpferische Haltung
ist es bezeichnend, daß er unmittelbar nach dieser Besprechung der Fürsten selbst nach Wien geritten kam und sich der Loyalität des Habsbur-
gers versicherte.
Es ist nicht überliefert, wie Ludwig persönlich auf die Wahl und Krönung seines Rivalen reagiert hat. Von Resignation ist jedenfalls in den
nächsten Monaten nichts zu bemerken. Er war bereit, zusammen mit
seinen Söhnen den Kampf um sein Recht aufzunehmen. Die Zahl seiner
Anhänger war nicht gering. In Süddeutschland kam es zu mehreren Gefechten, doch den großen Angriff, den Karl IV. vorbereitete, und von
Böhmen aus nach Bayern hineinzutragen gedachte, hat Ludwig nicht
mehr erlebt. Ein neues innerdeutsches Ringen wurde durch seinen
plötzlichen Tod am 11. November 1347 verhindert.

Der Tod des Kaisers hat nicht nur die Zeitgenossen tief getroffen, er
war von bleibendem Eindruck auf die Nachfahren und ist bis heute –
zumindest im Umkreis des Ereignisses – nicht vergessen.

Ein plötzlicher Tod. In manchen Quellen klingt das Gemunkel hindurch, Gift habe eine Rolle gespielt, sogar die Herzogin von Österreich
wird verdächtigt. Aber das war in dieser Zeit, in der es anscheinend
nicht wenige Giftmorde gegeben hat, nichts Ungewöhnliches. Dabei
fürchtete man nichts mehr als den »jähen«, d. h. jenen Tod, der keine
Zeit zur Reue, zur Vorbereitung aufs Jenseits, zum Sterbesakrament,
ließ. Das Erdendasein war ja im Sinne des Gläubigen nur Bewährungs-
zeit und Vorbereitung auf das Leben nach dem Tode. Ausschlaggebend
war allein, in welchem Seelenzustand man vor dem höchsten Richter
erschien. Dem Unvorbereiteten drohte der »böse«, der doppelte Tod
der ewigen Verdammnis. Daher flehten zahllose Gebete um eine gute
Sterbestunde. Es gab sogar einen eigenen Heiligen, dem der Schutz vor
dem »jähen Tod« anvertraut war: St. Christophorus. Seit dem 12. Jahrhundert kam ihm die Eigenschaft zu, Christus zu tragen und ihn der
Welt zu präsentieren. Jedem Christen konnte die Gnade widerfahren,
durch das Anschauen seines Bildes komprimiert das Geheimnis des
Glaubens zu erfahren[58]. Auch dem Kaiser war das Bildnis plastisch entgegengetreten, sooft er in München zum Platz des Franziskanerklosters
gegangen war, denn dort befand sich auch ein Christophoruskirchlein,
und auch sonst im Land war die Gestalt des Christusträgers an Kirchen-
portalen, Brücken und Türmen in riesenhafter Eindringlichkeit angebracht. Das Bild dieses beliebtesten Heiligen der Zeit mag auch Ludwig
dem Bayern neben jenem der Gottesmutter tägliche Andachtshilfe gewesen sein.

Über seine letzten Lebensmonate gibt es einige – nicht absolut zuverlässige – Angaben. Es ist merkwürdig, daß auch für diese Zeit Hinweise auf
die menschlichen Beziehungen zu seiner Familie, vor allem zu seiner
Gemahlin fehlen. Hatte sie teil an seinen Sorgen, wußte sie um seine gesundheitliche Verfassung? Die Quellen schweigen über das Zusammen-
sein, über Gespräche und Konflikte.

Die Herzogin Johanna von Österreich habe auf dem Rückweg von einer Reise nach dem Elsaß in München einen kurzen Aufenthalt eingelegt (Oktober) – wird berichtet. Ludwig habe sie empfangen und sei
fröhlich mit ihr zu Tisch gesessen[59]. Einen Monat später – am 11. No-

vember 1347 – habe Ludwig mit der Burggräfin von Nürnberg getafelt;
man nimmt an, daß es die Witwe seines guten Freundes und Beraters
Berthold von Graisbach-Marstetten gewesen ist, die eine geborene
Burggräfin von Nürnberg war. Sie soll Ludwig häufig besucht haben;
ihre Kinder gehörten zu den Mündeln des Kaisers[60]. Bei Tisch habe
Ludwig zum ersten Mal Herzbeklemmungen verspürt; er glaubte, eine
gewisse Schwäche in allen Gliedern durch Bewegung an der frischen
Luft beheben zu können. Zudem schien ihn die Kunde gereizt zu haben, man habe die Spur eines Bären in der Gegend von Fürstenfeldbruck
entdeckt, und das war auch damals – zumindest für das Flachland – ungewöhnlich. Er begab sich also zur Jagd in sein geliebtes Revier um Fürstenfeld, »um sich in den Wäldern und Feldern im Reiten zu erfrischen.
Aber im Reiten stürzte er plötzlich vom Pferde.«[61]. Alles weist darauf
hin, daß Ludwig – mitgenommen durch all die Anstrengungen und
Aufregungen der letzten Jahre – eine Kreislaufschwäche verspürte, die
er nicht rechtzeitig beachtete, und so einem Herzschlag erlegen ist.

Der Überlieferung zufolge hatte er einen frommen Tod. »Mutter Got-
tes, Himmelskunıngın, bîs bî mîner schîdung« (... sei bei meinem
Scheiden), sollen die letzten Worte gewesen sein[62]. Sie sind nicht un-
glaubhaft, wenn man die lebenslange Hinwendung Ludwigs zur Mutter
Christi bedenkt. Ihr Bild hatte er zum Mittelpunkt seiner ureigenen
Klostergründung Ettal erhoben. Auch die Kirche von Puch bei Fürstenfeldbruck, auf die bei seinem Hinscheiden möglicherweise sein
Blick fiel, war Maria geweiht[63]. Um Ludwigs Tod und die Art seiner
Frömmigkeit zu verstehen, genügt es nicht, die Kirchenpolitik mit ihren wechselnden äußeren Aspekten zu betrachten; mehr erfahren wir
über sie durch die Bevorzugung bestimmter Orden und Persönlichkeiten. Mancher Zug seines Wesens aber scheint sich erst im Hinblick auf
jene mächtige Zeitströmung zu erschließen, die wir Mystik nennen.

In Abkehr von den kirchlichen Mißständen ihrer Zeit hatten vor allem
Dominikanermönche zu Verinnerlichung und individueller Gotteserfahrung gefunden. Der zuletzt in Köln wirkende Meister Eckhart riß
Tausende mit seinen deutschen Predigten hin, in denen er zur Entäuße-
rung von aller geschöpflichen Bedingtheit aufrief. Auch Heinrich Seuse
aus Konstanz und Johannes Tauler, ein Straßburger Bürgersohn, suchten zur Wahrheit ohne Vermittlung der Kirche vorzudringen und
schenkten dem beunruhigten Volk Erbauung und Trost.

Eines der merkwürdigsten Phänomene der Frömmigkeitsgeschichte ist
die Gestalt der Margarete Ebner, der Mystikerin von Maria Medingen

bei Dillingen (Schwaben). Sie reicht nicht an die Bedeutung jener großen mystischen Sprachgestalter heran. Monoton und wenig bildschöp-
ferisch ist ihre Rede. Kaum spielt die Welt in das einsame Leben hinein.
Und doch scheint dieses Leben ungemein aussagekräftig und zeit-
typisch zu sein; daher soll es hier näher betrachtet werden.
Abseits vom Verkehr lag das Kloster schon damals; wo sich der schwäbische Jura sanft zur Donau hin abflacht, ist es zu Anfang des 13. Jahrhunderts als Dominikanerinnenkonvent gegründet worden. Es war
dem Schutz des Reiches unterstellt und von Steuern befreit. Ebenfalls
frei war es von kirchlichen Zehntforderungen. Durch päpstliches Privileg hatte es 1246 das Recht erhalten, auch dann Heilige Messen in
seinen Mauern abhalten zu lassen, wenn über das Land die Strafe des
Interdikts verhängt war. Das Kloster war nicht reich; Leibeigene be-
wirtschafteten den kargen Boden. Nicht unbedeutend scheint das geistige Leben der Nonnen gewesen zu sein, die von gelehrten Dominikaner-
mönchen in unregelmäßigen Abständen betreut wurden und durch sie
vermutlich auch die Botschaft der Mystik empfingen. Sonst beschränk-
te sich der Kontakt mit der Welt der in ihrem »hortulus conclusus« lebenden Frauen auf Gespräche durch das Gitter. Nur einmal, in den Jah-

Offenbarungen der Margarete Ebner

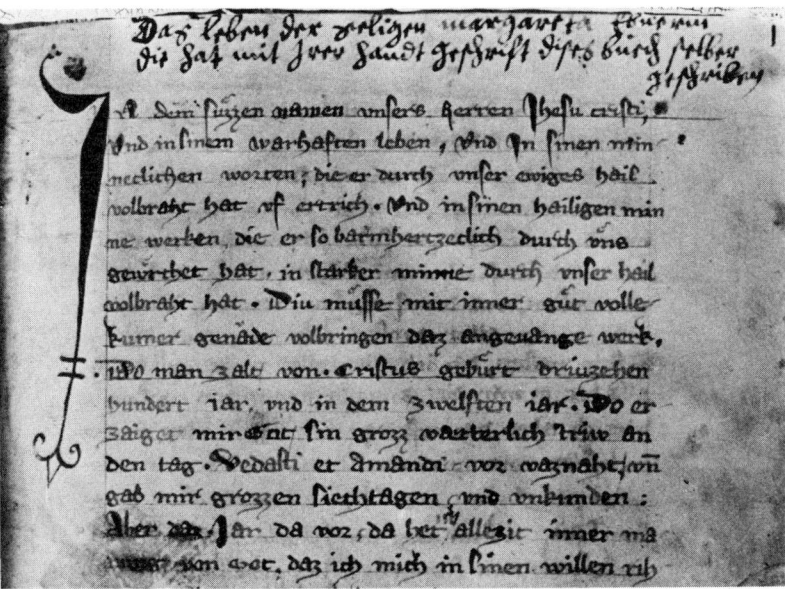

ren 1324/25 griffen die turbulenten weltlichen Ereignisse auch in das
stille Dasein der Nonnen ein; sie mußten wegen Kriegsnot Medingen
verlassen, es war die Zeit der Belagerung von Burgau (s. S.130), und
Herzog Leopold drang bis Lauingen in die Nähe des Klosters vor. Margarete hielt sich damals vorübergehend bei ihrer Familie in Donauwörth auf.

In eine reiche Frömmigkeitstradition war Margarete Ebner schon als
junges Mädchen hineingewachsen. Kränklich, zeitweilig gelähmt, legte
sie ihre ganze Kraft in eine gesteigerte Innerlichkeit. Entscheidend war
die Begegnung mit dem welt- und sprachengewandten Geistlichen
Heinrich von Nördlingen, dem Übersetzer der Mechtild von Magdeburg und Freund vieler hochgestellter Zeitgenossen. Er verehrte
Margarete wie eine Heilige und erzählte von ihr, wohin er kam. Sie erkannte ihn als ihren Seelenführer an und ließ sich dazu bestimmen, nach
ihren Tagebuchaufzeichnungen die Niederschrift ihres visionären Lebens anzugehen (1312–1348). Heinrich von Nördlingen war ein kir-
chentreuer Mann; 1335 reiste er nach Avignon, und als Kaiser Ludwig
1338 durch Reichsgesetz befahl, das Interdikt nicht zu achten, verließ
er die kaisertreue Reichsstadt Nördlingen und zog nach Basel, von wo
er erst 1350 zurückkehrte. Der Briefwechsel, den Heinrich von Nördlingen in dieser Zeit mit Margarete Ebner führte, gilt als der älteste in
deutscher Sprache. Nur ein Brief von ihr ist allerdings erhalten[64].

Höchst verwunderlich erscheint nun, daß diese bescheidene, an strengen Gehorsam gewöhnte Frau in einem ihrem Seelenführer nicht folgt,
ja sogar eine völlig entgegengesetzte Meinung vertritt: in ihrer Stellung
zu Kaiser Ludwig. In dem ziemlich eintönigen Rhythmus ihrer Seelen-
zustände, der zwischen »Rede« (visionäre Fülle) und »gebundenem
Schweigen« verläuft, spielt ihr mystischer Anteil an seinem Leben eine
faszinierende Rolle. Innerlich nimmt sie teil an den großen politischen
Geschehnissen, fühlt sich als Sündenträgerin und Versöhnerin der Welt.
Diese Sendung führt sie auf einen Traum zurück, in dem sie erschaute,
»... wie mir gesendet wurden die allerwürdigsten Boten von einem großen Herrn und mir eine große Handfeste überreichten, daran vier güld-
ne Siegel hingen. Versiegelt und verbrieft ward mir damit, daß ich zu
geben hätte, wem immer ich auf Erden und im Fegefeuer wollte.«[65]
Ob sie Ludwig je persönlich gegenübergestanden ist, was nicht aus-
geschlossen werden kann, da er mehr als einmal durch die Gegend kam,
auch verschiedene Urkunden für das Kloster ausstellen ließ, läßt sich
nicht nachweisen. Margarete fühlt ihrem großen Freund den Schmerz

nach um treulose Freunde, »denn ich sah jene mich verlassen, die vorher gerne um mich waren. Besonders wenn es mir recht übel ging, so schieden sie von mir und sagten, es leide sie nicht mehr bei mir. Da dachte ich, daß Gott allein die wahre Treue sei, die nimmer mich verließe und übergab mich dem Willen Gottes.«[66] Mit den übrigen frommen Christen leidet Margarete unter dem Hader zwischen König und Papst. Sie findet in diesem Konflikt ihren ganz persönlichen Weg und verharrt auf ihm mit erstaunlicher Sicherheit.

Selten nennt Margarete den Kaiser beim Namen, und manchmal kann man nur mutmaßen, daß seine Person das besondere Anliegen ihrer mystischen Aufopferung ist. Sie schreibt: »Ich hatte einen Freund von edler Abkunft, der kam zu mir mit dem Verlangen nach Rat und Hilfe. Nun erkannte ich wohl, daß er Gottes Barmherzigkeit bedurfte, denn ich wußte ihn in Schuld. Nun hätte gerne ich für ihn gebetet mit eifriger Begierde ... von Gottes Güte wurde mir gegeben, daß er ihn nicht verlassen wolle, und nur sein Übel wolle er mir zeigen. Ich aber ließ nicht ab ...«[67]

Und in großer Freude, so berichtet Margarete weiter, habe sie die Gnade empfangen, seine Seele »aufheben«, d. h. ihr zum Heile verhelfen zu können. Immer wieder trägt sie das Leid der Menschen vor den Thron Gottes und fragt nach dem Ursprung des Übels. »Meine Begierde griff auch nach dem Herren Ludwig, der Ursache dieser Irrsal ist und der vor andern Menschen mir von Gott gegeben ward. Da sprach mein geminntes Kind Jesus Christus: ›Ich will ihn nimmer von mir lassen, weder hier noch dort, denn er hat Minne zu mir, die niemand kennt als ich allein.‹ ... Er war in leiblicher Krankheit. Da sprach das begierliche Kind Jesus Christus: ›Ich habe ihn gesund gemacht nach meinem Willen an Leib und Seele und hab noch viel ihm zugedacht, das er vollbringen soll zu meiner Ehre, denn ich habe ihn mir auserwählt, damit ich meine Lust an ihm vollbringe.‹«[68]

Allen Zweifeln und Anfragen ihres Seelenführers gegenüber bleibt sie dabei, Jesus habe ihr geoffenbart: »›Ich hab ihm [dem Kaiser] Sicherheit gegeben des ewigen Lebens.‹ Da wollt ich wissen, womit er das verdient. Er sprach: ›Weil er mich lieb gehabt, denn menschlich Urteil wird gar oft betrogen.‹ ... Wieder war mir mit großer Begierde eines Tages gegeben, daß ich Jesum mein Kind befragte um Kaiser Ludwig von Baiern, wegen der Mühsal und Bedrängnis, die sein Gegenkönig ihm bereitete. Da wurde mir geantwortet: ›Ich will ihn nimmermehr verlassen weder hier noch dort, denn er hat zu mir Minne, die niemand weiß als ich und er, und das entbietet ihm von mir.‹ Das tat ich nicht und unterließ es aus Besorgnis, er würde inne, daß von mir dies käme. Darnach ward mir mit großer Lust und Freude offenbar, er sollte seine Feinde überwinden. Und in derselben Zeit ward mir gesagt, er wäre tot. Doch da empfing ich es mit großer Freude, daß es die Feinde seiner Seele waren, die er überwunden hatte.«[69]

In der Versenkung, in einsamer Gotteserfahrung, im Traum, ringt sie um seine Seele. »Sonderlich da ich unsern Herrn empfing, da trug ich groß verlangen nach des Herren Ludwig Seele. Da ward mir Antwort: ›Lobpreise mich um dieses großen Werkes willen, das ich an ihm gewürket …‹«[70] Und an einem anderen Tag »… lag mir an das barmherzige Werk, das Gott gewürkt mit Kaiser Ludwig. Da ward mir Antwort: ›Er hat mich getragen in seinem Herzen und so hab ich ihn auch umgeben mit meiner Barmherzigkeit und nimmer will ich ihn daraus entlassen, bis daß ich ihn bereitet habe für das ewige Leben.‹«[71]

Margarete sieht den Kaiser also mit anderen Augen als die offizielle kirchliche Obrigkeit; sie sieht ihn mit den Augen des leidenden, frommen Volkes, das an dem Schicksal des seit Jahrzehnten Ausgestoßenen teilnimmt, das seinen mit der Kirche unversöhnten Tod beklagt und zu deuten sucht. Das einfache Volk fühlte sich ihm verbunden, und Margarete Ebners mystische Hingabe an das Schicksal Ludwigs des Bayern reicht über seinen Tod hinaus; rationale Erklärungen für dieses Phänomen sind unzulänglich. »Ich ward gebeten von einem geistlichen wahrhaften Freunde unsers Herrn [Heinrich von Nördlingen], daß ich Begierde hätte um den Kaiser, denn ihm hätte ein wahrhafter Freund Gottes gesagt, er hätte länger leben sollen. Nun ward darob mir Antwort: ›Das ist wahr und ist geschehen um der Menschen Sünden willen.‹«[72]

Nach seinem Tod – »in den Armen eines Bauern«, wie es heißt: Vielleicht war ein Jagdgehilfe oder auch ein Mann aus dem nahen Dorf zuerst zur Stelle – wurde der Kaiser zunächst im Kloster Fürstenfeld bestattet[73]. Sein Herz verblieb dort und wurde im Sarg des Vaters beigesetzt.

Auch der tote Kaiser fand noch lange seine Ruhe nicht: Man brachte ihn nach München, wo die Gebeine in der Michaelskapelle der Frauenkirche beerdigt worden sein sollen; 1364 übertrug man sie ins Hochgrab seiner ersten Gemahlin Beatrix. Später wurde Ludwig – zusammen mit fünf Nachfolgern – in einer Tumba im Chor der Frauenkirche beigesetzt. Trotz aller Bemühungen gelang es den Wittelsbachern nicht, für ihren Kaiser eine nachträgliche Lösung vom Kirchenbann zu erwirken. Der Standort seines Grabes veränderte sich noch viermal inerhalb der Kirche und befindet sich heute am Westende des südlichen Seitenschiffes. Die Tumba-Deckplatte aus Rotmarmor wurde Ende des 15. Jahrhunderts von der Münchener Bildhauerwerkstätte der Haldner ausgeführt. Sie war mit reliefierten Seitenteilen versehen, die bei der Umgestaltung unter Herzog Maximilian I. verlorengingen. Damals wurde das pompöse Gehäuse mit den zahlreichen Figuren und Emblemen geschaffen, das heute im Dom zu sehen ist. Auf der oberen Hälfte der Platte ist Kaiser Ludwig thronend in Frontalstellung gezeigt, mit Albe und Stola bekleidet, mit einem weiten Mantel angetan. Er trägt eine Krone aus Laubwerk, ferner Zepter und Reichsapfel (Abb. 13). Am Thronsockel sind drei Schilde (Reichsadler, bayerisches und Pfälzer Wappen) angebracht[74].

Im Jahr 1808 hat der bayerische König Max Joseph südöstlich von Puch einen acht Meter hohen Obelisk aus grauem Ettaler Marmor aufstellen lassen, im Volksmund »Kaisersäule« genannt (Abb. 15). Das »Hier starb …« der Inschrift allerdings stimmt nicht genau: Der Tod war hinter dem Dorf auf der Flur, die heute noch den Namen »Kaiseranger« trägt, erfolgt. Das hölzerne Erinnerungszeichen, das man dort 1830 aufstellte, war bald verfallen. Es ist nicht uninteressant, daß diese Stätte auf altem wittelsbachischem Grund sich Jahrhunderte hindurch von ihrer Umgebung abhob: Unter den wittelsbachischen Schenkungen an das Kloster Fürstenfeld war auch der Pucher Landbesitz gewesen. Wir haben von dem Schicksal des dort errichteten Hofes nach der Schlacht von Mühldorf gehört. Als 1803 das Kloster aufgelöst wurde, kam das Pucher Anwesen vorübergehend an den böhmischen Fabrikanten Leitenberger und 1817 an den bayerischen Staat. Noch heute ist hier eine staatliche Einrichtung (Landesanstalt für Pflanzenbau und Pflanzenschutz) untergebracht.

Unweit von diesem Gut steht die Kirche; ein Jahrhundert nach Ludwigs Tod in gotischem Stil erneuert, später barock umgestaltet. Sie weist im Chor zwei kleine Medaillonfresken auf, die wohl kaum im Gedanken an des Kaisers Geschick geschaffen wurden, die aber doch in merkwürdiger Weise auf seine religiöse Existenz, wie Margarete Ebner sie empfunden hat, zutreffen: Ein geflügeltes Herz in einem vergitterten Käfig, von dem die Hand Gottes den Deckel abnimmt; die Inschrift bezieht sich auf den Römerbrief 7, 24: »Wer wird mich erledigen?« (Im Sinne von ›befreien aus dem Gesetz der Sünde‹; das Wort ›ledig‹ in der ursprünglichen Bedeutung von frei, ungebunden). – Das andere

Bild: Ein Herz, das mit einer Kette an die Welt gebunden ist, aber durch
die Hand Gottes befreit wird (Philipperbrief 1, 23)[75].

Zusammenschau

Es besteht keine Ursache, Ludwigs persönliche Frömmigkeit, sein ehrli-
ches Streben nach Vollzug des göttlichen Willens auf Erden anzuzwei-
feln, wenngleich auch in diesem Punkt eine letzte Klarheit nie zu erreichen ist. Fast die Hälfte seines Lebens als Ausgestoßener der Kirche, die
dem christlichen Glauben nach allein das Heil verbürgt, hinzubringen
und unversöhnt mit ihr zu sterben – welch ein Los für einen Menschen
mit echter Gläubigkeit! Oder ist es vielleicht so, daß wir Nachgeborenen diese Diskrepanz dramatisieren, daß sie seinerzeit nicht so hart
empfunden wurde? Lebten nicht zahlreiche weltliche und geistliche
Herren mit ihren Ländern in diesem Zwiespalt recht gut, ertrug ihn
nicht eine so ausgeglichene Persönlichkeit wie der Erzbischof Balduin
von Trier während vieler Jahre? Auch Friedrich der Schöne mußte im
Kirchenbann leben und sterben wie andere Mitglieder seines Hauses,
ohne daß man den Eindruck hat, ihre religiöse Haltung sei dadurch irgendwie verändert worden. Sicher ist diese Last auch mit unterschiedlicher Intensität verspürt, getragen, kompensiert worden: Sicher ist auch,
daß man bei der Beurteilung des Herrschers zu seiner Lebzeit schon und
in den ihr unmittelbar folgenden Jahrhunderten die religiöse Gesinnung von der kirchenpolitischen Notwendigkeit zu trennen verstand.
Davon legt die folgende Stelle aus Aventins »Bayerischer Chronik« zu
Beginn des 16. Jahrhunderts Zeugnis ab: »Die geistlichen, münich und
closterjunkfrauen die loben in seer, halten in für den allerchristlichsten,
gotferchtigsten und demüetigisten kaiser, setzen in in den himmel, bezeugen solchs mit besundern wunderzaichen und gesichten, zaigen sein
messer, tischtüecher und anders dergleichen mêr für hailtum. Zu Un-
derdorf [Indersdorf in Oberbayern] im creutzgang ist er abkunterfeit
in gar schlechter claidung, da speist er die armen mit seinen aigen henden.«[76]

Wie also steht es um die »Widersprüchlichkeit«, die Zwiespältigkeit
Ludwigs des Bayern, von der sowohl die Chronisten des 14. wie die Historiker unseres Jahrhunderts sprechen? Liegt das Unerklärliche – und
somit das Ungenügen bei der Betrachtung seines Wirkens – in seinem
Charakter begründet, in seiner politischen Existenz oder in den zeitlichen und räumlichen Umständen[77]?

Seine Persönlichkeit: Als Kind schon hineingestellt in den Unfrieden des Elternhauses, in den Konflikt zwischen Mutter und Bruder, an einen fremden Hof verpflanzt, dessen Freundschaft nicht unbedingt zu trauen war: Vorsicht, Zweifel an der Ehrlichkeit und Zuverlässigkeit seiner Partner mögen damals schon dem Kind eingeimpft worden sein. Vergeblich suchen wir nach dem ursprünglichen Wesen dieses Menschen, nach Eigenschaften, die sich bereits im Kindesalter zeigten und dann noch in reifen Jahren nachweisen lassen. Vielleicht dies: Er war ein guter und dankbarer Freund, großmütig, gebefreudig; ein heiterer Gastgeber auch, der es liebte, fröhliche Menschen um sich zu versammeln. Darin scheinen alle Zeitgenossen einig gewesen zu sein: Ludwig war von heiterer Natur und friedlicher Gesinnung. »Der keiser was fridesam und gut, und wo die stete [Städte] woltent lantfrieden machen, do tet er sin helfe zu und waz er mit gut moht zubringen, do erlies er sich krieges.«[78] Mit diesen Worten kennzeichnet ihn der Straßburger Geschichtsschreiber Fritsche Closener.

Sehr eindeutig geht das »fridesam und gut« aus diesem Zeugnis wiederum nicht hervor: Die Bestrebungen, Landfrieden zu gewähren und durchzusetzen, mochten auch ein Akt politischer Klugheit sein. Der Landfriede konnte zu einem wichtigen Machtmittel werden, wie sich unter König Albrecht I. erwiesen hatte. Und wie stand es um Ludwigs Heiterkeit – hatte sie Bestand bei all den Belastungen seiner Regierungszeit? Zumindest zeitweise (s. S. 98 f.) scheint sie ihn völlig verlassen zu haben, was menschlich durchaus verständlich ist. Neigte aber seine Natur tatsächlich zu einem friedlichen, heiteren Dasein, so muß der Königsberuf, der ihn ständig zu Unruhe, Auseinandersetzung und Krieg drängte, als verhängnisvoller Zwang betrachtet werden. Als solchen mochte er, der sich in seiner Münchener Residenz ein festes Heim geschaffen hatte, auch das pausenlose Unterwegssein empfunden haben. Oder war gerade dieses seiner Lebensart gemäß? Was wissen wir schon über seine kurzen Aufenthalte in den vertrauten Wänden, über seine Bindung zur Familie, zu den Frauen, die ihm siebzehn Kinder schenkten? Nicht ein Wort oder eine Geste ihnen gegenüber ist bezeugt. Alles, was er als Politiker anstrebte, scheint er auch für diese Familie – oder besser: für »sein Haus« – getan zu haben: Auf Ansehen und Vergrößerung des Hauses zielten die territorialen Erwerbungen, der Ausbau im Landesinnern, ihm wollte er mit seiner Kaiserpolitik die Königskrone erhalten. Aber wie autoritär, ja brutal griff er in das Leben seiner Kinder ein, wenn es galt, politische Vorteile zu erzielen etwa durch ein Ehebündnis! Doch mochte auch diese Handlungsweise ihm als selbstver-

ständliche Pflichtübung erscheinen: Hatten nicht alle Fürstenkinder –
er selbst nicht ausgenommen – diesem Gebot ihres Standes zu gehorchen, so wie der Untertan dem Gebot des Herrn? Mußten sie ihr priva-
tes Wohl nicht dem Gemeinwohl opfern? Unbegreiflich fast für einen
Nachgeborenen der Neuzeit, wie diese Menschen ihre Emotionen als
Väter, Gatten und mitfühlende Freunde zu bewältigen vermochten.
Bleibt also die Beurteilung von Ludwigs gefühlsbezogenen Äußerungen ziemlich vage, so fragt sich, ob seiner politischen Intelligenz und
Phantasie beizukommen ist. Begabung und Ausbildung scheinen zunächst durchschnittlich gewesen zu sein. Daß er dennoch »mannhaft
und mild«[79] das Reich während mehrerer Jahrzehnte regierte, bestätigt,
daß er mehr und mehr in seine Aufgabe hineingewachsen ist, daß er
durch Begegnungen, durch Gespräche mit bedeutenden Personen lernte
und reifte. Nicht unüberlegt und ohne Abwägen, aber doch rasch und
entschieden sind seine Reaktionen. Zu diplomatischen Wendungen, zu
kühnen Entschlüssen ist er bis zuletzt bereit. »... wie er denn überhaupt voll hoher Entwürfe Alles in Angriff genommen hat, was einen
Mann von kühnem und hochstrebendem Geist verrät.«[80] So der gebil-
dete und weitgehend unvoreingenommene Chronist Mussato.
Es braucht nicht als ein Widerspruch in seinem Wesen zu gelten, wenn
diese Kühnheit in manchen Fällen gemindert oder hintangesetzt zu sein
scheint – so in der lange hinausgezögerten Entscheidung der Abrechnung mit dem königlichen Gegenkandidaten –, in andern Fällen wieder
im Übermaß hervorbricht, z. B. in der Rompolitik: War dieser Mann
auch immer Herr seiner Entschlüsse? Wie stark war der Einfluß seiner
vielfach intelligenteren Berater, seiner übermächtigen Finanziers? Wären die Probleme seiner Regierung mit mehr Einsicht oder größerer
Selbstlosigkeit zu lösen gewesen? War Ludwig mit seinen sicher be-
schränkten Gaben nicht in ein Amt hineingestellt, das mehr von ihm
forderte, als er zu geben vermochte – als irgendeinem Menschen zu leisten möglich war? Was bedeutete dieses Amt für ihn? Befriedigung seines persönlichen Ehrgeizes, seiner Machtgier und -lust, oder göttliche
Gnade und unausweichliche Verpflichtung? »Hätte Gott, von dem alle
menschlichen Handlungen ausgehen, gewollt, daß ihm das gemeine Geschick, sein Leben als Privatmann zu verbringen, zugefallen sei, so würde er das Privatleben haben auf sich nehmen müssen. Da Gott jedoch
verfügt habe, daß er der Oberherr Aller werde...«[81], so mußte er diesen
Auftrag annehmen und durchstehen. So lautet die Meinung des Italie-
ners Mussato, der gewiß nicht als Anhänger der Kaiserpartei zu gelten
hat.

Seinem Auftrag ist Ludwig der Bayer mit Zähigkeit und Geduld nachgekommen, mit Mut und nie ganz versiegendem Optimismus, mit
höchstem persönlichen Einsatz und der Überzeugung, für eine gerechte
Sache zu kämpfen. Und das eben stempelt diesen Wittelsbacher zu einer
– im klassischen Sinne – tieftragischen Gestalt: Er vertrat hohe Werte
seiner Zeit wie »Ehre und Recht des Reiches«, Friede und Gerechtigkeit, aber er war »nur« ein Mensch, nicht immer sicher und glücklich in
der Wahl der Mittel, nicht durchweg gut beraten, also irrend und sich
notwendig in Schuld verstrickend – in diesem tragischen Widersinn
aber sehr wohl eine geschlossene, ja große Persönlichkeit. Eine neue in-
stitutionelle Ordnung zu schaffen und Macht über die Verhältnisse zu
bekommen, das vermochte er auf die Dauer nicht. Aber wie beschränkt
waren die Möglichkeiten, die sich dem Königtum des Spätmittelalters
für die Bewältigung der Krise boten! Eingesponnen in den Kokon seiner Zeit, in der altüberlieferte Mächte und Ideen sich zu behaupten
suchten, während schon junge Strömungen nach Neuem drängten, war
er in extremer Weise den Spannungen zwischen der »werlde« und ihrer
»êre« und »gotes hulde« anheimgegeben.

Die Nachfolger Kaiser Ludwigs erwiesen sich als nicht stark genug, sein
Lebenswerk zu erhalten und fortzuführen. Weder die Vorsorge für eine
Weitergabe des Königtums in der Wittelsbacher Dynastie zeitigte
Früchte, noch konnte der territoriale Zugewinn konsolidiert werden.
Die Kinder Ludwigs des Bayern scheinen weder den politischen Spür-
sinn und die Volksverbundenheit noch die Vitalität des Vaters und seinen zähen Willen geerbt zu haben. Ein nachgeborenes Kind starb bald
nach der Geburt. Der Sohn Wilhelm, der das holländische Erbe übernahm, litt zeitweise unter Schwermutsanfällen und versank schließlich
in völlige geistige Umnachtung. Die Tochter Agnes, die den Münchener Clarissinnen am Anger zur Erziehung übergeben wurde, sträubte
sich heftig, wieder in die Welt zurückzukehren; sie soll stigmatisiert gewesen sein und ihr kurzes Leben (1334–52) einer mystischen Jesus-
minne gewidmet haben[82].

Als mögliche Erben der Wittelsbacher Hausmacht kamen sechs Söhne
aus zwei Ehen in Frage[83], eine einheitliche Regierung wurde von ihnen
nicht einmal angestrebt und war wegen des weitverzweigten heteroge-
nen Besitzes wohl auch kaum möglich. Die beiden ältesten Söhne (aus
der Ehe mit Beatrix von Schlesien), Ludwig V. und Stephan II., kamen
mit der Kaiserinwitwe im Landsberger Vertrag 1349 überein: Ober-
und Niederbayern wurden – gegen den Willen des Vaters – wieder ge-

teilt. Ludwig V. nahm zu Brandenburg und Tirol auch Oberbayern hinzu, das er mit den jüngeren Brüdern Ludwig VI. und Otto (aus der Ehe
mit Margarete von Holland) gemeinsam regierte. Stephan II. teilte mit
seinen Halbbrüdern Wilhelm und Albrecht Niederbayern und den holländischen Besitz. Ab 1353 wurde dann Niederbayern nochmals auf-
geteilt, so entstand das Straubinger Ländchen als Nebenlinie der holländischen Teilherrschaft. Die Mark Brandenburg war seit dem Tod des
letzten Askaniers nicht recht zur Ruhe gekommen. Ludwig V. hatte
von seinem Vater das Markgrafenamt als Lehen erhalten; er konnte sein
Recht nach innen und außen nur schwer behaupten. Seit dem Tode
Ludwigs des Bayern wurde dort ein Betrüger protegiert, der sogenannte falsche Woldemar, der behauptete, der letzte askanische Graf zu sein.
Die Gegner der Wittelsbacher – auch König Karl IV. – erkannten ihn
bereitwillig als Markgrafen von Brandenburg an, und der Böhme nahm
die Gelegenheit wahr, sich von dem falschen Woldemar die längst begehrte Lausitz abtreten zu lassen. Erst als die Wittelsbacher dem Druck
der Luxemburger gewichen waren, ließ man diesen zu einem bösen politischen Spiel mißbrauchten Mann fallen: er wurde »entlarvt« und hin-
gerichtet.
Ludwig V., der Brandenburger, hatte zunächst das norddeutsche Territorium seinen Halbbrüdern Ludwig dem Römer und Otto V. für sechs
Jahre zur Verwaltung überlassen und schließlich ganz abgetreten. Im
Jahr 1373 gelang es Karl IV., die Mark Brandenburg dem Hause Luxemburg einzuverleiben.

Tirol verloren die Wittelsbacher bereits 1363 an die Habsburger, die damit ihren Landkomplex auf vorteilhafte Weise abrunden konnten. Dieser Dynastie im Süden des Reiches gelang über Generationen hinweg
ein stetiger Auf- und Ausbau ihres Staatswesens, während der kometen-
hafte Aufstieg der beiden Häuser Wittelsbach und Luxemburg jeweils
nur etwa ein Jahrhundert europäischer Wirksamkeit einbrachte.
So war also das große Herrschaftsgebiet, das Ludwig der Bayer in der
ersten Hälfte des 14. Jahrhunderts in seiner Hand vereinigt hatte, bald
nach seinem Tode wieder auseinandergefallen, sein Geschlecht in sechs
Linien aufgespalten. Doch blieb zumindest in Bayern das Bewußtsein
der Gemeinschaft erhalten, bis das Land schließlich wieder zur territorialen Einheit fand (s. S.180). Es ist ferner zu bedenken, daß sich die
Wirksamkeit einer Herrscherpersönlichkeit und die von ihr einer bestimmten Region gewährte Zuwendung nicht in meßbaren Daten und
Abläufen erschöpft.

Epilog

Nicht viele gute Jahre hatte Kaiser Ludwig seinem Land bescheren können. Unabwendbar scheinen die schwierigen strukturellen politischen
Verhältnisse ihn und sein Land in kriegerische Auseinandersetzungen
hineingetrieben zu haben. Wie wenig ein Beenden dieser Situation in
der Macht des Königs lag, zeigt das Bild der Jahre nach seinem Tod, in
denen der neue Herrscher hart zu ringen hatte, bis es ihm gelang, eine
auf Kompromissen fußende politische Beruhigung zu erreichen, bis ein
»relativer Friede« gewährleistet war[1]. Auch Karl IV. konnte die drän-
genden Probleme der Zeit nur einer vorläufigen Lösung zuführen.

Seuchen suchten die europäischen Länder seit den 40er Jahren heim.
»Das große Sterben« soll aus dem östlichen Mittelmeerraum über die
Hafenstädte nach dem Westen und Norden vorgedrungen sein[2].
1348/49 traf es die deutschen Städte mit katastrophaler Wucht; von da
an brachen Pest-Epidemien 250 Jahre lang immer wieder in irgendeinem Winkel aus. Die Übertragbarkeit war noch nicht allgemein bekannt; die Ratten, die in den engen Städten massenweise hausten, sollen
dabei eine große Rolle gespielt haben. Wohl gab es einige Ärzte, die ihrer Zeit voraus waren wie jener Guy de Chauliac (1300–1368), Leib-
arzt dreier Päpste in Avignon, der die Pestsymptome eingehend studier-
te, das Phänomen der Ansteckung erkannte und zur Isolierung der
Kranken riet. Wie aber wäre das – auch wenn sich die Erkenntnis durchgesetzt hätte – in den volkreichen Städten möglich gewesen? Viel zu
sehr war man auch in einer gläubig-abergläubischen Haltung der Gottergebenheit befangen, als daß man fähig und willens gewesen wäre, mit
wissenschaftlichen Methoden den Kampf aufzunehmen. Erst das
15./16. Jahrhundert wagte die ganz auf Beobachtung, Vergleich und
Experiment beruhende Forschung.

Von den Höhen und Tiefen, die die Bevölkerung durchleben mußte,
während sie der steten Bedrohung durch den »Schwarzen Tod« ausgesetzt war, gibt die »Chronik der Herzöge von Baiern« ein lebhaftes, er-

schütterndes Bild: »Wenn aber jemand beschreiben wollte, in welchem Umfang die Seuche in volkreichen Städten oder offenen Plätzen wüthete, so würde es für unglaublich gehalten werden. Sie ergriff die Menschen und machte sie bettlägerig zuweilen mittels glühender Hitze, zuweilen mittels Frost, oft auch mittels Kopfschmerzen; dann brachen an ihren Körpern, sei es unter den Achseln, sei es in den Weichen, sei es am After, Beulen auf, von denen jedoch eine große Zahl in Eiterung aufgingen, wieder verschwanden und nicht den Tod herbeiführten. Inmitten dieser bitteren Leiden aber erzeigte der holdselige, gütige Herr seinen Getreuen vielfältig holdseligen Trost, namentlich darin, daß die Seelen vieler damals dahingeraffter Kinder in der Stunde ihres Abscheidens auf das holdseligste von Gott sprachen oder Jubellieder sangen, gleichsam als kosteten sie bereits die Freuden des himmlischen Vaterlandes. Auch Erwachsene in großer Zahl waren ... bedacht, sich auf ihr Abscheiden in frommer Ergebung und mit Hilfe der Sakramente getreulich vorzubereiten ...« Der Chronist erzählt ferner die Geschichte eines zwölfjährigen Mädchens, das auf den Tod lag und allen Angehörigen ihre Sterbetage voraussagte. Voll Freude habe das Kind zum Himmel aufgeschaut und unzählige Lichtlein emporsteigen sehen: »Es sind die Seelen der Erwählten, welche zum Himmel emporsteigen!«[3] So vermischte sich der Schrecken irdischer Leiden mit einer trostvollen Todesmystik.

Nicht jeder konnte sich zu dieser Haltung bereitfinden, nicht jeder nahm das Verhängnis mit Gottergebenheit hin. Bohrende Fragen nach der Ursache, nach der Schuld, nach einem Schuldigen wurden wach. Und wieder einmal fand man den Südenbock in den Juden: Sie hatten die Brunnen vergiftet, hieß es. Schon durch ihr Aussehen, ihr Wesen und ihre Religion bildete diese Volksgruppe einen Fremdkörper innerhalb der europäischen Völkerfamilie. Im Spätmittelalter machten sie sich durch ihr Finanzgebaren ganz besonders unbeliebt: Mit der aufblühenden Geldwirtschaft und dem Kreditbedürfnis der Kaufleute waren Abhängigkeiten entstanden, die man als notwendig, oft aber als sehr drückend empfand. Den Juden allein war es erlaubt, Geld gegen Zins zu verleihen, was für Christenmenschen damals noch ein anrüchiges, verbotenes Unternehmen bedeutete. Da sie jedoch aus den meisten Berufen hinausgedrängt wurden, waren sie auf das Darlehensgeschäft angewiesen und wurden so zu den ersten Großkapitalisten.
An allen Höfen Europas spielten Juden eine zwielichtige Rolle, z. B. auch in der Kanzlei des Erzbischofs Balduin von Trier. 1322 hatte er sich von Ludwig dem Bayern das Recht auf »seine« Juden bestätigen

lassen (s. u.). Er setzte sie, ohne das kanonische Recht in diesem Punkte zu beachten, als Finanzbeamte ein, z. B. zur Kontrolle der Rheinzölle. Wenn den Juden von ihren Gläubigern Grundstücke oder Ortschaften verpfändet werden mußten, so wurden sie damit deren Herrn, also dem Erzbischof, unterstellt; auf diese Weise bediente sich der angesehene Kirchenfürst der Juden zur Erweiterung seines Territoriums[4].

Die Juden unterstanden an sich unmittelbar dem Schutz des Königs, wofür sie diesem mit klingender Münze zu bezahlen hatten. Doch war dieses königliche Regal des Judenschutzes – und damit eine bedeutende Einnahmequelle – mehr und mehr auf Fürsten und Städte übergegangen. Selten konnte der Schutzherr den Juden beim Ausbrechen der Volkswut Leben und Besitz garantieren. Man sagte ihnen Verbrechen wie Ritualmorde, Brunnenvergiftung und Hostienschändung nach. Selbst eine so liebevolle Frau wie die Mystikerin Margarete Ebner hielt die Juden dieser Schandtaten für fähig und fand es ganz in Ordnung, daß man einer schwangeren Frau das Leben nahm, weil sie angeblich das Allerheiligste den Juden verkauft hatte. – Der Ruf der Juden als Wucherer wuchs, teilweise berechtigt, da ihr Zinssatz über 40 % betrug. Schon vor der großen Pestwelle hatte es Pogrome gegeben, aber um das Jahr 1348 führte die Angst zu einer wahren Massenhysterie, wobei wirtschaftliche und religiöse Motive eng verquickt waren. Im November 1348 ereilte das Schicksal die Augsburger Juden, im Januar darauf wurde die gesamte jüdische Gemeinde von Basel verbrannt, im Februar die von Straßburg. Andere Städte an Rhein und Mosel folgten. In den Wittelsbacher und Habsburger Ländern kam es zu ähnlichen Massakern im Jahre 1349. Karl IV. einigte sich mit vielen Städten über den Nachlaß der Juden. Er benützte die Gelegenheit, sich Freunde zu schaffen, indem er Städte und Fürsten von ihren Schulden bei den Juden entband. Dem Nürnberger patrizischen Stadtrat sicherte er im voraus Straffreiheit bei der Judenverfolgung zu und erlaubte das Niederlegen von Judenhäusern sowie der Synagoge, an deren Stelle der Hauptmarkt mit der Marienkirche entstand.

Pest und Judenverfolgung waren nicht die einzigen Heimsuchungen dieser Jahre. Seit Kaiser Ludwigs Tod rissen die Zerstörungen durch Naturkatastrophen nicht ab. Heuschrecken fielen in Schwärmen über Felder und Wälder her, von großen Hungersnöten wird berichtet. Ein gewaltiges Erdbeben erschütterte am 25. Januar 1348 die deutschen Länder und brachte vor allem für Kärnten, Friaul, die Steiermark und Krain großen Schaden. Der Bergsturz der Villacher Alpe in Kärnten hatte die völlige Zerstörung der Stadt Villach zur Folge.

Gottes Zorn mußte besänftigt werden. Flagellanten suchten ihn durch Selbstpeinigung abzulenken. Sie schlugen sich mit Geißeln, während sie singend durch die Straßen zogen. Sie stellten sozialpolitisch eine gefährliche Macht dar, da sie Unruhe ins Volk trugen und die Emotionen der Massen aufwühlten.

Was die Geißler in ihrer emphatischen Art zum Ausdruck brachten, trugen schriftstellernde Kleriker und Prediger in ihrer Sprache vor: memento mori! Von Angst und Hoffnung erfüllt, flehten sie mit den Menschen aller Stände:

> »herre, durch dîn heiligen wunden,
> die du hâst durch uns erliden,
> beschirme uns vor der helle smiden! [Schmiede der Hölle]
> ouwê der herten rechenunge,
> die beide der alt und ouch der junge
> haben muoz, ê denne mit leide
> diu sêle sich von dem lîbe scheide,
> bî dem si beliben ist kurze frist
> gein dem daz immer êwic ist!«[5]

Der »Renner« des Bamberger Schulrektors Hugo von Trimberg, eines der meistgelesenen Bücher in der Zeit von 1320 bis 1350, bringt eine Erzählung von dem Vertrag des Menschen mit dem Tod, wonach dieser sich verpflichtet, sein Kommen durch Boten anzukündigen. Eines Tages steht er vor dem überraschten Menschen, der ihm Wortbruch vorwirft und nicht mitkommen will. Der Tod aber argumentiert, er habe »manic botelîn« geschickt: Ohrensausen, den Stich in die Seite, Husten, Runzeln im Gesicht, müde Beine, heisere Stimme, graue Haare. Und so muß ihm der Mensch folgen[6]. – Hugo von Trimberg gibt im »Renner«, von dem mehr als 60 Handschriften erhalten sind, der pessimistischen Stimmung seiner Zeit Ausdruck; er beklagt, daß die Welt von Tag zu Tag schlechter werde und hält in 24 660 Versen den Menschen aller Stände ihre Laster vor, wobei alle Wissensgebiete zu Exempeln herangezogen werden.

Seelische Erschütterung und Leiderfahrung führten zu ganz neuen Bildformen in der Kunst. War in der Romanik der Christus thriumphans, der Christkönig, die beherrschende Heilandsgestalt gewesen, so stand nun der leidende, in Qual verzerrte Menschensohn im Mittelpunkt der Betrachtung: Christus als wundenbedeckter »Schmerzensmann«, als Dornengekrönter am Astkreuz, als Leichnam im Schoß der trauernden Mutter (Pietà, Vesperbild). In diesen Bildgestalten suchte der Zeitgeist nach Ausdruck.

Mit dem Tod konfrontiert wurden alle Stände, er war der große Gleichmacher. Aus dem Besitz der Guta von Luxemburg (Judith, Bonne) stammt ein prunkvoll ornamentiertes Gesangbuch (»Psalter«), in den 40er Jahren am französischen Hof entstanden: Eine Miniatur zeigt drei vornehme Herren, die in drei Schrecken erregenden Gerippen ihrer eigenen Zukunft begegnen und nun ihren Sinn auf die Ewigkeit hinlenken. Guta, die Gemahlin König Johanns von Frankreich und Stammmutter des Hauses Valois, ist 1349 von der Pest hinweggerafft worden[7]. Die Gewalt des Todes über das Menschenleben fand nun, etwa seit der Mitte des 14. Jahrhunderts, Veranschaulichung in dem Motiv des »Totentanzes«, und zwar in den verschiedenen Kunstgattungen, z. B. in illustrierten Versdichtungen, in Freskenzyklen an Kirchen- und Friedhofswänden, als Wechselrede in dramatischen Szenen. Auch das in der bildenden Kunst häufig behandelte Thema der Marienklage unterm Kreuz wurde ins Schauspielerische übertragen und zu einem der beliebtesten Motive der Passionsspiele.

Diese Spiele in der österlichen Zeit fanden nun nicht mehr wie bisher ausschließlich in den Kirchen statt, sondern auch vor den Gotteshäusern und auf den öffentlichen Plätzen der Märkte und Städte. Handlung und Mimik traten immer mehr in den Vordergrund, die deutsche Sprache löste die lateinische ab und sorgte dafür, daß die Beteiligung der breiteren Volksmassen anwuchs. Neben den einheimischen Geistlichen waren wandernde Scholaren Träger dieser szenischen Darstellungen. Freilich dienten sie in erster Linie der religiösen Erbauung und Stärkung, und ihre Inhalte ranken sich weiterhin um die christliche Liturgie; aber »mit im Spiel« war auch die Lust am Sichdarstellen, am »farbigen Abglanz« des Lebens. Die Phantasie durfte walten, etwa wenn Pilatus einzog wie ein deutscher Fürst, von seinem ritterlichen Gefolge umgeben; wenn Petrus und Johannes einen Wettlauf zum Grab Christi unternahmen oder die Wächter dort einen lebhaften Diskurs führten.

Auch das Weihnachtsgeschehen und andere Festmotive wurden zum Vorwurf für Schauspiele genommen. In den Ernst der Rede flossen komische Wendungen mit ein, ein fröhlicher Unterton ist hin und wieder nicht zu überhören. Einige der Figuren wurden recht volkstümlich aufgefaßt, andere in satirischer Weise dargestellt.

Was die Kunstschaffenden in ihren spezifischen Ausdrucksformen vorzubringen hatten, waren also nicht nur düstere Gedanken und Bilder. Jeder noch so trüben Zeit hat ja der Mensch Sonnenseiten abzugewinnen vermocht. Glückssuche und angestaute Vitalität brachen sich Bahn, die rhythmischen Weisen der Spielleute lockten zu Gesang und Tanz, einem »Laster«, dem – nach Aussage des Hugo von Trimberg und vieler anderer – besonders die jungen Mädchen mit Ausdauer frönten. Und wenn in Dichtung und Predigt aus geistlichem Munde nicht endenwollende Klagen und Mahnungen ertönten, so werden sie nicht ohne Ursache in die Welt hineingeschmettert worden sein. Offensichtlich gab es sie, die Ausgelassenen, Törichten, Eitlen und Verführerischen, die zur Ordnung gerufen werden mußten.

Zunehmender Beliebtheit in Wort und Bild erfreuten sich die »Wilden Leute«: sagenhafte Waldmenschen, die in freier Ungebundenheit der Jagd, dem Kampf, der Liebestollheit hingegeben waren. Man kann sie als Wunschgestalten jener Zeitgenossen deuten, die sich ihrer Fesseln auf den verschiedensten Gebieten bewußt wurden und sich danach sehnten, sich ihrer zu entledigen.

Eine Fülle des Erlebens, eine enthemmte Diesseitsfreude verströmte sich auch in den Liedern der Vaganten. Diese fahrenden Studenten und jungen Kleriker – durch die in mehreren Ländern Europas neugegründeten Universitäten freizügiger lebend als ihre Vorgänger – setzten Empfindungen frei, die man bisher nur angedeutet hatte: die irdische Lust an erotischen Handlungen und die mächtig das Herz bewegende Liebesklage; Scherz, Spott und derbe Obszönität, die politische Leidenschaft und das unverhohlene Schimpfen auf Mißstände.

Diese Haltung zwischen Abwehr der »schnöden« Welt und neugieriger, beflissener Hinneigung zu ihr kommt sogar in dem Werk des strengen Klerikers Konrad von Megenberg zum Ausdruck: Er wettert gegen die Natur- und Liebeslieder in der Manier eines Neidhart von Reuenthal, an denen Hoch und Niedrig Gefallen fänden; und doch weist ihn sein »Buch von der Natur« – Ende der vierziger Jahre entstanden – als sorgsamen, liebevollen Beobachter der Dinge dieser Erde aus, ihrer Plagen wie ihrer Herrlichkeit. Dem überlieferten Wissen fügt er seine eigenen Erfahrungen hinzu. In anschaulicher Prosa schildert er Steine, Pflanzen, Tiere und Menschenwelt und schafft somit das erste naturwissenschaftliche Werk deutscher Sprache.

Das Interesse an der Umgebung, an den »Realien« nahm zu; Dingwelt und Menschenwerk traten ins kritische Bewußtsein. Die wissenschaftliche Sehweise gewann an Bedeutung und bereitete den intellektuell bestimmten Humanismus vor. Während die Vaganten Unzulängliches und Himmelschreiendes auf ihre heitere, ironische Weise bekrittelten, während die Predigermönche sie moralisierend aufs Korn nahmen, mehrten sich von Jahrzehnt zu Jahrzehnt die großen reformerischen Reden und Schriften und ballten sich wie eine dunkle Wolke über der

Aus dem »Buch der Natur« des Konrad von Megenberg

Epoche zusammen. Spannung und Unruhe kondensierten sich und setzten einen Strom schöpferischer Kräfte frei. Impulse, die während der langen Regierungszeit Ludwigs des Bayern gegeben worden waren, wirkten in die nächsten beiden Jahrhunderte hinein und erweckten Energien sowohl im religiösen und sozialen als auch im wirtschaftlichen und politischen Bereich.

Anmerkungen

Abkürzungen

Const. s. Constitutiones
FRA   s. Fontes rerum Austriacarum
FRG   s. Fontes rerum Germanicarum
GdV   = Geschichtsschreiber der deutschen Vorzeit (Übersetzungen)
MGH SS rer. Germ. = Monumenta Germaniae Historica Scriptores rerum
        Germanicarum
N. s.   = Nova series
Weitere in den Anmerkungen verwendete Abkürzungen sind in Klammern hinter den jeweiligen Werken (Literaturverzeichnis) angegeben.

Zur Einführung

1   Der Turm, seit dem 14. Jahrhundert »Schöner Turm« genannt, war vermutlich schon zu Ludwigs Zeiten bemalt. Mehrmals umgestaltet, erhielt er die Renaissancebemalung zwischen 1505 und 1515: Banner und Stadtwappen, Chorsänger, Bläser und Pauker über und unter dem thronenden Kaiser.
1   Vgl. Lieb S. 71 f.
2   v. Müller S. 103
3   Vgl. Wühr S. 27 f.
4   Mathias v. Neuenburg S. 63

I Ludwigs Jugend und die politischen Geschehnisse vor 1314

1   Machilek S. 80 f.; Schnell S. 3; vgl. auch Böhnes Aufsätze über Fürstenfeldbruck und das Dienstmannengeschlecht der Wildenrother.
2   Fürstenfelder Chronik (zitiert nach der Übersetzung)
3   Nach Riezler II, S. 263; Chronik v. Niederaltaich S. 417
4   Die Meinung der Historiker über das Geburtsdatum Ludwigs schwankt: 1282 (Riezler), 1283 (Spindler), 1287 (Grundmann); nach den jüngsten Untersuchungen von Schlögl (1977) ist Ludwig im Februar/März 1282 geboren (S. 184 u. 195).
5   Reg. imp. VI 2, nr. 386; Samanek S. 81 ff. u. S. 106 ff.
6   Aventinus S. 405

7 Wie Anm. 6

8 Oefele (Mon. Diess.), S. 650: »filius Ludovicus Dux adhuc puerulus Viennae literis erat applicatus, nec non cum filiis Austriae Principis disciplinis honestioribus et morum gravitate imbuebatur, in quibus tantum profecit, ut super alios coaetaneos suos excelluit, ut per progressum temporis ad summum Romani Imperii culmen prae cunctis terrarum Principibus eligeretur.« Vgl. Schlögl u. Finke (Thema Erziehung)

9 Vgl. Lieberich S. 1; Riezler II, S. 503, Anm. 135

10 Leben Ks. Ludwigs S. 116 (= Vita)

11 Bosl, Gesellschaft S. 37

12 v. Reitzenstein S. 28 ff.; vgl. v. Borst

13 Nach Lhotsky S. 120, Anm. 96

14 Vgl. Riezler II, S. 279; Erben, Ritterweihen S. 26

15 Wagner-Rieger S. 104

16 Vgl. Appuhn S. 103 f.

17 Lhotsky S. 60

18 Steirische Reimchronik 66 169 ff.

19 Dies. 68 320 f.

20 Samanek S. 233; Quellen u. Lit. zur Bündnispolitik König Adolfs bei Grundmann S. 128, Anm. 1

21 Kundert S. 211 f.

22 Steirische Reimchronik 69 407 ff.

23 Dies. 69 145

24 Dies. 70 962; Friedensschluß zwischen Hzg. Albrecht v. Österreich u. Hzg. Otto v. Bayern am 27. Febr. 1298: Urk. Enns S. 277 ff., nr. ccc

25 Behauptet in der Chronik der Stadt Colmar (Chron. Colm. S. 268)

26 Steirische Reimchronik 71 505 ff.

27 Absetzungsurkunde: Const. 3, nr. 589; vgl. Mitteis S. 211 f.

28 Steirische Reimchronik 70 993 ff.

29 Dies. 72 487; über Ritterrüstung vgl. v. Reitzenstein S. 50 ff.

30 v. Liliencron S. 15 ff.

31 Reg. imp. VI 2, nr. 978 ff. u. 1002; zu Göllheim vgl. auch Trautz S. 34 ff., Erben, Kriegsgesch. S. 72 u. 125, Hessel S. 51–59

32 Chron Colm. S. 268

33 Reg. imp. VI 2, nr. 950; vgl. Hessel S. 66

34 Steirische Reimchronik 73 473

35 Dies. 73 074

36 Dies. 73 352

37 Dies. 73 755 ff.

38 Dies. 75 040; vgl. Henneberg u. Hessel

39 Heimpel S. 295

40 Hessel S. 87 ff.

41 Schutzbündnis von Heimbach bei Bingen am 14. Okt. 1300: Const. 4, nr. 1188

42 MW 2, nr. 130
43 Const. 4, nr. 134; vgl. Hörnecke
44 Const. 4, nr. 109 (13. Apr. 1301)
45 Const. 4, nr. 114 u. 116
46 Const. 4, nr. 181; Grundmann S. 135: »Albrecht I. aber hatte mit theoreti-
     schen Konzessionen, die höchstens ein Wechsel auf die Zukunft waren, die
     Hände frei bekommen für seine eigene Politik in Deutschland.« – Quellen
     u. Lit. zu dem Thema Albrecht und die Kurie: Lenzenweger S. 60; Grund-
     mann S. 136, Anm. 7
47 Vgl. Hessel S. 87 ff. u. 98 ff.; Samanek S. 112 ff.
48 Const. 4, nr. 137; Reg. Pfalzgr. I, nr. 1468; Chron. Colm. S. 268
49 Dazu Riezler II, S. 278 f.; Quellenangaben bei Spindler II, S. 133, Anm.
     1. – In Schiltberg werden diese Ereignisse in unserer Zeit zu Freilichtspie-
     len ausgestaltet.
50 Vgl. Schwer u. Angermeier, Einung; Bosl, Frühformen S. 135 ff. u. 156 ff.;
     Spindler II, S. 118 ff.
51 Spindler II, S. 125 f.; Riezler II, S. 518
52 2. Jan. 1302: MW 2, nr. 220
53 Fürstenfelder Chronik S. 37
54 Sächs. Weltchronik (Bayer. Forts.), S. 331
55 Aventinus S. 416
56 Dirr nr. 35 (12. März 1307)
57 Const. 4/1, nr. 273
58 Fürstenfelder Chronik S. 39
59 Teilung Oberbayerns vom 1. Okt. 1310: MW 2, nr. 233
60 Steirische Reimchronik 86187 ff.; Hómann II, S. 280 ff.; Quellenangaben
     zu dem Problem Ungarn-Niederbayern bei Uhlirz I, S. 396–427
61 Riezler II, S. 284
62 Stengel, Avignon S. 9 ff.
63 Irmer Abb. 1/2, S. 14 r
64 Const. 4, nr. 239 u. 240; Schreiben Clemens V.: Const. 4, nr. 246
65 Const. 4, nr. 260
66 Vgl. Dillmann; Irmer S. 20; Lit. zum Wahljahr 1308 bei Grundmann
     S. 148 f.
67 Seibt S. 72 ff.
68 Const. 4, nr. 315 u. 326; Lhotsky S. 187 ff.
69 Const. 4, nr. 262; Wagenführer S. 91 ff.
70 Mussato, Heinrich S. 16
71 Ders. S. 457
72 Nikolaus v. Butrinto S. 94 f.
73 Mussato, Heinrich S. 539. Weitere Quellen u. Lit. zum Italienzug Hein-
     richs VII. bei Grundmann S. 151 f. u. 155 ff.
74 Nach Grundmann S. 148 war Ludwig zumindest zeitweise vor Brescia bei
     der Truppe Heinrichs VII.

75 Aventinus S. 426
76 Spindler II (Volkert), S. 545
77 Spindler II (Volkert), S. 518 ff.
78 Bosl, Gesellschaft S. 75
79 Chronik v. Niederaltaich S. 55
80 MW 2, nr. 238
81 Reg. Pfalzgr. nr. 1707; Urk. Landshut nr. 222; vgl. Riezler II, S. 295
82 MW 2, nr. 246: Abmachung vom 13. Nov. 1312
83 Fürstenfelder Chronik S. 40
84 UB Landshut nr. 222 u. 223
85 Lieberich S. 241, Anm. 192: »... die üblichen Klagen gegenüber einem geborenen Politiker«
86 MW 2, nr. 248; Const. 4/2, nr. 1232
87 UB Landshut nr. 225
88 Aventinus S. 426
89 Fürstenfelder Chronik S. 43
90 Man brachte den französischen König und sogar den Papst in Verbindung mit dem »Mord«. Nach Grundmann S. 154 starb König Heinrich an Malaria.
91 Fürstenfelder Chronik S. 44
92 Dies. S. 45
93 Dies. S. 47 f.
94 Leben Ks. Ludwigs S. 105 f.
95 Aventinus S. 428; vgl. W. Hofmann S. 68 ff.; während Riezler II, S. 190 ff. und Lhotsky S. 222 f. die Bedeutung der Schlacht hervorheben, wird sie bei Erben, Kriegsgeschichte, nicht einmal erwähnt.
96 Leben Ks. Ludwigs S. 106
97 Vgl. v. Zeisberg S. 6; Lhotsky S. 208 ff.; Küchler S. 187 (mit Angabe von Quellen u. Lit. zum Thema Habsburg-Aragonien)
98 Fürstenfelder Chronik S. 49
99 Leben Ks. Ludwigs S. 108
100 Fürstenfelder Chronik S. 49 f.
101 Riezler II, S. 303 f.

II Von der Königswahl zur Entscheidungsschlacht (1314–1322)

1 Vgl. Arens u. Heidemann; Bock, Reichsidee S. 76 u.127
2 Steirische Reimchronik 93765 ff.
3 Mathias v. Neuenburg S. 67; vgl. Mühling S. 2
4 Fürstenfelder Chronik S. 48 f.
5 Vgl. Schilling S. 15 ff.
6 Fürstenfelder Chronik S. 59
7 Dies. S. 60, ebenso das folgende Zitat
8 Mussato, Ludwig S. 32

9   Fürstenfelder Chronik S. 60, ebenso das folgende Zitat

10   Vgl. Schilling S. 21 ff.

11   Reg. Pfalzgr., nr. 1899, 1900, 1921, 1923, 1924, 1925

12   Bock, Reichsidee S. 156 f.; Bestätigung der Privilegien nach der Wahl:
     Böhmer 2 u. 3 (2. u. 3. Dez.)

13   Const. 5, nr. 12, 16 u. 17

14   Stengel, Baldewin S. 18 f.

15   Lhothsky S. 226; vgl. Kortebein

16   Fürstenfelder Chronik S. 61

17   Wie Anm. 16

18   Samanek S. 37 ff.

19   Leben Ks. Ludwigs S. 109

20   Bansa S. 109: »Durch die Wahl Herzog Ludwigs von Bayern zum deut-
     schen König ergab sich die Notwendigkeit, in kurzer Zeit die kleine und,
     wie es scheint, kaum gegliederte Kanzlei eines mittleren weltlichen Für-
     stentums zur bedeutend größeren und leistungsfähigeren Kanzlei des Rei-
     ches umzugestalten. Die Reichskanzlei war keine feste Behörde, deren sich
     nach dem Tode des einen Herrschers der Nachfolger hätte bedienen kön-
     nen; die Kanzlei König Heinrichs VII. scheint sich mit dessen Tod aufge-
     löst zu haben, und außer einem Notar, der sowohl König Heinrich als auch
     König Ludwig diente, lassen sich keine Beziehungen zwischen den Kanz-
     leien der beiden Herrscher feststellen; dagegen sind vier Schreiber nachzu-
     weisen, die vor und nach der Königswahl für Ludwig arbeiteten.«

21   Privilegien für Speyer u. Worms vom 4., 5. u. 9. Jan. 1315: Böhmer nr.
     49–51, 52–54 u. 59; für Straßburg u. Hagenau vom 27. Febr. u. 9. März
     1315: Böhmer nr. 73 u. 74

22   Schilling S. 31; Bock, Reichsidee S. 160

23   Wießner S. 69 ff.; Schilling S. 31 ff.

24   Lhothsky S. 229

25   Aus dem Brief der Stadt Hagenau an Konstanz, nach Schilling S. 129

26   Böhmer nr. 162

27   Bock, Reichsidee S. 169 ff.

28   Mathias v. Neuenburg S. 75 ff.

29   Nach Lhothsky S. 235

30   Lit. über die Entstehung der Schweizerischen Eidgenossenschaft und die
     Schlacht am Morgarten bei Lhothsky S. 239, Anm. 319, u. Grundmann
     S. 120 f.

31   MW 2, nr. 153

32   MW 2, nr. 254

33   Knör S. 173

34   Leben Ks. Ludwigs S. 111, ebenso das folgende Zitat

35   Fürstenfelder Chronik S. 67

36   MW 2, nr. 255–257; Spindler II (Angermeier), S. 146: »Es ist aber doch
     eher anzunehmen, daß Pfalzgraf Rudolf den Februar-Vertrag von 1317

nur gezwungenermaßen, wahrscheinlich durch das Zusammenwirken seines Bruders mit den oberbayerischen Ständen, akzeptierte.«

37 Nach Böhmer nr. 352 am 13. Aug. 1319; Oefele (Jüngere Ebersberger Chronik) S. 732: »... in Anglia ad tempus permanens, ubi mortuus est«; vermutlich dachte der Chronist an die in Frankreich gelegenen englischen Besitzungen.

38 Reg. Pfalzgr. nr. 1962 u. 1981

39 Stengel, Baldewin S. 6 f.

40 Böhmer nr. 252; Const. 5, nr. 421

41 Palacky II, S. 128; Seibt S. 362 ff.

42 Böhmer nr. 311: Nach einem Treffen in Eger erfolgte die Annäherung zwischen Johann und seiner Gemahlin, Heinrich v. Lippa und dem böhmischen Adel in Taus am 23. April 1318.

43 MW 2, nr. 262 (1. Mai 1319): Sie erhielten jährlich 1000 Pfund Pfennige als »Dienstgeld«, dazu noch 8000 Mark Silber, für die ihnen Ludwig seine Festungen Kufstein, Kitzbühel, Ebbs und Werberg als Pfand überließ.

44 Lhothsky S. 260

45 Fürstenfelder Chronik S. 71; Schrohe S. 145

46 Haeutle S. 10

47 Fürstenfelder Chronik S. 72 f.

48 Mathias v. Neuenburg S. 76

49 Chronik d. Hzg. v. Bay. S. 93

50 Mathias v. Neuenburg S. 79

51 Fürstenfelder Chronik S. 77

52 Wie Anm. 51

53 Von den Forschern, die sich am eingehendsten mit der Schlacht befaßt haben, Wilhelm Erben und Ernst Rönsch, werden 19 Quellen ausgewertet. – Vgl. auch Lhotsky S. 271 ff. u. Seibt S. 368

54 Schmeller I, Sp. 699; Rönsch S. 21

55 Mathias v. Neuenburg S. 77; Wießner S. 39 f.

56 Fürstenfelder Chronik S. 79

57 Mathias v. Neuenburg S. 78

58 Leben Ks. Ludwigs S. 111

59 Fürstenfelder Chronik S. 82

60 Mathias v. Neuenburg S. 79

61 Ebner S. 11

62 vgl. Wießner S. 15 ff.

63 Wießner S. 16

64 Register, Bansa: Urkunden der Jahre 1320, 1323, 1331

65 Böhmer nr. 622 (30. Aug. 1323), nr. 961 (Bestätigung der Urkunde von 1323)

66 Böhmer nr. 2166

67 Wießner S. 91

68 Salchow S. 91 ff.; Wießner S. 114 f.

69 Nach Salchow S. 27; Schultze II, S. 17
70 Const. 5, nr. 938; vgl. Schultze II, S. 13 ff.
71 Böhmer nr. 570 u. 571
72 Dokumente (Bosl-Ay), S. 143 f.
73 Wießner S. 32 ff.; vgl. Rummel
74 Salchow S. 55 f.; Spindler II (Angermeier), S. 153: »Er kam freilich damals
    nur bis nach Arnstadt in Thüringen, weil ihn die von der Kurie und vom
    Böhmenkönig drohenden Gefahren nach Bayern zurückriefen ...«

III   Der Weg zur Kaiserkrönung

1   Vgl. Bock, Reichsidee S. 168
2   Lenzenweger S. 43
3   Diese Vermutung äußert Lhotsky, S. 233
4   Lhotsky S. 206, Anm. 176
5   Bock, Reichsidee S. 172
6   Const. 5, nr. 401; Quellen u. Lit. zu Johannes XXII. bei Grundmann
    S. 170
7   Dazu Lhotsky S. 257 (mit Quellenangaben)
8   Const. 5, nr. 729
9   Bock, Reichsidee S. 237
10 Const. 5, nr. 792
11 Const. 5, nr. 401
12 Während man früher für diesen Protest minoritenfeindliche Weltgeist-
    liche verantwortlich gemacht hat, konnte Schütz, Appell., 1972 über-
    zeugend nachweisen, daß dies nicht stichhaltig ist: »Berücksichtigt man
    jedoch den eigentlichen Zweck dieses Angriffs – die oberste richterliche
    Gewalt durch ein Schiedsrichtergeneralkollegium zu ersetzen –, wird ein-
    sichtig, daß keine fremden Bestrebungen dafür haftbar gemacht werden
    können.« (S. 84)
13 Const. 5, nr. 836
14 Const. 5, nr. 909 u. 910
15 Vgl. F. Hofmann S. 50 ff.; weitere Lit. zu den Appellationen bei Schütz,
    Appell. S. 93, Anm. 1 u. 2
16 Chronik der Hzg. v. Bay. S. 95
17 Diese Auffassung vertritt Schütz, Appell. S. 94 ff.
18 Bansa S. 239–243
19 Schütz, Appell. S. 111: »Für das Scheitern der mit den Appellationen ver-
    bundenen Bemühungen Ludwigs ist einzig und allein die Tatsache verant-
    wortlich zu machen, daß Johann XXII. sich bewußt nicht an die gesetz-
    lichen Vorschriften hielt und sich ein Urteil über die Appellationen
    anmaßte, um eine Suspension seiner Jurisdiktion zu verhindern. Nach-
    dem es dem Papst gelungen war, das Zusammentreten eines Schiedsrichter-
    gremiums in Form eines Generalkonzils zu unterbinden, war für

ihn die Bahn frei, Ludwig zu exkommunizieren und anschließend abzu-
setzen.«

20 Const. 5, nr. 881
21 Const. 5, nr. 944
22 Bansa S. 314
23 Bock, Reichsidee S. 193
24 Königssaaler Geschichtsquellen S. 422
25 Mathias v. Neuenburg S. 81 f.; Johannes v. Winterthur S. 84
26 Bündnis Hzg. Leopolds mit Frankreich: Const. 5, nr. 952 u. 953
27 Lhotsky S. 284; Schilling S. 66
28 Chronik v. Fürstenfeld S. 85 f.; Mathias v. Neuenburg S. 83
29 Johann v. Viktring S. 90 f.
30 Vgl. Schillers Gedicht »Deutsche Treue«; F. Hacker, der zur 600jährigen
    Wiederkehr der Haftentlassung 1925 ein romantisches Bühnenstück ver-
    faßte, schreibt einleitend: »Wer nähme nicht Anteil an dem traurigen Los
    des in Gefangenschaft schmachtenden, einst so glänzenden Herzogs, des
    schönen Friedrichs, den die Kerkerhaft so verändert haben soll, daß ihn
    bei seiner Rückkehr nach Wien gar viele nicht wiedererkannten?« (S. 4)
31 18. März 1325: Const. 6, nr. 30
32 Const. 6, nr. 55, 56, 66, 81
33 Lhotsky S. 290 f. (mit Quellenangaben zu diesen Vorgängen)
34 Böhmer nr. 839 (5. Sept. 1325)
35 Const. 6, nr. 140 u. 141
36 Mathias v. Neuenburg S. 84
37 Lhotsky S. 298
38 Chronik d. Hzg. v. Bay. S. 94
39 Haidacher Abb.S. 49
40 Kusch S. XV ff.; Haller S. 116 ff.; weitere Lit. zu Marsilius und der
    Staatsrechtslehre der Zeit s. Dempf, de Lagarde, Battaglia, Scholz, Marsi-
    lius, Gewirth, Bornhak.
41 Nach Haller S. 179
42 Marsilius (Kusch) S. 15
43 Ders. S. 75
44 Ders. S. 119
45 Ders. S. 151
46 Ders. S. 245
47 Wie Anm. 46
48 Marsilius (Kusch) S. 247
49 Ders. S. 249
50 Bosl, Hofakademie S. 27
51 Haller S. 194
52 Lhotsky S. 181 ff.
53 Villani S. 35 f., desgl. die drei folgenden Zitate
54 Villani S. 77

55   Ders. S. 44
56   Ders. S. 46; nach Böhmer nr. 923–925 war die Romfahrt zu diesem Zeit-
     punkt schon beschlossene Sache.
57   Mussato, Ludwig S. 4
58   Bock, Reichsidee S. 296; Schreiben an Wilhelm v. Holland vom 13. März
     und 10. April 1327: Böhmer nr. 923 u. 935
59   Villani S. 48
60   Oefele S. 719, Ebersberger Chronist: Der Sohn des Kaisers, Ludwig,
     »quem Romanum vocant Historici eo quod ipse in urbe Roma natus est,
     Imperatore prima vice illuc eunte«.
61   Leben Ks. Ludwigs S. 112
62   Wie Anm. 57
63   Böhmer nr. 937
64   Leben Ks. Ludwigs S. 113
65   Villani S. 48
66   Ders. S. 62
67   Mussato, Ludwig S. 3 f.
68   Villani S. 63; Gefangennahme des Galeazzo am 7. Juli: Böhmer nr. 942
69   Villani S. 53
70   Ders. S. 66
71   Böhmer nr. 946
72   Villani S. 68 ff.
73   Ders. S. 71 ff.
74   Ders. S. 116 f.; Belehnung Castruccios am 11. bzw. 17. Nov.: Böhmer
     nr. 951; über Castruccio vgl. Magnani u. Mommsen
75   Mussato, Ludwig S. 6
76   Ders. S. 7
77   Ders. S. 8
78   Villani S. 74 f.
79   Ders. S. 78
80   Const. 6, nr. 320; Bock, Reichsidee S. 243.
81   Ders. S. 296
82   Villani S. 80
83   Leben Ks. Ludwigs S. 113 f.
84   Villani S. 81 f.
85   Ders. S. 82
86   Ders. S. 83, desgl. das nächste Zitat
87   Const. 6, nr. 361 u. 427, 428
88   Mussato, Ludwig S. 9 f., desgl. das folgende Zitat
89   Villani S. 92
90   Zum Beispiel auch von Lupold v. Bebenberg (s. S.250); vgl. Lieberich S.
     224
91   Villani S. 92, desgl. die folgenden Gesetzesbestimmungen
92   Diese Details sind nur von Villani überliefert, S. 93 f.

93 Const. 6, nr. 436
94 Const. 6, nr. 438 (Dekret vom 12. Mai 1328)
95 Villani S. 99
96 Lieberich S. 219
97 Mussato, Ludwig S. 11
98 Villani S. 100
99 Ders. S. 103
100 Mussato, Ludwig S. 20
101 Villani S. 101
102 Ders. S. 105
103 Ders. S. 120
104 Bock, Reichsidee S. 264
105 Villani S. 114 f.
106 Ders. S. 126
107 Vgl. Bansa S. 227: Heinrich v. Thalheim war von 1329–1330 Stellvertre-
      ter des Kanzlers Hermann v. Lichtenberg; Absetzung des Papstes, zu-
      rückdatiert auf 18. IV.: Const. 6, nr. 437 u. 528
108 Villani S. 142 f.
109 Ders. S. 115
110 Böhmer nr. 1058; Const. 6, nr. 648 a
111 Mussato, Ludwig S. 21
112 Ders. S. 29
113 Bansa S. 316
114 Chronik d. Hzg. v. Bay. S. 96

IV Ordnung in Deutschland – Kampf mit der Kurie

1 MW 2, nr. 270, 272, 274, 275
2 Const. 6, nr. 643 u. 689; Spindler II (Angermeier), S. 165; Liess S. 60
3 Const. 6, nr. 836 (6. Aug. 1331); die Verpfändung von Zürich und
   Schaffhausen wurde später widerrufen; an ihre Stelle traten Breisach und
   Neuenburg. Lhotsky S. 317
4 Schilling S. 85 ff.
5 Böhmer nr. 1295; Const. 6, nr. 886
6 Lhotsky S. 319
7 Spindler II (Angermeier), S. 162 ff.
8 MW 2, nr. 271, 276, 277
9 Dokumente (Bosl-Ay), S. 646
10 Die eigentliche Gründungsurkunde ist nicht mehr vorhanden, vgl. Götz
   S. 273; zum Gründungsbericht, der nur noch in späteren Abschriften erhalten ist, vgl. Bock, Ettal S. 10 f. In Bocks Untersuchung sind alle bis dato
   bekannten Quellen zur Geschichte des Klosters erfaßt und ausgewertet.
   Auch P. Fischer hält sich in seinen Ausführungen über die Gründungsidee

(Festschrift 1969) weitgehend an die Deutung Bocks. Vgl. Liess S. 118 ff.
(Die Statuten des Klosters und Ritterstifts Ettal)

11   Bock, Ettal S. 12
12   Fischer S. 13 u. 35
13   Bauerreiss IV, S. 136
14   Neue Untersuchungen zur Baugeschichte sind im Gang. Mit den Meinun-
      gen der Kunsthistoriker (R. Hoffmann, M. Hartig, G. F. Seidel, W. Götz,
      v. Thiersch u. a.) setzt sich die Festschrift des Klosters 1969 auseinander,
      S. 16 ff. H. Schnell bereitet einen neuen großen Kunstführer vor.
15   Spindler II (Angermeier), S. 160 ff.
16   Fleischer S. 81 u. 96
17   Riezler II, S. 417; vgl. dazu: Spindler II (Angermeier), S. 162: »Die Kir-
      chenpolitik war also für Ludwig in erster Linie Territorialpolitik, hinsicht-
      lich der Bistümer ebenso wie der Klöster und des niederen Klerus.«
18   Chronik d. Hzg. v. Bay. S. 128
19   Wießner S. 45
20   Chronik d. Hzg. v. Bay. S. 127 f.
21   Spindler II (Angermeier), S. 158
22   Bauerreiss IV, S. 126
23   Bock, Reichsidee S. 295 f.
24   Wießner S. 102
25   Stengel, Avignon S. 43 ff.
26   Bock, Reichsidee S. 298
27   Preger S. 69
28   Sauerland S. XVIII
29   Bock, Reichsidee S. 336; über die Verhandlungen mit Avignon vgl. Offler.
30   Zum Abdankungsplan vgl. Möller S. 206 ff. u. Stengel, Avignon S. 60 ff.
31   Bock, Reichsidee S. 352
32   Vat. Akt. nr. 1663 u. 1671; weitere Lit. zu Napoleon Orsini: Grundmann
      S. 189, Anm. 4 u. 5
33   Stengel, Avignon S. 79, Anm. 3: »... et aliqui imponunt domino imperato-
      ri, quod ipse unum dicit et aliut facit«
34   Vgl. zum folgenden: Breuer, Wagner-Rieger, Gross, Krautheimer
35   Nach Bosl, Hofakademie S. 115 f.; Lit. zur Wirksamkeit der Minoriten
      auch bei Spindler II (Glaser), S. 725 ff.
36   Hitzfeld S. 1–37
37   Hofmann F. S. 44 ff.; Stöckerl S. 346
38   Bansa S. 227
39   Ibach S. 38 f.; Scholz, Streitschriften S. 217
40   Dirr S. 61; dazu auch Stöckerl und Höhn
41   Vgl. Schroth S. 27–40
42   v. Riezler II, S. 561
43   Bosl, Hofakademie S. 99; Quellen und Lit. zu dem Thema ferner bei Hofer
      u. Riezler, Widersacher.

44 Bosl, Hofakademie S. 108; Kämpf S. 143–171

45 Dazu s. vor allem Dempf, Schneider-Windmüller, Gewirth, Bornhak

46 Hofmann F. S. 127

47 Mathias v. Neuenburg S. 88 f.

48 Ders. S. 89 f.; Lit. zu den Verhandlungen Ludwigs mit Benedikt bei Grundmann S. 192, Anm. 1 u. 2. Neuester Erkenntnisstand durch die Forschungen von Schwöbel u. Schütz.

49 Zuletzt war Friedrich Barbarossa hier gekrönt worden; 1365 ließ sich Karl IV. die burgundische Krone in Arles aufsetzen.

50 Stengel, Regnum S. 22 ff.; Bock, Reichsidee S. 369 u. 387; Grundmann S. 192

51 Mathias v. Neuenburg S. 92

52 Hofmann F. S. 151; Schütz S. 221 f. Zu den Instruktionen stellt Schütz, S. 133, zusammenfassend fest: »... diese Schriftstücke waren ebenso wie die Prokuratorien zur Übergabe an den Papst bestimmt. Ihre Funktion bestand darin, als ostensible Instruktionen dem Papst die Vorstellungen Ludwigs zur Kenntnis zu bringen, und sie dienten weiterhin dazu – mit Siegeln der Prokuratoren versehen – Ludwig vor Schritten zu schützen, zu denen seine Prokuratoren zwar auf Grund ihrer Vollmacht in der Lage waren, die aber nicht im Interesse ihres Auftraggebers lagen.«

53 Schütz S. 134: »Zwischen der kirchenrechtlichen und politischen Problematik der Verhandlungen, d. h. zwischen den kirchenrechtlichen und politischen Schwierigkeiten, die sich einem Ausgleich Ludwigs mit der Kurie entgegenstellten, besteht durchaus kein Gegensatz ... da jede juristische Entscheidung politische Konsequenzen nach sich zog und jene Mächte, die aus politischen Gründen an einer Legalisierung der Herrschaft Ludwigs Interesse hatten oder aber eine solche zu verhindern suchten, ihre Absichten nur unter dem Deckmantel juristischer Vorstellungen erreichen konnten.« Vgl. Schwöbel S. 162

54 Auswertung der verschiedenen Schriftstücke bei Bock, Reichsidee S. 373 ff.

55 Erste Erwähnung der Goldenen Rose unter Papst Leo IX. 1049; Verleihung zunächst an päpstliche Beamte, dann auch an Fürsten. Schütz S. 304, Anm. 71: »Die Überreichung der Goldenen Rose an Pfalzgraf Rupprecht I. erwähnt Heinrich von Diessenhofen 26. Zu diesem Zeremoniell vgl. E. Cornides, Rose und Schwert im päpstlichen Zeremoniell von den Anfängen bis zum Pontifikat Gregors XIII., Diss. Wien 1967.«

56 Schwöbel S. 241; Schütz S. 139

57 Schwöbel S. 242

58 Vgl. Schwöbel S. 238: »Und doch sollte bei aller notwendig erachteten Rücksichtnahme auf französische und auch auf neapolitanische Interessen in der Auseinandersetzung mit Ludwig dem Bayern die eigene Freiheit zu geistlicher und politischer Entscheidung hinreichend gewahrt werden.«

59 Pelster S. 109 ff.; Schwöbel S. 247 ff.; vgl. Glasschröder

60 Nach Schwöbel habe sich Ludwig – den geheimen Instruktionen entsprechend – tatsächlich den Unterwerfungsforderungen des Papstes entzogen,
so daß Benedikt von seiner »faktischen Unbußfertigkeit« überzeugt war.
»… man sollte seine [Benedikts] Standhaftigkeit nicht unterschätzen! …
Das Verhalten der Deutschen selbst stand der Rekonziliation hindernd im
Wege. Die Gesandten Philipps VI. brauchten nur dem Papst bei der Wahrung des kurialen Standpunktes den Rücken zu stärken.«

V Gewinn und Verlust

1   Vgl. v. Lilienkron S. 31 f.; Lit. dazu bei Reichert u. Trautz
2   Bock, Reichsidee S. 288 ff.; vgl. ders., Bündnis, Bd. I
3   Schwöbel S. 266 f.; Bock, Reichsidee S. 380 ff.
4   Bock, Reichsidee S. 387; weitere Quellen bei Bock, Bündnis, Bd. I; Trautz
S. 242 ff.; vgl. auch Reichert und Weiß. Bündnis vom 23. Juli 1337: Böhmer nr. 1845
5   Stengel, Avignon S. 92
6   Mathias v. Neuenburg S. 94
7   Hofmann F. S. 156 f.
8   Stengel, Avignon S. 103; weitere Lit. bei Grundmann S. 195, Anm. 1–3
9   Mathias v. Neuenburg S. 95 f.
10 »Dico vobis tamquam universali ecclesie, ut et vos scribatis pape, et si vos
non audierit, erit mihi sicut ethnicus«, nach Stengel, Avignon S. 107, Anm.
3; Moeller S. 104 ff.
11 Konrad v. Megenberg, nach Ibach S. 40
12 Leben Ks. Ludwigs S. 118
13 Schwöbel S. 285
14 Hofmann F. S. 156 f.; Riezler II, S. 328; Scholz, Streitschriften 2, S. 417 ff.
15 Stengel, Avignon S. 137 ff.; von Stengel wurde Losses Schriftverkehr in
der sog. Kasseler Handschrift entdeckt und bearbeitet.
16 Dillmann S. 10: Der sog. Königsstuhl, den man gern in Verbindung mit
den Ereignissen von 1338 bringt, bestand damals noch nicht. Er wurde
vermutlich bei der Wahl von Karls IV. Sohn Wenzel errichtet und ist zum
ersten Mal 1398 als »ein steynen Gestuel« erwähnt.
17 Stengel, Avignon, S. 133 ff.; ders. Baldewin S. 25; Bock, Reichsidee
S. 400 ff. Ausgaben der beiden Entwürfe und Lit. zum Kurverein vgl.
Grundmann S. 198, Anm. 2.
18 Nach Bock, Reichsidee S. 401
19 Lieberich S. 244 ff.
20 · Stengel, Avignon S. 153 ff.
21 Nach Bock, Reichsidee S. 433
22 Lieberich S. 194–200
23 Ernennung am 5. Sept. (Urkunde nicht erhalten; überliefert nur die Be-
kanntgabe vom 15. Sept.); vgl. Bock, Bündnis I, nr. 530; Trautz S. 271 ff.

24 Seibt S. 376

25 Leben Ks. Ludwigs S. 114; desgl. das folgende Zitat.

26 Nach Spindler II (Angermeier), S. 172; ein bayerischer Chronist gibt in maßloser Übertreibung »mille milia« Ritter auf kaiserlicher Seite an: Leben Ks. Ludwigs S. 126

27 Johann v. Viktring S. 166

28 Angermeier (in: Spindler II, S. 173) beurteilt dieses Verhalten folgendermaßen: »Ganz deutlich treten hier die Motive und die politische Gestalt Ludwigs ins Licht: vier Burgen waren ihm wichtiger als die Bundesgenossenschaft der Habsburger, der territoriale Gewinn wog ihm mehr als der politische Gesamtaspekt. Ludwigs Schwäche lag wohl darin, daß er zuviele Dinge zugleich wollte und über dem unmittelbaren Gewinn nicht genug die möglichen Verluste auf die Dauer erwog, aber Willenlosigkeit und Wankelmütigkeit kann man ihm wohl kaum vorwerfen.«

29 Böhmer nr. 1954

30 Vgl. Riezler II, S. 450 ff.

31 Lieberich S. 252

32 Ders. S. 242

33 MW 2, nr. 305; vgl. Angermeier, Einung S. 169 ff. u. Spindler II (Angermeier), S. 178

34 Wießner S. 125 ff.

35 Stadtarchiv Amberg, Reg. 23, nr. 22

36 Dirr nr. 87, 88, 89, 90, 91 (1322) und 109 (1347)

37 Stengel, Avignon S. 185

38 Bock, Reichsidee S. 459 f.

39 Schwöbel S. 290 ff.

40 Clemens (Pierre Roger) war Südfranzose und bisher Bischof von Rouen. Lit. über die Persönlichkeit Clemens VI. u. die Bedeutung des Thronwechsels von 1342 bei Schwöbel S. 302, Anm. 1

41 Schwöbel S. 321–324

42 Lhotsky S. 341

43 Johann v. Viktring S. 222 ff.

44 Leben Ks. Ludwigs S. 116

45 Riezler, Widersacher S. 234 ff.; Hofmann F. S. 168, Bornhak S. 116 ff.

46 Johann v. Viktring S. 222 ff.; vgl. Lhotsky S. 342 ff.

47 Lhotsky S. 340 ff.; vgl. Haug

48 Johann v. Viktring S. 225

49 Vgl. Spindler II (Angermeier) S. 143

50 Stengel, Avignon S. 189

51 Schwöbel S. 398: »... die Kurfürsten denken nicht daran, der totalen Verquickung des Kirchlich-Disziplinarischen mit dem Rechtlich-Politischen in der Auseinandersetzung des Kaisers mit der Kurie ... im mindesten Rechnung zu tragen.«

52 Stengel, Avignon S. 205

53   Const. 8, nr. 41
54   Const. 8, nr. 9–13
55   Vgl. Rose
56   Seibt, Tschechen S. 66 ff.
57   Ders., Tschechen S. 69
58   Benker S. 119 f.
59   Mathias v. Neuenburg S. 284
60   Vgl. Riezler II, S. 500 f; hier sind die Quellen zusammengestellt und unter-
     sucht, die über Ludwigs Tod berichten.
61   Chronik d. Hzg. v. Bay. S. 98
62   Leben Ks. Ludwigs S. 119
63   Vgl. Seitz S. 4
64   Ebner, zit. nach der Ausg. von Merkel, hier: Geleitwort, vgl. Nadler I,
     S. 205, ferner Zöpf, Schöttl
65   Ebner S. 17 f.
66   Dies. S. 8
67   Dies. S. 67
68   Dies. S. 68 f.
69   Dies. S. 97
70   Dies. S. 97
71   Dies. S. 98 f.
72   Dies. S. 98 f.
73   Vgl. Hartmann S. 217–228; Machilek S. 80 f.; Böhne, Grabmal S. 456
74   Liedke S. 126 ff.
75   Seitz S. 4
76   Aventinus S. 431 f.
77   Sehr unterschiedlich ist die Beurteilung von Ludwigs Persönlichkeit durch
     die Historiker. Vgl. dazu Riezler II, S. 49–52 u. 501 f. (Wandelbarkeit der
     Stimmungen, Mangel an Geduld, Ziellosigkeit, natürliche Beredsamkeit);
     Wießner S. 2–9 u. 125–130 (rascher Verstand, Ausdauer, rechtliche Ge-
     sinnung); Bornhak S. 127 (Romantiker auf dem Kaiserthron); Lieberich
     S. 241 (Mann mit nüchternem Scharfblick); Stengel, Avignon s. 78 ff.
     Doppelzüngigkeit, Unberechenbarkeit); Hauck V, S. 556 u. 582 sowie
     Seppelt 4, S. 143 (Größe und Zähigkeit im Kampf mit dem Papst); Bock,
     Bemerkungen (Wiedererwecker der ghibellinischen Reichsidee); Anger-
     meier (Spindler II) S. 150 ff. (Begabung wie selten ein Wittelsbacher;
     wußte Reichspolitik und Territorialinteressen nicht zu vereinen).
78   Zitiert nach Schilling S. 97
79   Mathias v. Neuenburg S.63
80   Mussato, Ludwig, S. 30
81   Mussato, Heinrich S. 68: Was hier über Ludwigs Vorgänger Heinrich VII.
     ausgesagt wird, trifft in gleicher Weise auf ihn selber zu.
82   Vgl. Hartig
83   Der siebte Sohn, Ludwig von Reichertshofen, schied wegen seiner uneheli-

chen Geburt aus; er soll in Ludwigs Witwerjahr gezeugt, also 1325 geboren sein (nach Haeutle S. 12, Anm. 6).

Epilog

1 Moraw S. 22
2 Klein S. 93 f.
3 Chronik d. Hzg. v. Bay. S. 130 f.
4 Eckert S. 123–130, bes. S. 125; Lit. zu diesem Thema S. 445
5 Röhrich S. 83; weitere Quellenangaben zur rel. Lit. des Spätmittelalters S. 303 ff.; vgl. Rosenfeldt
6 Ders. S. 80 ff.
7 Die Parler (s. Wortfehling), Ausst., Objekt Nr. 14, Kat. S. 38 u. 40

Literaturverzeichnis

Erzählende Quellen (Chroniken, Annalen)

Aventinus (Johann Turmair): Bayerische Chronik, Buch VII u. VIII, München 1886 (= Aventinus)

Chronicae Bavaricae Saeculi XIV., MGH rer. Germ. in usum scholarum 19, 1918 (hrsg. v. G. Leidinger); übersetzt v. W. Friedensburg, GdV 81, 1941
  a Chronica de gestis principum (= Fürstenfelder Chronik)
  b Chronica Ludovici imperatoris quarti (= Leben Ks. Ludwigs)
  c Chronica de ducibus Bavariae (= Chronik d. Hzg. v. Bay.)

Die Chroniken der deutschen Städte vom 14.–16. Jahrhundert (hrsg. v. d. Histor. Kommission bei d. Bayer. Akad. d. Wiss.), München 1862–1968

Chroniken deutscher Städte, MGH SS rer. Germ., Leipzig 1861 ff., Neudrucke 1961 ff. (hrsg. Ph. Jaffé u. a.), darin bes. Chronicon colmariense, Bd. 17 (= Chron. Colm.) u. Chronica regia Colonnensis, Bd. 18 (= Chron. Col.)

Heinrich von Diessenhofen: Chronik 1316–1361 (hrsg. v. Böhmer-Huber), FRG 4, Hanau u. Leipzig 1868

Heinrich Taube von Selbach: Chronik, MGH SS rer. Germ., N. s. 1 (hrsg. v. H. Bresslau), Berlin 1922, Neudruck 1964, übersetzt v. G. Grandaur, GdV 85

Hermann von Niederaltaich: Hermanni Althahensis continuatio tertia, MGH SS rer. Germ. 17, 40 f. (hrsg. v. G. Leidinger), Hannover-Leipzig 1918 (= Chron. v. Niederaltaich)

Johann von Viktring: Liber certarum historiam, MGH SS rer. Germ. 36/1 u. 2 (hrsg. v. F. Schneider), Hannover u. Leipzig 1909/10, übersetzt v. W. Friedensburg, GdV 86 (= Johann v. Viktring)

Johann von Winterthur: Chronik, MGH SS rer. Germ., N. s. 3 (hrsg. v. F. Baethgen in Verb. mit C. Brun), Berlin 1924, Neudruck 1955

Königsaaler Geschichtsquellen, FRA I, 8 (hrsg. v. J. Loserth), Wien 1875

Mathias von Neuenburg: Chronik, MGH SS rer. Germ., N. s. 4 (hrsg. v. A. Hofmeister), Berlin 1924–40, Neudruck 1955, übersetzt v. G. Grandaur, GdV 84 (= Mathias v. Neuenburg)

Mussato Albertino: a Historia Augusta sive de gestis Henrici VII., SS rer. It. 10, (hrsg. v. Mussatori), übersetzt v. W. Friedensburg, GdV 79/80 (= Mussato, Heinrich)
  b Ludovicus Bavarus 1327–1329, FRG 1, 1843 (hrsg. v. J. F. Böhmer), übersetzt v. W. Friedensburg, GdV 79/80 (= Mussato, Ludwig)

Nikolaus von Butrinto: Relatio de itinere Italico Henrici VII. imperatoris, FRG 1, 69 (hrsg. v. E. Heyek), 1888, übersetzt v. W. Friedensburg, GdV 79/80 (= Nikolaus v. Butrinto)

Oefele A. F.: Rerum Boicarum Scriptores, Augsburg 1763 (darin: Diessener Chronik, Ebersberger Chronik u. a.) (= Oefele)

Österreichische Chronik von den 95 Herrschaften, MGH Deutsche Chroniken 6 (hrsg. J. Seemüller), Hannover 1909

Ottokars österreichische Reimchronik, MGH Deutsche Chroniken 5, 1 u. 2 (hrsg. v. J. Seemüller), Hannover 1890/93 (= Steirische Reimchronik)

Sächsische Weltchronik (sog. 3. bayer. Fortsetzung), MGH Deutsche Chroniken 2, 1877 (= Sächs. Weltchronik)

Villani Giovanni: Cronica, Libri 10/11 (hrsg. M. Maghieri), Florenz 1823, übersetzt v. W. Friedensburg, GdV 79/80 (= Villani)

Ausgaben von Margarete Ebner, Marsilius von Padua und Wilhelm Ockham s. unter Literatur

Urkunden, Regesten

Constitutiones et acta publica imperatorum et regnum, MGH Legum sectio IV: Const. IV, V, VI (hrsg. v. J. Schwalm), Hannover 1906/27 (= Const.)

Die Register der Kanzlei Ludwigs des Bayern (hrsg v. H. Bansa), München 1971/74 (= Quellen u. Erört. z. bayer. Gesch. NF, Bd. 24/1 u. 2) (= Register, Bansa)

Dirr Pius: Denkmäler des Münchener Stadtrechts, 1. Bd. (1158–1403), München 1934

Dokumente zur Geschichte von Staat und Gesellschaft in Bayern (hrsg. v. K. Bosl, bearb. v. K.-L. Ay), München 1977 (= Dokumente, Bosl-Ay)

Fontes rerum Austriacarum, Österreichische Geschichtsquellen (hrsg. v. d. Hist. Kommission d. Österr. Akad. d. Wiss.), Wien 1855–1910

Fontes rerum Germanicarum (hrsg. v. J. F. Böhmer), 1843/68

Kämpf H.: Die Codices latini 4008–4010 der Vatik. Bibliothek, in: Quellen aus ital. Arch. u. Bibl. XXVI (1935/6), S. 143–171

Kaiserurkunden in Abbildungen (hrsg. v. H. v. Sybel u. Sickel), Berlin 1891 ff.

Koch Adolf und Wille Jakob: Regesten der Pfalzgrafen am Rhein 1214–1508, Innsbruck 1894

Monumenta Wittelsbacensia, Urkunden zur Geschichte des Hauses Wittelsbach 2, 1293–1397 (hrsg. v. F. M. Wittmann), München 1861 (= Quellen u. Erört. z. bayer. u. dt. Gesch. 6) (= MW)

Regesta imperii VI 2: Die Regesten des Kaiserreiches unter Rudolf, Adolf, Albrecht, Heinrich VII. (1273–1313), 2. Abt. (nach H. F. Böhmer neu bearbeitet von V. Samanek), Innsbruck 1948 (= Reg. imp. VI 2).

Regesta Imperii inde ab anno MCCCXIIII usque ad annum MCCCXLVII. Die Urkunden Kaiser Ludwigs des Baiern, König Friedrichs des Schönen ... in

Auszügen von J. F. Böhmer, Frankfurt 1839 [Additamentum I–III, 1841–1865] (= Böhmer)

Regesta Habsburgica III: Die Regesten der Herzoge v. Österreich sowie Friedrichs des Schönen als Deutscher König 1314–1330, Innsbruck 1924

Urkunden zur bairischen und deutschen Geschichte aus den Jahren 1256–1343, in: Forschungen z. dt. Gesch., Bd. 20, 1880

Urkundenbuch des Landes ob der Enns, Bd. 4, Wien 1867, Bd. 4 (1867)

Urkundenbuch der Stadt Landshut (bearb. v. T. Herzog), in: Sonderveröff. d. Hist. Ver. f. Ndb., 1963 (= UB Landshut)

Vatikanische Akten zur deutschen Geschichte in der Zeit Kaiser Ludwigs des Bayern (hrsg. v. S. Riezler), Innsbruck 1891 (= Vatik. Akt.)

Literatur

Abel, Wilhelm   Hungersnöte und Absatzkrisen im Spätmittelalter, in: Festschr. H. Aubin zum 80. Geb., Wiesbaden 1965

Angermeier, Heinz   Königtum und Landfriede im deutschen Spätmittelalter, München 1966

– Die Funktion der Einung im 14. Jahrhundert in : Zs. f. württ. Landesgesch. 20, 1957, S. 476–508

– Bayern in der Regierungszeit Kaiser Ludwigs IV. (1314–1347), in: Spindler II, S. 144–181

Arens, M.   Die Reichspolitik des Erzbischofs Peter von Aspelt 1306–1320 (Diss.), Freiburg 1949

Baethgen, Friedrich   Europa im späten Mittelalter. Grundzüge seiner politischen Entwicklung, Berlin 1951

Balthasar, K.   Geschichte des Armutsstreites im Franziskanerorden bis zum Konzil von Vienne, in: Vorreformationsgesch. Forsch., Bd. IV, Münster 1911

Bansa, Helmut   Studien zur Kanzlei Kaiser Ludwigs des Bayern vom Tag der Wahl bis zur Rückkehr aus Italien (1314–1329), in: Münchener Hist. Stud., Abt. hist. Hilfswiss., Bd. 5, Kallmünz 1968 (= Bansa)

Battaglia, Felice   Marsilio da Padova e la filosofia politica del Medio Evo, Florenz 1928

Baudry, Léon   Guillaume d'Occam. La vie, ses œuvres, ses idées sociales et politiques, Vrin 1949 f.

Bauer, Hans   Das Recht der ersten Bitte, in: Kirchenrechtl. Abh., Heft 94, Stuttgart 1919

Bauerreiss, Romuald   Kirchengeschichte Bayerns, Bd. IV, St. Ottilien 1949

Bayerns Kirche im Mittelalter, Handschriften und Urkunden (Hrsg. Bayer. Staatsbibl. München), Katalog zur Ausstellung 1960

Bertau, Karl   Deutsche Literatur im europäischen Mittelalter, 2 Bde., München 1972 f.

Bock, Friedrich   Die Gründung des Klosters Ettal. Ein quellenkritischer Bei-

trag zur Geschichte Ludwigs des Bayern, in: Obb. Arch., 66. Bd., München 1919, S. 1–116 (= Bock, Ettal)
- Ludoviciana. Untersuchungen über Urkunden Ludwigs des Bayern, in: Festschr. Brackmann, 1931
- Die Prokurationen Kaiser Ludwigs des Bayern an Papst Benedikt XII., in: Quellen u. Forsch. aus it. Archiven u. Bibl. 25, (1933/34), S. 251–291
- Die Appellationsschriften König Ludwigs des Bayern in den Jahren 1323/24, in: Dt. Arch. 4, 1941
- Reichsidee und Nationalstaaten, München 1943 (= Bock, Reichsidee)
- Das deutsch-englische Bündnis von 1335–1342, in: Quellen u. Erört. z. bayer. u. dt. Gesch., N. F. 12, München 1956 (= Bock, Bündnis)
- Bemerkungen zur Beurteilung Kaiser Ludwigs IV. in der neueren Literatur, in: Zs. f. bayer. Landesgesch. 23, München 1960, S. 115–127 (= Bock, Bemerkungen)

Böhne, Clemens Die Geschichte des Dienstmannengeschlechts der Wildenrother, in: Amperland 1972, Heft 1, S. 302
- Das frühgotische Kloster Fürstenfeld, in: Amperland 1974, Heft 1, S. 427
- Das Grabmal Ludwigs des Strengen in der Fürstenfelder Klosterkirche, in: Amperland 1974, Heft 2, S. 456 (= Böhne, Grabmal)

Boehner, Philotheus The spirit of Franciscan philosophy, in: Franc. Studies 2, Paderborn 1942

Bornhak, Otto Staatskirchliche Anschauungen und Handlungen am Hofe Kaiser Ludwigs des Bayern, in: Quellen u. Stud. z. Verfassung d. dt. Reiches in Mittelalter und Neuzeit, Bd. II, Weimar 1933

Borst, Arno v. (Hrsg.) Das Rittertum im Mittelalter, Darmstadt 1976

Bosl, Karl Bayern und Italien. Zwölfhundert Jahre kultureller und menschlicher Begegnung, München 1959, S. 55–87
- Die »Geistliche Hofakademie« Kaiser Ludwigs des Bayern im Alten Franziskanerkloster zu München, in: Der Mönch im Wappen, München 1960
- (Hrsg.) Handbuch der Geschichte der böhmischen Länder, Stuttgart 1967
- Die Gesellschaft in der Geschichte des Mittelalters, Göttingen ²1969
- Die Geschichte der Repräsentation in Bayern. Landständische Bewegung, landständische Verfassung, München 1974
- Europa im Mittelalter, Bayreuth 1978

Breuer, Tilmann Die Kunst der Gotik, in: Spindler II, S. 884–907

Daniel, E. Ludwig der Bayer und die Reichsstädte in der Wetterau (Diss.), Frankfurt a. M. 1943

Dempf, Alois Sacrum imperium, Geschichte und Staatsphilosophie des Mittelalters und der politischen Renaissance, München und Berlin ²1954, S. 430–440

Die Zeit der frühen Habsburger, Dome und Klöster 1279–1379, Kat. zur Niederösterr. Landesausstellung in Wiener Neustadt 1979

Dillmann, Egon Rhens mit dem Königsstuhl, in: Rhein. Kunststätten, Heft 8, Köln 1975

Dünninger, Eberhard, und Kiesselbach, Dorothea (Hrsg.)   Bayer. Literaturgeschichte in ausgewählten Beispielen. Mittelalter, München 1965, darin bes.:
E. Marsch (K. v. Megenberg) u. B. Schemmel (Hugo v. Trimberg)

Ebner, Margarethe   s. Merkel, Strauch, Zoepfl

Eckert, Willehad Paul   Die Juden im Zeitalter Karls IV., in: Kaiser Karl IV.
(Kat.), München 1978, S. 123–130

Ehrismann, Gustav   Die Grundlagen des ritterlichen Tugendsystems, in: Zs. f.
dt. Altert. 56, 1919, S. 137–216

– Geschichte der deutschen Literatur bis zum Ausgang des Mittelalters, Bd. II,
München ²1959

Erben, Wilhelm   Kriegsgeschichte des Mittelalters, 1929

– Die Berichte der erzählenden Quellen über die Schlacht bei Mühldorf, in:
Arch. f. österr. Gesch. 105, Graz 1923 (= Erben).

– Mühldorfer Ritterweihen der Jahre 1319–1322, in: Veröff. d. Hist. Sem. d.
Univ. Graz, 1932, S. 5–108 (= Erben, Ritterweihen)

Finke, Heinrich   Die Frau im Mittelalter, München 1913

Fischer, P. Pius   Die Gründungsidee, in: Festschrift zum 600jährigen Weihejubiläum der Klosterkirche Ettal, Ettal 1970

Fleischer, B.   Das Verhältnis der geistlichen Stifte Oberbayerns zur entstehenden Landeshoheit (Diss.), Berlin 1934

Geissel, B.   Die kirchenpolitische Lehre des Marsilius von Padua (Diss.), Köln
1926

Gewirth, Allan   Marsilius of Padua. The Defensor Pacis, Vol. I u. II, New York
1951 u. 1956

Glaser, Hubert   [Bayern] Die kirchlich-religiöse Entwicklung, Erster Teil: Bis
1500, in: Spindler II, S. 594–625

Glasschröder, F. X.   Marquart von Randeck, Bischof von Augsburg und Patriarch von Aquileja, in: Zs. d. Hist. Ver. Schwabens 15, 1888, S. 1–88 u. 22,
1895, S. 97–160

Götz, W.   Zentralbau und Zentralbautendenz in der gotischen Architektur,
Berlin 1968

– Die gotische Klosterkirche in Ettal. Zur Herkunft ihrer ursprünglichen Bau-
gestalt, in: Das Münster 18, 1965

Grass, Chlodwig   Der frühgotische Zentralbau in Altbaiern (Diss.), Erlangen
1952

Grass, Nicolaus   Aus der Geschichte der Landstände Tirols, in: Studies pre-
sented to the Intern. Commission of History XXIV, Louvain-Paris
1961

Grundmann, Herbert   Wahlkönigtum, Territorialpolitik und Ostbewegung
im 13. und 14. Jahrhundert, in: Gebhardt Bruno. Handbuch der deutschen
Geschichte, Bd. I, Stuttgart 1970 (zit. nach der ungekürzten dtv-Taschen-
buchausg.)

Hacker, Fritz   Ludwig der Bayer und Friedrich der Schöne von Österreich in
Trausnitz (Festschrift), Weiden 1925

Haeutle, Christian   Genealogie des erlauchten Stammhauses Wittelsbach von dessen Wiedereinsetzung in das Herzogthum Bayern. Nach Quellen neu bearb. u. zusammengest., München 1870

Haidacher, Anton   Geschichte der Päpste in Bildern, Heidelberg 1965

Haller, Johann   Zur Lebensgeschichte des Marsilius von Padua, in: Zs. f. Kirchengesch. 48, N. F. 11, 1929, S. 166–197

Hartig, Michael   Die Heiligen, Seligen und Gottseligen in und aus München, in: Der Mönch im Wappen, München 1960

Hartmann, Franz S.   Aktenmäßige Darstellung über die wahre Todesstätte des deutschen Kaisers Ludwigs des Bayern auf dem Kaiseranger bei Fürstenfeld, in: Oberbair. Arch. XXXIII, S. 217–228

Hauck, Albert   Kirchengeschichte Deutschlands, 5. Bd., Berlin 1953

Haug, Flamin Heinrich   Ludwigs V. des Brandenburgers Regierung in Tirol (= Forsch. u. Mitt. z. Gesch. Tirols u. Vorarlbergs 3, 1906)

Heidemann, Julius   Zur Geschichte und Politik Peters v. Aspelt, in: Forsch. z. dt. Gesch. 9, 1869

– Die Königswahl Heinrichs v. Luxemburg im Jahre 1308, in: Forsch. z. dt. Gesch. 2, 1971

Heimpel, Hermann   Deutschland im späteren Mittelalter, in: Handbuch der deutschen Geschichte, Bd. 1, Konstanz 1957

Heimsoeth, H.   Die sechs großen Themen der abendländischen Metaphysik und der Ausgang des Mittelalters, [2]1934

Henneberg, H.   Die politischen Beziehungen zwischen Deutschland und Frankreich unter König Albrecht I. (Diss.), Straßburg 1891

Hessel, Alfred   Jahrbücher des deutschen Reiches unter Albrecht I. von Habsburg, München 1931

Heyen, Franz-Josef   Kaiser Heinrichs Romfahrt. Die Bilderchronik von Kaiser Heinrich VII. und Kurfürst Balduin von Luxemburg (1308–1313), Boppard a. Rh. 1965

Hitzfeld, Karl Leopold   Studien zu den religiösen und politischen Anschauungen Friedrichs III. von Sizilien, in: Hist. Studien, Berlin 1930, Heft 193

Höhn, R.   Wilhelm Ockham in München, in: Franziskan. Studien 32 (1950), S. 142–155

Hofer, J.   Zur Geschichte der Appellationen Kaiser Ludwigs des Baiern, in: Hist. Jb. d. Görresges. 38, 1917

– Die Geschichte des Armutsstreits in der Chronik des Johannes v. Winterthur, in: Zs. f. schweizer. Kirchengesch. 21, 1927

Hoffmann, Richard   Das Marienmünster zu Ettal im Wandel der Jahrhunderte, Augsburg 1927

Hofmann, Fritz   Der Anteil der Minoriten am Kampf Ludwigs des Bayern gegen Johann XXII. unter besonderer Berücksichtigung des Wilhelm von Ockham (Diss.), Münster 1959

Hofmann, Wilhelm   Gammelsdorf 1313. Eine kriegsgeschichtliche Studie, in: Verh. d. hist. Ver. Ndb. 73/ 1940, S. 68–84

Hóman, B.   Geschichte des ungarischen Mittelalters, Bd. II, 1943 (Übersetz.)

Hörnecke, W.   Albrecht I. und die Kurfürsten (Diss.), Halle 1909

Ibach, Helmut   Leben und Schriften des Konrad von Megenberg, Berlin 1938
(= Neue dt. Forsch., Bd. 7)

Jaritz, G.   Das Leben in der Stadt des späten Mittelalters (= Veröff. d. Inst. f.
mittelalt. Realienkunde 2), Wien 1977

Klein, Herbert   Das Große Sterben 1348/49 und seine Auswirkung auf die Be-
siedlung der Alpenländer, in: Mitt. d. Ges. f. Salzburger Landeskunde 100,
1960

Knöpfler, Joseph   Die Reichsstädtesteuern in Schwaben, Elsaß und am Oberrhein zur Zeit Kaiser Ludwigs des Bayern, in: Württ. Vierteljahrshefte f. Landesgesch., N. F. 11, Stuttgart 1902

– Kaiser Ludwig der Bayer und die Reichsstädte in Schwaben, im Elsaß und am
Oberrhein, in: Forsch. z. Gesch. Bayerns, 1903

Knör, Günter   Der heilige Nantwein, in: Bavarica Sancta, Bd. II, Regensburg
1971, S. 172–191

Kortebein, E.   Kurfürstenpolitik im Zusammenhang mit der Doppelwahl von
1314 (Diss.), Berlin 1945

Kroll, Karl   Der Streit Ludwigs des Bayern mit Johann XXII. in seiner Bedeutung für das Verhältnis von Kirche und Staat (Diss.), Münster 1952

Küchler, Winfried   Zur Hochzeit der Infantin Isabella von Aragón mit Herzog
Friedrich dem Schönen von Österreich, in: Ges. Aufs. z. Kulturgesch. Spa-
niens, 22. Bd., Münster 1965

Kücker, Wilhelm   Die Baureste des Münchner Franziskanerklosters, in: Obb.
Arch., 86. Bd., München 1965

Kundert, Werner   Bistum Basel, in: Die Zeit der frühen Habsburger (Kat.),
Wien 1979

Kusch, Horst   Marsilius von Padua. Der Verteidiger des Friedens (Defensor
pacis), Berlin 1958

Lagarde, G. de   Ockham et son temps, 1942

Lampel, J.   Zur bayerischen Geschichte der Jahre 1282 und 1283, in: Mitt. d.
österr. Inst. f. Geschichtsforsch., Bd. 27, 1906, S. 422–435

Lenzenweger, Josef   Konzilsbestimmungen und Praxis der Kurie von Avignon. Die Vergabe von Pfründen im Bistum Freising während der Auseinandersetzung mit Ludwig dem Bayern, in: Annuarium historiae Conciliorum 8,
1976, S. 143–175

– Die frühen Habsburger und die päpstliche Kurie, in: Die frühen Habsburger
(Kat.), Wien 1979

Lhotsky, Alphons   Quellenkunde zur mittelalterlichen Geschichte Österreichs, Graz-Köln 1963

– Geschichte Österreichs seit der Mitte des 13. Jahrhunderts (1281–1358),
Wien 1967 (= Lhotsky)

Lieberich, Heinz   Kaiser Ludwig der Baier als Gesetzgeber, in: Zs. d. Savigny-
Stftg. f. Rechtsgesch., 76. Bd., Weimar 1959, S. 173–245

– Eine zeitgenössische bildliche Darstellung Kaiser Ludwigs des Bayern, in: Zs. f. bayer. Landesgesch., Bd. 23, München 1960, S. 128–136

Liedke, Volker   Die Haldner und das Kaisergrabmal zu München, in: Ars Bavarica, Bd. 2, München 1974

Liess, Albrecht   Aus 1200 Jahren, Das Bayerische Hauptstaatsarchiv zeigt seine Schätze (Kat.), München 1979

Liliencron, Rochus v.   Die historischen Volkslieder der Deutschen vom 13. bis 16. Jahrhundert, Leipzig 1865–1869

Machilek, Franz   Der Niederkirchenbesitz des Zisterzienserklosters Fürstenfeld, in: Amperland, 1970, S. 20–25 u. S. 80–83; 1971, S. 133

Magnani, G.   Castruccio, 1926

Mannert, K.   Kaiser Ludwig IV., Landshut 1812

Marsilius von Padua (Ausgaben)   s. Kusch u. Scholz

Meltzer, Franz   Die Ostraumpolitik König Johanns von Böhmen, Jena 1940

Merkel, R. F. (Hrsg.)   Mystiker des Abendlandes. Die Offenbarungen der Margaretha Ebner und der Adelheid Langmann (ins Nhd. übertr. v. J. Prestel), Weimar 1939 (= Ebner)

Mitteis, H.   Die deutsche Königswahl, [2]1944

Möller, Richard   Ludwig der Bayer und die Kurie im Kampf ums Reich, Berlin 1914

Mollat, Guillaume   Les Papes d'Avignon (1305–1378), Paris [10]1964

Mommsen, Th. E.   Castruccio e l'Imperio, in: Attidella R. Acad. Lucchese NS3, 1934

Moraw, Peter   König, Reich und Territorium im späten Mittelalter (Heidelberger Habilitationsschrift 1971)

– Gedanken zur politischen Kontinuität im Spätmittelalter, in: Festschrift für H. Heimpel, Bd. 2, Göttingen 1972

– Kaiser Karl IV. im Spätmittelalter, in: Hist. Zs., Bd. 229, München 1979, S. 1–24 (= Moraw)

Mühling, Carl   Die Geschichte der Doppelwahl des Jahres 1314, München 1882

Müller, Carl   Der Kampf Ludwigs des Bayern mit der römischen Kurie, 2 Bde., 1880

Müller, Karl Alexander v.   Kaiser Ludwig der Bayer, in: Bilder aus der Bayer. Gesch., Nürnberg 1953

Münzel, Gustav   Der Skulpturenzyklus in der Vorhalle des Freiburger Münsters, Freiburg i. B. 1959

Nadler, Josef   Literaturgeschichte der deutschen Stämme und Landschaften, Bd. 1, Regensburg 1929

Neumann, Eduard   Der Streit um »das ritterliche Tugendsystem«, in: Erbe d. Vergangenh., Festgabe f. Karl Helm, Tübingen 1951

Offler, H. S.   Meinungsverschiedenheiten am Hof Ludwigs des Bayern im Herbst 1331, in: Dt. Arch. f. Erforsch. d. Ma., 11. Jg., Münster/Köln 1954/55

- Empire and papacy, the last struggle, in: Transactions of the Royal Historical Society, 5. Ser. VI, 1956

Palacký, Fr.   Geschichte von Böhmen, Bd. II, 1850

Pelster, F.   Die 2. Rede Marquarts von Randeck für die Aussöhnung des Papstes mit Ludwig dem Bayern, in: Hist. Jb. 60, 1940, S. 88–114

Pfeiffer, F.   Das »Buch der Natur« des Konrad von Megenberg. Die erste Naturgeschichte in deutscher Sprache, Stuttgart ²1962

Preger, W.   Der kirchenpolitische Kampf unter Ludwig dem Baier und sein Einfluß auf die öffentliche Meinung in Deutschland, in: Abhandl. d. Akad. München XIV, München 1879

Reichert, J.   Die politischen Beziehungen Kaiser Ludwigs des Bayern zu England und Frankreich 1337–1347 (Diss.), Heidelberg 1931

Reitzenstein, Alexander v.   Rittertum und Ritterschaft, München 1972

Riedmann, Josef   Karl IV. und die Bemühungen der Luxemburger um Tirol, in: Bl. f. dt. Landesgesch. 114 (1978)

Riezler, Sigismund   Die literarischen Widersacher der Päpste z. Zt. Ludwigs des Baiers, Leipzig 1874

- Geschichte Baierns, II. Bd., Gotha 1881 (= Riezler II)

Röhrig, Floridus   Die Kirche zur Zeit der frühen Habsburger, in: Die Zeit der frühen Habsburger (Kat.), Wien 1979

Röhrig, Lutz   Erzählungen des späten Mittelalters und ihr Weiterleben in der Literatur und Volksdichtung bis zur Gegenwart, Bd. I, Bern-München 1962

Rönsch, Ernst   Beiträge zur Geschichte der Schlacht von Mühldorf, in: Veröff. d. Hist. Sem. d. Univ. Graz XIII, Graz-Wien-Leipzig 1933

Rose, W.   Johann der Blinde und die Schlacht von Crécy, in: Zs. f. hist. Waffenkunde 7, 1915/17

Rosenfeld, Hellmut   Die Literatur des ausgehenden Mittelalters in soziologischer Sicht, in: Wirkendes Wort 5, 1955, S. 330–341

Rummel, G.   Berthold VII. der Weise, Graf von Henneberg 1284–1340 (Diss.), Würzburg 1904

Salchow, Gustav   Der Übergang der Mark Brandenburg an das Haus Wittelsbach, in: Hallische Beitr. z. Geschichtsforsch., Heft 4, Halle 1893

Samanek, Vincenz   Studien zur Geschichte König Adolfs, Wien 1930

Schaus, Emil   Zur Diplomatik Ludwigs des Bayern (Diss. Berlin 1894), München 1894

Schilling, Bruno   Kaiser Ludwig der Baier in seinen Beziehungen zum Elsaß von der Doppelwahl bis zum Jahre 1330, in: Veröff. d. Hist. Sem. d. Univ. Graz XI, Graz 1932

Schlögl, Waldemar   Beiträge zur Jugendgeschichte Ludwigs des Bayern, in: Dt. Archiv, Jg. 33 (1977), S. 182–199

Schmeller, J. A.   Bayer. Wörterbuch, München 1872 (Neuaufl.1966)

Schnell, Hugo   Ettal, Kloster und Marienmünster, München ³1960

- Fürstenfeldbruck, München 1977

Scholz, Richard   Unbekannte kirchenpolitische Streitschriften aus der Zeit
Ludwigs des Bayern 1327–1354, 1911–1914
– Politik und weltanschauliche Kämpfe um den Reichsgedanken am Hofe Lud-
wigs des Bayern, in: Zs. f. dt. Geisteswiss., 1938
– (Hrsg.)   Marsilius von Padua, MGH Fontes jur. Germ. ant., Hannover
1932
Schrott, Ludwig   Münchner Alltag in acht Jahrhunderten, München 1975
Schütz, Alois   Die Appellationen Ludwigs des Bayern aus den Jahren 1323/24,
in: Mitt. d. Inst. f. Österr. Geschichtsforsch., LXXX, Bd., Wien-Köln-Graz
1972, S. 71–112 (= Schütz, Appell.)
– Die Prokuratorien und Instruktionen Ludwigs des Bayern für die Kurie
(1331–1345), Kallmünz 1973 (= Münchener hist. Stud., Abt. Gesch. Hilfs-
wiss., Bd. 11) (= Schütz)
Schwöbel, Hermann Otto   Der diplomatische Kampf zwischen Ludwig dem
Bayern und der römischen Kurie im Rahmen der kanonischen Absolutionspro-
zesse 1330–1346, in: Quellen u. Stud. z. Verfassungsgesch. d. Dt. Reiches in Ma.
u. Neuzeit, Bd. X, Weimar 1968 (= Schwöbel)
Seibt, Ferdinand   Die Zeit der Luxemburger und der hussitischen Revolution,
in: Handbuch der Gesch. d. böhm. Länder (Hrsg. K. Bosl), Stuttgart 1967
(= Seibt)
– (Hrsg.)   Kaiser Karl IV., Staatsmann und Mäzen, Kat. zu den Ausstellungen
in Nürnberg und Köln 1978/79, München 1978
Seitz, M.   Puch bei Fürstenfeldbruck (Kirchenführer), München o. J.
Seppelt, Franz Xaver, und Schwaiger, Georg   Das Papsttum im Spätmittelalter
und in der Renaissance. Von Bonifaz VIII. bis zu Klemens VII., in: Gesch. d.
Päpste, Bd. 4, München ²1957
Spindler, Max (Hrsg.)   Handbuch der Bayerischen Geschichte, Bd. II, Mün-
chen 1969 (= Spindler II)
– [Bayern] Grundlegung und Aufbau 1180–1314, in: Spindler II, S. 111–137
Steinberger, A.   Kaiser Ludwig der Bayer, München 1901
Stengel, Edmund E.   Avignon und Rhens, Forschungen zur Geschichte des
Kampfes um das Recht am Reich in der 1. Hälfte des 14. Jahrhunderts, in:
Quellen u. Studien z. Verfassungsgesch. d. dt. Reiches in Ma. u. Neuzt., Bd.
6/1, Weimar 1930 (= Stengel, Avignon)
– Baldewin von Luxemburg. Ein grenzdeutscher Staatsmann des 14. Jahrhun-
derts, Weimar 1937
– Abhandlungen und Untersuchungen zur Geschichte des Kaisergedankens im
Mittelalter, Köln/Graz 1965
Stöckerl, D.   Das alte Franziskanerkloster in München, in: Festgabe f. Knöpf-
ler (hrsg. v. Gietel-Pfeilschifter), Freiburg 1917
Straub, Theodor   Bayern im Zeichen der Teilungen und der Teilherzogtümer
(1347–1450), in: Spindler II, S. 184–267
Strauch, Philipp   Margarete Ebner und Heinrich von Nördlingen. Ein Beitrag
zur Geschichte der deutschen Mystik, Tübingen 1882

Trautz, Fritz   Die Könige von England und das Reich, Heidelberg 1961

Uhlirz, K. U. M.   Handbuch der Geschichte Österreichs und seiner Nachbarländer Böhmen und Ungarn, Bd. I, Graz-Wien-Köln 1963

Volkert, Wilhelm   [Bayern] Staat und Gesellschaft, 1. Teil (bis 1500), in: Spindler II, S. 476–558

Vornhof, F.   Der ›Renner‹ Hugos von Trimberg (Diss.), in: Beitr. z. Verständn. d. nachhöf. Didaktik, Köln 1959

Wagner-Rieger, Renate   Bildende Kunst: Architektur, in: Die Zeit der frühen Habsburger (Kat.), Wien 1979

Walz, Herbert   Die Literatur im Mittelalter, München 1976

Wattenbach, Wilhelm, und Schmak, Franz-Josef   Deutschlands Geschichtsquellen im Mittelalter, 2 Bde. (Neuausg.), Darmstadt 1976

Weiß, H.   Frankreichs Politik in den Rheinlanden am Vorabend des Hundertjährigen Kriegs (Diss.), Tübingen 1927

Westfehling, Uwe   Führer zur Ausstellung »Die Parler und der Schöne Stil«, Köln 1978

Wießner, Wolfgang   Die Beziehungen Kaiser Ludwigs des Bayern zu Südwest- und Norddeutschland, in: Erlanger Abh. zur mittl. u. neueren Gesch., Bd. XII, Erlangen 1932

Wrede-Acht, Christa   Leonhard von München (Diss.), in: Münchener Hist. Stud. Abt. Gesch. Hilfswiss., Bd. 17, Koblenz 1979

Wühr, Wilhelm   Aufklärung und Romantik im Spiegel eines bayerischen Verlags. 100. Todestag von Joh. Esaias Seidel, Sulzbach 1927

Zeißberg, Heinrich v.   Elisabeth von Aragonien, Gemahlin Friedrichs des Schönen von Österreich, S. B. Wien 137 (VII. Abhandl.), Wien 1898

Zöllner, Erich   Geschichte Österreichs von den Anfängen bis zur Gegenwart, Wien ⁶1978

–   Österreich unter den frühen Habsburgern, in: Die Zeit der frühen Habsburger (Kat.), Wien 1979 (= Zöllner)

Zöpf, Wilhelm   Die Mystikerin Margarete Ebner, Leipzig 1914

Zoepfl, Friedrich–Maria Medingen. Die Geschichte einer Kulturstätte im schwäbischen Donautal, in: Jb. d. Hist. Ver. Dillingen 1959/60. (1960), S. 1–77

Stammtafeln

der wichtigsten Dynastien des deutschen Reiches im 14. Jahrhundert

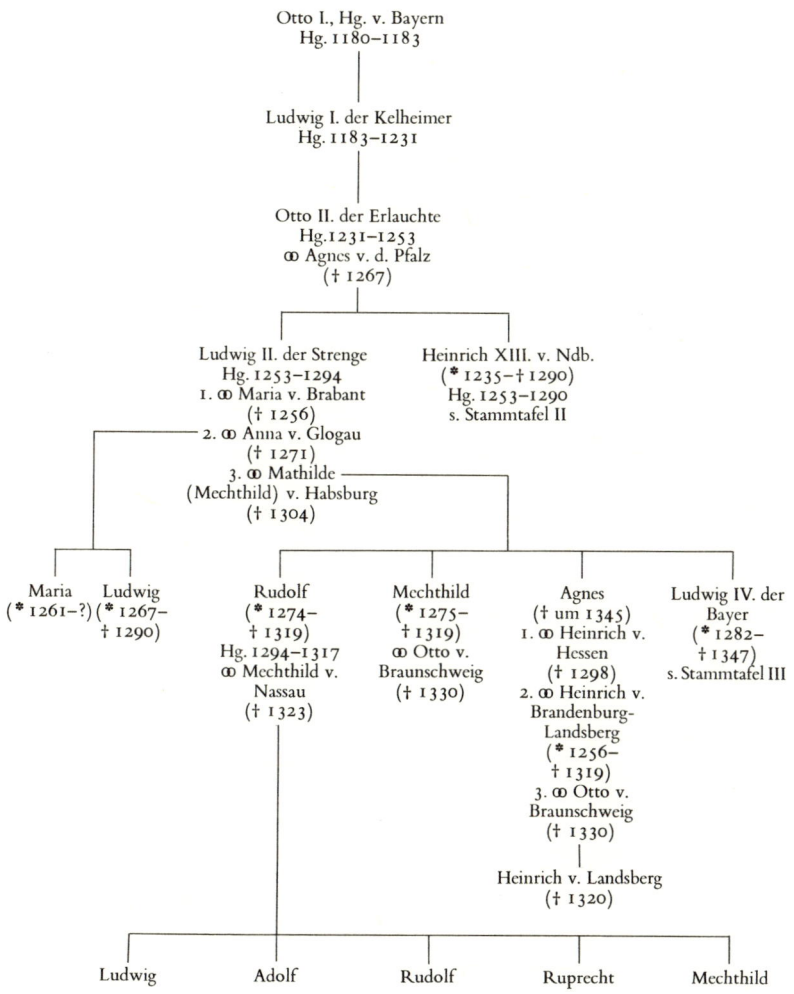

Otto I., Hg. v. Bayern
Hg. 1180–1183

Ludwig I. der Kelheimer
Hg. 1183–1231

Otto II. der Erlauchte
Hg. 1231–1253
∞ Agnes v. d. Pfalz
(† 1267)

Ludwig II. der Strenge
Hg. 1253–1294
1. ∞ Maria v. Brabant
(† 1256)
2. ∞ Anna v. Glogau
(† 1271)
3. ∞ Mathilde
(Mechthild) v. Habsburg
(† 1304)

Heinrich XIII. v. Ndb.
(* 1235–† 1290)
Hg. 1253–1290
s. Stammtafel II

Maria
(* 1261–?)

Ludwig
(* 1267–
† 1290)

Rudolf
(* 1274–
† 1319)
Hg. 1294–1317
∞ Mechthild v.
Nassau
(† 1323)

Mechthild
(* 1275–
† 1319)
∞ Otto v.
Braunschweig
(† 1330)

Agnes
(† um 1345)
1. ∞ Heinrich v.
Hessen
(† 1298)
2. ∞ Heinrich v.
Brandenburg-
Landsberg
(* 1256–
† 1319)
3. ∞ Otto v.
Braunschweig
(† 1330)

Ludwig IV. der
Bayer
(* 1282–
† 1347)
s. Stammtafel III

Heinrich v. Landsberg
(† 1320)

Ludwig   Adolf   Rudolf   Ruprecht   Mechthild

Stammtafel I: Die Wittelsbacher

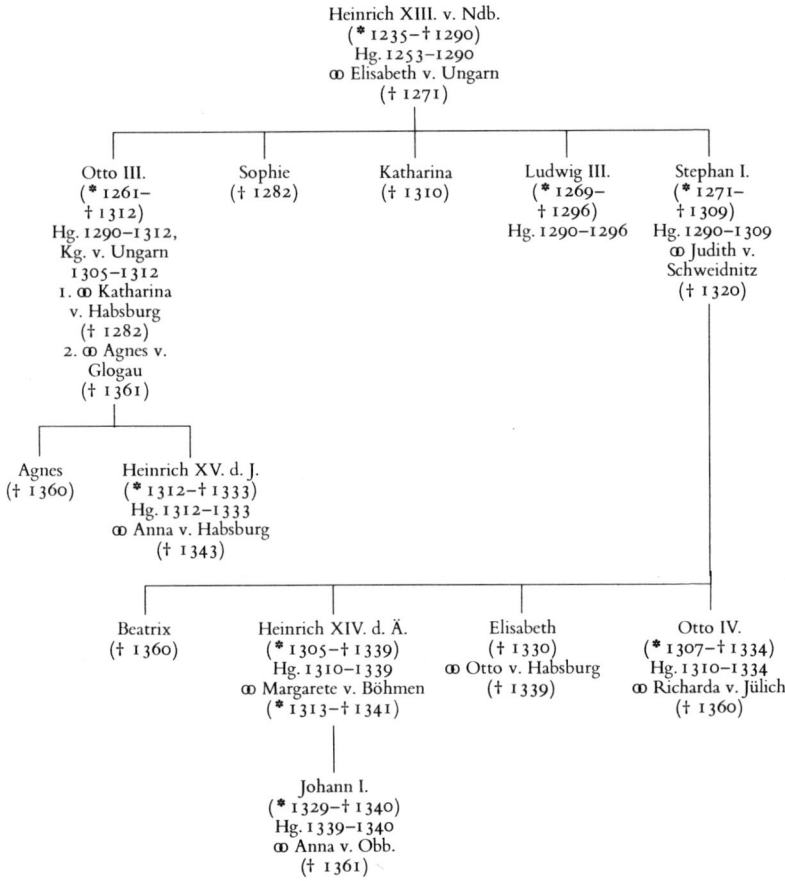

Heinrich XIII. v. Ndb.
(* 1235–† 1290)
Hg. 1253–1290
∞ Elisabeth v. Ungarn
(† 1271)

Otto III.
(* 1261–
† 1312)
Hg. 1290–1312,
Kg. v. Ungarn
1305–1312
1. ∞ Katharina
v. Habsburg
(† 1282)
2. ∞ Agnes v.
Glogau
(† 1361)

Sophie
(† 1282)

Katharina
(† 1310)

Ludwig III.
(* 1269–
† 1296)
Hg. 1290–1296

Stephan I.
(* 1271–
† 1309)
Hg. 1290–1309
∞ Judith v.
Schweidnitz
(† 1320)

Agnes
(† 1360)

Heinrich XV. d. J.
(* 1312–† 1333)
Hg. 1312–1333
∞ Anna v. Habsburg
(† 1343)

Beatrix
(† 1360)

Heinrich XIV. d. Ä.
(* 1305–† 1339)
Hg. 1310–1339
∞ Margarete v. Böhmen
(* 1313–† 1341)

Elisabeth
(† 1330)
∞ Otto v. Habsburg
(† 1339)

Otto IV.
(* 1307–† 1334)
Hg. 1310–1334
∞ Richarda v. Jülich
(† 1360)

Johann I.
(* 1329–† 1340)
Hg. 1339–1340
∞ Anna v. Obb.
(† 1361)

Stammtafel II: Die niederbayerische Linie

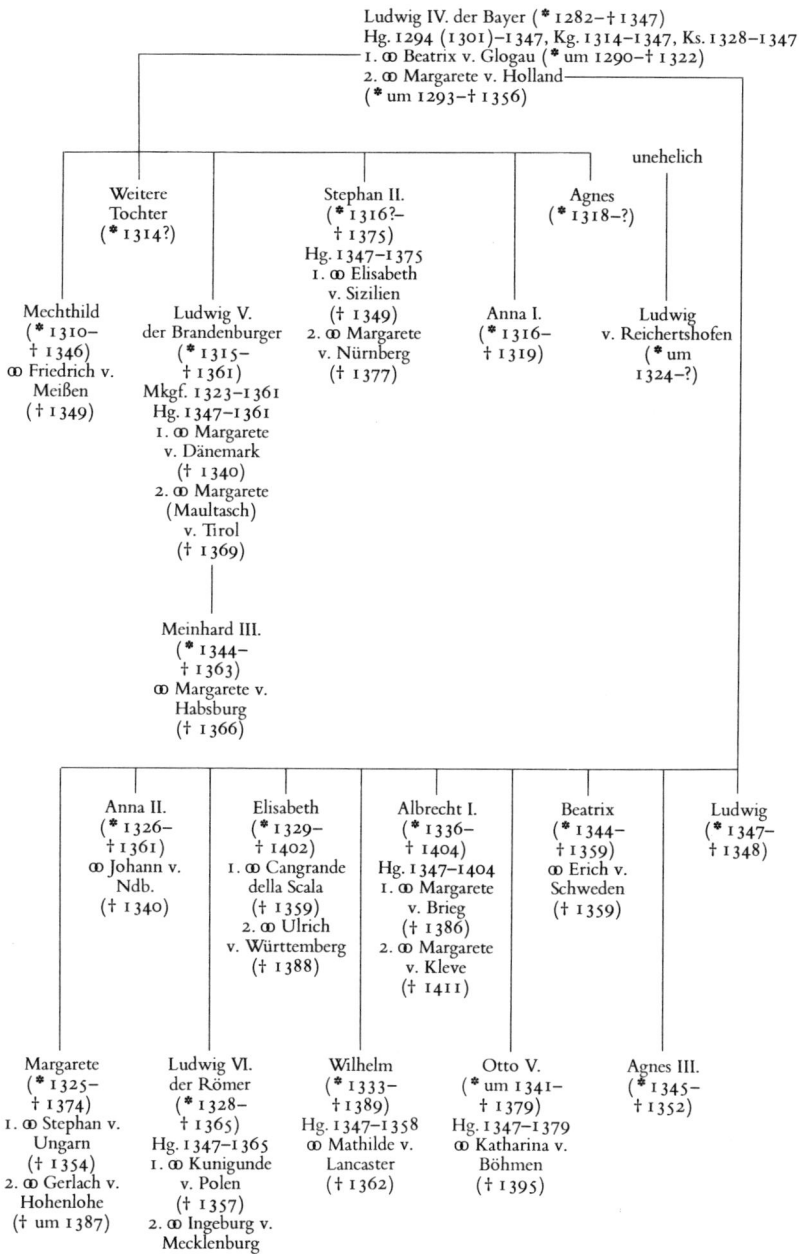

Ludwig IV. der Bayer (* 1282–† 1347)
Hg. 1294 (1301)–1347, Kg. 1314–1347, Ks. 1328–1347
1. ⚭ Beatrix v. Glogau (* um 1290–† 1322)
2. ⚭ Margarete v. Holland
(* um 1293–† 1356)

unehelich

Weitere
Tochter
(* 1314?)

Stephan II.
(* 1316?–
† 1375)
Hg. 1347–1375
1. ⚭ Elisabeth
v. Sizilien
(† 1349)
2. ⚭ Margarete
v. Nürnberg
(† 1377)

Agnes
(* 1318–?)

Anna I.
(* 1316–
† 1319)

Ludwig
v. Reichertshofen
(* um
1324–?)

Mechthild
(* 1310–
† 1346)
⚭ Friedrich v.
Meißen
(† 1349)

Ludwig V.
der Brandenburger
(* 1315–
† 1361)
Mkgf. 1323–1361
Hg. 1347–1361
1. ⚭ Margarete
v. Dänemark
(† 1340)
2. ⚭ Margarete
(Maultasch)
v. Tirol
(† 1369)

Meinhard III.
(* 1344–
† 1363)
⚭ Margarete v.
Habsburg
(† 1366)

Anna II.
(* 1326–
† 1361)
⚭ Johann v.
Ndb.
(† 1340)

Elisabeth
(* 1329–
† 1402)
1. ⚭ Cangrande
della Scala
(† 1359)
2. ⚭ Ulrich
v. Württemberg
(† 1388)

Albrecht I.
(* 1336–
† 1404)
Hg. 1347–1404
1. ⚭ Margarete
v. Brieg
(† 1386)
2. ⚭ Margarete
v. Kleve
(† 1411)

Beatrix
(* 1344–
† 1359)
⚭ Erich v.
Schweden
(† 1359)

Ludwig
(* 1347–
† 1348)

Margarete
(* 1325–
† 1374)
1. ⚭ Stephan v.
Ungarn
(† 1354)
2. ⚭ Gerlach v.
Hohenlohe
(† um 1387)

Ludwig VI.
der Römer
(* 1328–
† 1365)
Hg. 1347–1365
1. ⚭ Kunigunde
v. Polen
(† 1357)
2. ⚭ Ingeburg v.
Mecklenburg
(† 1395)

Wilhelm
(* 1333–
† 1389)
Hg. 1347–1358
⚭ Mathilde v.
Lancaster
(† 1362)

Otto V.
(* um 1341–
† 1379)
Hg. 1347–1379
⚭ Katharina v.
Böhmen
(† 1395)

Agnes III.
(* 1345–
† 1352)

Stammtafel III: Die Nachkommen Ludwigs IV.

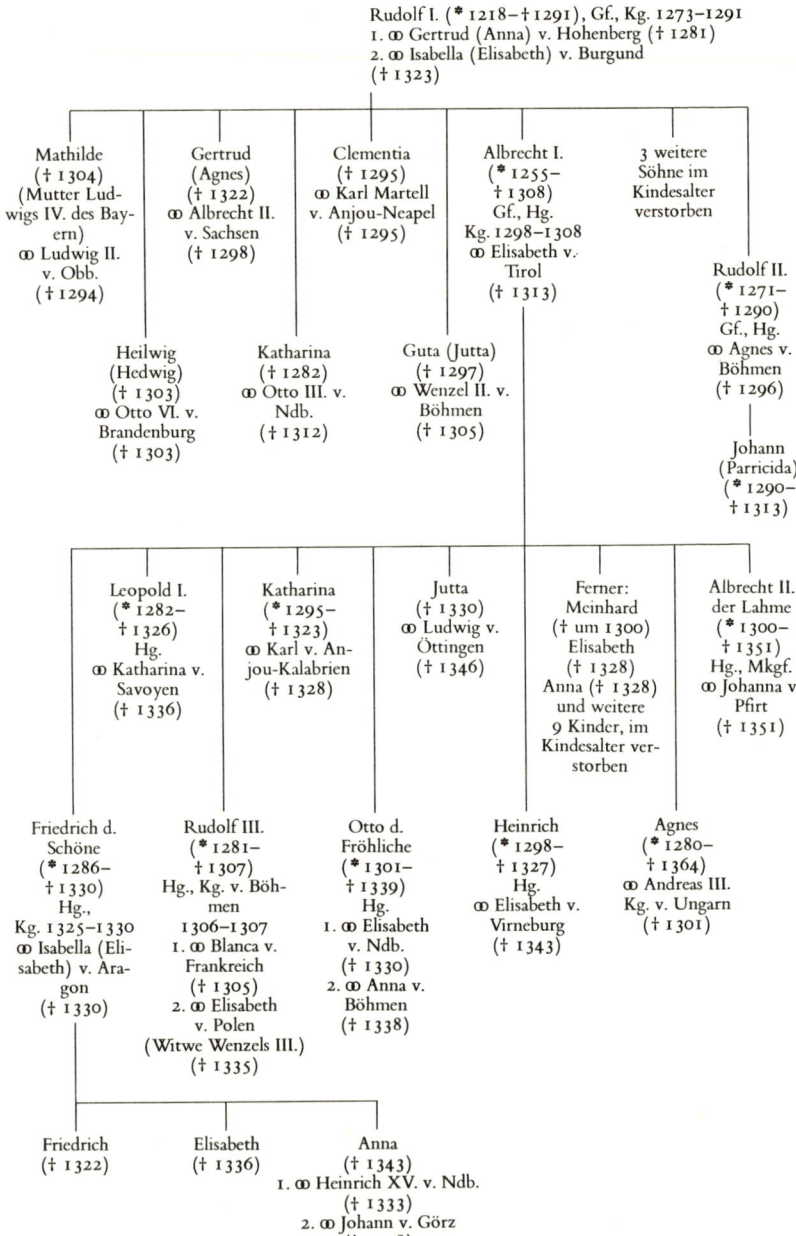

Rudolf I. (* 1218–† 1291), Gf., Kg. 1273–1291
1. ∞ Gertrud (Anna) v. Hohenberg († 1281)
2. ∞ Isabella (Elisabeth) v. Burgund
(† 1323)

Mathilde
(† 1304)
(Mutter Ludwigs IV. des Bayern)
∞ Ludwig II.
v. Obb.
(† 1294)

Gertrud
(Agnes)
(† 1322)
∞ Albrecht II.
v. Sachsen
(† 1298)

Clementia
(† 1295)
∞ Karl Martell
v. Anjou-Neapel
(† 1295)

Albrecht I.
(* 1255–
† 1308)
Gf., Hg.
Kg. 1298–1308
∞ Elisabeth v.
Tirol
(† 1313)

3 weitere
Söhne im
Kindesalter
verstorben

Rudolf II.
(* 1271–
† 1290)
Gf., Hg.
∞ Agnes v.
Böhmen
(† 1296)

Heilwig
(Hedwig)
(† 1303)
∞ Otto VI. v.
Brandenburg
(† 1303)

Katharina
(† 1282)
∞ Otto III. v.
Ndb.
(† 1312)

Guta (Jutta)
(† 1297)
∞ Wenzel II. v.
Böhmen
(† 1305)

Johann
(Parricida)
(* 1290–
† 1313)

Leopold I.
(* 1282–
† 1326)
Hg.
∞ Katharina v.
Savoyen
(† 1336)

Katharina
(* 1295–
† 1323)
∞ Karl v. Anjou-Kalabrien
(† 1328)

Jutta
(† 1330)
∞ Ludwig v.
Öttingen
(† 1346)

Ferner:
Meinhard
(† um 1300)
Elisabeth
(† 1328)
Anna († 1328)
und weitere
9 Kinder, im
Kindesalter verstorben

Albrecht II.
der Lahme
(* 1300–
† 1351)
Hg., Mkgf.
∞ Johanna v.
Pfirt
(† 1351)

Friedrich d.
Schöne
(* 1286–
† 1330)
Hg.,
Kg. 1325–1330
∞ Isabella (Elisabeth) v. Aragon
(† 1330)

Rudolf III.
(* 1281–
† 1307)
Hg., Kg. v. Böhmen
1306–1307
1. ∞ Blanca v.
Frankreich
(† 1305)
2. ∞ Elisabeth
v. Polen
(Witwe Wenzels III.)
(† 1335)

Otto d.
Fröhliche
(* 1301–
† 1339)
Hg.
1. ∞ Elisabeth
v. Ndb.
(† 1330)
2. ∞ Anna v.
Böhmen
(† 1338)

Heinrich
(* 1298–
† 1327)
Hg.
∞ Elisabeth v.
Virneburg
(† 1343)

Agnes
(* 1280–
† 1364)
∞ Andreas III.
Kg. v. Ungarn
(† 1301)

Friedrich
(† 1322)

Elisabeth
(† 1336)

Anna
(† 1343)
1. ∞ Heinrich XV. v. Ndb.
(† 1333)
2. ∞ Johann v. Görz
(† 1338)

Stammtafel IV: Die Habsburger

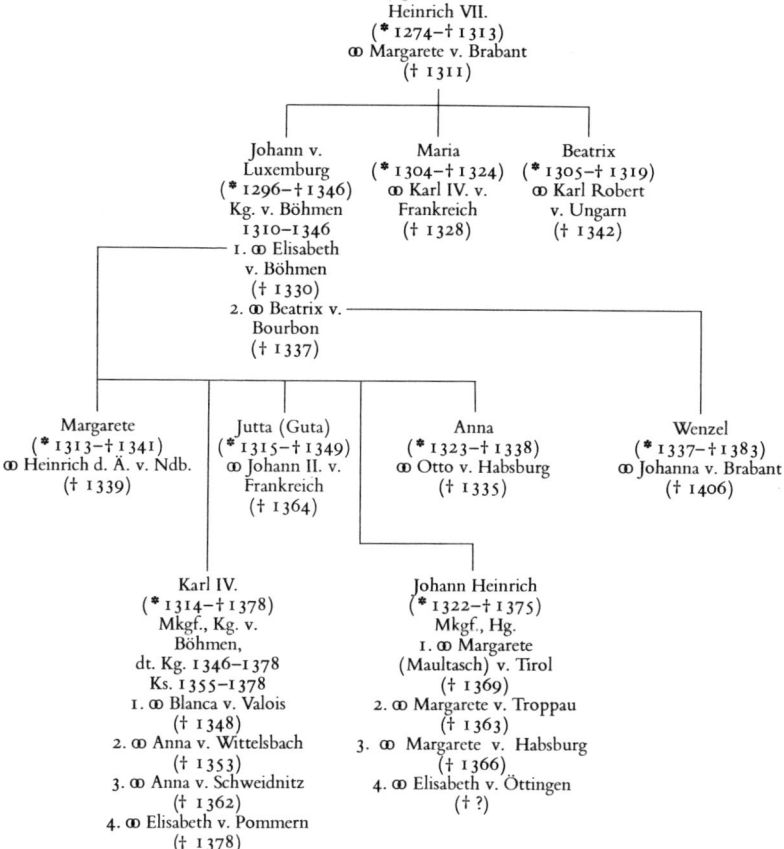

Heinrich VII.
(*1274–†1313)
∞ Margarete v. Brabant
(†1311)

Johann v. Luxemburg
(*1296–†1346)
Kg. v. Böhmen
1310–1346
1. ∞ Elisabeth
v. Böhmen
(†1330)
2. ∞ Beatrix v.
Bourbon
(†1337)

Maria
(*1304–†1324)
∞ Karl IV. v.
Frankreich
(†1328)

Beatrix
(*1305–†1319)
∞ Karl Robert
v. Ungarn
(†1342)

Margarete
(*1313–†1341)
∞ Heinrich d. Ä. v. Ndb.
(†1339)

Jutta (Guta)
(*1315–†1349)
∞ Johann II. v.
Frankreich
(†1364)

Anna
(*1323–†1338)
∞ Otto v. Habsburg
(†1335)

Wenzel
(*1337–†1383)
∞ Johanna v. Brabant
(†1406)

Karl IV.
(*1314–†1378)
Mkgf., Kg. v.
Böhmen,
dt. Kg. 1346–1378
Ks. 1355–1378
1. ∞ Blanca v. Valois
(†1348)
2. ∞ Anna v. Wittelsbach
(†1353)
3. ∞ Anna v. Schweidnitz
(†1362)
4. ∞ Elisabeth v. Pommern
(†1378)

Johann Heinrich
(*1322–†1375)
Mkgf., Hg.
1. ∞ Margarete
(Maultasch) v. Tirol
(†1369)
2. ∞ Margarete v. Troppau
(†1363)
3. ∞ Margarete v. Habsburg
(†1366)
4. ∞ Elisabeth v. Öttingen
(†?)

Stammtafel V: Die Luxemburger

Beschreibung der Abbildungen

Seite 11: Initiale der für Nürnberg 1341 ausgefertigten Kaiserurkunde, figural verziert mit einem Löwen und schlagenden Adler (vgl. auch Abb. 14).
München, Bayerisches Hauptstaatsarchiv
Foto: Bayerisches Hauptstaatsarchiv, München (Kaiser-Ludwig-Selekt 784)

Seite 18: Ansicht der frühgotischen Zisterzienserkirche von Kloster Fürstenfeld (mit Dachreiter) und des Marktes Bruck (rechts). Kolorierte Federzeichnung, 1602.
München, Bayerisches Hauptstaatsarchiv
Foto: Bayerisches Hauptstaatsarchiv, München (PL 18593)

Seite 25: Ritterspiele, Kampf Mann gegen Mann (Tjost) in voller Rüstung; Lanzen vorn mit Zacken versehen (sog. Krönlein); Trompeter blasen zur Eröffnung; der Hofstaat sieht von der Bühne aus zu. Aus der Bilderchronik des Balduin von Trier, um 1350, lavierte Federzeichnung.
Koblenz, Landeshauptarchiv
Foto: Landeshauptarchiv Koblenz

Seite 27, 28: Musikanten und tanzlustige Mädchen aus dem »Renner« des Hugo von Trimberg, um 1300, lavierte Federzeichnungen. Das moralisch-allegorische Lehrgedicht war zu Lebzeiten Ludwigs des Bayern und in den folgenden Jahrhunderten weit verbreitet. Musikanten: aus dem Kapitel »von pfeiffen und von spillewten«, ein Dudelsackpfeifer und ein Schalmeibläser – tanzlustige Mädchen: gegen diese wetterte der Moralist im besonderen.
München, Bayerische Staatsbibliothek
Fotos: Bayerische Staatsbibliothek München

Seite 57: Zeremonie der Königswahl in Frankfurt: Der Erwählte wird von zwei geistlichen Kurfürsten auf den Altar gehoben. Aus der Bilderchronik des Balduin von Trier, um 1350, lavierte Federzeichnung.
Koblenz, Landeshauptarchiv
Foto: Landeshauptarchiv Koblenz

Seite 85: Der gewählte König (hier Heinrich VII.) und seine Gemahlin werden in Aachen im Beisein geistlicher und weltlicher Fürsten gekrönt. Aus der Bil-

derchronik des Balduin von Trier, um 1350, lavierte Federzeichnung.
Koblenz, Landeshauptarchiv
Foto: Landeshauptarchiv Koblenz

Seite 88: Anmarsch der Bayern und Österreicher in Richtung Speyer, März 1315.
Zeichnung: Erik Pellikan, München (nach Schilling)

Seite 103: Schlachtfeld bei Mühldorf (1322) zwischen den Orten Erharting, Rohrbach und Mößling, rechts der Dornberg.
Zeichnung: Erik Pellikan, München (nach Erben)

Seite 110: Mainz, Bürgerstadt und Sitz des Erzbischofs. Im Hintergrund die romanische Bischofskirche. Holzschnitt von Michael Wolgemuth aus der Weltchronik des Hartmann Schedel, 1493.

Seite 149: Italienzug Ludwigs des Bayern, 1327–1330
Zeichnung: Erik Pellikan, München

Seite 184: Gotische Klosterkirche Ettal, Zentralbau um 1370. Rekonstruktion von Dr. Karl Grewing, 1917. Mit freundlicher Erlaubnis aus »Festschrift zum 600jährigen Weihejubiläum der Klosterkirche Ettal«, Ettal 1970

Seite 186: Erste Zeilen einer Urkunde, für Kloster Gotteszell im Bayerischen Wald am 13. Oktober 1345 ausgestellt (Privilegienbestätigung). Prachtvolle florale Verzierungen durch den Schreiber Leonhard von München, Kaiser Ludwigs langjährigem Notar.
München, Bayerisches Hauptstaatsarchiv
Foto: Bayerisches Hauptstaatsarchiv, München (Kaiser-Ludwig-Selekt 1016)

Seite 203: Die weitläufige Anlage des Franziskanerklosters in München mit der spätgotischen Hallenkirche nach einem Kupferstich von Michael Wening, um 1700. Links oben der Oberarm des hl. Antonius, eine Reliquie, die Ludwig der Bayer dem Kloster aus Italien mitbrachte.
Foto: Stadtmuseum München

Seite 231: Initiale L mit porträtähnlicher Darstellung des Kopfes Ludwigs des Bayern. Signumzeile der Urkunde vom 13. März 1331 für (Burg-)Lengenfeld, geschrieben von Notar Leonhard von München.
München, Bayerisches Hauptstaatsarchiv
Foto: Bayerisches Hauptstaatsarchiv, München (Kaiser-Ludwig-Selekt 464)

Seite 233: Köln, die befestigte Bischofsstadt mit dem in Bau befindlichen Dom (rechts romanischer Rest, links gotischer Chor). Im Vordergrund: Schiff auf dem Rhein. Holzschnitt von Michael Wolgemuth aus der Weltchronik des Hartmann Schedel, 1493.

Seite 243: Aus dem oberbayerischen Landrecht, 1346 von Kaiser Ludwig und seinen Söhnen erlassen. Neu ist u. a. die schriftliche Fixierung des Rechts und die Verwendung der deutschen Sprache.
München, Bayerisches Hauptstaatsarchiv
Foto: Bayerisches Hauptstaatsarchiv, München (Staatsverwaltung Nr. 1949)

Seite 245: Kaiser Ludwig übergibt seinen Söhnen Ludwig dem Brandenburger, Ludwig dem Römer, Stephan und Wilhelm den wittelsbachischen Hausbesitz. Feierlicher Staatsakt in Überlingen am 14. Juni 1334 (nach Lieberich). Wappen als Dokumentation des wittelsbachischen Machtbereichs: Pfälzer Löwenschild, bayerisches Rautenschild, brandenburgisches Adlerschild, Hauswappen der Kaiserin Margarete (mit Löwen). Kupferstich aus Michael von Bergmanns »Beurkundete Geschichte der Churfürstlichen Haupt- und Residenzstadt München«, München 1783, gestochen nach einer Pergamentmalerei aus einem verschollenen Codex des 14. Jahrhunderts.
München, Bayerische Staatsbibliothek

Seite 261: Offenbarungen der Mystikerin Margarte Ebner von Medingen (1291–1351). Älteste erhaltene Handschrift, Mitte 14. Jahrhundert, erste Seite.
Franziskanerkloster Maria Medingen
Foto: Bildarchiv Foto Marburg (Lala Aufsberg)

Seite 277: Aus dem »Buch der Natur« des Regensburger Domherrn Konrad von Megenberg, vor 1350. Erstes naturwissenschaftliches Werk in deutscher Sprache. Holzschnittillustrationen mit vielen realistischen Details. Links: Tiere im Wasser; rechts: Insekten (bei Konrad »von würmen«).
Foto: Verlag Pustet, Regensburg

Register

der wichtigsten Personen, Orte und Sachen;
nicht aufgenommen: Avignon, Ludwig d. Bayer, Chronisten, Länder und Dynastien